# Zypern

Christiane Sternberg

# Senkrechtstarter

Versunkene Kulturen, die an den Küsten dieses wunderbaren Eilands zur Blüte kamen, haben uns ihre geheimnisvollen Spuren hinterlassen. Sie bauten ihre Städte am Meer, um Handel zu treiben, und ließen gleichzeitig die Herrlichkeit der Natur als architektonisches Element in die Gestaltung ihrer Siedlungen einfließen. Wer durch die alten Ruinenstätten wie hier in Salamis flaniert, spürt eine Harmonie zwischen Bau und Landschaft, die in der Moderne verloren gegangen scheint.

# Überflieger

**Zypern** — Vielfalt in alle Richtungen. Schluss mit der Qual der Wahl! Gebirge und Strände, Party und Kultur, Stadt und Idylle liegen dicht beieinander.

Die Luft ist rein für Sterngucker
Karpasía/ Karpaz
Ágios Andréas
Golden Sands Beach
Relax
Dem Apostel sei Dank für's Fels-Heilwasser
Authentische Events im Öko-Dorf
Schildkröten-Hotspot
Kómi Kepír/Büyükkonuk
Akanthoú/Tatlısu
Alakáti/ Alagadi
Wow! Alles sieht aus wie geschrumpft
Kythréa/ Değirmenlik
Die Wiege des Blumenkohls
Antike Wellness-Oase
Wo Othello gemordet hat
Salamis
Famagusta/Gazimağusa
Bikommunales Leben in der Pufferzone
Paaarty!
Pýla
Agía Nápa
Easy Going unter Palmen
Kamelritt gefällig?
Lárnaka
Perivólia
Mazotós
Ab in die Lüfte per Kite

# Querfeldein

**Nur nichts verpassen!** — Strandurlaub ist gut und schön, aber wer in Zypern mehr unter die Füße nimmt als goldenen Sand, entdeckt ungezähmte Natur, kulturelle Vielfalt und das große Herz der Zyprer.

## Die Insel als Wundertüte

Zack, in einer Stunde vom Berggipfel ans Meer. Am kühlen Morgen wandern gehen, die Nachmittagssonne am Strand genießen – beides passt locker in einen Sommertag. In Zypern muss sich dank der kurzen Distanzen niemand für eine Urlaubslandschaft entscheiden. Kleine Fluchten bieten sich reichlich. Von den Urlaubsorten an der Küste ist es immer nur ein Katzensprung ins Hinterland, wo das authentische Zypern beginnt.

## Welcome to Cyprus!

Mit Englisch öffnet sich für Urlauber jede Tür. Zwar sind Griechisch und Türkisch die Amtssprachen, doch der Vergangenheit als britische Kronkolonie sei Dank, dass man mit der Universalsprache auf der gesamten Insel leicht mit Zyprern ins Gespräch kommt. Nur in abgelegenen Bergdörfern wird's komplizierter. Wer auf Zeichensprache und ein freundliches Lächeln vertraut, kann sich auch dort verständigen.

## Stadtluft schnuppern

Stadt ist nicht gleich Stadt: Kulturfreunde zieht es nach Páfos, Agía Nápa lockt Feierwütige an und Limassol ist Anziehungspunkt für Leute, die auch im Urlaub urbanen Lifestyle pflegen wollen. Dazwischen gibt es alle Facetten.

Seit Millionen von Jahren kommen Meeresschildkröten an Zyperns Küste, um ihre Eier abzulegen. Heute helfen Tierschützer dabei, dass die Nachkommen dieser bedrohten Arten heil ihren Weg ins Meer finden. Zypern ist eines der wenigen mediterranen Länder, wo man dieses Schauspiel noch erleben kann. Im westlichen Mittelmeer hat die Küstenbebauung die Tiere bereits vertrieben.

## Charmant konventionell

Nichts ist auf der Insel Zypern so krisensicher wie die Tradition. Omas Leibgerichten und dem obligatorischen Mokka kann der moderne Lifestyle der Zyprer nichts anhaben. Ostern und andere Kirchenfeste werden nach alten Ritualen gefeiert, Trachtengruppen gehören zum Repertoire jedes Volksfestes. Ihr Brauchtum halten die Zyprer in Ehren. Dazu gehört unbedingt auch, gemeinsam zu essen. Im Restaurant trifft man die Einheimischen am Tisch immer in großer Runde an. Viel muss es sein, laut muss es zugehen und am Ende streiten sich immer mindestens zwei darüber, wer die Rechnung übernehmen darf. Es gibt aber drei Dinge, die keinesfalls ›old-fashioned‹ sein dürfen: Handys, Autos und Klamotten.

### Geschmackvoll
Kultur lässt sich nicht nur angucken, sondern auch trinken. Auf den Weinstraßen, die sich durch das Tróodos-Gebirge schlängeln, lernen Besucher den Geschmack der Zyprer kennen und gleichzeitig ein Kulturgut, das hier seit 5500 Jahren beheimatet ist.

# Zivanía heißt der zyprische Zaubertrank. Der Schnaps taugt zum Trinken wie zum Fensterputzen.

## Überall ist Mittelmeer

Um weichen Sand unter den nackten Füßen zu spüren, muss in Zypern niemand weit laufen. Die Strände rund um die Insel sind von bester Qualität. Zwar gut besucht, aber nicht ›mallorquinisch voll‹. Zypernliebhaber schwören auf den Südosten als beste Bade-Location der Insel. Rund um Protarás häufen sich herrliche Sandstrände, Tauchspots, Meeresgrotten und Buchten. Stille Plätzchen sind vor allem im Westen um Pólis zu haben, gut gefüllte Stadtstrände für das Sehen-und-gesehen-werden bieten sich in Lárnaka und Limassol an. Der Number-One-Beach aber bleibt Golden Sands auf der Karpasía-Halbinsel. Selbst Hundestrände gibt es. Nur Nacktbader müssen ihrer Passion im Verborgenen nachgehen.

# Inhalt



# Vor Ort

## Lárnaka, Agía Nápa und der Südosten 14

## Limassol und südliches Tróodos-Gebirge 52

## Páfos, Pólis und der Westen 88

## Nördlicher Tróodos und Süd-Nikosia 126

# Nord-Nikosia und der Westen Nordzyperns 162

# Famagusta, Salamis und Karpasía 196

*Die Halbinsel Karpasía ist ein beschauliches Fleckchen Erde. Stress und Hektik sind hier unbekannt.*

# Das Kleingedruckte



# Das Magazin

# Vor

# Ort



*Rundum Mittelmeer! Am besten relaxt es sich mit Blick auf die blaue Unendlichkeit des Wassers. An Küsten und Stränden gibt es genug Lieblingsplätze für alle, z. B. rund um Agía Nápa.*

# Lárnaka, Agía Nápa und der Südosten

**Azurblaues Meer** — und Zyperns schönste Strände. Als Extras heiße Partynächte und uralte Traditionen.



### Finikoúdes in Lárnaka

An der Palmenpromenade ist Flanieren oberstes Gebot. Keine Hektik, immer das Meer im Blick und die wohl höchste Gastrodichte, die eine zyprische Straße zu bieten hat.

### Lárnaka-Salzsee

Pinke Flamingos bevölkern den See im Winter. Im Sommer verdunstet das Wasser. Übrig bleibt nur das Salz als weiß gleißende Kruste. Dann knackt es unter den Füßen, wenn man darüber läuft. Bis 1986 wurde das ›weiße Gold‹ hier geerntet.

Die Milch macht's! Echte Beauty Power von Zyperns Eseln.

### Ausflug nach Athíenou

Obwohl die Straßen im Niemandsland enden, blühen hier Kunst und Kultur.



### Páno Léfkara

Schon im Mittelalter sorgten hier die Frauen für den Unterhalt. Ihre Lefkarítika-Spitze war ein Verkaufsschlager.



### Choirokoitía

Hier ist die (Stein-)Zeit stehen geblieben. Die Behausungen wurden so nachgebaut, wie sie vor über 7000 Jahren waren.

Der Dichter Arthur Rimbaud machte sich in Liopétri die Hände schmutzig.

Agía Nápa hat Hunderte ›Botschafter‹. Denn jedes Jahr verleiht der Bürgermeister den Titel »Ambassador of Ayia Napa Tourism« an Urlauber, die den Ort über 20 Mal besucht haben.

# erleben

# Viel mehr als nur Meer

Eigentlich reichen ein paar Reizworte, um Zypernfreunden ein Sehnsuchtsbild zu entwerfen: Nissi Beach, Kónnos Beach, Fig Tree Bay – die Traumstrände ballen sich geradezu im Südosten der Insel. Die weißsandigen Ufer sind wie geschaffen für Sonnenanbeter und Wasserratten, zumal der Anfahrtsweg ins Paradies denkbar kurz ist. Vom Flughafen Lárnaka bis Agía Nápa braucht man gerade mal eine halbe Stunde. Wer allerdings ab diesem Moment seine Ferien auf dem Bauch liegend im Sand verbringt, ist selbst schuld. Dann verpasst man nämlich all das, was sozusagen direkt vor der eigenen Nase stattfindet.

Das Hinterland muss sich nicht hinter den Strandschönheiten verstecken. Statt großer Attraktionen hat die Region eine Vielzahl charmanter Anziehungspunkte vorrätig. Den Spitzenstickerinnen von Léfkara bei der Arbeit zuzuschauen oder sich bei betörenden Düften im Kräutergarten Cyherbia zu entspannen, gehört zu den ›Must-Do's‹. Darüber hinaus reicht das Spektrum von einer Eselfarm, die Schönheitsmittel verkauft, über reizende Dorfmuseen mit Ausstellungen zu Korbflechterei oder Imkerei bis hin zu zauberhaften Kulissen wie der Felsenbrücke Kamára tou Koráka. Wassersportlern bietet die Küstengegend zwischen Perivólia und Paralímni einige echte Highlights. Kitesurfer schwören auf die Windverhältnisse beim Kap Kíti und kein Diver möchte auf einen Tauchgang zum Zenobia-Wrack verzichten.

Nach den Ausflügen zu Land oder zu Wasser warten am Ende des Tages ein Bad im Mittelmeer, ein Drink in der Strandbar oder das Sonnenuntergangsdinner im Restaurant mit frischen Meeresfrüchten. Hier kann man einfach nichts falsch machen!

---

**O**

## ORIENTIERUNG

**Im Internet:** www.larnakaregion.com, www.agianapa.org.cy

**Verkehr:** Neben super ausgebauten Straßen zu den Haupturlaubsorten gibt es sichere, breite Radwege und ein funktionierendes Busnetz, das auch die wichtigsten Dörfer des Hinterlandes einschließt. Routen und Abfahrtzeiten für die Region um Lárnaka: www.zinonasbuses.com, für die Region Agía Nápa/Protarás: www.osea.com. Zwischen dem Flughafen Lárnaka und Agía Nápa, Protarás und Paralímni verkehrt der Kapnos Airport Shuttle (www.kapnosairportshuttle.com).

# Lárnaka   ⟟ J 7

Wer mit dem Flieger über Lárnaka nach Zypern einschwebt, bekommt gleich einen Eindruck von der Küstenstadt aus der Vogelperspektive. Auf einen Blick ist zu sehen, wie die Palmenpromenade den kleinen Yachthafen mit dem alten Kastell verbindet, die Lazarus-Kirche ragt über das Dächermeer hinaus und nur einen Steinwurf entfernt liegt der Salzsee mit der Hala-Sultan-Moschee an seinem Ufer. Damit ist das Bild Lárnakas als idealer Urlaubsort schon umrissen: Shoppen und Strandleben, faule Café-Nachmittage und lange Spaziergänge am Wasser. Stadtnahe Ausflugsziele und angesagte Beachbars liegen in einem superbequemen Radius beieinander.

**FAKTENCHECK**

**Bedeutung:** Hafenstadt
**Einwohner:** rd. 51 000 (Stadt), rd. 146 000 (Großraum)
**Status:** Ausflugsziel mit Palmen und Meer
**Selbstbild:** entspannt
**Manko:** Bettenburgen an der Küste

## Entlang der Palmenpromenade

**500 Meter geballter Urlaub**

Ein halber Kilometer genügt im Grunde, um sich in Lárnaka einen ganzen Tag lang zu beschäftigen. Die **Finikoúdes** ❶, benannt nach den Palmen, die die Strandpromenade säumen, ist eine

*Beschaulich ist es hier nur früh am Morgen. Danach sammeln sich an Lárnakas Palmenpromenade Jogger, Sonnenanbeter, Flaneure und Leute, die vom Café aus die bunte Szenerie im Blick behalten.*

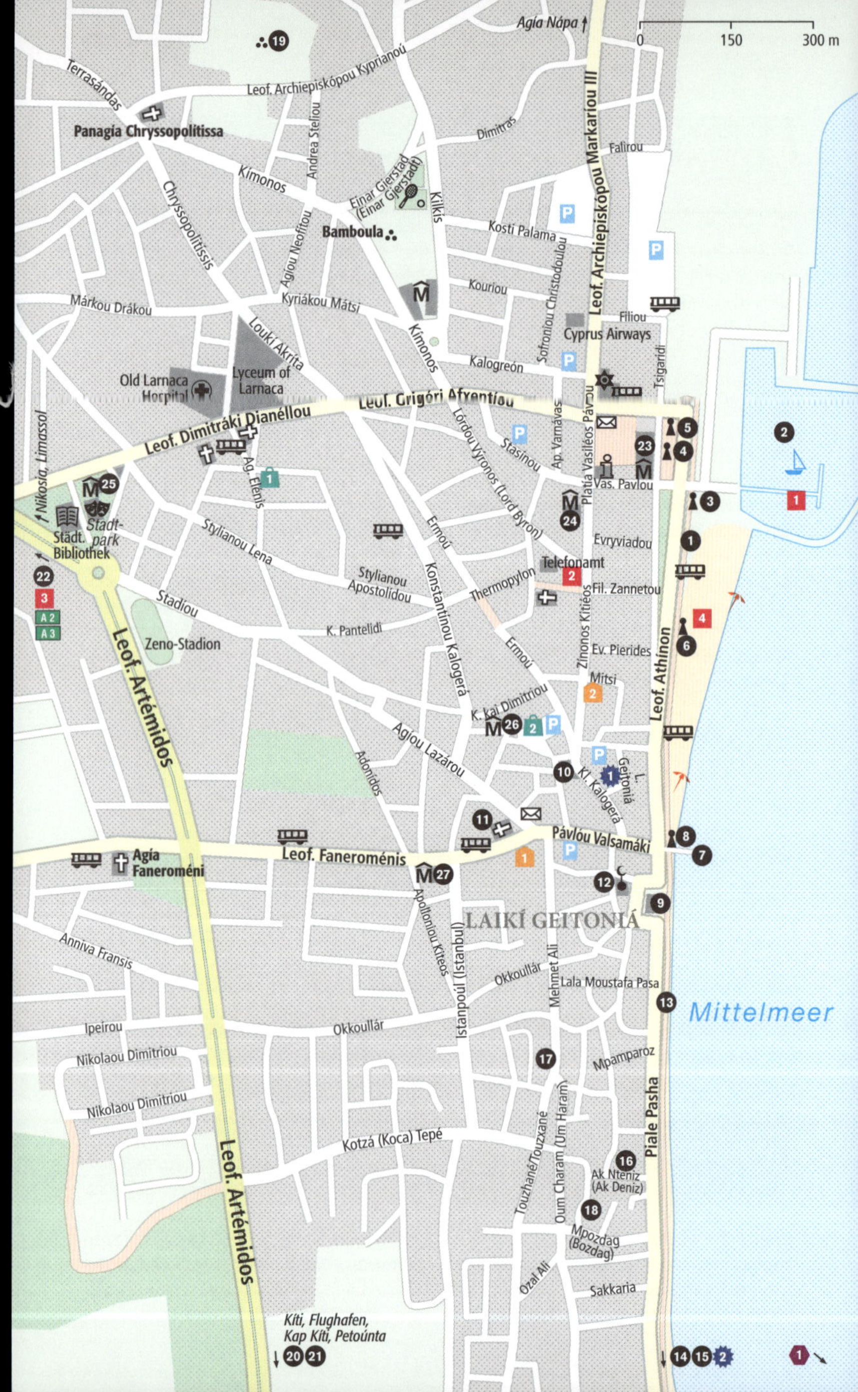

Agía Nápa
0   150   300 m
Terrasándas
19
Leof. Archiepiskópou Kyprianoú
Panagia Chryssopolitissa
Kímonos
Andrea Stelíou
Dimitrás
Einar Gjerstad (Einar Gjerstadt)
Kílkis
Leof. Archiepiskópou Markaríou III
Falírou
Kosti Palama
P
P
Agíou Neofítou
Bamboula
Kouríou
Sofroníou Christodoúlou
Filíou
P
Chryssopolitíssis
Kyriákou Mátsi
M
Cyprus Airways
Tsigaridi
Márkou Drákou
Kímonos
Kalogreón
P
Loukí Akríta
Ap. Yamávas
Platía Vasiléos Pávlou
Old Larnaca Hospital
Lyceum of Larnaca
Leof. Grigóri Afxentíou
Vas. Pavlou
5
M
4
Leof. Dimitráki Dianéllou
Stasínou
Lórdou Výronos (Lord Byron)
23
Ag. Elénis
1
3
Stylianou Lena
Ermoú
M
24
2
Evryviadou
Telefonamt
Fil. Zannetou
1
Stylianou Apostolidou
Thermopylon
2
Zínonos Kitiéos
Ev. Pierides
Stadíou
K. Pantelidi
Ermoú
4
22
Mitsi
6
3
Zeno-Stadion
Ermoú
2
A 2
A 3
Konstantínou Kalogerá
Leof. Athínon
Städt. Bibliothek
Stadt-park
M
25
K. kai Dimitriou
M
26
2
P
Agíou Lazárou
L. Kí. Kalogerá
Adonidos
1
L. Geitoniá
10
Leof. Artémidos
11
Pávlou Valsamáki
8
P
7
Leof. Faneroménis
1
Agía Faneroméni
M
27
12
9
Anniva Fransis
LAIKÍ GEITONIÁ
Apollioniou Kíteos
Istanpoúl (Istanbul)
Okkoullár
Mehmet Ali
Lala Moustafa Pasa
Ipeírou
13
Mittelmeer
Nikolaou Dimitriou
17
Mpamparoz
Nikolaou Dimitriou
Okkoullár
Piale Pasha
Touzhané/Touzxané
Kotzá (Koca) Tepé
Oum Charam (Um Haram)
16
Ak Nteniz (Ak Deniz)
Ozal Ali
18
Mpozdag (Bozdag)
Kíti, Flughafen, Kap Kíti, Petoúnta
Sakkaria
20  21
14  15  2
1
Nikosia, Limassol
Leof. Artémidos
2
1

# Lárnaka

## Ansehen

❶ Finikoúdes
❷ Marina
❸ Armenian Memorial
❹ Skulptur »Möwen im Flug«
❺ Zenon-von-Kítion-Statue
❻ Flamingo-Werbeaufsteller
❼ Pier
❽ Markuslöwe
❾ Kastell
❿ Markthalle
⓫ St.-Lazarus-Kirche
⓬ Kebir (Büyük) Cami
⓭ Seepromenade
⓮ Fischerhafen
⓯ Mackenzie Beach
⓰ Studio Ceramics
⓱ Emira Pottery
⓲ Photos Demetriou Ceramics
⓳ Ausgrabungsstätte Kítion
⓴ Salzsee
㉑ Hala Sultan Tekke
㉒ Kamáres-Aquädukt
㉓ Städtische Kunstgalerie
㉔ Pierídes-Museum
㉕ Naturkundliches Museum
㉖ Kyriázis Medizin-Museum
㉗ Salz- und Pfeffermuseum

## Schlafen

**1** Hotel Opera
**2** The Josephine Boutique Hotel

## Essen

**1** Aquarium Mediterranean Bar and Grill
**2** Solar Kitchen Bar
**3** To Kazani
**4** Finis Beach Bar

## Einkaufen

**1** Theo Michael Art Studio
**2** Bauernmarkt

## Bewegen

**1** Schiffswrack »Zenobia«

## Ausgehen

**1** Dylan's Bar
**2** Ammos Beach Bar

---

lebendige Meile. Auf der einen Seite das Meer, auf der anderen Straßencafés und Restaurants, dazu Eisbuden, Sonnenschirme und Liegen, Souvenirläden und fast jedes Wochenende Open-Air-Veranstaltungen. Bis in die Nacht hinein kann man den Leuten beim Flanieren zuschauen oder auf der Seebrücke dem Meer lauschen.

### Haltestelle im Meer

Man wird doch wohl noch träumen dürfen! Bei dem Spaziergang an der **Marina** ❷, über die dicken Bohlen an all den weißen Booten mit ihren Segelmasten entlang, überkommt die Seele das Fernweh. Wo die Yachten schaukeln, lag schon 1879 der Hafen der britischen Kolonialherren. Heute starten hier **Bootstouren**: vom Fishing-Trip bis zum Partyausflug (z. B. mit Larnaca Napa Cruises, www.larnacanapacruises.com). Gleich am Anfang des Piers steht das **Armenian Memorial** ❸ zum Gedenken an den Völkermord an den Armeniern 1915/16 in der Türkei. Genau an dieser Stelle betraten damals armenische Flüchtlinge in Zypern sicheren Boden. In der Republik Zypern leben heute etwa 3500 Armenier, die als anerkannte Minderheit ihre eigene Sprache pflegen, eigene Schulen und Kirchen unterhalten.

### Aus Zoll mach Kunst

Am heutigen **Europaplatz** (Plateía Evrópis) nahm die britische Herrschaft auf Zypern einst ihren Ausgangspunkt. Hier stieg der High Commissioner samt Entourage vom Schiff, hier entstanden 1881 die ersten Kolonialbauten für die Zollbehörde. In dem historischen

### DER STOISCHE PHILOSOPH

Es gibt Menschen, die bleiben auch bei größtem Stress unerschütterlich ruhig. Diese ›stoische Haltung‹ kann man bewundern oder verdammen, aber man sollte wissen, dass hinter dem Begriff ein ganzes Weltbild steckt. Der Stoizismus, eine philosophische Lehre, begründet von Zenon von Kítion, besagt kurz gefasst, dass auf der Welt alles mit allem zusammenhängt. Daher muss sich das Individuum als Teil dieses universellen Prinzips begreifen und sein Los akzeptieren. Das gelingt durch emotionale Selbstbeherrschung, durch Gelassenheit und Seelenruhe.

Ensemble hat neben der Kulturverwaltung die **Städtische Kunstgalerie** (s. S. 23) ihren Platz. Kunst gibt es auch unter freiem Himmel, und zwar gleich gegenüber neben dem Springbrunnen. Dort erhebt sich die **Skulptur »Möwen im Flug«** ❹, geschaffen von dem griechischen Bildhauer Theodoros Papagiannis. Eine echte Bereicherung der Realität, denn in Lárnaka sieht man seltsamerweise mehr Tauben als Möwen. Eine andere Statue widmet sich der Vergangenheit. In Lebensgröße schaut der Philosoph **Zenon von Kítion** ❺ sinnend in die Ferne. Der große Denker wurde 333 v. Chr. in dieser Gegend geboren, als Lárnaka noch Kítion hieß. Er wanderte nach Athen aus und wurde der Begründer der stoischen Lehre.

### Mit dem Kopf durch die Wand
Auf dem Weg zur einzigen wirklichen Strandbar an der Finikoúdes, der **Finis Beach Bar** ❹, (tgl. 9–2 Uhr, FB @finis beachbar) steht eine klassische Touris-tenattraktion, die erstaunlich häufig genutzt wird. Der bunte **Flamingo-Werbeaufsteller** ❻, durch dessen Löcher man den Kopf für ein Foto stecken kann, sorgt für die virale Verbreitung des Slogans der Tourismusbehörde: »They always come back. So will you.«

### Venedig lässt grüßen
Für Romantiker ist der **Pier** ❼ am Ende der Promenade am Abend ein beliebtes Ziel. Die Bänke mit Blick über die gesamte Finikoúdes sind von Pärchen besetzt. Für mehr Liebesschlösser am Geländer ist noch jede Menge Platz. Man könnte meinen, die Statue am Zugang zur Seebrücke sei ein Schutzengel für die Verliebten. Doch das geflügelte Tier ist der **Markuslöwe** ❽, das Symbol von Venedig. Die Lagunenstadt hat ihn Lárnaka zum Geschenk gemacht. Unter seiner Tatze hält der Löwe ein geöffnetes Buch, eine Allegorie des Friedens. Ein geschlossenes Buch würde Feindschaft und Krieg bedeuten.

### Eingang an der Galgenkammer
An dem mittelalterlichen **Kastell** ❾, dessen dicke Mauern bis ins Wasser ragen, kam seit dem 14. Jh. kein Feind so einfach vorbei. Waffen und Helme in dem kleinen **Museum** im Obergeschoss vermitteln einen Eindruck von der Ausstattung der Wachen im 15. bis 19. Jh. Zu sehen ist ansonsten ein Mix aus byzantinischen Exponaten, mittelalterlichen Töpferwaren und Fotografien zyprischer Verteidigungsarchitektur früherer Jahrhunderte. Geradezu zeitgenössisch hingegen ist die Hinrichtungskammer im Erdgeschoss, gleich rechts vom Eingang. Dort ließen die britischen Kolonialherren die Todesstrafe vollstrecken. Der Galgen war bis 1948 in Gebrauch.

Am Ende der Finikoúdes, Mo–Fr 8–19.30, Sa, So 9.30–19.30, im Winter jeweils bis 17 Uhr, 2,50 €

# Laikí Geitoniá

### Durch alte Gassen bummeln

Lárnaka gehört zu den 20 ältesten Städten der Welt, die vom Tag ihrer Entstehung an bis heute bewohnt werden. Gegründet wurde der Küstenort 1400 v. Chr. als Kítion, Hauptstadt des gleichnamigen Königreiches. Architektonisch ist von den Frühzeiten nicht viel übrig. Lediglich an Ausgrabungsstätten und in Museen zeigt sich die geschichtsträchtige Vergangenheit. Dafür ist die Altstadt ein reizendes Gewirr alter Gassen und Häuser aus dem 18./19. Jh. Das traditionelle Viertel Laikí Geitoniá, nur eine Querstraße vom Strand entfernt, wimmelt von kleinen Läden und lauschigen Bars.

Ein Besuchermagnet ist die alte **Markthalle ⑩**, in der Souvenirshops angesiedelt sind (Mo, Di, Do, Fr 7.30–20, Mi, Sa 7.30–14 Uhr). Auf dem großen Parkplatz gleich dahinter findet an jedem Samstag ein **Bauernmarkt ②** statt (7–13 Uhr).

### Wie ein Toter Bischof wurde

Indirekt verdankt Lárnaka sein Wahrzeichen dem Heiland. Ohne Jesus gäbe es die **St.-Lazarus-Kirche ⑪** heute nicht. Die Bibel berichtet, dass Lazarus von Bethanien nach seinem Tod vier Tage lang in einem Höhlengrab lag, bis sein Freund Jesus anreiste. Der ließ den Stein vom Eingang der Höhle entfernen und rief »Lazarus, komm heraus!« Und tatsächlich erschien dieser quicklebendig wieder auf der Bildfläche. Erneut Herr seiner Kräfte, reiste er später nach Zypern, wo er von den Aposteln Paulus und Barnabas als Bischof von Kítion eingesetzt wurde. So jedenfalls will es die Legende. Angeblich wurde im Jahr 890 ein Sarkophag gefunden mit der Aufschrift »Lazarus, der Freund Christi«. An ebendieser Stelle ließ Kaiser Leo VI. eine Kirche errichten, die Lazarus geweiht wurde. Das Grab in der Krypta ist zwar leer, aber das tut der Heiligenverehrung keinen Abbruch. Jedes Jahr acht Tage vor Ostern findet eine Prozession statt, bei der die Lazarus-Ikone durch die Straßen getragen wird. In der Kirche ist vor allem die holzgeschnitzte und mit Gold verkleidete Ikonostase ein beeindruckender Anblick. Im **Byzantinischen Museum** gleich neben der Kirche können noch mehr Ikonen und religiöse Reliquien bestaunt werden.

Plateía Agíou Lazárou, Kirche und Museum: im Sommer Mo–Sa 8–18.30, So 6.30–12.30, 15.30–18.30, im Winter Mo–Sa 8–12.30, 14.30–17.30, So 6.30–12.30, 15.30–17.30 Uhr, Eintritt frei; **Audioführung** durch Kirche und Museum: Download > www.visitcyprus.com > Medien > Agios Lazarus

*Nicht zu verfehlen: Das Wahrzeichen der Stadt, die St.-Lazarus-Kirche, eignet sich bestens als sicherer Treffpunkt.*

# Das alte Türkenviertel

### Osmanischer Fußabdruck

Übernimmt ein neuer Herrscher das Land, braucht er auch repräsentative Bauten, um seine Macht zu demonstrieren. So wurde die **Kebir (Büyük) Cami** ⑫ nach der Eroberung der Insel durch die Osmanen 1571 die erste Moschee, die auf zyprischem Boden entstand. Sie steht auf den Grundmauern einer katholischen Kirche aus dem 13./14. Jh. Die Moschee wird bis heute von den in Lárnaka lebenden Muslimen für ihre religiösen Zusammenkünfte genutzt.

Leofóros Athinón, gegenüber vom Kastell, tgl. tagsüber offen für Besucher, außer während der Gebetszeiten, Eintritt frei

### Der See-Gang

Zwar nicht auf dem Wasser, aber zumindest direkt daneben flanieren Spaziergänger auf der neuen **Seepromenade** ⑬. Wo früher die Boote der Einheimischen festmachten, hat die Uferstraße seit 2014 eine Erweiterung für Fußgänger und Radfahrer erhalten. Vorbei an Fischrestaurants und Cafés mit Blick aufs Meer führt der Weg vom Hafenkastell bis zum **Fischerhafen (Psarolímano)** ⑭**,** wo der frische Fang für die umliegenden Tavernen abgeladen wird. Von dort aus immer weiter geradeaus ist es nur noch ein Katzensprung bis zu den Stränden und Bars des **Mackenzie Beach** ⑮ (Bus 425 ab Finikoúdes).

### Ein Viertel mit gutem Ton

Wer die moderne Promenade verlässt und durch die engen Seitenstraßen schlendert, trifft hier vor allem auf kleine **Keramikwerkstätten.** Direkt von der Töpferscheibe aufs Verkaufsregal gelangen die fertigen Schöpfungen, von denen manche richtige Kunstwerke und andere praktische Gebrauchsgegenstän-

*Töpfereien wie die Emira Pottery sind beliebt zum Gucken und Kaufen, aber auch wegen der Workshops für Erwachsene, Jugendliche und Kinder.*

de sind. Wie sie entstehen, kann man sich gleich vor Ort bei einer Vorführung anschauen oder bei einem Workshop erfahren. Einen guten Einblick in das Kunsthandwerk bieten die Werkstätten von **Studio Ceramics** ⑯ (Ak Deniz 18, www.studioceramicscyprus.com), **Emira Pottery** ⑰ (Mehmet Ali 13, www.emirapottery.com.cy) und **Photos Demetriou Ceramics** ⑱ (Bozkourt 39, www.photosdemetriou.com).

# Außerhalb des Zentrums

### Aphrodite war hier

Als Aphrodite an dieser Stelle zu Urzeiten verehrt wurde, hatte sie noch den Beinamen Astarte. Die Reste ihres Tempels an der **Ausgrabungsstätte Kítion** ⑲ strahlen mit etwas Fantasie betrachtet noch heute eine gewisse Erhabenheit aus. Das Heiligtum aus dem 9. Jh. v. Chr. soll von den gleichen Baumeistern errichtet worden sein wie der Salomonische Tempel in Jerusalem.

Leofóros Archiepiskópou Kyprianoú, Bus 418 oder 422 ab zentraler Busstation, Mo–Fr 9.30–17, im Winter 8.30–16 Uhr, 2,50 €

## Rund um die Salzpfanne

Ob Sommer oder Winter – der **Salzsee** ⑳ übt immer eine besondere Faszination aus. Wenn er voller Wasser ist, kommen Tausende **Flamingos,** um hier zu überwintern. Ihre Ankunft wird in den Zeitungen verkündet und die Spaziergänger auf dem **Naturpfad** rund um den etwa 2 km² großen See können sich gar nicht satt fotografieren an den majestätischen Vögeln mit dem rosa Gefieder. Hat die Trockenheit das Wasser verdunsten lassen, bleibt eine weiße Salzkruste zurück, die knackt, wenn man darüber läuft. Bis 1986 hat die Stadt Lárnaka das Salz traditionell abbauen lassen, dann schloss sie die Saline (Bus 425 ab Finikoúdes).

Ausgesprochen fotogen spiegelt sich die Moschee **Hala Sultan Tekke** ㉑ (tgl. 8.30–19, im Winter bis 17 Uhr, Eintritt frei) im Wasser des Sees. Dass dieses Heiligtum hier steht, ist einem Unfall zu verdanken. An dieser Stelle ist eine Tante des Propheten Mohammed vom Esel gefallen, als sie mit den ersten muslimischen Eroberern im 7. Jh. auf die Insel kam. Über ihrem Grab wurde die Moschee errichtet, die als drittheiligste Stätte des Islam gilt.

An den Ausläufern des Sees hat das **Kamáres-Aquädukt** ㉒ besonders bei Dunkelheit einen beeindruckenden Auftritt. Die 20 Bögen der historischen ›Wasserleitung‹ aus dem 18. Jh. werden nachts illuminiert und dienen als Kulisse für Open-Air-Veranstaltungen.

### SALZFLOCKEN

Seit der Antike schätzte man Salz aus Zypern. Am Salzsee von Lárnaka schoben die Arbeiter mit großen Rechen das Salz zu Bergen zusammen. Nachdem die Stadt den Abbau gestoppt hatte, blieb von den Salzfabriken nur eine übrig: **Theodorou Salt Industry** (www. theodorousalt.com). Das Rohprodukt für ihr normales Speisesalz importiert die Firma aus Ägypten. Aber dank einer Erfindung des Inhabers Michalakis Theodorou produziert das Unternehmen Salzpyramiden für die feine Küche. So grobe Flocken aus Meersalz liefern angeblich weltweit nur zwei Unternehmen. Nicht mal die schwedischen Teilhaber dürfen erfahren, wie Theodorou seine ganz besonderen Salzpyramiden herstellt.

## Museen

㉓ **Städtische Kunstgalerie:** Die Dauerausstellung präsentiert zeitgenössische Arbeiten zyprischer Künstler. In den Wechselausstellungen wird moderne Kunst in Form von Skulpturen, Gemälden und Installationen gezeigt.

Plateía Evrópis, Mo–Fr 10–13, 15–18, im Winter 16–19, Sa 10–13 Uhr, Eintritt frei

### Kampf gegen Schatzgräberei

㉔ **Pierídes-Museum:** Zypern war einst ein Eldorado für Archäologen und Ausgräber, die wertvolle Stücke in ihre Heimatländer mitnahmen. Dem versuchte Demetrios Pierídes im 19. Jh. einen Riegel vorzuschieben. Mit einer eigenen Sammlung verfolgte er das Ziel, Antiquitäten im Land zu sichern. Daraus entstand eine umfangreiche Ausstellung historischer

Artefakte von der Bronzezeit bis zum Mittelalter im ältesten privaten Museum der Insel. Untergebracht ist es im ehemaligen Wohnhaus der Familie Pierídes.
Zínonos Kitieós 4, Mo–Do 9–16, Fr, Sa 9–13 Uhr, 3 €

### Mücken hinter Glas

**㉕ Naturkundliches Museum:** Wem es im Sommer zu heiß ist, um die Natur zu beobachten, der geht am besten in dieses kleine Museum im Stadtgarten. Hier wird nicht nur die einheimische Fauna, einschließlich Insekten, Reptilien und Muscheln, präsentiert, sondern auch Fossilien und Gesteinsproben sind zu sehen.
Leofóros Grigóri Afxentíou/Stadtgarten, Mo–Fr 9–16, Sa 10–13 Uhr, 0,50 €

### Medizinisches Gruselkabinett

**㉖ Kyriázis Medizin-Museum:** Nichts für schwache Nerven! Die Häufung der historischen Instrumente und Geräte, mit denen früher Patienten behandelt wurden, sowie explizite Darstellungen aus mittelalterlicher Fachliteratur regen unweigerlich die Vorstellung an, wie sich das wohl angefühlt haben muss. Dennoch ist die private Sammlung, die Dr. Kyriázis mit Spenden von Arztkollegen zusammengetragen hat, hochinteressant.
Karaóli & Demetríou 35, Mi, Sa 9–12.30 Uhr, Eintritt frei

### Hoher Streufaktor

**㉗ Salz- und Pfeffermuseum:** Für Liebhaber skurriler Exponate ist diese Zusammenstellung von Salz- und Pfefferstreuern sicher ein Augenschmaus. Das jüngste Museum Lárnakas hat 20 000 unterschiedliche Streuer in den Regalen aufgebaut. Das Spektrum reicht von ›tanzender Kuh‹ bis avantgardistisch. Ein Café ist angeschlossen, um den Anblick der vielen geschmacklich fragwürdigen Ausstellungsstücke hinunterzuspülen.
**The Salt & Pepper Museum:** Faneroménis 51, Do–So 10–18 Uhr, 5 €

## Schlafen

### Mit Blick auf den Kirchturm

**1 Hotel Opera:** Morgens weckt ein Blick auf den Kirchturm durch die sanft vom Wind bewegten Gardinen. Dieses charmante Hotel garni liegt direkt am Platz der St.-Lazarus-Kirche. Dort lässt sich das bunte Nachtleben beobachten, ohne dass übermäßiger Lärm zu befürchten ist. Die Verpflegung beschränkt sich zwar auf Snacks und Kuchen, diese jedoch plus Getränke sind rund um die Uhr ohne Extrakosten verfügbar. Gefrühstückt wird auf der gemütlichen Loggia im maritimen Stil. Ein großes Plus: der eigene Parkplatz neben dem Haus.
Faneroménis 11, T 24 40 01 12, www.opera hotelcyprus.com, 13 Zi., DZ ab 75 €

### Über den Dächern der Stadt

**2 The Josephine Boutique Hotel:** Das Mittelmeer fast vor der Haustür und trotzdem im Pool baden. Dazu verleitet die Dachterrasse im 6. Stock, wo man herrlich mit Weitblick relaxen kann. Zwar hat man nicht von allen Zimmern aus Meerblick, aber dafür liegt das Haus in einer ruhigen Nebenstraße der Palmenpromenade. Zum Strand sind es nur 200 m.
Zínonos Kitiéos/Ecke Mitsí, T 24 62 70 00, www.thejosephinehotel.com, 29 Zi., DZ/F ab 110 €

## Essen

Wer sich von Einheimischen zeigen lassen möchte, wo es am ursprünglichsten oder besten schmeckt, dem seien die kulinarischen Stadtrundgänge und Ausflüge von **Cyprus Taste Tours** empfohlen (www.cyprustastetours.com).

### Bootsmahlzeit

**1 Aquarium Mediterranean Bar and Grill:** Auf einer Yacht zu speisen wäre natürlich erstrebenswert, aber man kann ja mit frischem Fisch auf einem Boot mitten in der geschützten Marina beginnen. Das familiengeführte Restaurant serviert auch auf dem Oberdeck, von dem aus man einen tollen Blick auf die umliegenden Segelschiffe und die Palmenpromenade genießt. Marina, T 96 69 77 55, Mo–Do 10–22, Fr–So bis 23 Uhr (die Öffnungszeiten können sich je nach Wind und Wetter ändern), frischer Fisch ab 12 €

## 100 % vegan

**2** **Solar Kitchen Bar:** Vegane Küche ist in Zypern so rar wie Goldstaub. Um so großartiger, dass in diesem gemütlichen Restaurant nicht nur die Philosophie stimmt, sondern das Essen aus frischen und lokalen Zutaten auch leichte Genüsse verspricht. Veggie-Burger, Salat-Bowls oder zuckerfreie Desserts sind nicht nur für Veganer als Snacks in brütender Hitze zu empfehlen.

Zínonos Kitiéos 36, T 96 69 77 55, www.solarkitchenbar.com, Di–Sa 11–16 Uhr, Burger mit Salat und Sprossen 7,50 €

## Traditionell in großer Runde

**3** **To Kazani:** So lieben es die Zyprer – ein großer Innenhof, viele Tische dicht nebeneinander, lautes Stimmengewirr und am Wochenende Livemusik. Die Taverne hat regen Zulauf von den Einheimischen, das beste Zeichen, dass hier wirklich serviert wird, was traditionell auf den Tisch gehört. So einen authentischen zyprischen Abend sollte man sich unbedingt mal gönnen. Damit man dabei auf guten Wein nicht verzichten muss, hat der Wirt den Busfahrplan auf seiner Facebook-Seite verlinkt.

Aradíppou (ca. 10 km außerh.), 28. Oktovríou 5, T 99 3132 36, FB @ParadosiakiTavernaToKa zani, Mo–Sa 18–1 Uhr, Mezé 17 €

## Strandbar

**4** **Finis Beach Bar:** s. S. 20.

*Mitten in der Stadt und trotzdem die Füße im Sand! Wer sich in der Finis Beach Bar niederlässt, ist nur einen Schritt von Sonnenliegen und Wellen entfernt. Die Vorstufe zum Badeausflug.*

## Einkaufen

### Echte Kunstwerke

**1 Theo Michael Art Studio:** Theo hat eine besondere Form gefunden, Zypern in schönstem Licht darzustellen. Seine Bilder erzählen romantische oder melancholische Geschichten. Die Protagonisten – Frauen in schönen Kleidern, Männer mit Hut – scheinen alten Filmen zu entstammen. In seinem Studio kann man Originale erstehen, aber auch Drucke oder Regenschirme mit nostalgischen Motiven. Seine Frau Anja hilft auf Deutsch bei der Auswahl.

Agías Elénis 5, www.artbytheomichael.com, Mo–Fr 10–17, Sa bis 13 Uhr

### Frisches Obst und Gemüse

**2 Bauernmarkt:** s. S. 21.

## Bewegen

### Wracktauchen

**1 Zenobia:** Die RoRo-Fähre sank 1980 vor der Küste Lárnakas. Die Unterwasserwelt um das Wrack ist geschützt und hält die unterschiedlichsten Anblicke von Fischen und Meeresschildkröten bereit.

**Zenobia Divers:** Leofóros Piale Pasa 47, Stadem Court, www.zenobiadivers.com, 2 Tauchgänge mit Equipment 100 €, Schnorcheln je 35 €

## Ausgehen

Gemütliche Pubs sind im Viertel **Laikí Geitoniá** versammelt. Beach Clubs konzentrieren sich am **Mackenzie Beach.**

*Aus Schiffsunglück mach Touristen-Highlight: Die RoRo-Fähre »Zenobia« geriet 1980 in Schieflage und sank samt der geladenen 104 Lkw. Ihr Wrack gehört heute zu den Top-Ten-Tauchspots der Welt.*

### Rock-Sound geht immer

**❶ Dylan's Bar:** Eine der entspanntesten Locations der Stadt. Neben Savino und Stone Age Club, die zum Inventar von Lárnaka gehören, ist Dylan's Rock Bar eine dritte Institution im alten Quartier parallel zur Palmenpromenade. Statt aus 60 Sorten Bier zu wählen, kann man durchaus einen Strawberry Margarita trinken, ohne schief angeschaut zu werden. Populär bei den Einheimischen sind die Shishas, die ebenfalls serviert werden.

Laikí Geitoniá, Watkins 12, FB @Dylans-Bar-Larnaca, tgl. 18–3 Uhr

### Chillen und Feiern am Strand

**❷ Ammos Beach Bar:** Eine der zuverlässig besten Locations am Mackenzie-Strip ist Ammos. Tagsüber weiße Perle am Strand mit leichten Fischgerichten und Schirmchen-Getränken im Angebot, abends aufregender Nachtclub am Meer mit Liveacts oder House aus der Konserve.

Mackenzie Beach, www.ammos.eu, tgl. 11–2, Fr, Sa bis 3 Uhr

## Feiern

- **Lárnaka Summer Festival:** Juli. An der Palmenpromenade, in Theatern und Museen steht der Monat im Zeichen der Kultur. Tanz, Drama, Konzerte, Filmvorführungen und Poetry an verschiedenen Orten. Besonders populär sind die Outdoor-Veranstaltungen (www.larnaca.com).

## Infos

- **Tourist-Info Lárnaka:** Plateía Vasiléos Pávlou, T 24 65 43 22, Mo, Di, Do, Fr 8.15–14.30, 15–18.15, Mi 8–14.30, Sa 8.15–13.15, im Winter Mo, Di, Do, Fr 8–14.30, 15–17.30, Mi 8–14.30, Sa 8–13 Uhr.
- **Gratis-Führungen in Lárnaka:** auf Deutsch, »Lárnaka – Vergangenheit und Gegenwart«, Mi 10 Uhr, Treffpunkt Tourist-Info; »Scala und seine Handwerker«, Fr 10 Uhr, Treffpunkt am Hafenkastell; Dauer: jeweils 2 Std. mit 20 Min. Pause
- **Sightseeing-Bus:** In einem der Doppeldecker von »Love Buses« erlebt man bequem die wichtigsten Sehenswürdigkeiten der Stadt Lárnaka. Start: Finikoúdes. Dauer: 2,5 Std.; 15 €
- **Bus:** Der zentrale Busbahnhof liegt hinter der Marina. Die meisten für Touristen interessanten Routen haben einen Stopp an der Palmenpromenade. Dort halten auch die Intercity-Busse. Die Busse für die Lárnaka-Region werden von Zinonas betrieben (www.zinonasbuses.com).
- **Flughafenzubringer:** s. S. 16.
- **Sammeltaxi:** Travel & Express (www.travelexpress.com.cy) kann für den Intercity-Verkehr von/nach Agía Nápa, Protarás und Paralímni genutzt werden. Der Kleinbus holt die Gäste am Hotel ab und setzt sie am Ort ihrer Wahl ab.
- **Parken:** Im Zentrum von Lárnaka ist die Parkplatzsuche eine Herausforderung. Hinter der alten Markthalle (außer Sa, Markttag) und bei der Lazarus-Kirche gibt es größere Parkflächen.
- **Fahrrad:** Die Radwege in der Region sind gut ausgebaut, Leihräder gibt es in den meisten Hotels bzw. an speziellen Stationen.

# Küste westlich von Lárnaka

## Perivólia ♥ J8

### Paradies für Surfer

Von der Kitesurfing Community wird der **Softádes Beach** 15 km südwestlich von Lárnaka nur ›The Spot‹ genannt. Hier hat die Natur Windstärke und -richtung,

# TOUR
# Wo Athíenou liegt, weiß man sogar in Amerika

**Auf Entdeckungstour in einem Städtchen mitten in der UN-Pufferzone**

Ein traditionelles Village-Haus mit großem Innenhof ist die Herberge **To Archontiko tis Anastasias** ❶. Jedes Apartment hat eine Küchenzeile, der Hof dient als Gemeinschaftsraum (Leofóros Evagórou 62, T 99 11 00 05, www.archontikoanastasia.com, 4 Apart., ab DZ 70 €, Selbstversorger).

Dass Athíenou kein gewöhnlicher Ort ist, begreift man schon auf der Zufahrtsstraße. 4 km vor dem Dorf erscheinen die ersten Hinweiszeichen der UN. Das Städtchen ist einer von nur vier Orten in Zypern, die innerhalb der Pufferzone liegen. War es einst eine wohlhabende Gemeinde auf der Handelsroute zwischen Nikosia und Lárnaka, so führen die Straßen nach Norden heute ins Nichts. Sperrgebiet, Durchfahrt verboten.

Fast wäre Athíenou in der Bedeutungslosigkeit versunken. Doch die ehemaligen Einwohner, die sich nach dem Einmarsch der türkischen Armee 1974 ins Ausland absetzten, vergaßen ihre Heimatstadt nicht. Geld und Unterstützung fließen in Projekte und Gebäude, die Athíenou ein neues, spannendes Leben gegeben haben. Bestes Beispiel für Glanz und Gloria ist die große Kirche **Panagía Chriseleoúsa** ❶ an der Plateía. Farbige Wände, eine große Empore und nach Aussagen der Männer im Kafeneíon die einzige Kirche der Insel, deren Ikonostase aus Marmor statt aus Holz gefertigt ist. Zwei Querstraßen weiter ist die **Karawanserei Mestana's Inn** ❷ renoviert worden. Sie soll künftig Archäologen als Begegnungsstätte dienen. Dank Professor Michael Tomazou vom Davidson College in North Carolina ist Athíenou Wissenschaftlern und Studierenden an amerikanischen Universitäten seit 30 Jahren ein Begriff. Das von ihm ins Leben gerufene und

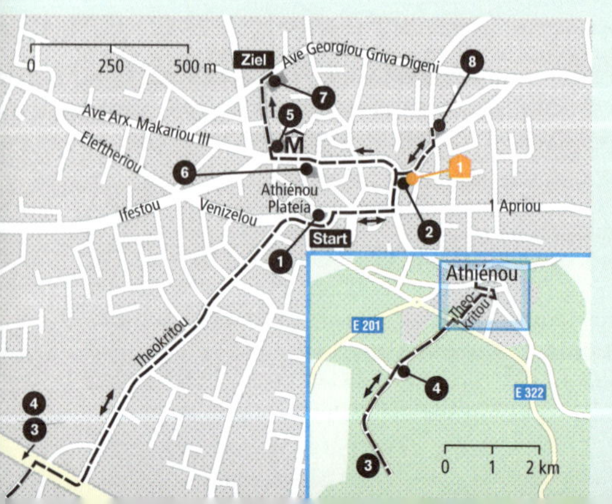

von einem Landsmann in den USA anfinanzierte Projekt erlaubt es Studierenden, auf dem **Malloura Archaeological Site ❸** 5 km außerhalb der Stadt die Kunst der Ausgrabung zu erlernen. Die Archäologen entdecken hier immer neue Funde aus einem antiken Heiligtum. Eine spannende Arbeit, bei der Zaungäste geduldet werden (Grabungen im Juni). Bereits aufgearbeitet und zu besichtigen sind die **unterirdischen Gräber,** die man dank der Überdachung auch im Sommer besuchen kann.

Auf dem Weg zurück in die Stadt lohnt sich ein Abstecher zu dem **verlassenen Dorf ❹** (GPS: 35.045951, 33.519177) rechter Hand oberhalb der Straße. An einer der Fassaden der zerfallenen Häuser, die heute als Schaf- und Ziegenställe dienen, hat die französische Künstlerin Zabou (https://zabou.me) ein atemberaubendes **Graffiti** (s. Abb.) hinterlassen.

Ein gutes Beispiel dafür, dass ausgegrabene Kunstschätze vor Ort gut aufgehoben sind, ist die archäologische Abteilung des **Kalliníkeio-Museums ❺** in Athíenou. Während eine Apollo-Statue aus dem Malloura-Tempel im Louvre steht und andere Artefakte im Metropolitan Museum of Art in New York gezeigt werden, sind in den Vitrinen dieses Museums so wunderbare Stücke antiker Steinbildhauer ausgestellt wie eine Hand, die eine Taube hält, oder der Kopf eines wiehernden Pferdes. Alle Exponate werden grandios präsentiert. Ganz gleichberechtigt zeigt das Museum auch die jüngere Vergangenheit und Arbeiten lokaler Künstler. Dazu gehören die kostbaren Ikonen, die der Mönch Vater Kalliníkos gemalt hat, wunderbare auf Stoff gemalte Karikaturen von Irini Klokkari und Keramik von Anastasia Lambaski Onisiforou. Das **Haus von Vater Kalliníkos ❻** ist heute ein Museum. Die ehemalige Käserei seiner Eltern im Hof wird genutzt, um Touristen die traditionelle Herstellung von Halloumi vorzuführen. Die beiden Künstlerinnen **Irini Klokkari ❼** und **Anastasia Lambaski Onisiforou ❽** haben ihre **Art-Studios** im Ort.

---

# Lieblingsort

## Fluchtpunkt am Leuchtturm

Nirgendwo kann ich so herrlich meinen Gedanken nachhängen wie am Meer, fernab des Touristenrummels. Als ›Fluchtpunkt‹ habe ich für mich das **Kap Kíti** (📍 J 8) entdeckt. Auch hier gibt es Ferienvillen und ein Hotel, aber keinen Andrang lärmender Urlauber. Die Gegend westlich des Flughafens Lárnaka ist touristisch gesehen noch Terra incognica. Der historische **Leuchtturm** an der Landspitze wirkt wie die perfekte Kulisse in diesem friedlichen Ambiente. Seit 1864 warnt er mit seinem blinkenden Licht vorüberfahrende Schiffe vor dem weit hinausragenden Kap. Wenn ich auf einer der Bänke im Schatten der Bäume des kleinen Parks unterhalb des Leuchtturms sitze, höre ich, wie unter mir die Wellen an den Strand schwappen. Der weite Blick, die frische Brise, das Rauschen des Meeres – hier kommt die Seele zur Ruhe. Ist die größte Hitze des Tages vorüber, sodass man sich wieder bewegen mag, braucht es nur ein paar Schritte bis zum **Küstenwanderweg.** Der führt über einen halben Kilometer bis zum **Fáros Beach,** wo ich mich nach einem kurzen Spaziergang in den Wellen abkühlen kann.

Temperatur und Wassertiefe optimal aufeinander abgestimmt. Die Surferhütten am Strand verströmen 70er-Jahre-Hippie-Charme. Fotomotive gibt es en masse.

# Mazotós ♀ H8

### Hoch zu Höcker

Es mag seltsam anmuten, in Zypern auf Kamelen zu reiten. Aber der **Camel Park** lässt eigentlich nur eine alte Tradition auferstehen. Bis in die 1950er-Jahre hinein trotteten die großen Lasttiere ganz selbstverständlich über die Insel. Als Erinnerung an dieses genügsame Transportmittel sind nur noch die alten Karawansereien übrig geblieben. In dem als Vergnügungspark angelegten Gelände darf man die historische Fortbewegungsart auf einer kurzen Route am eigenen Hintern erfahren. Ansonsten ist der Park wegen des Pools, des Ausflugsrestaurants und der kleinen Museumshütte besonders bei Familien beliebt.

16 km von Lárnaka, www.camel-park.com, tgl. 9–19, im Winter bis 17 Uhr, Eintritt 5 €, Kamelritt 10 €

### Tonnenschwere Kunst

Die Einfahrt zum **Petreon-Skulpturenpark** kann man gar nicht verfehlen, auch wenn er mitten in der zyprischen Pampa liegt. Petreos, ein 8,5 m hoher nackter Mann aus Stein, wacht über den großen Garten. Der Skulpturenpark des Künstlers Savvas Koulendros (gest. 2016) ist das Ergebnis von 14 000 Stunden Arbeit – allein an dem Petreos-Riesen hat er zwölf Jahre gearbeitet. Figuren aus Stein, eine Kirche, ein Amphitheater und dazwischen immer wieder Kakteen und blühende Büsche – eine malerische Open-Air-Galerie.

20 km von Lárnaka, ausgeschildert an der E321 Richtung Zýgi, ca. 3 km hinter dem Camel Park, Besuch nach Anmeldung: T 99 64 81 16, FB @PetreonSculpturePark, 2,50 €

# Zýgi ♀ G9

### Ehrenloge am Hafen

Es ist ein Glücksfall, wenn man hier am Wochenende einen Platz in einem der vielen Fischrestaurants ergattert. Der idyllische **Fischerhafen** (36 km südwestlich von Lárnaka) zieht die Einheimischen magisch an, denn was aus den Booten kommt, wandert sofort in die Küchen. Dabei haben die Gäste nur in einem Restaurant das Privileg, direkt am Hafen zu sitzen. Die anderen Tavernen reihen sich im Halbkreis darum auf, sind dafür aber deutlich preiswerter. Der Gang über die Mole als Verdauungsspaziergang rundet den Ausflug ab.

## Schlafen

### Entspannung für Leib und Seele

**E-Hotel Spa und Resort:** Das ›E‹ steht für *eco-friendly* aber auch für *escape*. Denn die stille Umgebung des Leuchtturms am Kap Kíti, der kurze Weg zum Strand, die entspannenden Massagen und die Abende auf der Dachterrasse unter dem blinkenden Sternenhimmel, fühlen sich wie eine Flucht aus dem Alltag an. Nicht nur die Seele wird hier gestreichelt, sondern auch der Magen: Die Küche ist hervorragend!

Perivólia, Fárou 1, T 24 74 70 00, www.hotel-e.com, 52 Zi., DZ ab 130 €

### Campen im Holzhaus

**Cyprus Glamping Park:** Direkt in der Natur und trotzdem ein hübsches Dach über dem Kopf. Die Holzhäuser sind mit Dusche, Betten und Küche ausgestattet und haben ausreichend Abstand voneinander. Wer Anschluss sucht, findet Gleichgesinnte in der Gemeinschaftsecke des Parks, der eher ein Garten ist. Was hier an Gemüse und Kräutern wächst, darf für die Selbstversorgung geerntet werden. Frische Eier legen die hauseigenen

Hühner und die Marmelade ist selbst eingekocht. Hunde sind willkommen. Alles sehr entspannt.

Ágios Theódoros (📍 H8), Kiriákou Hadjikoumí 20, T 99 54 45 14, www.cyprusglamping.com.cy, 9 Häuser, je 70 €, Frühstück 6 €

## Essen

### Am Wegesrand

**Pentasxoinos Fish Tavern:** Eine unscheinbare Küstenstraße, das blaue Meer in Reichweite. Da wäre es doch schön, wenn man hier… Und schon werden Wünsche wahr! Ein echter Geheimtipp ist dieses Fischrestaurant, auf dessen Terrasse man direkt über den Wellen sitzt, wo leise griechische Musik erklingt und der Meeresfrüchte-Teller zum Finger-ablecken gut ist. Unterhalb der Terrasse als Extra noch ein kleiner Badestrand.

Ágios Theódoros (📍 H8), an der E321 nach Zýgi, T 24 44 00 44, FB @pentasxoinostavern, Mo–Sa 12–22.30, So 12–19 Uhr, ab 15 €

## Bewegen

### Übers Wasser segeln

**Kahuna Surf House:** Beste Bedingungen, um sich in die Lüfte zu erheben, herrschen am Caretta Beach. Schnupperkurse, Privatstunden oder Kiten unter Aufsicht – an diesem Spot wird alles möglich gemacht. Während des Sommers steigen nicht nur die Drachen, sondern regelmäßig Events mit Profi-Vorführungen und Music Acts.

An der Straße Mazotós–Perivólia, ausgeschildert, www.kahunasurfhouse.eu, Kurse ab 150 €, Leihgebühr: Full Kit 55 € pro Tag

## Infos, Feiern

• **Bus:** von Lárnaka nach **Perivólia, Mazotós** und **Zýgi** Nr. 407.

• **Fischfest:** Anfang Juni, Zýgi. Seinen Ruf als Fischparadies stützt der Ort mit seinem jährlichen Fest rund um die Meeresfrüchte. Es darf reichlich gekostet werden, traditionelles Handwerk stellt sich vor und auf der Bühne präsentieren sich Volkstanzgruppen.

# Hinterland westlich von Lárnaka

## Anglisídes     📍 H8

### Im Mittelalter geboren

Der **älteste Olivenbaum Zyperns** steht in Anglisídes. Trotz seiner 800 Jahre trägt er noch immer Früchte. Sein Erscheinungsbild ist mit 6 m Höhe und 11 m Umfang äußerst imposant. Als er gepflanzt wurde, kam Kaiser Friedrich II. gerade auf dem fünften Kreuzzug an Zypern vorbei. Gleich nebenan finden sich im **Olivenmuseum** alte Gerätschaften, mit denen den Ölfrüchten ihre kostbare Flüssigkeit abgepresst wurde.

17 km von Lárnaka, Museum öffnet auf Nachfrage direkt im Ort oder unter T 24 43 24 80

## Stavrovoúni     📍 H7

### Strenge Sitten im Kloster

Um es gleich vorweg zu sagen: Frauen haben im **Kloster Stavrovoúni** keinen Zutritt. Das heißt aber nicht, dass sie auf eine Tour zu dem heiligen Berg verzichten sollten. Allein schon der Ausblick ist sensationell. Dennoch entbehrt es nicht einer gewissen Ironie, dass das Kloster seine Existenz der Initiative einer Frau verdankt. Die hl. Helena, Mutter des

*Diese Kapelle auf dem Berg Stavrovoúni dürfen sich Frauen anschauen, während ihre Männer das Kloster besuchen. Eine Vorschrift der Mönche untersagt weiblichen Besuchern den Zutritt zur inneren Anlage.*

römischen Kaisers Konstantin, hat im 4. Jh. auf der Rücktour von ihrer Pilgerreise ins Heilige Land einen Halt auf Zypern eingelegt und an der Stelle, wo in der Antike ein Aphrodite-Heiligtum stand, das Kloster gegründet. Sie hatte das Kreuz im Gepäck, an dem Jesus starb, und ließ einen Splitter davon als Reliquie zurück. Daher auch der Name Stavrovoúni – ›Kreuzberg‹. Die Mönche leben nach strengen Regeln, die Frauen den Zutritt verwehren. Ein Trostpreis ist die kleine Kapelle oben auf dem 750 m hohen Berg, die außerhalb der Klostermauern steht. Alternativ kann man auf dem Weg hinauf dem **Kloster Agía Varvára** einen Besuch abstatten. Das steht allen Besuchern offen und bietet darüber hinaus noch leckeren Honig und Olivenöl zum Mitnehmen an.

40 km von Lárnaka, tgl. 7–12, 15–19, im Winter 7–11, 14–17 Uhr, Eintritt frei

## Skarínou    ♥ G 8

### Hier käst die Bäuerin selbst

Nehmen Sie unbedingt die nächstbeste Gelegenheit wahr, bei der Herstellung von frischem Halloumi dabei zu sein. Kleine Manufakturen wie die von **Eleni Mimi** in Skarínou (30 km von Lárnaka) produzieren ihn nach altem Rezept. Und kosten Sie dann ein Stück von dem noch warmen Käse: Unvergleichlich köstlich!

Hofladen Mo–Sa 7–14, Mo, Di, Do, Fr 15.30–17, Mi 15–16 Uhr, Vorführung nach Anmeldung unter T 24 32 20 14 oder FB @EleniMimiTyrokomeio

### Rekordhalter

Kleiner Laden mit großer Nummer: Der **Tsimpi Shop** kann sich rühmen, das weltlängste handgefertigte Lefkarítika-Tischtuch im Besitz zu haben. Es misst stolze 8,94 x 1,80 m. Die berühmte Spitze wie auch die Auswahl lokaler Produkte in den Regalen wurden vom Landfrauenbund Lárnaka gefertigt. Als Stärkung gibt es hausgemachten Kuchen und Limonade. Um noch tiefer in die Traditionen einzutauchen, kann man sich für einen **Kochkurs** anmelden, der ab sechs Teilnehmern stattfindet.

Mo–Do 17–19, Sa 10–13 Uhr, Anmeldung per E-Mail: an.kosma@gmail.com oder T 99 72 36 40, FB @tsimpishop

### Die etwas andere Beautyfarm

Wer glaubt schon, dass der Besuch auf einer Farm schön(er) macht? Doch die **Golden Donkey Farm** zielt u. a. genau darauf ab. Sie zieht ihre Esel nicht nur auf, um Kindern einen Streichelzoo zu bieten oder die Kleinen reiten zu lassen. Aus der Milch werden neben Leckereien diverse Schönheitsmittel hergestellt. Bekanntlich badete auch die ägyptische Königin Kleopatra in Eselsmilch und ihre Attraktivität war legendär. Im Shop kann man die ›Anti-Aging-Wunder‹ gleich mitnehmen.

2,5 km außerhalb des Dorfes, www.golden donkeys.com, tgl. 9–18, im Winter bis 17 Uhr, 3 €

# Páno Léfkara    📍 G 7

### Kostbares Handwerk

Es gibt tatsächlich Reisende, die kommen nur hierher, weil das Dorf (35 km von Lárnaka) für idyllische Fotos auf Instagram die ideale Kulisse hergibt. Malerische Gassen, Kopfsteinpflaster, alte Frauen über filigranes Kunsthandwerk gebeugt und dazwischen blumengeschmückte Cafés. Doch wer ein wenig tiefer in das Dorfleben eintaucht, erfährt noch mehr. Dass die Frauen des Ortes mit ihrem Kunsthandwerk, der berühmten **Lefkarítika-Stickerei,** nämlich

*Kunst gibt es hier an jeder Ecke. Das Städtchen Páno Léfkara ist berühmt für seine Lefkarítika-Stickerei.*

schon im Mittelalter ganze Familien ernährten. Selbst Großmeister Leonardo da Vinci soll hier 1481 eine Spitzendecke für den Altar des Mailänder Doms erworben haben. Die Männer des Dorfes gelten seit jeher als kunstfertige Silberschmiede. Kein Wunder, dass Léfkara als ziemlich wohlhabende Gemeinde bekannt ist. Zu bewundern ist das u. a. im **Léfkara-Museum** (tgl. 9.30–17, im Winter 8.30–16 Uhr, 2,50 €), eingerichtet im prachtvoll ausgestatteten Haus des reichen einstigen Bürgers Patsalos. Traditionelle Kleidung, Schmuck, Silberarbeiten und wertvolle Stickereien sind hier ausgestellt.

### Das rinnt runter wie Öl

Wo kommt die Olive her? Wo geht sie hin? Auf der **Bio-Olivenfarm Ktima Sofokleous** sind die Gäste eingeladen, durch die Oliven- und Obsthaine zu schlendern, die Aussicht zu genießen, die Produktion zu verfolgen und anschließend die ökologisch zertifizierten Produkte zu verkosten und zu erwerben.

Drómos Isaác kai Solomoú 12, www.olivaterra. eu, tgl. 8–20, im Winter bis 17 Uhr

## Káto Drys ♀ G8

### Festival ganz ohne Schlamm

Jedes Jahr Anfang August pilgern Tausende junge Leute in dieses abgelegene Örtchen (37 km von Lárnaka). Dann herrscht für drei Tage ein Festivalcharakter, wie er der entspannten Atmosphäre warmer zyprischer Sommernächte entspricht. Beim **Musikfestival Fengaros** (www.fengaros.com) sitzt das Publikum auf Kissen und Decken, zeltet in der Umgebung und gibt sich ansonsten dem Sound der Bands hin, die mit Folk, Rock und Pop das stille Dorf für ein Wochenende komplett verwandeln.

### Stolz aufs heimische Handwerk

Ein so liebevoll geführtes Privatmuseum sieht man selten. Das Ehepaar Elli und Jakob hat in dem traditionellen Bauernhaus, das seit Generationen im Besitz der Familie ist, alles zusammengetragen, was mit Imkerei zu tun hat. Bereitwillig werden Besucher im **Bienen- und Stickereimuseum** an jedem einzelnen Exponat mit einer Geschichte versorgt. Erst recht, wenn es dann in die ›Gute Stube‹ von einst geht, wo als Tisch- und Bettwäsche, als Gardinen und Kleider alle Spitzenstickereien ausgestellt sind, die von den Frauen der Familie seit Generationen gefertigt wurden. Hier erlebt man die Lefkarítika nicht als Luxusgut, sondern als Gebrauchsobjekt.

Káto Drys Bee & Embroidery Museum, FB @KatoDrysBeeEmbroideryMuseum, Fr–Mi 10–13, 15–17 Uhr, 2 €

## Choirokoitía ♀ G8

### Zurück in die Steinzeit

Für ökologisch bewusste Menschen ist der Einsatz von natürlichen Baustoffen eine wichtige Sache. Man mag kaum glauben, wie viel man sich dabei von den Steinzeitmenschen abschauen kann. In der **Archäologischen Stätte Choirokoitía** (tgl. 8.30–19.30, im Winter bis 17 Uhr, 2,50 €) ist an den originalgetreuen Rekonstruktionen zu erkennen, wie die hiesigen Siedler vor 7000 Jahren ihre Hütten errichteten: Die Rundbauten bestanden aus Stein, Stampflehm und sonnengetrockneten Lehmziegeln. Angeordnet waren sie auf kreisförmigem Grundriss, der einen offenen Innenhof frei ließ. Es ist unglaublich spannend, einen Blick hineinzuwerfen und sich vorzustellen, wie in diesen ersten ›Tiny Houses‹ ganze Familien lebten und arbeiteten. Sie nutzten Diabas-Gestein, um Gefäße herzustellen, und kreierten aus dem grünlichen Pikrolith, den sie im Flussbett des Kourís fanden, Schmuckstücke und Kultfiguren. Beispiele für beides sind im Zypernmuseum in Nikosia ausgestellt.

### Halloumi-Making

Fast schon ein Klassiker ist es, beim Besuch von Choirokoitía in **Loullas Käsemacherei** vorbeizuschauen. Ihr frisch hergestellter Halloumi ist für Selbstversorger im Urlaub die Basis für traditionelle Gerichte. Er ist haltbar genug, um auch als Mitbringsel die Heimreise mit anzutreten.

Loulla Efthymiou, tgl. 10–17 Uhr, Zuschauen auf Anfrage unter T 99 63 93 88

### Geflochtene Tradition

Am Anfang stand die Liebe zur **Korbmacherei**. Petros Nicolaou hat seine Passion zu seinem Lebensinhalt gemacht. Die alte Handwerkskunst erlernte er von seinen Großeltern. In seiner **Werkstatt**,

### ZYPRISCHE FABEL

Eine Maus schlief im Wald, als ihr ein Zweig auf den Kopf fiel. Panisch rannte sie los und erzählte dem Kaninchen: »Ein dicker Ast hat mich fast erschlagen.« Als sie dem Marder begegnete, rief sie: »Ein Sturm hat einen Baum entwurzelt und alle Tiere darunter erschlagen.« Der Ziege schrie sie zu: »Ein Erdbeben hat den Boden aufgerissen und alles Leben verschlungen.« Alle stoben davon. Deshalb sind die Wälder fast leer, denn Tiere und Gerüchte kann in Zypern niemand aufhalten!

untergebracht im Haus der Familie aus dem Jahr 1903, demonstriert er 30 verschiedene Arten der Korbmacherei und gibt Gästen die Möglichkeit, es auch einmal zu probieren. Gleich nebenan betreibt er ein **Museum,** das Korbwaren zeigt, aber auch historische Einrichtungsgegenstände.

Tgl. 9–18 Uhr, FB @paradosiakesdemiourgies, Anmeldung zum Mini-Workshop unter T 99 20 58 33, petros.nikolaou25@gmail.com

# Kalavasós ⚲ G 8

### Geschichte unterm Zeltdach

Jedem fällt das große Zelt rechts der Autobahn nach Limassol sofort auf. **Kalavasós Ténta** ist eine überdachte Ausgrabungsstätte, an der eine Siedlung aus dem 7. Jt. v. Chr. freigelegt wurde. Zu sehen sind zwar nur die Fundamente, aber die Tafeln mit den Zeichnungen geben eine lebendige Vorstellung davon, wie die Steinzeitmenschen hier einst gelebt haben. Der Name für die Ausgrabungsstätte (griech. *ténta* = Zelt) rührt nicht etwa von der heutigen Überdachung her.

Vielmehr soll die hl. Helena, Mutter von Kaiser Konstantin, bei ihrem Besuch auf Zypern im Jahr 327 an dieser Stelle in einem Zelt genächtigt haben.

37 km von Lárnaka, Mo–Fr 9.30–17, im Winter 8.30–16 Uhr, 2,50 €

# Schlafen

### Aktivurlaub im Bergland

**Cyprus Villages:** Wohnen allein genügt nicht, man muss sich auch mal bewegen. Dieses Konzept verfolgt die Anlage mit den Steinhäusern im traditionellen Stil mit bewundernswerter Konsequenz. Damit den Gästen mehr geboten wird als Relaxen am Pool oder die überwältigende Aussicht von der Terrasse, organisiert der Inhaber Sofronis Potamitis – der übrigens Deutsch spricht – Fahrradtouren oder Fishing-Trips, Yogakurse und Vorführungen bei Halloumi-Herstellern.

Tóchni (⚲ G 8), T 24 33 29 98, www.cyprus villages.com.cy, 20 Zi., DZ ab 65 €

### Für Bücherwürmer

**Library Hotel:** Es gibt Leute, die würden am liebsten zwischen Büchern wohnen. Hier ist die Chance dazu! Savvas Varnavides hat die Räume des Familienhotels nach Dichtern benannt, in der Bibliothek stehen Lesesessel um den Kamin herum. Damit auch der Körper verwöhnt wird, gibt es einen Wellnessbereich und ein exzellentes Restaurant. Hier steigen überwiegend Gäste aus deutschsprachigen Ländern ab.

Kalavasós, Anexartisías 3, www.libraryhotelcyp rus.com, T 24 81 70 71, 12 Zi., DZ/F 90 €

# Essen

### Essen und Tanzen

**Ayia Anna Tavern:** Manche kennen den Namen des Dorfes nur wegen der gleichnamigen Taverne. Was die Einrichtung betrifft, wurde die Vergangenheit konserviert. Alte Gerätschaften hängen an den Wänden und wenn er in Stimmung ist, begrüßt der Besitzer seine Gäste im historischen Kostüm *(vraka)*. Aufgetragen wird die Mezé (17 € p. P.), bis sich die Schälchen mit traditionellen Spezialitäten auf dem Tisch stapeln. Bei Livemusik unbedingt mittanzen!

Agía Ánna (♀ H7), Agnouménou Andréa Georgíou 1, T 22 53 25 00, FB @tavernaagia anna, Di–Sa 13–20, So 13–16 Uhr

## Einkaufen

### Lefkarítika-Originale

**Rouvis Lace and Silver:** Ein edles Geschäft, das so in einer teuren Fußgängerzone großer Städte angesiedelt sein könnte. Handgestickte Spitze und Silberschmuck aus Lefkára gibt es hier im Original und in allen erdenklichen Ausführungen.

Páno Lefkára, Gregóri Afxentíou 10, FB @ Rouvis-Lace-and-Silver, tgl. 9–18.30 Uhr

### Weine aus der Region

**Ktima Christoudia:** Die hügelige Berglandschaft von Lárnaka bringt ganz wunderbare Weine hervor. Familie Christoudia lädt auf ihrem Weingut dazu ein, die verschiedenen Kreationen zu verkosten und als Souvenir mit nach Hause zu nehmen. Tipp: Mit dem Rosé Maratheftiko hat man einen leichten Sommerwein von einer zyperntypischen Traube.

Káto Drys, an der Straße nach Vávla, T 99 81 30 75, 24 34 21 42, 99 03 48 28, www.ktimachristoudia.com, tgl. 9–17 Uhr

## Bewegen

### Die ›wilde‹ Natur kennenlernen

**Eco Physis:** Das kleine Familienunternehmen teilt bei den von ihm angebotenen Touren das geballte Wissen über essbare Pilze, Honigherstellung, Heilkräuter und traditionelles Handwerk mit den Teilnehmenden. Auch die Verkostung

*Sich einfach mal durch die zauberhaften Gassen der Bergdörfer treiben lassen. Im Hinterland von Lárnaka ist noch Platz für Entdeckungen.*

lokaler Produkte und die eigenhändige Fabrikation ökologischer Kerzen gehören zum Programm.

Vávla (♀ G 8; 43 km von Lárnaka), www.eco physiscy.com, die Tour- und Workshop-Angebote variieren je nach Jahreszeit

### Radfahren

**Zypernbike:** Die beste Zeit zum Radfahren ist im Frühjahr, wenn die Temperatur moderat und die Insel grün ist. Die Experten von Zypernbike verleihen unterschiedliche Arten von Fahrrädern, organisieren Touren für alle Ansprüche und bieten sogar Fahrradurlaube an.

Alaminós (♀ H 8), Leofóros George Mouskis (E321), Radstation am Aldiana Club Hotel, www.zypernbike.de, Tourenrad 28 €, Mountainbike 32 €, Rennrad 35 € pro Tag

## Feiern

- **Honig- und Imkerfest:** Ende Juni, Odoú (♀ F 7). Gemeinsam stellen die neun Honig produzierenden Dörfer ihre Arbeit und ihre Produkte vor. Es gibt Verkostungen, Honigrezepte und einen Beauty-Workshop. Ergänzt durch Volkskunst und DJ-Musik.
- **Lefkára Summer Festival:** Mitte Aug., Léfkara. Hier bietet sich die Gelegenheit, hinter die Kulissen der berühmten Handwerkskunst des Ortes zu schauen. Die Arbeit wird demonstriert und Ausstellungen zeigen die schönsten Stücke. Als Untermalung ein reichhaltiges Folk-Kulturprogramm (FB @dimoslefkaron).

## Infos

- **Bus:** von Lárnaka nach **Skarínou** und **Páno Léfkara** Nr. 408 u. 405, umsteigen in Kofínou; nach **Káto Drys** Nr. 408 u. 404, umsteigen in Kofínou; nach **Choirokoitía** und **Tóchni** Nr. 408 u. 401, umsteigen in Kofínou.

# Nordöstlich von Lárnaka

## Oróklini ♀ J 7

### Vögel gucken am Wegesrand

Es gibt kaum ein besseres Entspannungsmittel als Naturbeobachtung. Die Stille, die Konzentration auf die Bewegung der Tiere – automatisch schaltet man den Stress weg. So eine Relaxpause lässt sich am **Oróklini-See** (6 km von Lárnaka) bestens in einen Ausflug zum Strand einbauen. Am Wegesrand steht eine Holzhütte, aus deren Deckung sich bis zu 190 Vogelarten betrachten lassen. Infotafeln helfen dabei, die geflügelten Besucher zu identifizieren. Wer selbst etwas für Zyperns Tierwelt tun will, kann einen Vogel adoptieren. Die Organisation Birdlife Cyprus bietet auf ihrer Website diese Möglichkeit einer finanziellen Unterstützung an (www.birdlifecyprus.org).

## Pýla ♀ K 6

### Dorf ohne Teilung

Angeblich gibt es im Ort keine Straßennamen, weil man sich nicht einigen konnte, ob sie griechisch oder türkisch beschriftet werden sollten. In Pýla leben Zyperngriechen und Zyperntürken seit ewigen Zeiten zusammen. Vom Bevölkerungsaustausch nach der Teilung des Landes 1974 ist das Dorf verschont geblieben. Dafür liegt es mitten in der von der UN kontrollierten Pufferzone. Die Blauhelme patrouillieren im Schlenderschritt durchs Dorf, am Marktplatz liegen sich das Kavehane und das Kafeneíon friedlich gegenüber und im Ort gibt es Schulen für Kinder beider Volksgruppen. Man munkelt, jede Menge Fördergelder fließe hierher, weil schon eine Verkehrsberuhigung als ›bikommunale Maßnahme‹ abgerechnet werden kann. Obwohl die Einwohner es gewöhnt sind, von Touristen bestaunt zu werden, freuen sie sich doch, Fremden einen Kaffee spendieren zu können.

## Bewegen

### Tauchen

**Alpha Divers Diving Centre:** Tauchausflüge zu Schiffswracks (Zenobia u. a.) und Sea Caves.

Oróklini, 2 Pyla Gardens, Dhekelia Road, www.alpha-divers.com, 2 Tauchgänge 90 €

## Feiern

• **Lavendelfest:** Mitte Juni, Cyherbia (s. S. 40). Zur kurzen Blütezeit des duftenden Krauts dreht sich im botanischen Park Cyherbia alles um Lavendel. Kosmetikworkshop, geführte meditative Wanderung durchs Lavendelfeld und Verkostungen von Lavendel-Köstlichkeiten gehören zum Programm (www.cyherbia.com).

• **Wassermelonenfest:** Mitte Juli, Frénaros (♀ L 7). Alles aus der erfrischenden Frucht kommt hier zur Verkostung – Cocktails, Süßigkeiten, Eis. Ergänzend präsentieren lokale Handwerker und Bauern die Herstellung von Stühlen oder Halloumi. Und endlich lernt man, woran man eine gute Wassermelone erkennt.

# Agía Nápa  ♀ L/M 7

Ohne dem Rest der Insel zu nahe treten zu wollen – in der Region um Agía Nápa finden sich einfach die besten Strände

*Bummeln mit Einkehr: Der Weg vom Hotel zum Strand ist in Agía Nápa gesäumt von Läden und zahllosen Gastroangeboten. Nachts leeren sich die Shoppingalleen und die Clubs übernehmen die Vorherrschaft.*

# TOUR
## Ab durch die Hecke

**Ein entspannender Spaziergang im botanischen Park Cyherbia**

Der Saison der Pflanzen folgend, finden in Cyherbia immer wieder **Events** statt. Im Juni wird der blühende Lavendel gefeiert (s. S. 39), zu Halloween werden Kürbisse geschnitzt und der Park in einen ›Gruselwald‹ verwandelt. Im März gibt es zudem das Elfenfest mit Verkleiden, Traumfängerei oder Steampunk Alchemie Show – keineswegs nur etwas für Kinder.

Unter der unbarmherzigen Sonne südlicher Länder sind zwei Dinge kostbarer als Gold: Wasser und Pflanzen. In der kargen Landschaft der Ammóchostos-Region einen botanischen Garten zu finden, der Schatten spendet, duftet und darüber hinaus auch noch einen Einblick in die zyprische Flora vermittelt, ist geradezu ein Glücksfall.

Gleich am **Eingang von Cyherbia** ❶ verlockt ein unüberschaubares **Heckenlabyrinth** ❷ (s. Abb. S. 41) dazu, den eigenen Orientierungssinn zu testen. Mittendrin ist auf Hinweisschildern zu lesen, welche Vögel hier zwitschern und es gibt eine Aussichtsplattform, von der aus man sich einen Überblick über die Anlage verschaffen und den richtigen Weg ins Auge fassen kann.

Wer aus dem Irrgarten herausgefunden hat, startet den **Rundgang um Zypern** durch den im Umriss der Insel angelegten **botanischen Garten** ❸. An markanten Punkten weisen Tafeln mit Bildern und Infos auf den jeweiligen Ort hin, an dem man sich sozusagen gerade befindet: Páfos, Pétra tou Romioú, Lárnaka, Bellapais. Auf allen Wegen begegnen den Besuchern markante Bäume und kleinere Pflanzen, die in Zypern das Vegetationsbild bestimmen und deren Beschriftungen auch dem botanisch Ahnungslosen endlich Klarheit verschaffen. Im Park entdeckt man alles vom Lorbeerbaum bis hin zu Myrte, der Pflanze der Aphrodite. Die Waldlandschaft des Parks zieht auch Tiere an. Mit dem Zwitschern der Vögel und kleinen Geckos, die sich auf Steinen

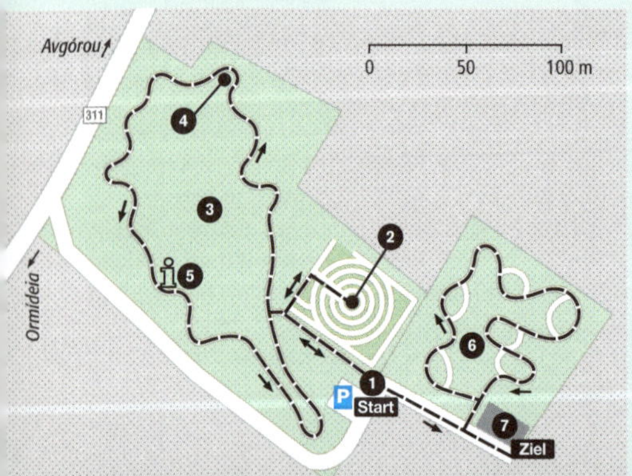

sonnen, gibt die Natur ihre entspannte Ruhe an die Spaziergänger weiter.

Ein reizender Anlass für einen Halt ist der Anblick des **Elfendorfes** ❹. Die Häuschen, der Fliegenpilzgarten und ein Briefkasten, in den man Zettel mit seinen Wünschen an die Feen werfen kann, sind zwar für Kinder konzipiert, aber wenn echte Schmetterlinge in dieser Szenerie umherschwirren, bekommt sie auch für Erwachsene etwas Magisches.

Ein besonderes Gefühl beschleicht einen auch, wenn man gebückt durch die Tür des Holzhauses tritt und es innen aussieht, als würde hier ein moosbedeckter Waldgeist wohnen. So passt sich das **Info-Zentrum** ❺ bestens in das Ambiente des Parks ein. Die Tafeln an den Wänden vermitteln Wissenswertes zur Tierwelt von Zypern.

In den zweiten Teil des Parks locken unwiderstehliche Düfte. Der **Kräutergarten** ❻ präsentiert die Vielfalt der Kraft der Pflanzen. Thematisch aufgegliedert führt der Pfad durch Medizingarten und Aromagarten, Entspannungsgarten, Frauengarten, Duftgarten, Küchengarten und sogar einen Giftgarten. Gewürze und Heilmittel, die der urbane Mensch nur noch zerkleinert aus Fertigmischungen kennt, können hier in ihrer ursprünglichen Schönheit und Gestalt betrachtet werden.

Anschließend ist es Zeit für eine Stärkung in der **Teestube** ❼. Im **Shop** sind Kosmetika, Tees, Aromaöle und eigener Honig im Angebot. Wer Glück hat, begegnet hier der Schöpferin des Cyherbia-Gartens. Miranda Tringis kam vor 30 Jahren aus Holland nach Zypern, der Liebe wegen. Die Künstlerin begann sich ausführlich mit Kräuterkunde zu beschäftigen, nachdem ihre Tochter im Kindesalter erkrankte. »Innerhalb von drei Jahren hatte ich ihr Immunsystem wieder aufgebaut, allein mit Kräutern aus Zypern.« Dieses Wissen wollte sie weitergeben und so eröffnete sie 2012 Cyherbia.

---

## Infos

📍 **K6**
**Cyherbia Botanical Park & Labyrinth:** E311, Avgórou, www.cyherbia.com, tgl. 9–19 Uhr, letzter Einlass 17.30 Uhr, 5 € (Tickets in der Teestube)
**Start:** Eingang ›Cyherbia‹ für Rundgang im botanischen Garten und durchs Labyrinth; Eingang ›Teestube‹ für den Rundgang durch den Kräutergarten
**Anfahrt:** Cyherbia ist gut ausgeschildert, vor Ort gibt es Parkplätze; von Protarás Bus 706, von Agía Nápa Bus 705 und von Lárnaka Bus 712, Haltestelle ›Sinikismos Avgórou‹, dann 1 km Fußweg
**Termine:** Workshops zu diversen Themen und Kräuterwanderungen s. Website

# Agía Nápa

## Ansehen

**1** Thálassa-Museum
**2** Kloster Agía Nápa
**3** Bauernhaus
　Agrotospito

**4** Skulpturenpark
**5** Kapelle Agía Thékla

## Schlafen

**1** Mon Repos Hotel

## Essen

**1** Sage Restaurant

## Ausgehen

**1** Senior Frog's

---

Zyperns. Und zwar in Hülle und Fülle. Im weichen Sand liegen oder lieber von Klippen ins Wasser springen, tauchen, Bootsausflüge machen, fischen, Stand-up-Paddeln oder Flyboard ausprobieren … Es wird einfach nicht langweilig. Darüber hinaus bieten die umliegenden Ortschaften mit kleinen, aber feinen Sehenswürdigkeiten und gemütlichen Tavernen allemal einen Grund, sich für ein paar Stunden von Strandliege und Sonnenschirm zu lösen. Die östlichste Region Zyperns wird wie vor der Teilung als Bezirk Famagusta (Ammóchostos) bezeichnet.

## Im Zentrum

### Trockenen Fußes unter Wasser

In seiner Funktion als Besuchermagnet zwischen Shoppen und Feiern kann man das **Thálassa-Museum 1** durchaus als Attraktion gelten lassen. Von Muscheln bis hin zu Meeresschildkröten ist darin das marine Leben um Zypern dokumentiert. Einige der ausgestellten Fossilien sind 130 Mio. Jahre alt. Wie die Menschen auf den antiken Weltmeeren unterwegs waren, davon erzählt die Nachbildung des Kyrenia-Schiffes, das 300 v. Chr. vor Zyperns Küste sank.

Leofóros Kryoú Neroú 14, www.thalassa museum.org.cy, Mo 9–13, Di–Sa 9–17, So 15–19 Uhr, im Winter So geschl., 4 €

### Als Agía Nápa noch bewaldet war

Als Wahrzeichen von Agía Nápa steht das **Kloster Agía Nápa 2** im Herzen des Ortes. Erbaut wurde es um 1500 in Form eines mittelalterlichen Kastells. Seine Fundamente sind in den Fels eingehauen und geben dem Ensemble eine urtümliche Aura. Aus dem Maul des steinernen Ebers im Innenhof schoss einst eine Fontäne frischen Wassers, das vom Fluss Krioneri über das Aquädukt bis zu dem Brunnen geleitet wurde. Geweiht ist das Kloster der Heiligen Jungfrau der Wälder. Von denen ist nicht mehr viel übrig. Aber die Umgebung muss einst dazu verleitet haben, ihr den Beinamen *nápa*, griechisch für ›waldiges Tal‹, zu geben. Immerhin ein wichtiger Baum ist verblieben: Im Schatten der 500 Jahre alten **Maulbeerfeige** am südlichen Eingang kann man sich gut von der Hitze des Tages ausruhen.

Plateía Giórgou Seféri (Plateía Agía Nápa), tgl. 9–21, im Winter bis 15 Uhr, Eintritt frei

### Besuch in Omas Stube

Man mag es kaum für möglich halten, aber auch Agía Nápa war mal ein Dorf ohne Touristen. Der Boom setzte nach 1974 ein, als die eigentliche Ferienhochburg Famagusta vom türkischen Militär besetzt wurde. So entstand 15 km weiter ein neues Urlaubsparadies. Die alten Häuser wichen modernen Hotels. Gerade mal 2600 Menschen wohnen heute in Agía Nápa, aber während der Saison kommen

jedes Jahr fast 500 000 Gäste. Wer also wissen will, wie das ursprüngliche Agía Nápa aussah, muss dafür ins Museum gehen. Das **Bauernhaus Agrotospito** ❸ gleich neben dem Kloster ist ein liebevoll eingerichtetes Zuhause aus vergangenen Zeiten. Möbel, Küchenutensilien und Trachten lassen erahnen, wie hart aber malerisch das Leben hier einst war.

Plateía Giórgou Seféri (Plateía Agía Nápa), T 99 68 43 18, tgl. 9–22 Uhr, im Winter auf Anfrage, Eintritt frei

# Am Ortsrand

## Freiluft-Galerie

Die Idee ist genial, das Setting einfach traumhaft – der **Skulpturenpark** ❹ bietet eine Open-Air-Ausstellung mit Blick aufs blaue Meer. Seit Jahren arbeiten internationale Bildhauer auf Symposien daran, das Ensemble von Werken am Rande der Stadt zu erweitern. Künstler von Übersee und aus Europa lassen sich von der Schönheit der Landschaft inspirieren und schaffen vor Ort steinerne Kunst, die das Ambiente der Natur widerspiegelt und ergänzt.

Drómos Kávo Gkréko, www.ayianapaopenmuseum.com/en, immer zugänglich, Eintritt frei

## Eine Heilige für Liebende

Dieses Kirchlein hat zwei Gesichter. Nach außen hin weit sichtbar ist die **Kapelle Agía Thékla** ❺ ein zauberhaftes Schmuckstück in der Landschaft. Das strahlend weiß-blaue Gotteshaus thront auf einer felsigen Anhöhe über dem Meer und ist als Fotomotiv und für Hochzeiten beliebt. Aber sie hat ein Geheimnis, für das man in die Unterwelt hinabsteigen muss. Die in den Fels geschlagene Höhlenkirche unterhalb der Kapelle ist die Ur-Kirche. Sie diente als Gotteshaus, bevor die neue Kirche darüber errichtet wurde. Angeblich gewährt die hl. Thekla Hilfe in Liebesfragen. Sich etwas zu wünschen und eine Kerze für sie anzuzünden, kann zumindest nicht schaden.

Leofóros Agías Théklas, Abzweig zum Meer

## Schlafen

### Blütenträume in Strandnähe

**1 Mon Repos Hotel:** Allein schon die Vorstellung, unter den roten Bougainvillea-Büschen zu frühstücken, versetzt einen in Urlaubsstimmung. Terrassentür auf und schon steht man unter der Blütenpracht, liegt auf privaten Sunbeds oder ist in wenigen Schritten am Pool. Der Traumstrand Nissi Beach ist nur fünf Autominuten entfernt. Dank Kitchenette kann man sich wahlweise selbst verpflegen.

Leofóros Nissí 125, T 23 7213 19, www. monreposhotel.info, 62 Zi., DZ/F ab 74 €

## Essen

### Elegante Dining Oase

**1 Sage Restaurant:** Inmitten der meist rustikalen Lokalitäten in Agía Nápa sticht das Sage mit Stil und einer exquisiten Karte heraus. Wer gern fein ausgeht, kann in dem angesagten Sommerrestaurant (reservieren!) leichte Küche genießen, deren Preise nicht gleich die Urlaubskasse sprengen.

Krioú Neroú 8, T 23 81 61 10, www.sagerest. com, Mai–Okt. tgl. 17–23 Uhr, 6 Austern 19 €, Hauptgerichte ab 11 €

## Ausgehen

Im Zentrum reihen sich Bars und Clubs dicht aneinander.

### Total abgedreht

**Senior Frog's:** Quietschbunt, abgefahren, trashig. Aber manchmal will man seinen Stress einfach nur wegtanzen. Die Crew heizt mit Animation die Stimmung an. Wer drinnen keinen Platz findet, feiert draußen auf der Straße. Bestes Zeichen, dass man sich auf den Laden eingelassen hat: Wenn man zum Cocktail ein T-Shirt mit bestellt.

Agías Mavris 24a, FB @seniorfrogs.cy, tgl. 20.30–3 Uhr

## Feiern

- **Agía Nápa Triathlon:** März. Eine der größten Veranstaltungen in der Region (https://ayianapatriathlon.com).
- **Agía Nápa Festival:** letzte Sept.-Woche. Am Hauptplatz um das Kloster wird die geballte historische, kulturelle und landwirtschaftliche Tradition der Gegend versammelt. Hausgemachte Produkte von Brot bis Zivanía werden angeboten und das Unterhaltungsprogramm ist erstklassig (FB @AgiaNapaEventsAndFestivals).
- **Mittelalterfest:** Mitte Okt. Hier wird der Wein aus Fässern verkauft, Menschen in mittelalterlichen Kostümen ziehen durch die Stadt und Workshops zeigen mittelalterliche Handwerkskunst. Bei den Konzerten und Tanzshows präsentieren sich internationale Künstler (FB @AYI ANAPAMedievalFestival).

## Infos

- **Tourist Info Agía Nápa:** Leofóros Kryoú Neroú 12, T 23 72 17 96, Mo, Di, Do, Fr 8.15–14.30, 15–18.15, Mi 8–14.30, 1. und 3. Sa im Monat 8.15–13.15, im Winter Mo, Di, Do, Fr 8–14.30, 15–17.30, Mi 8–14.30, Sa 8–13 Uhr
- **Bus:** In Agía Nápa fahren fast alle Busse vom/über den Platz am Kloster.
- **Parken:** Die Situation ist nicht so angespannt wie in Lárnaka, sofern man nicht direkt in Hafen- bzw. Strandnähe parken will.

# Umgebung von Agía Nápa

## Kap Gréko        📍 **M 7**

### Foto-Spot für Brautpaare

Romantischer geht es nicht! Auf dem Tafelberg am **Kap Gréko** (Kávo Gkréko; 7,5 km von Agía Nápa) lassen sich die spektakulärsten Sonnenuntergänge erleben. Bei diesem abendlichen Ereignis ist man freilich nie allein, da die grandiose Aussicht ein offenes Geheimnis ist. Vor allem Brautpaare schätzen die Kulisse für ihre Hochzeitsfotos und posieren im roten Licht vor endlosem Meer. Die flache Landzunge, die zu Füßen des Berges ins Wasser ragt, ist nur eingeschränkt zugänglich. Als Attraktion am Kap gelten die zahlreichen **Unterwasserhöhlen,** die inzwischen nur noch vom Meer her zu besichtigen sind. Die Behörden haben ein Zugangsverbot verhängt, weil Erosion die Einsturzgefahr des Gesteins in den letzten Jahren erhöht hat. Aus diesem Grund sind die Sea Caves auch als Tauchspots gefährlich geworden.

### Die Kapelle der Heiler

Wer sich diesen Anblick entgehen lässt, ist selbst dran schuld. Die weiße **Kapelle Ágioi Anargíroi** (8 km von Agía Nápa) mit ihrem hellblauen Dach steht an einer Klippe zum Meer und drängt sich als Fotomotiv geradezu auf. Gewidmet ist sie den Heiligen Kosmas und Damian,

*Hier hat das Meer ganze Arbeit geleistet. Dutzende Sea Caves und durchlöcherte Felsformationen perforieren die steilen Küsten um das Kap Gréko. Am besten sind sie per Bootsausflug zu erreichen.*

# TOUR
# Zauberhafte Küstenlandschaft

**Zu Fuß unterwegs auf dem Ágioi-Anargíroi-Rundweg am Kap Gréko**

## Infos

**♀ M 7**
**Länge:** ca. 2,5 km
**Dauer:** 45 Min.
**Start:** Besucherzentrum des Kap-Gréko-Nationalparks
**Anfahrt:** Bus Nr. 101 oder 102 ab Agía Nápa (Haltestelle Kavo Gkréko Visitor Centre); Parkplatz vorhanden
**Besucherzentrum:** tgl. 10–18, im Winter Mo–Fr 10–15 Uhr, 2 €
**Wichtig:** Trinkwasser und Kopfbedeckung nicht vergessen

Auf diesem kleinen Rundweg kommen Sie in den Genuss schöner Aussichten ebenso wie interessanter Informationen – und das in nicht mal einer Stunde. Also, auf geht's!

Erste Station ist das **Besucherzentrum** des **Kap-Gréko-Nationalparks.** Die Ausstellung umfasst so ziemlich alles, was hier kreucht und fleucht, dazu Fossilien und sogar das Skelett eines Mini-Flußpferdes, eine Spezies, die seit Tausenden von Jahren ausgestorben ist. Im Aquarium sieht man Vertreter der Fischarten und Wasserpflanzen aus der Umgebung.

Auf der Straße in Richtung Küste (am Abzweig links halten) steuert man direkt eines der schönsten Fotomotive an. Die Felsenbrücke **Kamára tou Koráka** ist ein natürlicher Steinbogen, durch den das Meer schimmert. Das Betreten ist leider wegen Einsturzgefahr inzwischen verboten.

Immer weiter an der Küste entlang erreichen Sie auf einem felsigen Vorsprung die **Kapelle Ágioi Anargíroi,** hinter der Stufen hinunter zum Wasser und zu einer **Meereshöhle** führen. Taucher sind hier in ihrem Element. Wer nur lauschen möchte, sitzt in der Grotte und hört den Wellen zu. Sie haben jetzt die Wahl zwischen einem Picknick auf dem dafür ausgeschilderten Platz etwa 100 m weiter und der Fortsetzung der Wanderung: Der Straße folgend geht es landeinwärts zunächst über Asphalt, dann einen Pfad entlang zurück zur E307. Hier halten Sie sich links und schon nach 300 m sind Sie wieder am Ausgangspunkt angelangt. Jetzt ist eine letzte Erholungspause im **Café** des **Besucherzentrums** angesagt.

die als Ärzte Menschen heilten, ohne irgendeine Art von Bezahlung entgegenzunehmen. Die beiden gelten als Schutzpatrone der Kranken und der Ärzte. Direkt hinter der Kapelle führen Stufen hinunter zu einem Felsvorsprung, der von verwegenen Tauchern als Ausgangspunkt für Touren in die Sea Caves genutzt wird.

## Paralímni  ♀ L6

### Unter Einheimischen

Wem der Sinn danach steht, in dieser Urlaubsregion außer Touristen auch mal echten Einheimischen zu begegnen, den führt der Weg nach Paralímni (5 km von Agía Nápa). Zur Orientierung kann man sich von den **Windmühlen** leiten lassen, die früher das Wasser aus dem Erdreich pumpten und jetzt als malerischer Schmuck in der Landschaft stehen. In der Bezirksstadt leben die Einwohner von der Landwirtschaft und von ihren Jobs in den umliegenden Badeorten. Die traditionellen Tavernen haben längst Gesellschaft bekommen von schicken Restaurants und einigen Bars.

Um die Plateía im Zentrum der Stadt scharen sich gleich **drei Kirchen.** Zwei davon, die alte Ágios-Geórgios-Kirche aus dem 19. Jh. und ein neues, großes Gotteshaus (1963–66), das 2000 Gläubigen Platz bietet, sind dem hl. Georg geweiht. Er ist der Schutzheilige des Ortes und wird jedes Jahr am 23. April mit einem religiösen Fest geehrt. Das kleine Kirchlein der hl. Anna war ursprünglich bei der Errichtung im 13. Jh. der Muttergottes gewidmet, bekam jedoch den neuen Namen Agía Anna nach einem späteren Umbau. Hier ist ein **kirchengeschichtliches Museum** untergebracht (Mo–Sa 9–13 Uhr, Besuch nach Absprache mit dem Popen unter T 99 41 66 18).

**POETEN-DUELL**

Beim Sängerwettstreit »**Tsiattista**« ist Schlagfertigkeit gefragt. Zwei Männer stehen sich gegenüber und übertrumpfen einander mit witzigen Versen, die sich wie ein musikalisches Gespräch entspinnen. Angeblich kommen die talentiertesten Tsiattista-Poeten aus der Region der Kokkinochória (›Rote Dörfer‹) im Osten des Landes. Früher gehörte es in Paralímni dazu, solche Couplets spontan improvisieren zu können. Diese Form der musikalischen Folklore steht seit 2011 auf der UNESCO-Liste des immateriellen Kulturerbes.

## Protarás  ♀ M6

### Feuerzauber und Fontänen

Außer schönen Stränden und Tavernen mit übervollen Tischen darf es im Urlaub schon mal ein bisschen Hokuspokus sein. Die abendliche Show von **Magic Dancing Waters** in Protarás (10 km von Agía Nápa) wirkt tatsächlich magisch mit all den illuminierten Fontänen und ›Vulkanausbrüchen‹. Alles nicht wirklich spektakulär, aber als Abwechslung durchaus geeignet. Zumal der Ausgeh-Effekt mit dem All-you-can-eat-Buffet und der Bar abgerundet wird.

Leofóros Protará 6, www.magicdancingwaters. com, Mai–Nov. tgl., Show und Dinner 38 € p.P.

### Eine Kirche im Versteck

So gut hat sich wohl selten eine Kirche versteckt. Geduckt in eine Felsenhöhle, lugt von ihr nur die weiß getünchte Fassade aus dem braunen Gestein heraus. Selbst viele Einheimische wissen nichts von ihrer Existenz. Die **Höhlenkirche Ágioi Saránta** liegt verborgen mitten

*Wer zur Höhlenkirche Ágioi Saránta pilgern will, braucht gutes Schuhwerk. Erreichbar ist sie nur zu Fuß oder mit einem geländefähigen Fahruntersatz. Dafür ist man hier ziemlich sicher ganz allein.*

in der der kargen Landschaft und ist ganz sicher noch ein Geheimtipp. Wer eintritt, findet sich in einer wahrhaftigen Höhle wieder. Statt durch Fenster fällt das Licht durch den offenen Bogen über der Tür. Die Ikonen sind in einer schlicht geweißten Nische aufgestellt. Der beste Beweis dafür, dass es keiner Pracht bedarf, um mit höheren Wesen in Zwiesprache zu treten.

Nicht ausgeschildert, GPS-Daten: 35.005071, 34.036382

# Derýneia   L 6

### Ausguck in die Geisterstadt

Die eigentliche Attraktion des **Cultural Centre of occupied Ammóchostos** liegt 3 km Luftlinie von Derýneia entfernt und ist nur mit dem Fernglas zu betrachten. Sinn und Zweck des Cultural Centre ist es, den Besuchern den Blick auf das verlorene Paradies zu ermöglichen. Denn Famagustas Stadtteil **Varósia** (s. S. 203) war der modernste Badeort Zyperns, bis die türkische Armee ihn 1974 beim Einmarsch besetzte. Einheimische wie Touristen flohen mit dem, was sie am Leib trugen. Häuser und Hotels verfallen seither, der 7 km lange Sandstrand ist menschenleer. Das militärische Sperrgebiet darf weder betreten noch fotografiert werden. Nur von Derýneia aus ist bislang ein Blick aus der Ferne möglich.

Ausgeschildert, Mo–Fr 7.30–16.30, Sa 9–16.30 Uhr, Eintritt frei

### Ein Familienhaus als Museum

Alle Leute aus dem Dorf und der Umgebung haben geholfen, das **Folklore-**

**museum** mit Exponaten zu füllen. Das traditionelle Bauernhaus, in dem das Museum untergebracht ist, wurde von dem Ehepaar Hadjiliasi gestiftet, als Erinnerung an ihre drei Kinder, die sie früh verloren haben. Es ist ein sehr persönliches und emotionales Projekt, das zu einer reizvollen Sehenswürdigkeit geworden ist. So detailgetreu wie möglich sind die traditionellen Wohn- und Lebensumstände einer zyprischen Familie vom Lande nachgestellt.

**Folk Art Museum:** Mo–Sa 9–13, 15–18, im Winter bis 17 Uhr, 2 €

### Altes Handwerk Open Air

Und womit haben die Leute früher ihr Geld verdient? Antworten auf diese Frage gibt das **Museum des traditionellen Handwerks.** In den einzelnen Abteilungen des Freilichtmuseums werden Berufe wie Tischler, Schuhmacher, Schmied, Fischer samt Werkzeugen dargestellt.

**Folk Art Museum of Traditional Crafts:** Dimitri Liberti 2/3, Mo–Sa 9–13, 15–18, im Winter bis 17 Uhr, 2 €

### Ausflug nach Famagusta

Nur 6 km trennen Derýneia von **Famagusta** (s. S. 200). Vom Checkpoint gelangt man geradewegs via die Landstraße bis in die Altstadt – der kürzeste Weg, um die Hafenstadt im Norden zu besuchen.

# Liopétri und Potamós tou Liopetríou  ♥ L 6/7

### Die letzten ihrer Art

Einst war die Kunst der **Korbflechterinnen** von **Liopétri** (12 km von Agía Nápa) sogar über die Grenzen des Landes hinaus bekannt. Heute sind nur noch zwei alte Frauen im Dorf in der Lage, das Handwerk auszuüben. Im Souvenirshop bekommt man aber durchaus noch handgefertigte Korbschalen im Originaldesign.

## DER DICHTER IM STEINBRUCH

Ein junger Mann landete 1878 auf Zypern, um seiner Vergangenheit zu entfliehen. Der Dichter und Abenteurer Arthur Rimbaud hatte der Literatur abgeschworen und begann in Liopétri einen neuen Lebensabschnitt als Aufseher eines Steinbruchs. Sein früheres Dasein als Poet in Paris erwähnte der 24-Jährige auf Zypern nicht mal gegenüber seinen Vorgesetzten.

### Niedlichster Hafen der Insel

Kleine bunte Boote schaukeln auf dem Wasser, aus den umliegenden Tavernen duftet es verführerisch, die Fischer sitzen am Ufer und pulen den Fang aus ihren Netzen. So ein früher Vormittag am Flusshafen **Potamós tou Liopetríou** (10 km von Agía Nápa) ist die pure Idylle und ein charmantes Fotomotiv. Wer frühes Aufstehen mag, kann einen der Fischer fragen, ob es möglich ist, mit hinauszufahren, wenn er die Netze einholt. Organisierte Touren gibt es nicht, ein Handschlag und ein Dankeschön-Obolus reichen völlig, um den Deal perfekt zu machen.

## Schlafen

### Vintage-Luxus

**Shongas Inn:** So ein reizendes Boutique-Hotel würde man nicht im letzten Zipfel der Republik erwarten. Immerhin endet das Dorf Derýneia am Checkpoint zu Famagusta. Trotzdem haben es die Inhaber geschafft, aus dem 100 Jahre alten Bauernhaus ein Schmuckstück zu machen, das nicht nur Übernachtungsgäste anzieht, sondern mit der Cinnamon Lounge Bar im »funky vintage style«

(O-Ton der Inhaber) auch ein Magnet für Cocktailliebhaber geworden ist.
Derýneia, Dimokratías 8, T 23 82 82 92, www. shongasinn.com, 6 Zi., DZ 216 € für 2 Nächte (Mindestaufenthalt), Selbstversorger

## Essen

### Familienbetrieb seit dem 19. Jh.
**Vangelis Tavern:** Eine der ältesten und beliebtesten Tavernen inmitten der touristischen Hauptmeile von Protarás, die sich nicht anstecken lässt von den Foodtrends der umliegenden Lokale, sondern sich trotz modernem Ambiente auf zyprische Spezialitäten verlässt. Die nunmehr fünfte Generation offeriert die traditionellen Gerichte in neuen Varianten und erfüllt auch gern Extrawünsche der Gäste.
Protarás, Protará 27, T 23 82 14 56, FB @ VangelisTavern, Mo–Sa 12–23, So bis 22.30 Uhr, Hauptmahlzeiten 9–15 €

### Kultur für den Gaumen
**La Cultura del Gusto:** Manchmal lechzt der Gaumen im Urlaub nach exzellenten Genüssen. Das Konzept von La Cultura del Gusta ist unprätentiös – mediterrane Küche. Aber die Zusammenstellung der Zutaten gestaltet sich so raffiniert wie die ästhetische Präsentation auf den Tellern. Seeteufel mit Mangosauce oder Steak mit Jack Daniel's Sauce zergehen auf der Zunge. Nicht vergessen zu reservieren!
Pernéra (♥ M6), Ifestoú 7, T 23 83 38 60, FB @laculturadelgusto, tgl. 18–23 Uhr, Lobster 35 €

### Fisch superfrisch
**Potamos Fish Restaurant:** Blau-weiße Idylle direkt am Hafen mit Blick auf die Fischerboote. Was in dieser Taverne auf den Tisch kommt, könnte frischer nicht sein. Das Ambiente mit weiß gedeckten Tischen und malerischer Kulisse macht die Location zu einem äußerst beliebten Ausflugsrestaurant. Nicht von dem Andrang abschrecken lassen, es lohnt sich trotzdem.
Liopétri, Hafen Potamós tou Liopetríou, T 99 38 88 44, www.potamosfishrestaurant.com, tgl. 12–22 Uhr, Fisch-Mezé 22,50 € p.P.

## Ausgehen

### Kunst am Cocktail
**Cartel Cocktail Bar:** Dem Mixologen an der Bar dabei zuzuschauen, wie er die aufregendsten Cocktails mischt, ist an manchen Abenden Entertainment genug. Im Cartel's werden die Drinks als kleine Kunstwerke serviert, die ›Gefäße‹ passend zum Thema gewählt. Die Cocktails selbst haben Spitzenqualität und jeder Geschmackswunsch wird erfüllt.
Protarás, Leofóros Protará 34, FB @cartel cocktailbarcy, Mo–Do, So 17–2, Fr, Sa 18–3 Uhr

## Feiern

- **Erdbeerfest:** Ende Mai, alle zwei Jahre (2020, 2022, 2024 …), Derýneia. Köstliche rote Früchte und alles, was man daraus zaubern kann, spielen die Hauptrolle bei diesem Fest. Natürlich fehlen auch traditionelle Tänze und Gesänge nicht (FB @ Deryneia-Strawberry-Festival).

## Infos

- **Tourist-Info Protarás:** Leofóros Protará 14, T 23 83 28 65, Mo–Fr 9–15.30, 2. und 4. Sa im Monat 9–14 Uhr, Jan./ Febr. Sa geschl.
- **Bus:** von Agía Nápa nach **Protarás** (Stationen entlang der Küstenstraße) und **Paralímni** Nr. 101 u. 102; nach **Derýneia** Nr. 502 u. 708; nach **Liopétri** Nr. 501 u. 502. ÖPNV für die **Ammóchostos-Region:** OSEA (www.osea.com.cy).

# *Zugabe*
# Auf jüdischen Spuren

*Vom Internierungslager zum ›Shalom‹ in der Partyzone*

Die Chabad-Lubawitsch-Zentren sorgen auf Zypern für ein reges jüdisches Gemeindeleben.

Viel war nicht übrig von der jüdischen Vergangenheit, als Rabbiner Arie Ze'ev Raskin nach Zypern kam. Der Emissär der Chabad-Lubawitsch-Bewegung fand weder Traditionen noch steinerne Zeitzeugen vor. Aber mit der Einweihung der neuen Synagoge in Lárnaka 2003 hat der Rabbi eine beeindruckende Wende in der Geschichte herbeigeführt. Heute leben wieder etwa 630 jüdische Familien auf der Insel und der Boom des Zuzugs ist ungebrochen. 2018 wurde das Jewish Community Center of Cyprus mitten in Lárnaka eingeweiht, auch in Nikosia, Páfos und Limassol gibt es Chabad-Lubawitsch-Zentren.

Ein jüdisches Museum soll folgen, das an die Spuren der Juden auf der Insel erinnert. Russische Immigranten siedelten sich schon 1897 als Landwirte an. Der jüdische Friedhof in Margo, der von diesen Zuwanderern erzählt, liegt heute im militärischen Sperrgebiet. Von den Internierungslagern aus den Jahren 1946 bis 1949 ist als einzige Spur ein amtlicher Hinweis in 1916 Pässen geblieben – Geburtsort: Zypern.

> Bis zu 400 junge Leute kommen hier zum Schabbat-Mahl zusammen.

So viele Babys kamen in den Camps zur Welt, in denen zu jener Zeit 52 000 Juden festgehalten wurden. Sie waren auf ihrem Weg nach Palästina von britischem Militär abgefangen und auf die nahe gelegene Insel gebracht worden.

Nur 45 Minuten braucht der Flieger von Tel Aviv, deshalb reisen jedes Jahr Tausende israelische Teenager nach Agía Nápa, um noch einmal zu feiern, bevor sie ihren Militärdienst antreten müssen. Nicht weit von der Partyzone hat sich das Chabad House Ayia Napa etabliert. Bis zu 400 junge Leute kommen hier freitags zum Schabbat-Mahl zusammen. Das Gemeinschaftsgefühl und die lockere Atmosphäre öffnen selbst diejenigen Jugendlichen für ihre religiösen Wurzeln, die zu Hause die Religion nicht praktizieren.

Wer Lust hat, sich dem Schabbat am Freitagabend anzuschließen, ist jederzeit willkommen – auch Nichtjuden, die den jüdischen Glauben kennenlernen möchten (www.chabadcyprus.com). ∎

# Limassol und südliches Tróodos-Gebirge

**Eine Metropole am Meer** — umrahmt von hohen Bergen und den besten Weindörfern. Events das ganze Jahr über.



## Limassol

Die Stadt mit der schicksten Marina, den höchsten Häusern und den wohlhabendsten Einwohnern ist reich und trotzdem sexy. Das liegt daran, dass auch alternative Viertel und historische Ecken ihren Platz behaupten.

## Akrotíri

Eine Halbinsel voller Überraschungen. Zauberhafte Strände, ein Salzsee als Vogelparadies, Dünen, die aussehen, als sei man in die Wüste geraten – und ein Kloster, in dem Katzen seit 1500 Jahren willkommen sind.

Pst! Im Karneval sind venezianische Masken Geheimniswahrer.

**Eintauchen**



## Koúrion

Die Vergangenheit ist nicht tot. Jedenfalls nicht dort, wo aus verstaubter Geschichte ein Freilufttheater rekonstruiert wird. Das Halbrund mit Blick über die Landschaft ist Zyperns schönste Aufführungsstätte.



## Tour durch die Weindörfer

Gemütlich geht es durch die Berglandschaft des Tróodos. Zyperns geschmackvollste Tradition lernen Sie am besten in den ›Krasochória‹ kennen, den klassischen Weindörfern der Region, z. B. Koiláni.

Seite 72

## Anógyra

Der letzte manuelle Bonbonmacher der Insel produziert die Süßigkeit ›Pastéli‹ aus Johannisbrot nach altem Rezept mit skurriler Drehtechnik.

Seite 74

## Tróodos-Gebirge 

Idyllische Bergstraßen führen hoch hinauf ins unverfälschte Leben abgeschiedener Dörfer und dichter Wälder, alter Klöster und traditioneller Sommerfrische.

Seite 76

## Kaló Chorió

Im September liegen in dieser Gegend die Weintrauben auf der Erde. So bekommen sie von der Sonne den richtigen Kick, um sich später in Commandaría zu verwandeln. Der älteste Markenwein der Welt wird hier in 14 Dörfern produziert.

Seite 80

## Wanderung um den Kaledónia-Wasserfall

Der Weg zu dem Katarakt ist schattig, kühl und feucht an den Füßen. Kreuz und quer übers Bachbett läuft man, bis zu dem Punkt, wo das Wasser ins Tal rauscht.

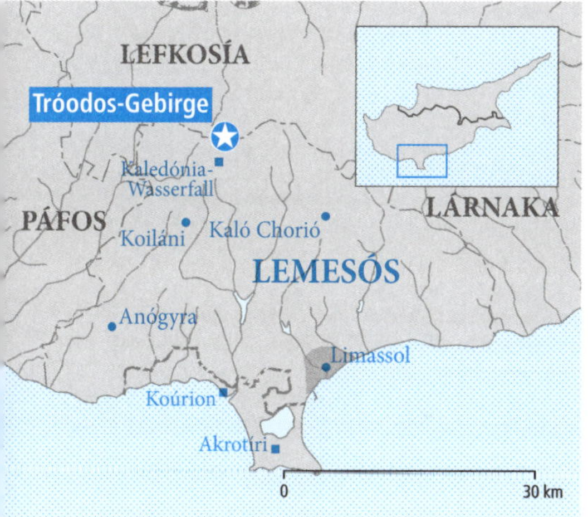


Im Frühling wandern, im Sommer baden. Und im Winter? Ski fahren!

Limassols jährliches Zyprisch-Russisches Festival brüstet sich, »das größte Event in der EU« zu sein, »das der Freundschaft mit Russland gewidmet ist« – Limassolgrad eben.

# erleben

# Das Beste von allem

A ns Meer oder lieber in die Berge? Wer diese ewige Frage satt hat, kommt nach Limassol. Vielfalt ist das Markenzeichen der Region. Auf kleinstem Raum hat die Natur hier ihre besten Angebote angehäuft. Vom fast 2000 m hohen Olympos bis hinunter zum Strand sind es nur etwa 30 km Luftlinie. Die Hitze des Tages lässt sich im kühlen Tróodos-Gebirge am besten aushalten, nachmittags kommt der Badeurlaub zu seinem Recht und abends wollen die Bars und Clubs der Stadt erobert werden. Solche Kombi-Tage verursachen hier keinen Stress.

Das Hinterland von Limassol steckt voller Überraschungen. Reizvolle Bergdörfer, Rosenfelder, eine versunkene Kirche und altes Handwerk gibt es zu entdecken. Dutzende Weingüter laden zur Verkostung ein, alte Kirchen und antike Ruinen entführen in die Vergangenheit. Und erst die Aussicht von oben! Wer seinen gesamten Urlaub statt im Strandhotel lieber in den Bergen verbringen will, kann ebenfalls unbesorgt sein. In den letzten Jahren ist die Zahl der ländlichen Unterkünfte im Tróodos-Gebiet gestiegen. Denn gerade die Berge sind ein Reiseziel für das ganze



Jahr, Skiurlaub inklusive. Bis jetzt gelten die oberen Lagen des Tróodos als schneesicher. Wenn im Februar im Tal bereits die Mandeln blühen, sind die Sessellifte am Olympos – auch *chionístra*, ›Frostbeule‹, genannt – noch in Betrieb. In der lebendigen Hafenstadt ist sowieso immer etwas los. Kaum ein Tag vergeht hier ohne Highlight – vom Straßenkarneval über Sportevents bis zum Vergnügungsangebot eines Casino-Resorts, das Las-Vegas-Feeling vermitteln soll. So prall gefüllt wie in Limassol und Umgebung bekommt man seinen Urlaub selten irgendwo.

# Limassol  ♀ E/F9

Es gibt keine Stadt in Zypern, deren Bild sich so rasant ändert wie das von Limassol (griech. Lemesós). Wolkenkratzer wachsen an der Küstenstraße empor (s. S. 267), mit dem Yachthafen ist sogar ein neues Viertel entstanden. Alte Quartiere erleben einen Gentrifikationsschub, das kulturelle Angebot ist so vielschichtig wie zahlreich. Eine echte Metropole hat sich da an der Südküste entwickelt. Die Stadt ist Finanzzentrum, Sitz sämtlicher Schifffahrtsfirmen und Heimat der größten russischen Community der Insel, was ihr den Beinamen ›Limassolgrad‹ einbrachte. Seit 1974 hat sich die Einwohnerzahl mehr als verdoppelt. Das urbane Leben in Limassol verdient tatsächlich diesen Namen. Neue Trends entstehen hier, ohne dass Traditionen hinten runterfallen. Dieser Schmelztiegel von Geld und Kultur verströmt ein ganz besonderes Flair.

## Altstadt

### Die friedliche Festung

Da thront sie mitten im Häusergewirr, die mittelalterliche **Burg ❶** von Limassol. Vor knapp 800 Jahren, als die Kreuzritter in Zypern Fuß fassten, errichteten sie nahe dem Hafen eine Verteidigungsanlage. Nicht sehr solide, wie sich später herausstellte, als heftige Erdbeben den Bau zerlegten. Die jetzige Form haben die Osmanen der kleinen Festung im 16. Jh. gegeben. Heutzutage sind der Burg drei zivile Aufgaben verblieben: Sie ist Ausstellungsraum für die **Mittelaltersammlung des Zypernmuseums**

*Hier hat das Street Life Festival seine Spuren hinterlassen. So bunt wie die Fassaden sind auch die Szenen dieser quirligen Stadt, in der gut und gerne gefeiert wird.*

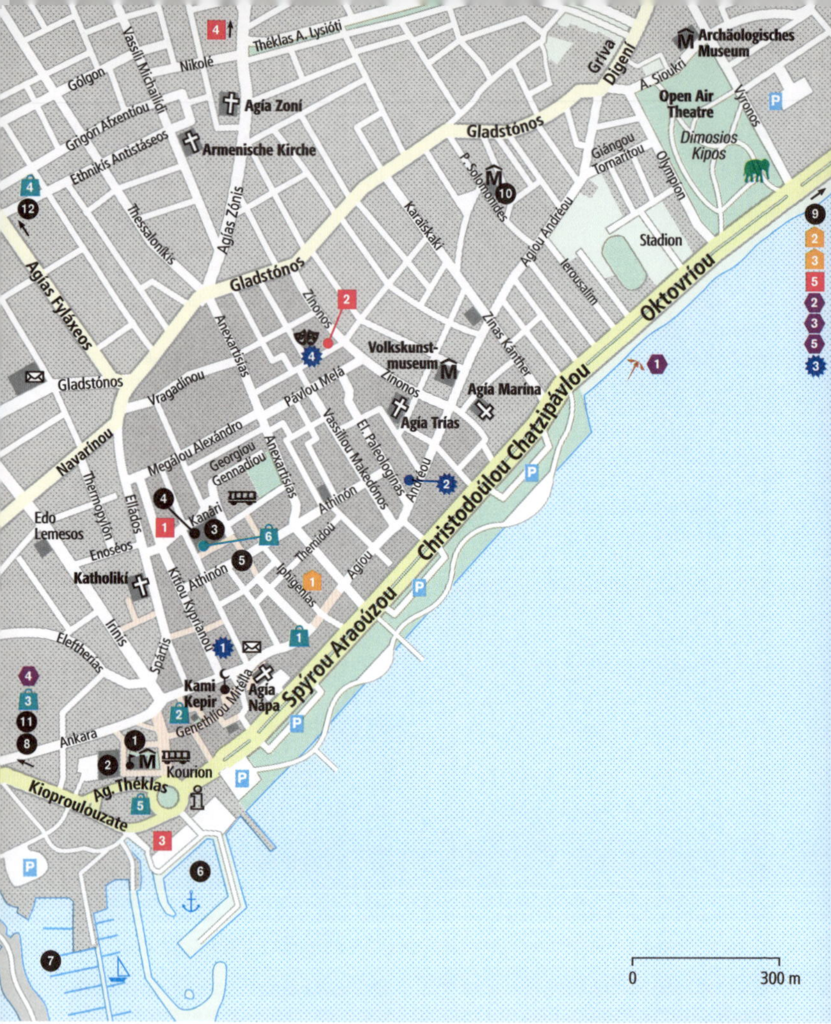


(s. S. 59), Kulisse für die umliegenden Lokale und sicher auszumachender Treffpunkt für Verabredungen.

## Kultur aus der Schote

Kunst braucht keinen Schnickschnack. Bloße Backsteinmauern und Metallstreben im Dachstuhl sind ein minimalistisches Setting, das den großen Auftritt anderen überlässt: Aus der ehemaligen Johannisbrotmühle ist die **Carob Mill** ❷ geworden, in der exzellente Ausstellungen stattfinden und exklusive Gastronomie ihren Platz hat. Als Reminiszenz an das alte Handwerk sind Maschinen und Utensilien aus der Carob-Verarbeitung ausgestellt.

Odós Vasilissís Berengárias, Ausstellungsinfos s. www.lanitisfoundation.org, Museum tgl. 10–20 Uhr, Eintritt frei

# Limassol

## Ansehen

1 Burg
2 Carob Mill
3 Markthalle
4 Diatehnon Arts & Culture
5 Graffiti-Straße
6 Alter Fischerhafen
7 Limassol Marina
8 Casino-Resort »City of Dreams Mediterranean«
9 Amathoús (Ausgrabungsstätte)
10 Theatermuseum
11 Wassermuseum
12 Brotmuseum
13 – 20 s. Tour S. 60

## Schlafen

1 Metropole Hotel
2 Villa Retreat
3 Euphoria Art Land

## Essen

1 Souvlaki Livadias
2 Tempelis Café
3 To Kipriakon
4 Bavarian Delicatessen
5 Superfood Organic Bar

## Einkaufen

1 Odós Agíou Andréou
2 Stoa Phylactou
3 My Mall
4 Hadjipieris Organic Farm

5 Old Port Center
6 PanasBag

## Bewegen

1 Stadtstrand
2 Dasoudi Beach
3 Governor's Beach
4 Lady's Mile Beach
5 SUP Club Limassol
6 s. Tour S. 60

## Ausgehen

1 Sousami
2 7Seas
3 Rumours
4 Rialto Theatre

## Vitaminschub am Vormittag

Obst, Gemüse, frische Eier, selbst gebackenes Brot – in Limassol gibt es noch eine echte überdachte **Markthalle** 3 wie aus Großvaters Zeiten (Plateía Agorás, Mo–Sa 5.30–14.30 Uhr). Sie ist 3000 m² groß und steht unter Denkmalschutz. Mit dem täglichen Frischekick trotzt sie den Supermärkten der Stadt. Souvenirs sucht man hier (noch) vergebens, aber traditionelles Handwerk ist sehr wohl vertreten.

Kunsthandwerk zu lehren und zu präsentieren hat sich **Diatehnon Arts & Culture** 4 (Kanári 22, Plateía Saripólou, www.diatehnon.com, Mo–Fr 9–20, Sa 9–13 Uhr) auf die Fahnen geschrieben. An der rückwärtigen Front der Markthalle gelegen gibt das Zentrum Kurse und empfängt für Vorführungen in Instrumentenbau oder Töpferei auch Touristen, die montags an den Stadtrundgängen (s. S. 66) teilnehmen.

## Straßenkunst, die bleibt

Alles bunt macht der Mai: Jedes Jahr während des **Street Life Festival** (s. S. 65) werden die Hauswände in der **Athinón-Straße** am Saripólou-Platz von internationalen und lokalen Künstlern verschönert. Witzige Karikaturen, wahre Gemälde oder einfach nur ein bisschen anarchische Anti-Kunst prägen das Bild. Längst hat sich die **Graffiti-Straße** 5 einen Namen als Sehenswürdigkeit gemacht. Nach zwölf Monaten erhalten die Wände dann wieder einen weißen Anstrich und es kommen neue Bilder in die Wechselausstellung der Straße.

## Theater-Wundertüte

Es nennt sich Theater, doch es steckt so viel mehr im Programm des **Rialto Theatre** 4 (Andrá Drousioti 19, www.rialto.com.cy) als bloße Aufführungen eigener Produktionen. Der Veranstaltungsort ist seit 1999 das Zentrum der darstellenden Künste in Limassol, und zwar für das gesamte Spektrum Oper, Theater, Musik, Tanz und Kino. Live-Programme aus der MET und aus dem Royal Opera House in London werden übertragen und Festivals der Weltmusik, des Jazz und des modernen Tanzes finden hier statt. Dank der Gemeinnützigkeit der Einrichtung sind die Ticketpreise mit durchschnittlich 8–15 € moderat.

## Am Wasser

### Boote als malerische Kulisse

Der **Alte Fischerhafen** ❻ von Limassol ist quasi umgezogen, ohne sich von der Stelle zu bewegen: Um ihn herum wurde das Areal der neuen Marina errichtet. Und nun befindet er sich auf einmal mitten im modernsten und besucherstärksten Viertel der Stadt. Die bunten, schaukelnden Boote beleben als malerische Farbtupfer das eher sachliche Ambiente des Yachthafens. Aber wie eh und je fahren die Fischer jeden Morgen hinaus, um ihren frischen Fang später an die Restaurants rund um den Hafen zu verkaufen.

### Ein exklusives Viertel

›Sehen und gesehen werden‹ lautet das Motto in der **Limassol Marina** ❼. Sie ist nicht nur ein Yachthafen, sondern ein ganz neuer Teil von Limassol, der das Stadtbild komplett verändert hat. Der Slogan »Wohnen am Meer« spricht Bände: Der exklusive ›Kiez‹ zielt auf zahlungskräftige Bewohner, die mit ihren Yachten anlegen und in Luxus-Residenzen wohnen sollen. Die **Promenade** jedoch ist für alle da. Mit den Plätzen, Gassen und Brücken am

*Mit Blick auf die teuren Yachten fühlt sich Ausgehen gleich irgendwie mondän an. Die Marina ist nur zum Teil exklusives Gelände, die Restaurants an der Flaniermeile sind für alle da.*

Wasser verströmt sie fast einen Hauch Venedig-Feeling. Restaurants, Cafés und Geschäfte laden zum Bummeln und Boat-Spotting ein. Kaum ein Spaziergänger flaniert hier entlang, ohne die Yachten zu fotografieren. Sogar einen eigenen Strand hat das Quartier bekommen.

## Außerhalb des Zentrums

### Stadt der Träume

Ein ›Las Vegas in Zypern‹ schwebt den Betreibern des riesigen **Casino-Resorts »City of Dreams Mediterranean«** ❽ vor. Seit 2018 wird gebaut. 2021 soll die Mega-Attraktion ihren Betrieb aufnehmen. Die Casino-Stadt soll zusätzliche 300 000 Touristen pro Jahr anlocken.
Leofóros Franklinou Roosvelt, www.cityof dreamsmed.com.cy

### Aphrodite mit Bart

Die Tempelmauern sind zu Staub zerfallen, aber das riesige Kultgefäß steht noch mitten in der Landschaft. Diese überdimensionale Vase ist in der Nähe des Aphrodite-Heiligtums gefunden worden, das sich um das 8. bis 4. Jh. v. Chr. im Stadtkönigreich **Amathoús** ❾ erhob. Ihr Zwilling wanderte bereits im 19. Jh. nach Paris in den Louvre. Nachweislich waren schon die alten Griechen offen für Geschlechterdiversität: Im Amathoús-Tempel wurde auch das Standbild eines bärtigen Aphroditos angebetet, ein Hermaphrodit, halb Weib, halb Mann. Über das archäologische Gelände zu flanieren, an den Resten der Agorá (Marktplatz), den öffentlichen Bädern und den Säulen vorbei, dabei immer das strahlende Blau des Meeres als Kulisse vor Augen, ist ebenso meditativ wie spannend. Für einen anschließenden Spaziergang entlang der Küste verläuft der **Amathoús-Küstenwanderweg** praktischerweise gleich an der Ausgrabungsstätte vorbei. Über



**FAKTENCHECK**

**Bedeutung:** Wirtschaftszentrum
**Einwohner:** 180 000
**Status:** wohlhabend
**Selbstbild:** innovativ, Vorreiterrolle
**Manko:** Megalomanie

eine Distanz von 5 km führt er bis an die Ausläufer der Stadt heran.
**Ausgrabungsstätte Amathoús:** Ágios Týchon, Bus 30 ab Alter Fischerhafen, tgl. 8.15–19.45, im Winter bis 17.15 Uhr, 2,50 €

## Museen

### Ganz nah dran an der Historie

❶ **Mittelaltermuseum in der Burg:** Ritterrüstungen und alte Leuchter in den schaurig-dunklen Gemäuern einer mittelalterlichen Burg zu betrachten, ist allemal authentischer, als sie in einem modernen Museum anzuschauen. So kommen die historischen Grabplatten, die Waffen und das Geschirr der alten Rittersleut' doppelt eindrucksvoll zur Geltung.
Odós Richardoú & Berengárias, Mo–Fr 8–17, Sa 9–17, So 10–13 Uhr, 4,50 €

### Verkleiden als Beruf

❿ **Theatermuseum:** Alles begann natürlich mit den Griechen und ihren legendären Dramen. Den Weg vom antiken Theater bis zu Aufführungen in der zyprischen Gegenwart lässt das Museum mit Kostümen, Szenenbildern, Requisiten und Plakaten Revue passieren. Ein bunter Reigen voller fantasievoller Eindrücke.
Pános Solomonídes 8, www.cyprustheatre museum.com, Mo–Fr 9–13, Di, Fr auch 16–19 Uhr, Eintritt frei

### Kostbares Nass

⓫ **Wassermuseum:** Angesichts der Temperaturen in Zypern ist Wasser im-

# TOUR
# Die Kunst des Flanierens wiederentdeckt

**Ein Stadtspaziergang entlang der Uferpromenade Mólos**

## Infos

 E / F 9

**Länge:** ca. 3 km

**Start:** am Alten Hafen

**Limassol Zoo:** www.limassolmunicipal.com.cy/en/limassool-zoo, FB @ limassolzoo, tgl. 9–17 Uhr, 5 €

**Städtische Kunstgalerie:** Leofóros 28. Oktober, Mo–Fr 8–14.30 Uhr, 2 €

**Nextbike:** www.nextbike.com.cy

Es klingt paradox, aber um dem Gewühl von Limassol zu entgehen, braucht man nur seiner schönsten Meile im Zentrum zu folgen. Los geht es am **Alten Fischerhafen** ❻, der inzwischen Teil der modernen Marina ist. Die kleinen Boote muten neben den Yachten doppelt so nostalgisch an. Das Areal rund um den großen Kreisverkehr bildete mit den ehemaligen Lagerhäusern und der mittelalterlichen **Burg** ❶ das historische Zentrum von Limassol. Hier beginnt der **Mólos** ⓫. Die ursprüngliche Mole von 1881 hat ihr Gesicht komplett gewandelt. Entstanden ist ein Park am Meer mit Palmen, Brunnen, Spielplätzen und Bänken. Über 1 km erstreckt sich die großzügig angelegte Uferpromenade, auf der sich Radfahrer und Fußgänger, Jogger und Skater niemals in die Quere kommen. Die frische Brise vom Meer macht das Flanieren selbst in den Mittagsstunden zu einem angenehmen Vergnügen.

Entlang des Weges sind die Kunstwerke des **Skulpturengartens** ein Grund zum Innehalten. Die von zyprischen und internationalen Künstlern erschaffenen Plastiken ziehen die Aufmerksamkeit der Spaziergänger auf sich. Eine in Metall erstarrte Welle (Victor Bonato, **»Frozen**

*Der Spazierweg unter Palmen ist zu jeder Tages- und Nachtzeit belebt.*

Wave« **14**), ein Tableau mit steinernen Eiern (Maria Kyprianou, »**Birth**« **15**) und eine gespaltene Persönlichkeit (Theodoros Papagiannis, »**Binary Unit**« **16**) gewinnen im Ambiente des öffentlichen Raums eine zusätzliche Dimension.

Nach 1 km erholsamen Schlenderns liegt der **Stadtstrand 1** vor uns ausgebreitet. Er kann zwar nur mit dunklem Sand aufwarten, aber die Stadtnähe und die geballte Menge an Cafés und Beachbars bilden die Art von Service, wie ihn urbane Sonnenanbeter suchen. Auf unserem Spaziergang ist dies genau die richtige Etappe, um sich einen Frappé zu gönnen und barfuß durch das seichte Wasser zu waten. Wir wechseln die Straßenseite und tauchen ein in den mit Eukalyptusbäumen, Pinien und Zypressen gestalteten **Stadtpark 17** und den kleinen **Limassol Zoo 18**. Unter schattigen Bäumen leben auf dem Gelände Kleintiere wie Ziegen, Minihippos, Lemuren und Otter in artgerecht nachempfundener Umgebung. Zur **Städtischen Kunstgalerie 19** sind es nur noch 150 m. Das Gebäude mit den Art-déco-Elementen wurde 1938 vom deutsch-jüdischen Architekten Benzion Ginsburg entworfen und beherbergt die umfassendste Sammlung zeitgenössischer Werke zyprischer Künstler.

Von der Straße aus kann man nun schon das vorläufige Ziel unseres Stadtspaziergangs sehen. Die **Enaérios-Landungsbrücke 20** ist nicht nur ein historisches Monument, sondern geradezu ein Wahrzeichen von Limassol. Ursprünglich wurde hier seit den frühen 1920er-Jahren Asbest aus der Amíantos-Mine verladen (s. S. 132). Heute ist der Pier Treffpunkt für Liebespärchen, Angler, Schwimmer und alle, die sich abseits der neuen Marina ihr maritimes Lebensgefühl erhalten wollen.

Ab hier haben wir die Wahl, entweder die Tour zu beenden oder sie zu einem Badeausflug auszuweiten. Wer genug hat, nimmt Bus Nr. 30 zurück zum **Alten Fischerhafen 6**. Alle anderen mieten sich an der **Nextbike-Station 6** am **Enaérios-Pier** ein Fahrrad und radeln über den Küstenradweg noch 2 km bis zum **Dasoudi Beach 2**, um den Nachmittag am Strand zu verbringen.

Der Mólos ist die Lieblingsstrecke der Inlineskater. Wer nicht bloß zugucken will, kann mit der **Limassol Skate School** vor Ort üben (www.limassolskateschool.com, 1 Std. 50 €).

## EROBERUNG IM VORBEIFAHREN

Richard Löwenherz, König von England, brach am 10. April 1191 mit einer Flotte aus über 200 Schiffen zum dritten Kreuzzug ins Heilige Land auf. Mit im Gefolge: seine Braut Berengaria. Als ausgerechnet ihr Schiff bei einem heftigen Sturm vom Kurs abkam und bei Limassol strandete, nahm Zyperns Herrscher Isaak Komnenos sie gefangen. Wie es sich für einen echten Ritter geziemt, befreite Richard seine Liebste. Er eroberte die Insel und heiratete Berengaria von Navarra am 12. Mai 1191 in Limassol.

mer ein Thema. Wie knapp das kostbare Nass ist, wie es in die Haushalte gelangt und wie seine Qualität getestet wird, zeigt diese Ausstellung in der alten Pumpstation auf dem Gelände der Wasserbehörde von Limassol.

Franklin Roosevelt 66, Mo–Fr 10–13 Uhr, 1 €

### Brot als Kunstwerk

⑫ **Brotmuseum:** Brot spielt im Leben der Zyprer eine besondere Rolle – nicht nur bei den Mahlzeiten, sondern auch bei Hochzeiten, Beerdigungen, Gottesdiensten und an Ostern. Je nach Anlass werden Brote anders zubereitet und dekoriert. Wer über diese kulinarische Kunst mehr erfahren will, ist im Brotmuseum genau richtig.

Afxentíou 9, Mo–Sa 9.30–13, Mo, Di, Do, Fr auch 16–19 Uhr, Eintritt frei

# Schlafen

### Einfacher Party-Standort

① **Metropole Hotel:** Für alle, die das Nachtleben in Limassol genießen wollen, ohne anschließend noch fahren zu müssen, eignet sich als preiswerte Unterkunft dieses Hotel mitten in der Altstadt. Es hat, um es nett zu umschreiben, schon etwas Patina angesetzt, ist aber sauber und wird freundlich geführt. Unschlagbar ist seine Lage nur zwei Straßen vom Saripólou-Platz entfernt. Direkt nebenan wird im legendären Metro Club bis morgens gefeiert (80er-/90er-Jahre-Partys), daher nach Zimmern fragen, die nicht direkt darüber liegen.

Ifigenéias 4–6, T 25 36 23 30, www.metropolehotellimassol.com, 22 Zi., DZ ab 64 €, Frühstück 8 €

### Luxus in der Provinz

② **Villa Retreat:** Es bedarf keines Luxushotels, um sich richtig verwöhnen zu lassen. Diese Villa im Toskana-Stil nutzt ihr privates Ambiente, um den Gästen das Gefühl zu vermitteln, in einem exklusiven Landhaus zu wohnen. Tennisplatz, Pool und Liegewiese mit einer grandiosen Aussicht bis zum Germasógeia-Stausee, Massage- oder Yogaangebote erfüllen alles, was das Wellnessherz begehrt. Lieblingsextra: der begehbare Kleiderschrank im Zimmer.

Akroúnda (14 km nordöstlich, ♥ F8), Konstantínou Kanári 10, T 99 69 64 83, www.villaretreatcyprus.com, 6 Zi., DZ/F ab 85 € (Mindestaufenthalt 2 Nächte)

### Eine-Welt-Gästehäuser

③ **Euphoria Art Land:** In abgefahrener Architektur zu nächtigen, ist nicht nur für Freunde eines ausgefallenen Baustils ein Erlebnis. Diese drei Gästehäuser könnten von den Baumaterialien und der Inneneinrichtung her nicht unterschiedlicher sein. »The Earth House« folgt afrikanischen Mustern und Materialien, »The Colour House« ist mit mexikanischem Flair versehen und »The Blue House« bringt indische und marokkanische Exotik zusammen.

Pýrgos (ca. 19 km östlich, ♥ F8), Vasilikón 76, T 97 74 30 42, www.euphoriartland.com, 3 Zi., DZ ab 200 €

## Essen

### Klassisch griechisch

**1 Souvlaki Livadias:** Griechische *souvlákia* kann man nie genug bekommen. Was dem Deutschen die Wurst zwischendurch ist, ist dem Zyprer das Fleischspießchen. Deshalb wird der schnelle Happen hier auch von früh bis spät serviert. Für Nachtschwärmer ein absolutes Muss.

Kanári 7A, Ecke Kitíou Kyprianoú, www.souvlakilivadias.com, Mo–Do 12–3, Fr, Sa 12–6, So 17–3 Uhr, Kebab im Pitabrot 3,50 €

### Oase in der City

**2 Tempelis Café:** Gelassenheit als Prinzip, so steht es im Namen dieses alternativen Cafés. Die Betreiber haben aus einer dunklen Passage eine bunte Begegnungsstätte gemacht. Hier erholt man sich nicht nur bei Kaffee und lecker Häppchen aus frischem Obst und Gemüse vom Stadtspaziergang, sondern kann an Malkursen teilnehmen, sonntags tanzen oder selbst gezogene Pflanzen adoptieren. Alles ganz gelassen, natürlich.

Andréa Drousioti 23 (beim Rialto-Theater), FB @otempelis, tgl. 14–22 Uhr, Snack ab 3 €

### Zyprische Variationen

**3 To Kipriakon:** Mitten im Zentrum des alten Hafens verbindet das traditionelle und doch elegante Restaurant die kulinarische Geschichte der Insel perfekt mit neuen Kreationen. Und das nicht nur beim Essen. Serviert werden lokale Weine, vom Band läuft Musik von zyprischen Künstlern. Die geschmacklichen Kombinationen, mit denen die alten Gerichte neu erfunden werden, sind eine wirkliche Entdeckung.

Am Alten Hafen, FB @tokipriakon, Mo–Fr 18–23, Sa, So 12–23 Uhr, Kipriakon-Platte 27 €

### Echte deutsche Küche

**4 Bavarian Delicatessen:** Freunde herzhafter Speisen sind hier richtig. Der Metzgerladen serviert tagsüber Deftiges aus der bajuwarischen Heimat des Besitzers (s. auch S. 260). Zu Leberkäs und Kraut wird zünftiges Bier gereicht. Zum Mittagstisch erscheinen nicht nur Deutsche, auch Zyprer und Angehörige anderer Nationalitäten schwören auf Gerichte, die sie vom Oktoberfest kennen – oder von denen sie gehört haben.

Agías Zónis 38, T 25 74 74 41, FB @Bavariandelicatessenlimassol, ab 13 Uhr Mittagstisch, Mo, Di, Do bis 19, Mi, Fr bis 22, Sa bis 14.30 Uhr, Hauptgericht ab 7,50 €

### Alles im grünen Bereich

**5 Superfood Organic Bar:** Die Bio-Bar hat sich auf die Fahnen geschrieben, »Lebensmittel der Zukunft« anzubieten. Gerichte aus frischem Obst und Gemüse sollen den Körper mit Energie versorgen und entgiften. Die vegetarischen oder veganen Snacks und Cocktails haben nicht nur Absichtscharakter, sondern feinsten Geschmack.

Germasógeia, Leofóros Georgíou 'A 79, FB @isuperfoodorganicbar, Mo–Sa 10–20 Uhr, Lunch-Snack ab 5 €

## Einkaufen

Ideal ist ein Bummel durch die **Odós Agíou Andréou 1** und die **Stoa Phylactou 2**. Souvenirläden und Geschäfte mit zyprischen Spezialitäten sind hier gehäuft zu finden. Wer sich einkleiden will, hat gute Chancen in der **My Mall 3** (https://mymall.com.cy) fündig zu werden.

### Frisch vom Feld und ›bio‹

**4 Hadjipieris Organic Farm:** Was auf den Feldern von Pieris und Chrystalla Hadjipieris gedeiht, wird an zwei Vormittagen in der Woche im Hofladen verkauft. Biogemüse, frische Eier, leckeres Obst. Den biodynamischen Anbau betreiben die beiden schon seit 1986.

Odós Ovidíou, Ayia Fylaxis, FB @hadjipieriproducts, Mi, Sa 9–13 Uhr

### Brotkunst und mehr

**12 Museumsshop des Brotmuseums:** Hier gibt es wunderhübsche Stücke zu kaufen, die nirgendwo sonst auf der Insel zu haben sind. Kränze mit Ornamenten aus Olivenblättern, komplizierte Gebilde für die Wand oder Kettenanhänger – es ist eine wirkliche Freude, hier zu stöbern.
Afxentíou 9, Mo–Sa 9.30–13, Mo, Di, Do, Fr auch 16–19 Uhr

### Im Souvenir-Paradies

**5 Old Port Center:** Wer hier kein Mitbringsel findet, ist selbst schuld. Von Kitsch bis Ikone, von Liebesperlen bis zu Schmuck und Beautyprodukten ist in diesen Hallen so ziemlich alles zu finden. Der Besitzer hat den Zugang zu den Regalen mit mehr oder weniger gelungenen Wachsnachbildungen von Cousteau, Captain Hook und Aphrodite dekoriert.
Kreisverkehr am Alten Hafen, www.apacy.com, tgl. 9–21 Uhr

### Taschen nach Lust und Laune

**6 PanasBag:** Handtaschen in den Regalen bis unter die Decke. Alle wurden meisterhaft gefertigt von Panayiota, die Schuhdesign studiert hat, seit 2006 Handtaschen herstellt und alle Materialien kombiniert. Jeans mit Leder, Strick mit Leinen oder gleich ganz gehäkelt. Entweder fertig kaufen oder anfertigen lassen. Das dauert bis zu sieben Tage, Designvorschläge können schon vorher per Facebook geklärt werden.
Saripólou 21–23, FB @Pana.Bag, Mo, Di, Do, Fr 9–18, Mi, Sa 9–14 Uhr

---

## Bewegen

---

### Strände

Zwar sind die Strände längst nicht so makellos wie im Osten der Insel, aber am **Stadtstrand 1**, im Wäldchen am **Dasoudi Beach 2**, auf den weißen Steinformationen von **Governor's Beach 3** oder am lang gestreckten **Lady's Mile Beach 4** findet sich schnell ein persönlicher Lieblingsplatz.

### Das Gleichgewicht halten

**5 SUP Club Limassol:** Stehend auf dem Brett über die Wellen zu paddeln ist schon eine gewisse Herausforderung. Der SUP Club setzt mit seinen Specials noch eins drauf. Yoga, Pilates, Gruppenpaddeln oder romantisches Plätschern zu zweit, hier wird an alle Bedürfnisse gedacht.
Ág. Týchonas, Strand des Four Season Hotel, www.supclublimassol.com, tgl. 8.30–13 Uhr

### Stadtentdeckungen per Rad

**6 Nextbike:** s. S. 55.

---

## Ausgehen

---

Für alle, die urbanes Feierfeeling erleben wollen, eignet sich ein Besuch am **Saripólou-Platz** im Herzen der Stadt: ein Lokal neben dem anderen, Musik schallt bis auf die Straße. Die Leute sitzen und stehen draußen, die Nacht ist lau. Was will man mehr?

### Mini-Bar in der Altstadt

**1 Sousami:** Auf den ersten Blick ziemlich unspektakulär, aber die kleine Bar ist eine Institution. Am besten gleich in den Innenhof durchgehen, denn je später der Abend, desto voller der Laden. Die Drinks sind gediegen, die Musik elektroniklastig. Sehr gemischtes Publikum, alles entspannt. Jeder tanzt, wo er gerade steht.
Kitíou Kyprianoú 8, FB @Sousamibar, Di–So 17–2 Uhr

### Nur mit Schlips und Kragen

**2 7Seas:** Für einen extravaganten Abend das Richtige! Der Dresscode dieser edlen Bar verbietet Latschen und Tank-Tops, aber die Stimmung lässt trotzdem nichts zu wünschen übrig. Liveacts und DJs fügen der Atmosphäre einer klassischen Nachtbar den Sound zum Feiern hinzu. Die Getränke sind exquisit, die Musik retro bis aktuell. Leofóros Agíou Andréou 223, im Columbia Plaza, FB @7SeasNights, Mi, Do 22–2, Fr, Sa 23–3 Uhr

### Urgestein im Touristenviertel
❸ **Rumours:** Gefühlt gibt es die Bar schon immer. Aber über die Jahre hat es das Rumours geschafft, sich wieder und wieder zu erneuern. Exzellente Drinks, Lightshows und die besten DJs der Insel ergeben die Zutaten für eine sehr lange Nacht. Unter den Events sind die »Live Greek Nights« im Bouzouki-Stil ein Dauerbrenner, aber auch die »Retro Nights« haben ihr Publikum gefunden. Wer am nächsten Tag ein Katerfrühstück braucht, kommt gleich zum Brunch wieder. Leofóros Georgíou 'A 58, www.rumourscy. com, tgl. 9–3 Uhr

### Oper, Theater, Tanz, Kino & Co.
❹ **Rialto Theatre:** s. S. 57.

## Feiern

• **Karneval:** Febr./März. Auf Straßen und Plätzen finden organisierte Umzüge und private Vergnügungen statt. Alle Welt wirft sich in Kostüme und feiert die Narrheit und Ungezwungenheit. Der Karneval in Limassol ist schon seit den 1920er-Jahren der größte auf der Insel (www.limassolmunicipal.com.cy/en/limassolcarnival).

• **Street Life Festival:** Anfang Mai. Musik, Straßenkunst, Graffiti-Galerie und jede Menge Stände zum Stöbern und Kaufen in den Straßen rund um die Straßen Sarípólou and Athinón. Entstanden ist das Fest 2007 zur Belebung der Altstadt, heute ist es das größte Street-Event der Insel (FB @streetlifefest).

• **Weinfest:** Ende Aug./Anfang Sept. Das wohl meistfrequentierte Fest Zyperns

*Blumenkinder und Pappnasen machen beim Karneval zwei Wochen lang Limassols Straßen unsicher.*

bietet beste Gelegenheit, sich durch das Weinangebot der Insel zu kosten. Während an den Ständen der Weingüter Probeschlückchen ausgeschenkt werden, spendiert die Stadtverwaltung große Fässer zur Gratisabfüllung in Gläser und Flaschen. Kein Wunder, dass das Publikum an den traditionellen Tanz- und Gesangsvorführungen mit Inbrunst selbst teilnimmt (www.limassolmunicipal.com.cy/en/wine-festival).

## Infos

• **Tourist-Infos:** Plateía Syntagmatos (am Alten Hafen), T 25 36 27 56, Mo, Di, Do, Fr 8.15–14.30, 15–18.15, Mi 8–14.30, Sa 8.15–13.15, im Winter Mo, Di, Do, Fr 8–14.30, 15–17.30, Mi 8–14.30, Sa 8–13 Uhr; in Germasógeia: Leofóros Georgíou A 22, Potamós Germasógeias (östlicher Eingang des Dasoudi Beach), T 25 32 32 11, wochentags s. S. 65, Sa geschl.

• **Gratis-Führungen:** »Entdecken Sie das historische Zentrum von Limassol«, Mo 10 Uhr, Treffpunkt: Tourist-Info am Alten Hafen, Buchung: T 25 36 27 56; »Entdecken Sie die Natur um Germasógeia« und »Ein mit Wasser gesegnetes Dorf«, alternierend, Okt.–April Mi 10 Uhr, Treffpunkt: Tourist-Info Germasógeia, Buchung: T 25 32 32 11.

• **Internet:** www.allaboutlimassol.com (Tourismusseite von Limassol).

• **Bus:** Die meisten Stadt- und Überlandbusse verkehren von der zentralen Busstation EMEL, Archiepiskópou Leontíou A. Routen und Fahrpläne für alle Linien: www.limassolbuses.com. **Touristenlinie:** Bus Nr. 30 fährt regelmäßig entlang der Küstenstraße vom Hotel Le Meridien nahe der Amathoús-Ausgrabungsstätte über die Altstadt und die Marina bis zur My Mall im Westen der Stadt (s. S. 63). **Überlandbusse:** Von Limassol aus fahren Busse bis hoch nach Tróodos, nach Governor's Beach im Osten und Pissouri im Westen. **Intercity-Busse:** Alle verfügbaren Verbindungen zu anderen Städten sind online zu finden unter www.intercity-buses.com.

• **Flughafenzubringer:** Busse zu den Flughäfen Lárnaka und Páfos fahren an der Haltestelle St George Havouzas ab. Kosten pro Strecke 9 €; www.limassolairportexpress.eu.

• **Sammeltaxi:** Travel & Express heißt das Unternehmen, das mit Kleinbussen einen Intercity-Verkehr unterhält. Die Fahrgäste werden an ihren Wunschorten in der Stadt eingesammelt bzw. abgesetzt, T 25 87 76 66, www.travelexpress.com.cy.

• **Parken:** Entlang der Mólos-Promenade bis zum Alten Hafen liegen rechts und links Parkplätze, die aber oft über-

*Jedes Zipfelchen Beach wird im Sommer genutzt. Wer längere Wege in Kauf nimmt und ohne Imbissbuden auskommt, kann auf Zypern noch einsame Fleckchen an Traumstränden finden (Governor's Beach).*

füllt sind. Bequeme Alternative: Auto auf dem großen Pafilia-Parkplatz neben dem Stadtgarten abstellen (4 €/Tag) und mit Bus Nr. 30 (Haltstelle Municipal Gallery) in die City fahren.

• **Fahrrad:** Eine Radtour entlang der Küstenstraße ist dank der Fahrradwege bequem und erholsam. Ausleihe an 25 Nextbike-Stationen möglich, 8 €/Tag.

# Umgebung von Limassol

## Akrotíri-Halbinsel  ♀ E 9/10

### Der Natur ganz nah

Die beste Aussicht auf den **Akrotíri-Salzsee** bietet das **Akrotíri-Umweltzentrum** an seinem Ufer. Durch Ferngläser lassen sich die zahlreichen Wasservögel beobachten, deren Gestalt und Farbe zur besseren Wiedererkennung auf Tafeln angezeigt werden. Im Gebäude sind Naturszenen mit Vögeln, Schildkröten, Mini-Flusspferd und anderen Tieren nachgestellt. Auch das traditionelle Handwerk der Korbflechterei, das die Frauen der Gegend seit Jahrhunderten mit Binsen und Gräsern und Schilf betreiben, ist dokumentiert.

**Akrotiri Environmental Education Centre:** im Dorf Akrotíri, www.akrotirienvironment.com, Mo–Fr, So 8–15 Uhr, Eintritt frei

### Wüstenlandschaft am Meer

Einer der unbekanntesten Anblicke in Zypern sind die grauen **Sanddünen** an der Küste westlich des Dorfes Akrotíri. Ihre Abgeschiedenheit vermittelt einem tatsächlich das Gefühl, irgendwo in der Wüste gestrandet zu sein. Vor allem, wenn der Wind die typischen Rillenmuster hinterlassen hat. Wegen des weichen Sandes wird das Gebiet besonders gern von Meeresschildkröten für die Eiablage aufgesucht.

### Katzenkloster am Katzenkap

Wenn im **Kloster Ágios Nikólaos ton Gáton** (tgl. 7–12, 14–17 Uhr, Eintritt frei) südöstlich des Salzsees 200 Katzen durch die Anlage streifen, hat das keineswegs nur etwas mit der Tierliebe der Nonnen zu tun. Das im 4. Jh. entstandene und damit wahrscheinlich älteste Kloster Zyperns verehrt Katzen, weil es einst diese Tiere waren, die mithalfen das Überleben der Menschen auf der Halbinsel Akrotíri zu sichern: Wegen einer schweren Dürre hatten die Bewohner das Kap verlassen, woraufhin sich dort Giftschlangen breitmachten. Von dieser Entwicklung berichtete die hl. Helena ihrem Sohn, Kaiser Konstantin. Der entsandte einen Gouverneur. Er hatte die Anweisung, Tausende Katzen auszusetzen, um die Plage zu bekämpfen. Noch immer künden der Name des Klosters, ›Heiliger Nikolaus der Katzen‹, und die Bezeichnung **Kap Gáta** (Katzenkap) von diesem Ereignis.

## Kolóssi  ♀ E 9

### Die Burg der Weinliebhaber

Zu den Zeiten, als der Johanniterorden nicht nur für seine Barmherzigkeit, sondern auch für seine Schlagkraft bekannt war, hatte er zeitweise sein Hauptquartier auf Zypern. Nach dem Fall des Kreuzfahrerstaates in Jerusalem Ende des 13. Jh. siedelten sich die versprengten Kreuzritter des Ordens rund 14 km südlich von Limassol an und errichteten 1454 die **Burg Kolóssi.** Ihnen ist es zu verdanken, dass Zyperns berühmtester Wein einen Markennamen bekam: Nach ihrer Komturei nannten sie den auf den Ländereien produzierten Wein

Commandaría. Von der Burg sind nur noch der Wohnturm und die ehemalige Zuckermühle übrig. Über den Kaminen in den Räumen findet sich noch heute das Wappen von Louis de Magnac, dem damaligen Großmeister der Johanniter. Über eine Wendeltreppe gelangt man hinauf aufs Dach und genießt eine wundervolle Aussicht.

An der B6 Richtung Páfos, Bus Nr. 17 hält direkt an der Burg, tgl. 8.30–19.30, im Winter bis 17 Uhr, 2,50 €

### Eine Oase der Düfte

Nur 500 m von der Burg entfernt eröffnet sich ein grünes Paradies. In dem kleinen **botanischen Garten Myristikó** wachsen zyprische Kräuter von Lavendel bis Rosmarin sowie Blumen, Zitrusfrüchte, Granatäpfel und Oliven. Im hauseigenen Laboratorium werden daraus ökologisch zertifizierte Teesorten und ätherische Öle, Marmelade und Säfte.

Myristiko Herb Garden: Lórdou Býronos 16, FB @myristiko, T 99 06 34 04, tgl. 10–18, Sa 9.30–13.30 Uhr (Bio-Markttag); da der Garten auch für Privatevents vermietet wird, sicherheitshalber die Öffnungszeiten vorab per Telefon oder via Facebook checken

# Erími  ♀ E9

### Gucken und Trinken

Trocken wird der Besuch von **Zyperns Weinmuseum** (13 km westlich von Limassol) gewiss nicht. Einerseits wegen der lebendig aufbereiteten 5500-jährigen Geschichte des zyprischen Weins, den Könige schätzten und der Sultan Selim II. bewegte, die Insel zu erobern. Zum anderen, weil im Keller eine Weinverkostung wartet und hauseigene Marken, die sich bestens als Mitbringsel eignen – oder natürlich zum selbst Trinken …

An der B6, www.cypruswinemuseum.com, tgl. 9–17 Uhr, Eintritt inkl. Verkostung 5 €

# Episkopí  ♀ D/E9

### Antikes Theater mit Meerkulisse

Eines muss man den Erbauern des antiken Stadtkönigreiches **Koúrion** (17 km von Limassol) lassen: Sie bewiesen ein gutes Händchen für die Lage. Hoch oben auf hellen Klippen über dem Meer ragen heute noch Säulen in einstiger Pracht aus der Landschaft heraus. Die Ursprünge der Stadt liegen wahrscheinlich im 13. Jh. v. Chr., ihr Ende ist historische Gewissheit: Bei einem Erdbeben 365 n. Chr. wurde das Königreich zerstört. Übrig geblieben sind an der **Ausgrabungsstätte** (tgl. 8.30–19.30, im Winter bis 17 Uhr, 4,50 €) spannende und wunderschöne Zeugnisse früherer Kulturen: römische Bäder mit Bodenheizung, Mosaiken mit kämpfenden Gladiatoren, die malerischen Reste eines Tempels für den Gott Apollo, Pilgerherbergen, ein Stadion, wo Läufer einst ihre Runden drehten, und natürlich das römische Theater mit seinem atemberaubenden Blick. Was braucht es eine künstliche Kulisse, wenn das blaue Meer die Szenerie bestimmt? Die im 2. Jh. n. Chr. erbaute Bühne mit den halbkreisförmig angelegten ansteigenden Sitzreihen bietet 3500 Zuschauern Platz. Heute finden in dem restaurierten Freilufttheater wieder regelmäßig Aufführungen statt, insbesondere während des **Festivals des antiken griechischen Dramas** im Juli.

### Im Haus des Archäologen

Objekte, die bei den Ausgrabungen der geschichtsträchtigen Gegend ans Tageslicht befördert wurden, haben im **Museum von Koúrion** (Odós Kouriou, Mo–Fr 8–15.30 Uhr, 2,50 €) ihren Platz gefunden. Das Gebäude gehörte einst dem Archäologen George McFadden, der die Forschungsarbeiten zur Freilegung des antiken Koúrion seit 1934 leitete. In den zwei Räumen sind Marmorstatuen,

*Ein bizarrer Anblick. Die geflutete Kirche von Álassa erinnert an Legenden von untergegangenen Städten. Zwar verbirgt sich hier kein Geheimnis, doch für ein surreales Foto ist der Kirchturm allemal gut.*

Grabsteine, Objekte aus Terrakotta, Amphoren und verzierte Keramiken ausgestellt.

### Wo Vögel und Menschen fliegen

Für den Ausflug in die Vergangenheit nach Koúrion dürfen Sie getrost Badesachen einpacken. Denn die Bucht von Episkopí bietet einen ausgedehnten **Strand** samt Sonnenliegen, Schirmen und Restaurant. Die hellen Klippen des **Kensington Cliffs,** die sich hufeisenförmig um die Bay schließen, sehen nicht nur schön aus, sondern bieten auch Falken und einer der wenigen **Geierkolonien** der Insel Raum zum Leben. Wer nach oben schaut, erblickt aber nicht nur große Vögel, sondern auch **Paraglider,** die mit ihren bunten Segeln von den Felsen bei Koúrion hinunter an den Strand fliegen.

# Álassa   📍 E8

### Versunkene Kirche

Als die Kirche des hl. Nikolaus, **Ágios Nikólaos,** in den Fluten versank, hat sich wohl so mancher bekreuzigt. Aber der Untergang der Dorfkirche von Álassa (15 km von Limassol) war nicht Resultat einer Naturkatastrophe, sondern Teil einer heilsbringenden Maßnahme. Denn sie wurde einem Element geopfert, das in Zypern kostbarer ist als Gold: Wasser! Für den Bau des Koúris-Damms musste das gesamte Dorf Álassa 1985 umgesiedelt werden. Das geweihte Gotteshaus aber verblieb, wo es war. In wasserreichen Jahren ragt nur die Spitze ihres Glockenturms aus den Fluten. Die Kirche im See ist als skurriler Tauchspot über die Grenzen Zyperns hinaus bekannt.

# TOUR
# Zypern tröpfchenweise kennenlernen

**Entlang der Weinstraße Nr. 4 durch die traditionellen Weindörfer**

Unterschätzen Sie nicht die Magie der Gratisproben auf so einer Weintour. In Zypern gilt die 0,5-Promille-Grenze. Genießen Sie Ihre Ausbeute des Tages lieber bei einem romantischen Abend auf dem Balkon Ihres Hotels.

Wer nicht nur landschaftliche, sondern auch geschmackliche Vielfalt liebt, sollte der Weinstraße Nr. 4 im Tróodos-Gebirge folgen. Sie führt zu den schönsten traditionellen Weindörfern, auf Griechisch *krasochória*. Eingebettet in die Landschaft liegen die malerischen Orte dicht beieinander. In den Weingütern kann verkostet werden und die ländlichen Tavernen haben lokale Weine auf der Speisekarte.

Für einen historischen Rückblick bis zu den Wurzeln der 5500 Jahre alten Kunst der Weinherstellung in Zypern beginnt die Tour im **Weinmuseum** von **Erími** ❶ und bei einer Besichtigung der **Burg Kolóssi** (s. S. 67).

Weiter geht es nach **Ágios Amvrósios** zur **Weinkellerei Zambartas** ❷ (www.zambartaswineries.com). Markos Zambartas führt das Familienunternehmen mit kreativem Kopf und Gespür für exzellenten Geschmack. Die Marke »Zambartas« gehört zu den führenden Weinen der Insel. Mein Tipp: Zambartas Rosé.

Sophocles Vlassides, Besitzer des **Weinguts Vlassides** ❸ (www.vlassideswinery.com) zwischen **Vouní** und **Koiláni,** ist ein Visionär. In seinem Streben nach Perfektion und mit der Leidenschaft für alte zyprische Rebsorten bringt seine Kellerei regelmäßig prämierte Spitzenweine hervor. Das modernistische Gebäude beweist, dass Kellereien nicht nostalgischen Charakter haben müssen, um attraktiv zu wirken. Mein Tipp: Vlassides Shiraz.

*Weingut-Idyll: Ayia Mavri*

Die idyllische **Weinkellerei Ayia Mavri** ❹ (https://ayia mavriwinery.com) in **Koiláni,** 1983 gegründet, war eines der ersten regionalen Weingüter der Insel. Mit ihrem süßen Wein aus der Muskattraube haben Yiannoúla und ihr Mann Ioánnis Ioannídes eine Ikone geschaffen, die seit Jahren bei Wettbewerben immer wieder Goldmedaillen abräumt. Mein Tipp: Muskat Rosé.

In **Káto Plátres** blickt die Lambouri-Familie auf eine jahrhundertealte Weinbautradition zurück. In jüngerer Zeit sticht das **Weingut Lambouri** ❺ (www.lambouri.com) durch kreative Marketingideen heraus, z. B. mit dem »Ya'in Kafrisin«, der zusammen mit Rabbinern unter koscheren Bedingungen hergestellt wird. Mein Tipp: Crimson Sky.

An der Straße Richtung **Ómodos** führt ein Abzweig zum **Weingut Ktima Gerolemo** ❻ (http://ktimagerolemo.com). Es ist ganz auf neugierige Besucher eingestellt. Verkostung, Erläuterungen und Verkauf der biologisch erzeugten Weine sind nur ein Teil der Tour, es gibt auch alte Gerätschaften zu bestaunen. Mein Tipp: Riesling.

Bereits seit drei Generationen produziert die Familie Nicolaides in **Anógyra** Wein. Nicos ist der erste Profi unter ihnen. Nach seinem Studium in Montpellier gründete er das **Weingut Nicolaides** ❼ (www.nicolaideswinery.com), ein Label, das sich auch im Ausland etabliert hat und jährlich für seine exzellenten Weine Preise einheimst. Mein Tipp: White Oak Barrel.


**Infos**

**Start:**
Erími/Kolóssi, E 9
**Länge:** ca. 74 km
**Burg Kolóssi:**
tgl. 8.30–19.30,
im Winter bis 17 Uhr,
2,50 €
**Weinmuseum:**
tgl. 9–17 Uhr, 5 €
(inkl. Verkostung)
**Zambartas Winery:**
tgl. 10–16 Uhr, im
Winter So geschl.
**Vlassides Winery:**
Mo–Sa 11–16 Uhr
**Ayia Mavri Winery:**
tgl. 10–18 Uhr
**Lambouri Winery:**
tgl. 9–17 Uhr
**Ktima Gerolemo:**
Mo–Sa 10–17,
So ab 11 Uhr
**Nikolaides Winery:**
Mo–Fr 9–17, im
Winter bis 16 Uhr

# Pissoúri  ♀ C 9

### Zyprische Nächte mit Andrang

Ein klassischer Urlaubsort ca. 32 km westlich von Limassol. Er wird vor allem von den Touristen geschätzt, die in einem der zahllosen Gästehäuser oder Apartments rund um das Dorf Quartier bezogen haben. Seine Vorzüge sind schnell aufgezählt: Schöne Aussicht, naher Strand und ein Ortskern, der sich auf die Zerstreuung der Gäste konzentriert. Die beliebten »Cyprus Nights« mit traditioneller Musik und sonstiger Folklore werden im Juli und August freitags auf der Plateía zelebriert. Die Plätze der Tavernen sind zu diesem Anlass immer heiß begehrt. Es empfiehlt sich zu reservieren.

# Platanísteia  ♀ C 9

### Kunst macht Druck

Wie entsteht aus einem verlassenen Dorf ein kulturelles Zentrum? Hambis Tsangaris, ›The Printmaker‹, wie er überall genannt wird, fand Platanísteia 1988 bei seiner Ankunft nahezu verfallen vor. Dank seiner Vision verwandelte er den Ort in eine Kunstoase. Der von ihm restaurierte Steinhauskomplex wurde zu einem Kulturzentrum mit Werkstatt und dem **Hambis Printmaking Museum.** Hier erfahren die Besucher etwas über die Geschichte der Druckgrafik, die Techniken, Materialien und Werkzeuge. Über 150 Drucke in sämtlichen Drucktechniken vom 16. Jh. bis heute sind zu bestaunen. Kunststiche u. a. aus Europa, Japan, China und Peru haben hier ihren Platz gefunden. Das Druckhandwerk wird in **Workshops** für Schüler und Gäste lebendig gehalten Regelmäßig finden Events statt.

35 km von Limassol, www.hambisprintmaking center.org.cy, Mi–So 10–13, 16–18 Uhr (im Winter 15–17 Uhr), 2 €

# Anógyra  ♀ C 8

### Goldene Löffel, mystische Steine

Zwei mystische Highlights präsentieren sich gleich am Ortseingang. Die Ruine des **Klosters Timios Stavrós** (Kloster des Heiligen Kreuzes) aus dem 14. Jh. befindet sich auf dem Gebiet einer spätrömischen Siedlung. Die Legende besagt, dass es auf dem Gelände des Klosters einen unterirdischen Tunnel gibt, in dem die Mönche ihre Schätze hüteten. Davon muss es eine Menge geben, denn angeblich aßen sie sogar mit goldenen Löffeln. Eine andere Mär rankt sich um die großen, aufrecht stehenden Steine mit dem Loch in der Mitte. Solche sonderbaren **Monolithen** gibt es etliche auf Zypern und einer davon steht auf dem Friedhof. Es heißt, in früheren Zeiten reichten die Frauen ihre Kinder durch die Öffnung, um sie von Krankheiten zu heilen.

### Johannisbrot-Geschichte(n)

Bekanntheit hat Anógyra (35 km von Limassol) vor allem durch seine Johannisbrottradition erlangt. In einem renovierten Steinhaus lädt daher das **Museum »Mavros Chrysos«** (Schwarzes Gold) dazu ein, die dunklen Schoten näher kennenzulernen. Die Exponate erzählen die Geschichte der Verarbeitung und des Handels mit den Carobfrüchten. In der Werkstatt wird der Prozess zur Herstellung von Johannisbrotsirup vorgeführt und die Produkte stehen zur Verkostung bereit.

Oinopoieiou 15, FB @Mavros-Chrysos-Carob-Factory-and-Museum, Mo–Sa 9–18, im Winter 9–17, So 10–18 Uhr, Eintritt frei

### Handgemachte Leckereien

Aus den Schoten des Johannisbrotbaums wird eine ganz besondere Spezialität gewonnen, das *pastéli*. Wer die Prozedur live erleben will, muss früh aufstehen. Gleich am Ortseingang in der **Pastéli-**

*Für Pastéli, die traditionelle Süßigkeit aus Johannisbrot, muss die Masse
so lange gezogen werden, bis sie weich wie Toffee ist.*

**Manufaktur** von Andreas und Despo Michaelidis wird jeden Tag in traditionellen Kesseln der Grundstoff für dieses süße Toffee aufgekocht und so lange über einen Holzpflock gezogen, bis es die richtige Konsistenz hat. Die beiden sind die einzigen in ganz Zypern, die diese Leckerei noch von Hand produzieren. Neben der Manufaktur ist ein kleines **Museum** mit Exponaten zu der Familientradition eingerichtet.

Odós Kourtellou, T 25 22 15 00, Produktion 7–10 Uhr, Hofladen bis 19 Uhr

### Der Duft von Anógyra

Statt aus Bäumen und Trauben zieht Marios Apostolides aus Kräutern die Essenz des Ortes. »Anagyris« hat er die Marke genannt, unter der er ätherische Öle herstellt und vertreibt. Neben der Destillerie legte er auf einem Hügel über dem Dorf einen »**Garten der Kräuter und ätherischen Öle**« an, durch den man spaziert, bevor man sich im Restaurant niederlässt, wo traditionelle Gerichte serviert werden und Marios auch **Vorführungen zur Seifenherstellung** anbietet.

1 km östlich des Dorfes (ausgeschildert), FB @AnagyrisEssentialOils, Kräuterpark tgl. 8–17 Uhr, Restaurant So 10–21 Uhr

### Der Garten der Oliven

Etwas außerhalb des Dorfes dreht sich alles um einen anderen Baum. Der **Oliven-Themenpark »Oleastro«** hat sich dem Olivenbaum verschrieben. Auf dem schön gestalteten Freigelände sind alte Mühlsteine zum Auspressen der Früchte und verschiedene Gerätschaften ausgestellt. Bioprodukte aus eigener Herstellung werden im Shop verkauft und im Restaurant für traditionelle Gerichte verwendet.

3 km nordöstlich von Anógyra Richtung Páchna (ausgeschildert), www.oleastro.com.cy, tgl. 10–18 Uhr, 3 €

## Schlafen

### Herberge mit zyprischer Küche

**The Bunch of Grapes Inn:** Das ehemalige Herrenhaus aus dem 19. Jh. ist den meisten Gästen nur als das populärste Restaurant am Dorfplatz von Pissoúri bekannt. Dass hier wie früher in traditionellen Herbergen auch einfache Zimmer vermietet werden, haben die wenigsten auf dem Plan. Die schlichte Einrichtung ist tatsächlich nicht für einen zweiwöchigen Urlaubsaufenthalt geeignet, durchaus aber für einen Ausflug mit Übernachtung.

Pissoúri, Ioanni Erotokrítou 9, www.thebunchofgrapesinn.com, 9 Zi., DZ/F ab 50 €

### Dorfhaus mit Patio

**Nicolas & Maria's Cottages:** Maria und ihr Mann Nicolas haben das 300 Jahre alte Familienanwesen mitten im Dorf in eine urige Ferienunterkunft verwandelt. Das alte Gemäuer bietet in den zusammenstehenden, aber voneinander unabhängigen Häusern gemütliche Räume mit offenem Kamin und Küchenzeile für Selbstversorger. Der begrünte Innenhof mit Tonkrügen und Lehmbackofen als Dekoration ist ein herrlich ruhiger Rückzugsort.

Anógyra, Papaelissaiou 3, T 99 52 54 62, www.cyprusvillagehouses.net, 3 Häuser, DZ ab 50 €

## Essen

### Auge und Gaumen verwöhnen

**Hill View Restaurant Pissouri:** ›Edles Essen, großartige Aussicht‹ – auf diese Kurzformel lassen sich die besonderen Qualitäten dieses Restaurants bringen. Zum Dinner einen Tisch am Panoramafenster zu bekommen (reservieren!), zu sehen, wie das blaue Meer sich bis zum Horizont erstreckt, und dazu langsam geröstetes Schweinefleisch mit Garnelen und Commandaría-Sauce zu genießen,

beschreibt einen ziemlich perfekten Abend.

Pissoúri, Stadiou 60, www.hillview.com.cy, Di–So à la carte 18–22, So Buffet 12–14.30 Uhr, Hauptgericht ab 15 €

## Feiern

- **Internationales Festival des Antiken griechischen Dramas:** Juni, Koúrion. Eine einmalige Gelegenheit, einen Klassiker an klassischem Ort zu erleben. Das antike Open-Air-Theater an der Ausgrabungsstätte von Koúrion ist einer der Aufführungsorte (www.greekdramafest.com).
- **Pastéli-Fest:** Sept., Anógyra. Beim jährlichen Pastéli-Fest wird die langwierige Prozedur öffentlich vorgeführt, bei der aus Johannisbrotschoten die Toffee-Süßigkeit entsteht. Drumherum finden traditionelle Vorführungen statt und es werden noch andere gesunde Produkte aus der schwarzen Schote angeboten.

## Infos

- **Bus:** von der zentralen Busstation in Limassol nach **Akrotíri** Nr. 19A; nach **Kolóssi** Nr. 17; nach **Erími** Nr. 16 (für das Weinmuseum: Ausstieg Erími 1); nach **Episkopí** und **Koúrion** Nr. 16; nach **Álassa** Nr. 60 und 61; nach **Pissoúri** Nr. 70; nach **Anógyra** Nr 70 mit Umsteigen in Avdímou.

# Tróodos-Gebirge 

Wer sich nicht im Meer abkühlt, fährt in die Berge. Zyperns grüne Lunge ist ein Labsal in den heißen Sommermonaten. Die Dörfer in der Höhe haben die gesamte Insel seit Jahrhunderten mit Wein und

Obst versorgt, das im Tal nicht gedeiht, mit rotem Ton, der für die riesigen Pitharia-Gefäße gebraucht wurde. Im Tróodos-Gebirge fließt Wasser in Katarakten und aus Quellen, die am Straßenrand Wasser spenden. Und hinter fast jeder Wegbiegung eröffnet sich eine Panoramaaussicht, die einen Blick über Bergketten bis hinunter zur Küste erlaubt. So authentisch wie hier sind Landschaft und Leute kaum noch irgendwo in Zypern.

## Láneia  ♀ E8

### Open-Air-Fotoalbum

Der Ort kann mit Fug und Recht als Künstlerdorf bezeichnet werden. Mit liebevoller Sorgfalt haben die Einwohner die traditionelle Architektur erhalten. In den Gassen finden sich neben Cafés und

*Die Blumenpracht in Láneia inspiriert viele Künstler und solche, die sich berufen fühlen.*

Tavernen auch **Ateliers** von professionellen Künstlern (z. B. Galerie Michael Owen, www.michaelowengallery.com) und ambitionierten Amateuren. Dutzende Fotos der Dorfgeschichte schmücken die Straßen. Alle Einwohner haben private Aufnahmen für die Häuserwände beigesteuert, die das 23 km nordwestlich von Limassol gelegene Dorf zu einem Open-Air-Fotoalbum machen. Als Referenz an Láneias Geschichte als Weindorf wurde die alte **Weinpresse** restauriert, und jeder noch so kleine Laden verkauft Wein aus Láneia.

## Trimíklini  ♀ E8

### Land der Fischerträume

›Gone fishing‹ heißt im Englischen so viel wie ›Ich bin dann mal weg‹. Beim Angeln entspannt man sich eben gut. Wer sein Glück versuchen will, kann sich im »**Land of Dreams**« mit sicherer Erfolgsaussicht an den See stellen. Die Fischfarm ist dafür ausgelegt, dass Hobbyangler ihren Fang nicht nur an Land ziehen, sondern auf Wunsch gleich zubereiten lassen können. Wer nicht fischt, geht in der Zwischenzeit in den Obstplantagen spazieren oder genießt die Aussicht und das Essen.

2 km vor Trimíklini, www.thelandofdreamscy.com, nach Vereinbarung, Pavillon für bis zu 8 Pers. inkl. Equipment 160 €, Fang kostet extra: Stör 38 €/kg, Forelle und Karpfen 25 €/kg

## Kaló Chorió, Zoopigí und Umgebung  ♀ E8

### Uraltes Weinrezept

Ein ›Commandaría‹ ist nur echt, wenn seine Trauben in einem von 14 zyprischen Dörfer geerntet und gekeltert wurden, die um **Kaló Chorió** und **Zoopigí** (25 bzw. 26 km von Limassol) angesiedelt sind. Wer Ende September durch die Commandaría-Region reist, dem fallen die kleinen und großen Teppiche aus Trauben auf, die fast überall am Wegesrand liegen. Die Trauben trocknen in der prallen Sonne, um zu süßen Rosinen zusammenzuschrumpfen. Zehn bis zwölf Tage lang müssen sie dörren, bis ihr Zuckergehalt hoch genug ist, sie aber noch ausreichend Saft enthalten, um gepresst zu werden. Die Dörfer sind Teil der **Weinstraße Nr. 5** (Commandaría).

Im Gebäude der **Winzergenossenschaft Kaló Chorió** (T 25 54 22 66 oder 99 53 40 60, Eintritt frei) und im **Commandaría-Museum** (T 99 65 62 88, 2 €) in Zoopigí gibt es die Möglichkeit, sich über die Commandaría-Herstellung zu informieren und einige gute Tropfen zu verkosten.

# Agrós  ♀ E7

## Pflück dir eine Rose

Duftend ist der Ruf von Agrós, dem anmutigen ›**Rosendorf**‹ 48 km nördlich von Limassol. Im Mai beginnt die Ernte der Blütenblätter, um aus den Damaszener-Rosen das intensive Aroma zu destilieren. Ganze Rosenfelder umgeben den Ort und das Bouquet der Blumen ist betäubend süß. Rosen leben nur einen Tag, danach verlieren sie ihren Duft. Deshalb müssen die Blüten schnell gepflückt werden und früh, bevor die Sonne ihnen das gesamte Aroma entlockt. Gearbeitet wird noch immer von Hand. Geübte Pflücker und Pflückerinnen schaffen 400 Blüten in zehn Minuten. Das ergibt 1 kg Rosenertrag. Bei der Ernte dürfen Gäste gern helfen (ab Ende April, 5–10 Uhr, Kleidung zum Schutz gegen Bienen mitbringen, Anmeldung unter T 25 52 18 93).

*Die Sonne dörrt die Weintrauben zu zuckersüßen Beeren. Wenn sie gepresst werden, quillt statt Saft honiggleicher Nektar aus ihnen heraus. Daraus wird der berühmte Commandaría hergestellt.*

Beim jährlichen **Rosenfest** werden Produkte und Herstellung einem großen Publikum vorgeführt. In der **Rosenfabrik** kommen die Besucher täglich in den Genuss, alles über die Rose zu erfahren und Produkte zu kaufen, die von Tee über Likör bis zu Aftershave reichen.

The Rose Factory: Triantafíllou 12, www.venus-rose.com, Mo–Fr 8–19, Sa, So 9.30–19, im Winter bis 17.30 Uhr

### Fleischliche Genüsse

Nach so viel süßlicher Schönheit steht einem der Sinn – oder besser der Magen – vielleicht nach etwas Herzhaftem. Auch dabei muss man die Traditionsschiene nicht verlassen. Die **Metzgerei Kafkália** fabriziert alle würzigen Fleischgenüsse, die die Zyprer so lieben, u. a. *Loúntza*, *Loukánika* und *Pastourmás*. Im Laden wird jede einzelne Spezialität erklärt und zur Verkostung angeboten. Als Verdauungsschnäpschen gibt es noch einen Zivanía obendrauf.

Kyriákou Apéitou 36, www.kafkalia.com, Mo–Fr 8–19, Sa 9–18, So 10–13, 15–18 Uhr

# Lófou  ♥ D8

### Traditionelle Architektur

In diesem Dorf ist es einfach unmöglich, sich schnell vorwärts zu bewegen. Hier scheint die Zeit stehen geblieben zu sein. Die schmalen Gassen mit ihrem urigen Kopfsteinpflaster führen bergauf und bergab. Die Häuser von Lófou (26 km nordwestlich von Limassol) sind einzigartig in ihrer **traditionellen Architektur.** Vor vielen Eingängen sieht man noch **Pitharia,** die großen Tongefäße zur Weinlagerung.

### Ein Wasserhahn für alle

Ein reizvolles Ziel für eine **kurze Wanderung** in die unmittelbare Umgebung ist die historische Wasserstelle, ›**Wasserhahn von Elitji**‹ genannt. Versorgt wird der steinerne Wassertank von einer Quelle am Fuß des Berges. Die Wasserstelle selbst sieht aus wie ein Haus mit Fenstern. Seit 1842 bis in die 1950er-Jahre versorgten sich die Bewohner von Lófou dort mit Wasser.

Der Wanderweg beginnt am nördlichen Dorfausgang Richtung Silíkou, Länge: ca. 1 km

### Gesundes von Kräuter-George

Zur Stärkung ist zum Schluss ein Besuch in dem **Kräuterladen To Magazaki tis Physis** (T 25 10 64 55 www.herbsaremyworld.com, Mo–Fr 9–18 Uhr) unverzichtbar. Die Wildkräuter von Herbalist George Ellinas, in der Umgebung von Hand gesammelt, stehen nicht nur in den Holzregalen zum Verkauf, sondern können auch frisch gebrüht getrunken werden.

# Ómodos  ♥ D8

### Schön, aber überlaufen

Würde Ómodos nicht im Original so hübsch aussehen, hätte man den Ort für einen Reisekatalog genau so herrichten müssen. Der große Dorfplatz ist der älteste und vielleicht auch schönste der ganzen Insel. Die traditionellen Häuser mit den blühenden Balkonen, die kleinen Souvenirläden und Cafés rundherum sowie das Kloster an der Stirnseite bieten auf kleinstem Raum alles, was sich Besucher wünschen. Leider finden das auch sämtliche Reiseanbieter, die hier täglich Busladungen mit Touristen absetzen.

### Blutiges Seil als Highlight

Wieder ist es die hl. Helena, der es zu verdanken ist, dass an dieser Stelle ein bedeutendes Kloster steht. Bei ihrem Besuch auf der Insel 327 n. Chr. hinterließ sie einen Splitter des Originalkreuzes, an dem Jesus zu Tode kam und ein Stück Seil, mit dem die Römer Christus an das Kreuz gebunden hatten. Noch heute sind diese Reliquien zusammen mit dem Schädel des Apostels Philippus die großen Anziehungspunkte für Gläubige im **Kloster Timios Stavrós** (Kloster des Heiligen Kreuzes; tgl. 9.30–18, im Winter bis 16 Uhr, Eintritt frei). Jedes Jahr am 14. September findet zu Ehren des Heiligen Kreuzes eines der größten religiösen Feste auf Zypern statt. Das ganze Dorf ist zu dieser Zeit mit Verkaufsbuden vollgestellt.

### Traubenmost dank Muskelkraft

Die über Jahrhunderte praktizierte Methode, die Trauben mit den Füßen zu zerquetschen, ist in Zypern nicht mehr zu finden. Es dauerte Stunden, bis die eingebrachte Ernte zerquetscht und verflüssigt war. Diese mühsame Arbeit wurde in einigen Dörfern durch den Einsatz gigantischer **Weinpressen** erleichtert. So eine *linos* wurde umschichtig von mehreren Weinbauern aus der Umgebung genutzt. Wer sich die noch gut erhaltene **Weinpresse** (tgl. 9.30–18, Winter bis 16 Uhr, Eintritt frei) in Ómodos einmal angesehen hat, ahnt wenigstens noch, mit wie viel Muskelkraft den Trauben ihre köstliche Flüssigkeit abgerungen wurde.

### Hausrat zu besichtigen

Um in die Geschichte des Dorfes einzutauchen, eignet sich ein Besuch im **Socrates Traditional House** (FB @ socratesomodos, Di–Fr 10–17, Sa, So 10–18 Uhr, Eintritt frei). Ein Sammelsurium an Exponaten – vom Hochzeitskleid über Alltagstrachten bis zum Webstuhl – lässt die alten Bräuche wieder zum Leben erwachen. Damit die Gäste nicht mit leeren Händen gehen müssen, verkaufen die Betreiber auch Kosmetik aus Eselsmilch, lokalen Wein und Kräuter.

### Leckerstes Brot der Insel

Zum Gleich-Essen, zum Mitnehmen oder für unterwegs – von *Arkaténa* kann man nie genug bekommen. Diese **Brotkringel** mit ihrem süßlichen Geschmack sind in Zypern ein Begriff. Seit Urzeiten werden sie in Ómodos von den Familien gebacken. Heute gibt es sie nach Originalrezept in den Bäckereien des Dorfes.

# Ársos ♀ D 8

### Straße durchs Weinparadies

Kurz hinter Ómodos führt nach links eine der schönsten Straßen Zyperns in Richtung Ársos (37 km von Limassol). Man fährt vorbei an üppigen Weinbergen. Hinter dem Tal, das sich nach Norden auftut, erhebt sich majestätisch die hohe Gebirgskette des Tróodos mit

## ZWIST ZWISCHEN DEN DÖRFERN

Die Bewohner von Ársos sind nicht gut auf Ómodos zu sprechen. Einst wurde in der Kirche von Ársos eine wertvolle Reliquie aufbewahrt. Der Schädel des Apostels Philippus, eingefasst in Gold und Silber, war der ganze Stolz des Dorfes. Ende des 18. Jh. wurde er aus Sicherheitsgründen in das Kloster von Ómodos überführt. Dort verblieb die Reliquie – zum Ärger der Bewohner von Ársos. Um des lieben Friedens willen wird der Apostel-Schädel zu den Feierlichkeiten am Tag des Schutzpatrons, dem 12. November, mitunter an Ársos ausgeliehen. Die ›Wächter‹ aus Ómodos lassen die Reliquie aber nicht aus den Augen aus Angst, die Bewohner von Ársos könnten sie sich wiederholen.

*Früher ließ sich mit Weinanbau noch Geld verdienen. Einige prächtige Häuser in Ársos erinnern an die ruhmreiche Vergangenheit des Dorfes. Heute bringt in den Bergen nur noch der Tourismus Wohlstand.*

seinem höchsten Gipfel, dem Olympos. Zauberhaft ist auch dieses große Weindorf, aber statt Touristen-Hotspot zu werden, hat sich Ársos seinen Ruf als Geheimtipp erhalten. Auf dem Dorfplatz sitzen die Besucher noch immer zwischen den Einheimischen und haben in den gewundenen Gassen genug Platz, um auf Entdeckungstour zu gehen.

### Die grüne Ecke

Alles, was auf seiner Öko-Farm wächst, verkauft Evagóras in seinem kleinen Laden **Kallena Arsos Botanic Garden** (FB @Kallena Arsos Botanic Garden, Mo–Fr 8–18 Uhr, Anmeldungen unter T 99 35 70 06). In den Regalen finden sich Kräuter, ätherische Öle, Sirup aus Rosen oder Johannisbrot und selbst gekelterter Wein. Auf Wunsch kann man die Plantage und Destille von Evagóras kostenlos besuchen (Anmeldung erfor-

derlich). Sollte der Wunsch nach einer **geführten Wanderung** durch die Umgebung von Ársos bestehen, ist Evagóras ebenfalls der richtige Ansprechpartner (10 € pro Gruppe/Familie).

### Die Welt von gestern

Volkskundemuseen gibt es in Zypern in vielen Dörfern, doch Ársos unterhält eines der besten seiner Art. In dem Gebäude aus dem 19. Jh. sind Möbel und andere Einrichtungsgegenstände ausgestellt, ebenso wie Geräte und Werkzeuge, die mit dem Weinbau und anderen Berufen der Einwohner verbunden sind.

**Folk Art Museum:** Schlüssel im Kafeneíon Apostolos Filippou neben der Kirche, www.arsos.org/english/museum.shtm, Eintritt frei

### Zu den sechs Quellen

Nach einem typisch zyprischen Essen auf dem Dorfplatz ist ein Verdauungs-

# TOUR
# Wandern über Stock und Stein

**Eine Tour rund um den Kaledónia-Wasserfall**

Ein bisschen Zauberwald, ein bisschen Abenteuer und ein malerischer Wasserfall – drei gute Gründe, einen der beliebtesten Wanderwege in Zypern unter die Füße zu nehmen. Es gibt verschiedene Möglichkeiten, die Route zu absolvieren. Am einfachsten ist es, beim **Restaurant Psiló Dendró** zu beginnen.

Entlang des sprudelnden Baches **Kríos Potamós** (kalter Fluss) wechselt der Weg ständig von einem Ufer zum anderen. Über wackelige Steine zu balancieren und sich an herunterhängenden Ästen festzuhalten, um keine nassen Füße zu bekommen, gehört zum Spaß der Exkursion dazu. Am besten genießen lässt sich die Wanderung morgens, wenn die Vögel zwitschern und die Touristenbusse noch nicht unterwegs sind.

Hat man sich am **Kaledónia-Wasserfall** sattgesehen, könnte man den gleichen Weg wieder zurück nehmen (je Strecke 1,5 km). Sportliche Naturen wagen sich aber an den Aufstieg mit über 200 m Höhenunterschied zum Ende des Wanderweges (insgesamt 3 km). Von hier geht es retour oder ein vorher bestelltes Taxi bringt einen zum Ausgangspunkt zurück.

Wer nur den Abstieg in Angriff nehmen möchte, kann sich mit einem Taxi zu diesem **höchsten Punkt des Pfades** bringen lassen, der mit »Caledonia Trail« ausgeschildert ist, und die Schlucht bergab durchschreiten. Egal, welche Richtung Sie wählen, die üppige Natur unter dem dichten Blätterdach, das ständige Gurgeln des Baches und das Zwitschern der Vögel sind Balsam für die Seele. Zum Abschluss sollten Sie sich unbedingt im **Restaurant Psiló Dendró** eine frisch gegrillte Forelle gönnen.

## Infos

**♀ D 7**
**Länge/Dauer:**
lange Variante 8 km,
ca. 3,5 Std.
**Start:** am Restaurant
Psiló Dendró in Páno
Plátres
**Psilo Dendro:**
FB @psilodendro,
tgl. 9–17 Uhr
**Le Marquis Taxis:**
T 99 65 23 24, 99
53 55 44, www.
platrestaxis.com
**Alternative:** Start
500 m unterhalb von
Tróodos auf der B8

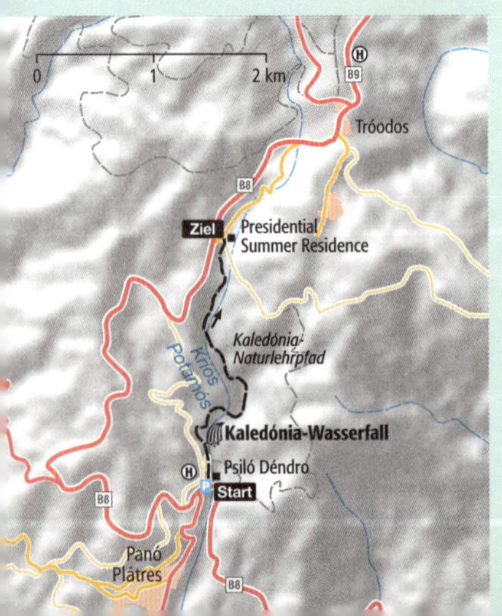

spaziergang angebracht. Dafür ist der **Naturwanderweg** entlang der sechs **mittelalterlichen Brunnen** bestens geeignet. Über Holzbrücken und gepflasterte Wege führt die Route vorbei an den Quellen, deren Wasser aus gemauerten Wasserstellen sprudelt. Herrlich erfrischt fühlt man sich hinterher.

Länge: 2 km, Ausgangspunkt: Athkies-Quelle am Ortsausgang Richtung Ágios Nikólaos

## Ágios Nikólaos    📍 D8

### Ausflug zur Brücke

Auf zum Picknick in ein verwunschenes Tal! Die **Gefíri tou Tzelefoú** (41 km von Limassol; ausgeschildert als Tzelefós oder Keléfos Bridge) ist eine der drei venezianischen Brücken in dieser Gegend. Während der venezianischen Herrschaft (1489–1571) wurden sie gebaut, um die Dörfer durch unwegsames Gelände miteinander zu verbinden. Sie waren Teil des Kamelpfades, den die Venezianer als Transportweg nutzten. Von Ágios Nikólaos aus führt der Weg rund 6 km hinunter zum Fluss Diarízos, der hier als kleiner Bach auch im Sommer noch Wasser führt. Verborgen vor der sengenden Hitze, umgeben von üppigem Grün, sitzt man hier mit Blick auf die gewölbte Steinbrücke äußerst gemütlich. Es gibt nur eine Holzbank, also Decke für's Picknick nicht vergessen.

## Páno Plátres    📍 D7

### Fluchtpunkt

›Des Königs Sommerfrische‹ heißt das Dorf im Volksmund. Tatsächlich sind Könige und Gouverneure in den Hotels und Gästehäusern von Páno Plátres abgestiegen, um der großen Hitze in

### GESANG DER NACHTIGALL

In der Stille der Nacht einem betörenden Vogelgesang lauschen, das geht noch immer in Páno Plátres. Jedes Jahr verbringen Nachtigallen hier ihren Sommer. Zu hören sind sie von Mitte April bis Mitte Juni. Der Ort ist bekannt für die kleinen Stimmwunder. Der griechische Literaturnobelpreisträger George Seferis schrieb 1955 in dem Gedicht »Helena«: »Die Nachtigallen lassen dich nicht schlafen in Platres.« Ihre Melodienvielfalt ist einzigartig unter den Singvögeln, sie beherrschen an die zweihundert unterschiedliche ›Strophen‹.

der Ebene zu entgehen. In Zeiten, als es noch keine Klimaanlagen gab, war der Aufenthalt in den Bergen die beste Wahl. Zumal der **Kríos Potamós** (kalter Fluss) für frisches und sauberes Trinkwasser sorgte. Noch heute kommen die Zyprer aus den flacheren Regionen für ihren Urlaub oder wenigstens einen Tagesausflug hierher. Am 15. August, dem Höhepunkt des Sommers und Feiertag zu Mariä Entschlafung, sind die Restaurants des Ortes und die Straßen brechend voll.

### Zypern in Schokolade gehüllt

Für Süßmäuler gibt es einen besonderen Anziehungspunkt im Dorf. Der Laden **Cyprus Chocolates** (Odós Makaríou III 6, FB @ cypruschocolates, Di-So 10–17 Uhr) verkauft selbst gemachte Pralinen mit äußerst ungewöhnlichen Füllungen. Eingefangen werden hier zyprische Aromen. Die Auswahl reicht von Commandaría-Creme über Zivanía bis zu Lavendel-Geschmack. In der »Mezé-Collection« ist von jeder Sorte ein Praliné dabei.

# Lieblingsort

## Erfrischung direkt an der Quelle

Es gibt kaum eine klügere Entscheidung, als in der größten Hitze einen Ausflug in den Tróodos zu unternehmen. Herrlich der Moment, wenn man die Klimaanlage im Auto ausschalten und die Fenster wieder öffnen kann. Kühle Luft strömt herein – unbezahlbar. Aber die kostenlose Erfrischung ist noch zu toppen, denn dank der vielen Quellen in den Bergen finden sich am Wegesrand immer wieder Wasserstellen. Mein Favorit ist das **Becken auf halber Strecke zwischen Nikosia und Limassol** (GPS: 34.9339, 32.8892), kurz hinter dem Ort **Tróodos** (♥ D 7). Hände und Gesicht unter dem sprudelnden Nass kühlen, dann den Kopf darunter halten und trinken. Es ist das klarste, köstlichste Wasser, das ich je genossen habe. Schnell habe ich mir angewöhnt, bei einem Ausflug in die Berge leere Flaschen mitzunehmen, um sie zu füllen. Manche Zyprer decken sich hier für Wochen mit klarem Bergwasser ein. Noch bevor die Kanister voll sind, hat sich eine Warteschlange gebildet. Und dann ist es wie in alten Zeiten, als der Brunnen noch Gerüchtebörse war. Man steht beieinander und kommt ins Erzählen. Eine wunderbare Erfahrung!

# Tróodos  📍 D7

## Im höchsten Ort der Insel

Es gibt viele Gründe, Zyperns höchster Ortschaft auf 1700 m über dem Meeresspiegel einen Besuch abzustatten. Von hier starten wundervolle **Wanderrouten.** Im Winter kommen die Zyprer hierher, um sich einen Tag lang im Schnee zu vergnügen. Und als Ausflugsziel mit Restaurants, Hotel, Souvenirshops und kleinen Verkaufsständen ist Tróodos zu jeder Jahreszeit ein Besuchermagnet. Dabei ist Tróodos tatsächlich nicht mal ein Dorf, sondern nur ein Ort für Besucher. Einwohner hat der Flecken nicht (43 km von Limassol).

## Woraus Zypern gemacht ist

Als kleine Sehenswürdigkeit ist dem hübschen Ambiente mit gepflasterten Wegen und traditionellen Häusern noch das **Besucherzentrum des Tróodos-Nationalparks** hinzugefügt worden. In mehreren Räumen werden Exponate gezeigt, die sich mit Umwelt, Geologie, Flora, Fauna, verschiedenen Lebensräumen, Erholung, Geschichte und Zivilisation der Insel befassen. Auf dem **botanisch-geologischen Lehrpfad** außerhalb des Gebäudes sind typische Pflanzen und Gesteine ausgestellt.

**Tróodos Visitor Centre:** T 25 42 01 44, www.troodos-geo.org (> English > Tróodos Geopark > Tourism), Mo–Fr 9–14.30, Sa, So 10–16, Nov.–März Sa, So geschl., April/Mai Sa geschl., Sept./Okt. So–Fr 10–16 Uhr

## Rund um den Gipfel

Nur 3 km von Tróodos entfernt erhebt sich der **Mount Olympos,** mit einer Höhe von 1952 m der höchste Berg der Insel. Der Zugang zum Gipfel ist allerdings gesperrt, weil sich hier eine **Radarstation** der British Royal Air Force befindet, im Volksmund ›Schneeball‹ genannt. Doch zumindest führen der **Artemis Trail** und der **Atalante Trail** als Wanderwege rund um die höchste Erhebung. An den Hängen des Olympos liegt das einzige **Skigebiet** Zyperns. Es ist mit vier Liften ausgestattet. Hier herrscht von Januar bis März vor allem an den Wochenenden Hochbetrieb. Wintersport wird im Tróodos schon seit 1934 betrieben. 1947 gründete sich der zyprische Skiclub. 2003 nahm er die Beschneiungsanlage in Betrieb.

## Schlafen

Gerade in der Tróodos-Region gibt es in den Dörfern inzwischen jede Menge private Unterkünfte. Meist wurden alte Familienhäuser rekonstruiert und umgebaut. Die Gastgeber bieten oft ländliche Aktivitäten zum Mitmachen an. Einen guten, aber noch unvollständigen Überblick liefert die Website **www.agrotourism.com.cy.**

### Übernachtung im ›Museum‹

**Xenios Cottages Lófou:** Wer es ein wenig plüschig mag, kommt hier auf seine Kosten. Gardinen und Bettüberwurf nach Mustern aus Großmutters Wäschetruhe, Häkeldeckchen auf Schränken und Sessellehnen Als Deko kommen alte Haushaltsgeräte, ob Bügeleisen oder Kupferkessel, zum Einsatz. Die Studios sind für Selbstversorger ideal. Im Winter möchte man schon allein wegen des knisternden Kamins hier gar nicht mehr weg.

Lófou, Odós Ilia Kanaoúrou, T 99 66 67 73, www.xenioscottages.com, 3 Zi., DZ ab 75 €

## Essen

### Urig traditionell

**Ariadne Restaurant:** Hierher verirrt sich nur ganz selten ein Tourist. Die kleine Taverne ist selbst unter Einheimischen ein Geheimtipp. Auf den Tisch kommen traditionelle Köstlichkeiten. Die Hausmannskost von Ariadne und ihrer Familie

## SCHUMMEL-DRINK WIRD COCKTAIL-HIT

In den mondänen Berghotels im Tróodos-Gebirge stiegen früher Filmstars und Könige ab, u. a. König Faruq aus Ägypten in den 1930er-Jahren. Der King gab bei dem Barkeeper des Forest Park Hotel einen Drink in Auftrag, der wie Eistee aussehen sollte, damit niemand den Alkoholkonsum des muslimischen Herrschers entdeckte. So entstand Zyperns inoffizieller Nationalcocktail: Brandy Sour.

ist ein echtes Stück Zypern, wie man es nur noch selten findet.

Vása (♥ D 8), ca. 1 km außerhalb des Dorfes, T 25 94 40 64, tgl. 10–18 Uhr, Mezé 15 €

### Essen und Kochkurse

**Symposio-Taverne:** Schlichte traditionelle Küche, so lautet das Geheimnis des Erfolgs. Die Gemüsesuppe mit Zutaten aus dem Garten ist ein Dauerbrenner. Der Familienbetrieb zieht aber nicht nur Gäste zum Essen an, sondern auch zu Kochkursen, bei denen die Küchengeheimnisse preisgegeben werden.

Peléndri (♥ E 7), Prodrómou 61, www.symposiocyprus.com, Mi, Do, So 12.30–18, Fr, Sa bis 22 Uhr, Mezé 15 € pro Pers., Kurse auf Anfrage

---

## Bewegen

---

### Auf zwei Rädern durch die Berge

**Radfahren:** Herausfordernd, aber auch wunderschön sind Radtouren durch das Tróodos-Gebirge. Man kann den vorgeschlagenen Routen folgen oder eigene Strecken finden, denn gerade die ländlichen Nebenstraßen sind nicht so stark befahren. Die Tourismuszentrale hat die Broschüre »Tróodos Radwege« herausgegeben, die Infos zu Strecken, Radverleihstationen und zu Sehenswertem am Wegesrand vereint.

Download von der Website www.visitcyprus.com (> Medien > »Tróodos Radwege« in die Suchmaske eingeben). Weitere Routen auf der Website unter »Sport und Training«

### Auf die Piste, fertig, los

**Skifahren:** Von Januar bis in den März liegt in Höhen von knapp 2000 m ziemlich sicher Schnee. Der Skiclub Zypern unterhält vier Lifte auf dem Berg Olympos. An den acht alpinen Abfahrtspisten finden Anfänger und Könner jeweils ihre Herausforderung. Zwei der Lifte führen zu den Pisten »Zeus« und »Hera« am Nordhang des Olymp. Die anderen beiden Lifte bringen die Skifahrer zu den Pisten »Aphrodite« und »Hermes« im Sun Valley. Von dort geht es 150 bis 350 m bergab. Über eine Webcam lässt sich vorher einschätzen, wie die Schnee- und Wetterlage ist (www.skicyprus.com/webcam).

Tróodos, Olympos, Lifte im Winter tgl. 9–16 Uhr, Skier 12 €/Tag, Tagesticket für die Lifte 20 €

---

## Feiern

---

- **Rosenfest:** Mitte Mai, Agrós. Am Ende der Rosenernte feiert das Dorf an zwei Wochenenden die Königin der Blumen. Zu sehen, zu schnuppern und zu kaufen gibt es zahllose Produkte, die aus den zarten Blättern gewonnen werden. Außerdem Musik und Tanz.
- **Kirschfest:** Anfang Juni, Tris Eliés (♥ D 7). Das Fest ist noch jung und der Ansatz moderner als bei anderen Dorffesten. Das Öko-Dorf (s. auch S. 248) organisiert Kochvorführungen mit Verkostung, Movement Workshops, Flamenco und Rembetiko. An den Ständen gibt es organische Produkte und Kunsthandwerk (FB @EcovillageTrisElies).

*Von den Gipfeln des Tróodos-Gebirges aus gesehen ist die Welt immer in Ordnung. Sensationelle Ausblicke, teilweise bis zum Meer, machen jeden Halt an der Strecke zu einem überwältigenden Moment.*

• **Kräuterfest:** Juni, Páno Plátres. Die beste Gelegenheit, Vorkommen und Wirkung zyprischer Wildkräuter aus der Tróodos-Region kennenzulernen. An den zwei Tagen wird die aromatische und therapeutische Wirkung der Naturheilpflanzen vorgeführt. Es gibt Verkostungen, Kräuterwanderungen und natürlich Unterhaltungsprogramme (FB @troodosnetwork).

• **Traubenfest:** Sept./Okt., Vása, Lófou, Ársos, Vouní, Koiláni (alle ♥ D 8). Jedes Wochenende lädt ein anderes Dorf zum Feiern ein. Die Festlichkeiten sind ganz den Weintrauben und den daraus gewonnenen Produkten wie *Paloúze* oder *Soujoúkos* gewidmet. Überall darf verkostet und zugeschaut werden. Natürlich gibt es auch Wein zum Trinken sowie Volksmusik und Tanz.

• **Zivanía-Fest:** Mitte Nov., Peléndri (♥ E 7). Hier wird Zyperns Nationalschnaps von Hand gebrannt. Wie das geht, führen die Bewohner des Bergdorfes vor. Eine Kostprobe von dem frisch aus dem Kessel fließenden Zivanía (s. auch S. 86) sollte man sich nicht entgehen lassen.

---

## Infos

---

• **Tourist-Info:** Páno Plátres, Dorfplatz, T 25 42 13 16, Mo–Fr 8.15–15.45, in der zweiten Woche jeden Monats 8.30–15, Sa 9–14 Uhr.

• **App:** »Tróodos National Forest Park« (Routen, Sehenswürdigkeiten, Naturtipps)

• **Bus:** von der zentralen Busstation in Limassol nach **Láneia** Nr. 60 u. 61; nach **Kaló Chorió, Zoopigí** und **Agrós** Nr. 50; nach **Ómodos** Nr. 40; nach **Àrsos** mit Kleinbus (10 und 16.30 Uhr; zurück nach Limassol um 6, 11.30 und 15 Uhr); nach **Páno Plátres** und **Tróodos** Nr. 64 (2 x tgl.).

Zugabe

# Schnaps brennen ganz legal

*Zivanía-Herstellung auf dem Dorf*

**M**achen Sie sich keine Illusionen – in Zypern kommen Sie um einen Zivanía nicht herum. Im Restaurant finden Sie ihn auf der Karte als Digestif. Der Tresterschnaps ist aber nicht nur zum Trinken da. Das hochprozentige Gebräu dient hervorragend als Putzmittel, besonders als Glasreiniger. Eigentlich ein Hausmittel also, und genau so wird er in den Bergdörfern noch immer hergestellt.

Der Brennvorgang an sich mutet wie ein mittelalterliches Ritual an. Zu diesem Eindruck trägt in erster Linie der *kasáni* bei, ein Kessel-Monstrum, an dem die Flammen ihre schwarzen Rauchspuren hinterlassen haben. Von November bis in den April hinein rauchen an den Wochenenden die Kochstellen für den zyprischen Nationalschnaps. Wir haben die Möglichkeit, uns bei Meneláos in Ársos das Prozedere anzuschauen. Dafür müssen wir ziemlich früh aus den Federn. Morgens um 6 Uhr wird das Feuer unter dem Kessel entfacht. Viele Helfer braucht es eigentlich nicht, aber trotzdem haben sich reichlich Familienmitglieder versammelt, denn so ein kleines Gelage ist immer willkommen. An dem kühlen Morgen verbreiten die knisternden Scheite eine angenehme Wärme. Der Kasáni wird mit Reisigbündeln ausgelegt, damit nichts anbrennen kann. Dann schaufelt Meneláos den Trester, die Gerippe von Weintrauben und leere Traubenhüllen, hinein. Hinzu kommen noch Wein, ein wenig Zivanía und Wasser. Anschließend werden die Rohrverbindungen wie eh und je mit Mehl, Wasser und Stoffstreifen abgedichtet.

Unter dem *kasáni* prasselt das Feuer. Der Dampf aus dem geschlossenen Kessel entweicht durch das Rohr, das durch ein Wasserbecken führt. Hier kühlt das gasförmige Extrakt ab und tröpfelt nach einer Viertelstunde als Zivanía in einen Kanister. Um uns die Zeit zu vertreiben, grillen wir frische Maiskolben im Feuer. Ein Auge des Hausherren bleibt jedoch immer auf die Flammen gerichtet. Je stärker das Feuer, desto breiter ist der Alkoholstrahl, der in den Behälter plätschert.

Im Umkreis von zehn Metern riecht es jetzt intensiv nach Schnaps. Heimlich lässt sich so ein Hobby nicht betreiben. Zwischendurch prüft Meneláos die Qualität des Gebräus. Mit einem Glas fängt er ein wenig Flüssigkeit auf und begutachtet sie – schäumt sie, ist der Alkoholgehalt noch hoch genug. Wenn nicht, ist es an der Zeit, die erste Destillation des Ta-

## Im Umkreis von zehn Metern riecht es intensiv nach Schnaps. Heimlich lässt sich so ein Hobby nicht betreiben.

ges für beendet zu erklären. Nach zwei Stunden sind die Zutaten ausgelaugt. Der Deckel wird vom Kessel genommen, der Kasáni angekippt. Mit Schaufeln kratzen alle gemeinsam die Überreste heraus. Aber selbst diese ausgekochte Masse ist längst nicht so kraftlos wie sie aussieht. Sie dient immerhin noch als Dünger für die Blumenbeete im Garten.

Wenn der Kessel für den zweiten Durchgang vorbereitet ist, hat die Hausfrau schon den Frühstückstisch unter einem Olivenbaum gedeckt. Es gibt frische Tomaten, Joghurt und Brot. Auf dem kleinen Grill schmurgeln dicke Scheiben Halloumi-Käse und *Loukanika,* in Rotwein eingelegte Würste. Die Männer gehen mit ihren Gläsern von Zeit zu Zeit zu dem Strahl, der aus dem Rohr läuft, und schenken sich einen brandwarmen Zivanía ein. Das fördert die Verdauung, wärmt die Innereien und macht ungeheuer gesprächig. Auch ich nehme mei-

nen ersten Schluck und schüttle mich ein bisschen – ganz im Sinne des Gastgebers, denn diese Reaktion ist der Spaß, den sich die Einheimischen versprechen, wenn sie Fremde in das Zivanía-Ritual einführen.

Der Zivanía wird später in Flaschen abgefüllt – für den Hausgebrauch, als Tauschmittel für kleine Geschäfte im Dorf und als Geschenk für die gesamte Großfamilie. Manche verkaufen ihr Gebräu auch an Getränkefirmen, die das Basismaterial noch weiter verfeinern.

Zivanía darf unter diesem Namen nur in Zypern hergestellt werden. Ein Grund mehr, ihn als Mitbringsel für die Daheimgebliebenen im Koffer zu verstauen. Und wenn der Beschenkte sich dann beim ersten Schluck schüttelt, kann ich ihm als Zivanía-Eingeweihte gönnerhaft auf die Schulter klopfen. So habe ich es schließlich von den Einheimischen gelernt. ■

*Wie man den urtümlichen Kessel bedient, wird von Generation zu Generation weitergegeben. Und jeder schwört auf sein eigenes Rezept.*

# Páfos, Pólis und der Westen

**Die Spuren der Liebesgöttin** — und die Überbleibsel antiker Ereignisse treffen auf eine spektakuläre Landschaft.

Seite 91
## Páfos 

Ob man noch Flecken sieht, die die alten Römer auf dem Fußboden ihres Esszimmers hinterlassen haben? Einfach mal genau hinschauen bei den bildstarken Bodenmosaiken, die seit 1800 Jahren die Zeitläufte überlebt haben. Sie gehören zu den schönsten im Mittelmeerraum.

Seite 104
## Koúklia

Kaum zu glauben, aber in diese abgelegene Ecke pilgerten einst Zehntausende Menschen. Sie huldigten der Liebesgöttin Aphrodite und feierten fruchtbare Feste.

Páfos hat die schönsten Sunset-Spots der gesamten Insel.

Eintauchen

Seite 108
## Tour durch Ineia und Droúseia

Geschickt eingefädelt! Hier fabrizierten Korbmacher und Weberinnen einmal echte Volkskunst. In den Museen können Sie alte Stücke bewundern und bei Workshops das Handwerk selbst ausprobieren.

Seite 110
## Akámas-Nationalpark

Die unberührte Halbinsel Akámas bietet wildromantische Landschaft, in der man sich verlaufen, und geniale Ausblicke, in denen man sich verlieren kann. Spektakulär ist die Avgás-Schlucht.

Was wären die Zyprer ohne *souvláki*? Und der Grill ohne Holzkohle? Die verbliebenen Köhler in Káto Pýrgos sorgen für Nachschub.

Die ›Pafíti‹ sind im hiesigen Ver- ständnis so etwas wie die Ostfriesen Zyperns. Über die Einwohner der Region Páfos und ihre Eigenheiten kursieren jede Menge Witze.

**erleben**

# Kultur, Natur – auf Tour!

F ür die meisten Zyprer liegen Páfos und sein Umland hinter dem Mond. In der Gegend habe man nichts verloren, heißt es. Wie falsch! Die Region hat unglaublich viel zu bieten, man muss es nur entdecken wollen. Jenseits der ausgetretenen Touristenpfade im Hafenviertel von Páfos gibt es in der Oberstadt inzwischen Dutzende spannende Anziehungspunkte. Wer Lust auf individuelle Erlebnisse hat, sollte sich vor allem im weitläufigen Hinterland ein wenig treiben lassen. Jedes Dorf hat sein eigenes kleines Highlight: einen versteckten Wasserfall, ein hübsches Museum, ein spezielles Kunsthandwerk oder einfach nur eine grandiose Aussicht. Am besten auf einen Kaffee am Dorfplatz halten und mit den Leuten ins Gespräch kommen. Das gelingt in dieser Gegend besser als anderswo, denn die Pafíti gelten als besonders freundlich und aufgeschlossen.

Am beeindruckendsten aber sind Landschaft und Tierwelt. Die Wildnis der Akámas-Halbinsel, die dank ihres Schutzstatus nahezu unbesiedelt ist, kann durchaus als Attraktion gelten. Ein Naturschauspiel, das sonst nirgendwo mehr im Süden der Insel beobachtet werden kann, ist der Nestbau der Meeresschildkröten, die u. a. am Lára Beach oder am Strand

## ORIENTIERUNG · O

**Im Internet:** www.visitpafos.org.cy
**Verkehr:** Die Region verfügt über einen internationalen Flughafen, nur 10 km vor Páfos. Die einzige Schnellstraße verläuft zwischen Páfos und Pólis, alle übrigen Orte sind durch kleinere, aber gut ausgebaute Straßen verbunden. Auf der Akámas-Halbinsel und im Páfos-Wald sollte man die großen, befestigten Wege mit dem Auto nicht verlassen, da die anderen Pfade z. T. in unwegsames Gelände führen. In Káto Pýrgos kann man nach Nordzypern wechseln. Das Busnetz (OSYPA, www.pafosbuses.com) verbindet auch abgelegene Dörfer mit Páfos.

von Pólis-Gialia ihre Eier in den Sand legen. Die weiche Hügellandschaft dieses Landstrichs, wo sich immer wieder die schönsten Panoramen mit Blick aufs Meer eröffnen, der dichte Páfos-Wald, in dem die Mufflons leben und über dessen Wipfeln Greifvögel schweben, das türkis schimmernde Wasser in den Sea Caves und natürlich die spektakulären Sonnenuntergänge, für die Páfos' Küste fast schon berühmt ist. Diese Region hat das Prädikat ›Spannendste Destination der gesamten Insel‹ verdient.

# Páfos  A/B8

Seit Páfos seinen internationalen Ruhm als Europäische Kulturhauptstadt 2017 genossen hat, bekommt die Oberstadt (Ktíma) auch endlich die Aufmerksamkeit, die sie verdient. Als Ergänzung zu dem viel frequentierten Touristenpfad an der Uferpromenade zwischen Archäologischem Park und Hafenkastell lohnt sich der Besuch von Galerien und Läden mit traditionellem Kunsthandwerk in der wiederbelebten Altstadt auf den Hügeln Mousallás und Moútallos. Die gastronomischen Angebote und Bars sind hier – anders als im traditionellen Vergnügungsviertel entlang der Agíou-Antoníou-Straße – noch nicht auf Urlauberbespaßung ausgelegt. Von Vorteil ist die überschaubare Größe der Stadt, in der man schnell die Position wechseln

**FAKTENCHECK**

**Bedeutung:** Kulturhauptstadt 2017
**Einwohner:** 63 500
**Status:** Hüterin antiker Kulturschätze
**Selbstbild:** eigenes Königreich
**Manko:** etwas verschlafen

kann – von Stadtbummel zu Strand zu historischen Sehenswürdigkeiten. Ein rundum bequemer Ferienort am Meer ohne eskalierende Partylocations aber mit Option auf attraktive Tagesausflüge.

## Káto Páfos

### Bummelmeile am Wasser

Selten macht es eine Stadt ihren Besuchern so leicht, den perfekten ersten

*Für immer in den Anblick des Hafenkastells von Páfos versunken ist die Skulptur der modernen Aphrodite, die zwischen den Felsen lehnt.*

# Páfos

## Ansehen

❶ Uferpromenade
❷ Hafen
❸ Städtisches Freibad (Bánia)
❹ Skulptur »The Little Fisherman«
❺ Archäologischer Park
❻ Kastell
❼ Skulptur »Sol Alter«
❽ »Nautilus« (7-D-Kino)
❾ Atlantis Turtle Watching Cruise
❿ Leuchtturm
⓫ Königsgräber
⓬ Fabrica-Hügel
⓭ Höhlenkirche Agía Solomonís
⓮ Paulussäule
⓯ Pláteia Kénedy
⓰ Rathausplatz
⓱ Technopolis 20
⓲ Ibrahim Khan
⓳ The Old Barber House
⓴ Städtische Galerie
㉑ Ethnografisches Museum
㉒ Archäologisches Museum des Bezirks Páfos

## Schlafen

❶ Kiniras Hotel
❷ Crystallo Apartments

## Essen

❶ Koutourou Ouzeri
❷ Palia Ilektriki
❸ Hondros Taverna

## Einkaufen

❶ Markthalle
❷ The Place
❸ Neldi Art Gallery
❹ Kings Avenue Mall

## Bewegen

❶ Páfos Sightseeing Tour
❷ Paphos Segway Tour
❸ Kingfisher Fishing Trips

## Ausgehen

❶ Muse Bar
❷ Loft Club

Moment zu erleben. Mit dem Auto geht es geradewegs auf den großen kostenlosen **Parkplatz am Hafen** und schon nach wenigen Schritten steht man unter Palmen und genießt den Blick aufs Meer. Die **Uferpromenade** ❶ von Páfos gehört allein den Fußgängern, die hier bis spät in die Nacht flanieren. Straßenkünstler und selbst erdachte Attraktionen, wie der Mann, der mit seinem Leguan auf der Hafenmauer für Fotos posiert, wechseln sich ab mit Imbissständen und fliegenden Händlern, die Schmuck anbieten oder Rastazöpfe flechten.

Für einen Ankunftsdrink geht es in den **Hafen** ❷, wo Cafés und Restaurants dicht beieinander liegen und der Blick auf die Boote das Urlaubsfeeling noch verstärkt. Nach Osten hin auf der Verlängerung der Promenade führt der Weg an der Leofóros Poseidónos entlang bis zum **städtischen Freibad (Bánia)** ❸. Obwohl dort nicht ein Krümel Sandstrand vorzufinden ist, hat es doch seinen Reiz, über Treppen an den Steinen vorbei direkt zum Schwimmen ins Meer zu steigen. Dank Sonnenliegen und Umkleidekabinen auf dem stufenförmig angelegten Platz machen tatsächlich viele Badegäste von dem urbanen Rekreationsangebot Gebrauch.

Auf einem in die Wellen ragenden alten Anleger hat das wohl meistbetrachtete Kunstwerk der Stadt seinen Platz: die **Skulptur »The Little Fisherman«** ❹, ein Werk der Künstlerin Yiota Ioannidou aus Páfos. Die Bronzestatue eines Jungen, der einen großen Fisch hinter seinem Rücken verbirgt, reizt die Neugier der Passanten. Sie gehen meist einmal um die Figur herum, um zu sehen, was der Junge in den Händen hält. Anschließend posieren sie

Coral Bay
Bretterweg
Leof. Táfon ton Vasiléon
Morfou
Itzan Ali
Aristarchou
Kato Pervolion
Adamandíou Koraï
Grab 4
Grab 3
11
Leof. Táfon ton Vasiléon (Tombs of the Kings)
Nikodímou Mylona
Agorás
Andréa Ioanni
Andréa Toeleppou
Leof. Evagóra Pallikarídi
Kánnigos (Canning)
KTÍMA (OBERSTADT)
17
Kinyra
Neofýtou Nikolaïdi
Gládstonos
Rathaus
Grigóri Afxentíou
Telefonamt
Leof. Georgíou Gríva Digení
22
Limassol
siehe Detailkarte
Exo Vrýsis
Georgíou Christofórou
Anapáfseos
Andromachis
Andrea Omírou
Agapínoros
Andromachis
Leftkados
Anemónis
Nikoláou Thíseos
Nikou Nikolaïdi
Leof. Sotiráki Markídi
Iféstou
Leof. Agíon Anargyrón
Priamou
Pelapaisiou
Agíou Ilariónos
Dimitríou Konstantínou
Agíou Fotíou
Agiou Therapontos
Georgíou X. Ioanní
12
13
Agías Kyriakís
Agíou Agapítíkou
Agapínoros
KÁTO PÁFOS
Ikárou
Leof. Taxiarchón
10
Odeion
Forum
Toúmpalos
Pafías
Afrodítis
Limnárka
Haus des Dionysos
Asklepieíon
Saránda Kolónnes
Stasándrou
5
14
Panagía Theosképasti
A. Antoniou
Apóllonos
Haus des Aion
2
1
3
Eingang
Leof. Apostólou Pávlou
Melínas Merkoúri
Ikárou
A. Antoniou
Ap. Antoníou
Diagórou
Leof. Spýrou Kyprianou
Haus des Theseus
Basilika Limeniótissa
3
Leof. Poseidónos
Iásonos
Kleíous
Thaleías
7
1
8
6
2
3
9
Limassol, Nikosia
18
Agorás
Votsi
CTO
Karavela
Kosta Karnavalou
Thermopylon
Zinonos
Andrea Geroudi
Plateía Márkou Drákou
Leof. Evagóra Pallikarídi
Leof. Evropís
Nikodímou Mylona
Leof. Archiep. Makaríou III
Vladímirou Irakléous
19
1
2
Charalampou Mouskou
Leof. Poseidónos
Ágios Kendéas
Nikou Antoniadi
Grigóri Afxentíou
15
Ermoú
Gládstonos
Leof. Georgíou Gríva Digení
Ioánni Agrótí
Rathaus
Klassizistische Bauten
16
Geroskípou, Limassol
Mittelmeer
20
Plateía Kostis Palamás
Andréa Ioánnou
1
21
0   100   200 m
0   375   750 m
Polydéktous

mit ihm für ein Foto. Ein großartiges Beispiel, wie Kunst im öffentlichen Raum mit den Betrachtern interagiert. Auf der gegenüberliegenden Straßenseite der Poseidon-Allee sind Souvenirläden und gastronomische Spots für die schnelle Beköstigung zwischendurch versammelt. Die Promenade bietet ein Füllhorn an Möglichkeiten auf nicht einmal ganz 1 km Spazierweg am Meer entlang.

### Schönster Fußbodenbelag

Dort, wo heute die bedeutendsten archäologischen Spuren Zyperns von Tausenden Besuchern bewundert werden, war bis in die 1960er-Jahre hinein schlicht nur Acker zu sehen. Zum Glück blieb der Pflug eines Bauern 1962 im Erdreich stecken und enthüllte, welche Schätze dort unterirdisch lagerten. Die prachtvollen Bodenmosaiken aus dem 3. bis 5. Jh. n. Chr., die daraufhin freigelegt wurden, gehören zu den schönsten im gesamten Mittelmeerraum. Auf einem Spaziergang durch den **Archäologischen Park** ❺ von Páfos erfahren Sie eindrücklich, wie es sich als reicher Römer auf Zypern in der Antike so lebte.

Im Gegensatz zum alten Páfos, Palaípafos/Koúklia (s. S. 104), das schon im 12. Jh. v. Chr. besiedelt wurde und den Tempel der Aphrodite zum Zentrum hatte, entstand Néa Páfos erst gegen Ende des 4. Jh. v. Chr. rund um die kleine Hafenbucht. Unter den Ptolemäern und ab 58 v. Chr. unter den Römern war Páfos sogar die Hauptstadt Zyperns. Hier wohnten der römische Gouverneur und die Eliten der Gesellschaft. Néa Páfos erlebte seine Blüte im 2./3. Jh. n. Chr. Prunkvolle öffentliche Gebäude und Villen wurden errichtet. Es gab ein Theater und eine großzügig angelegte **Agora.** Öffentliche Bäder und ein funktionierendes Abwassersystem waren Teil dieser hoch entwickelten Stadt. Das alles fiel im 4. Jh. einem Erdbeben anheim, das Bauwerke und Anlagen dem Erdboden

*Alltagsszenen und mythologische Geschichten zieren die Fußböden der alten römischen Villen.*

gleichmachte. Aus den Ruinen bedienten sich spätere Generationen von Bewohnern der Region, um mit den Steinen ihre Häuser zu errichten. Aber dennoch sind Erinnerungen an die Pracht übrig geblieben, die hier einst geherrscht hatte. Allen voran die herrlichen Mosaikböden von fünf Villen, die heute nach den schönsten Motiven benannt sind.

Im **Haus des Dionysos** stehen die prachtvollen Darstellungen des Weingottes im Mittelpunkt. Im **Haus des Theseus** weisen die Mosaike geometrische Motive in Verbindung mit mythologischen Darstellungen auf. Hervorzuheben sind die Szenen ›Kampf des Theseus mit Minotaurus‹ und die ›Geburt des Achilles‹. Die Mosaiken im **Haus des Aion** zeigen u. a. ›Das Bad des Dionysos‹, ›Leda und der Schwan‹ sowie den ›Schönheitswettbewerb der Kassiopeia und der

Nereiden‹ Die kunstvoll gearbeiteten Böden im **Haus des Orpheus** widmen sich ebenfalls der Mythologie, u. a. mit den Motiven ›Orpheus mit seiner Lyra‹, ›Herkules im Kampf mit dem Nemeischen Löwen‹ und ›Die Amazone‹. Das **Haus der vier Jahreszeiten** wurde nach dem Mosaik benannt, das die Personifikationen der vier Jahreszeiten darstellt. Das römische Open-Air-Theater **Odeon** und die freiliegenden Wasser- und Abwasserleitungen sind ebenso beeindruckende Zeugen der hochzivilisierten Gesellschaft, die hier vor 2000 Jahren gelebt hat.

Tgl. 8.30–19.30, im Winter bis 17 Uhr, 4,50 €

## Der Wächter des Hafens

Für die Spaziergänger ist das mittelalterliche **Kastell** ❻ (tgl. 8.30–19.30, im Winter bis 17 Uhr, 2,50 €) am Hafen lediglich ein hübsches Fotomotiv. Historisch Interessierte reizt seine Geschichte. Und die Besucher der Opernaufführungen im Rahmen des jährlichen Pafos Aphrodite Festival schätzen es als attraktive Kulisse. Für die Bewohner von Néa Páfos im 13. Jh. aber war die kleine Festung aus Kalksteinblöcken ihre Lebensversicherung. Unter der Herrschaft der Lusignans wurde der Bau errichtet, um die Küste vor Einfällen von See zu schützen. Das Kastell hat nur einen Eingang an der Ostseite und sehr kleine Fenster. Es besteht im Wesentlichen aus einem großen Turm, der früher von einem geschlossenen Hof umgeben war. Als klar war, dass die Osmanen die Insel erobern würden, zerstörten die Venezianer 1570 die Festung selbst, um sie nicht dem Feind zu überlassen. Der baute sie 1592 wieder auf und in dieser Gestalt zeigt sie sich heute den Besuchern.

Ein paar Meter hinter dem Kastell findet sich die **Skulptur »Sol Alter«** ❼, ein weiteres Werk der Künstlerin Yiota Ioannidou: Eine junge Frau lehnt auf den Steinblöcken und schaut sehnsuchtsvoll in die Ferne. Die Statue soll eine Hommage an Aphrodite sein, erinnert aber auch ein bisschen an die kleine Meerjungfrau in Kopenhagen. Bei Sonnenuntergang auf jeden Fall ein zauberhaftes Fotomotiv.

## Nautilus im Schaukelmodus

Lust, zwischendurch mal auf Tauchstation zu gehen? In dem **7-D-Kino** auf der **»Nautilus«** ❽ werden Tauchfahrten simuliert, die sich täuschend echt anfühlen. Da spritzt einem die Gischt ins Gesicht, wenn das Boot durch die Wellen pflügt und durchs Bullauge lassen sich überdimensionale Tintenfische sehen. Man spürt die Berührung ihrer Fangarme am Bein unter dem eigenen Stuhl. Natürlich bewegen sich die Sitzreihen im Rhythmus der Tauchfahrt, Gerüche und Wind gesellen sich als Sinneseindrücke hinzu. Wem das noch zu harmlos ist, der kann aus der Reihe der Filmangebote auch ›Action‹ oder ›Horror‹ wählen. Die ›Special Effects‹ sorgen für das nötige Realitätsgefühl. Die »Nautilus« war übrigens einstmals ein Polizeiboot. 2012 wurde es von den jetzigen Besitzern umgebaut und im Hafen von Páfos vertäut.

Im Hafen, FB @nautilusadventurecyprus, tgl. 15–23 Uhr, 8 €

## Schildkröten-Spotting-Tour

Meeresschildkröten in freier Wildbahn zu beobachten ist auch ohne Tauchausrüstung möglich. Auf der **Atlantis Turtle Watching Cruise** ❾ schauen die Passagiere durch runde Panoramafenster zu, wie die großen Tiere gemächlich auf Seegraswiesen äsen. Die Unterwasserwelt trockenen Fußes zu entdecken, gehört zu den Erlebnissen, die sich wirklich lohnen. Sehr bequem ist es unter Deck nicht, aber betrachtet man es als Forschungsschiff, lässt sich darüber hinwegsehen.

Im Hafen, 2. Pier, Abfahrt 2 Std. vor Sonnenuntergang, Dauer: 2 Std. inkl. Badestopp und Fotos bei Sonnenuntergang, 25 € p.P.

### Romantischer Abendspaziergang

Wenn es abends etwas abgekühlt ist, beginnt die beste Zeit für einen Spaziergang auf dem **Küstenwanderweg,** der sich über einer Länge von 3 km zwischen dem Kastell im Hafen und den Königsgräbern erstreckt. Vorbei am **Leuchtturm** ❿ und den überdachten Bänken zum Ausruhen, deren Konstruktionen den Blick auf das Meer wie Bilderrahmen umfangen, geht es immer dem Sonnenuntergang entgegen. Wer den Rückweg nicht zu Fuß antreten möchte, steigt bei den Königsgräbern in den Bus 615 und fährt zurück zum Parkplatz am Hafen.

### Reich in alle Ewigkeit

Dass eine Nekropole solche lebendige Schönheit ausstrahlen kann! Die einzelnen Grabstätten der **Königsgräber** ⓫ gleichen mal einer in den Erdboden versunkenen Villa, mal erinnern sie an Höhlenwohnungen. Der Name trügt übrigens, hier liegt nicht ein einziger König begraben, aber immerhin hochrangige Staatsbeamte, die vor mehr als 2000 Jahren das Zeitliche gesegnet haben. Wenn man in einem lichtdurchfluteten Atrium steht, das von dorischen Säulen umgeben ist, mag man sich vorstellen, welche mächtige Persönlichkeit mit solchem Pomp für die Ewigkeit geehrt wurde. Die ältesten Gräber stammen aus der Gründungszeit von Néa Páfos, d. h. vom Ende des 4. Jh. v. Chr. Die aufwendigsten entstanden im 3. Jh. v. Chr, als sich hier wohlhabende Familien ansiedelten.
Tgl. 8.30–19.30, im Winter bis 17 Uhr, 2,50 €

### Ein Fall für Indiana Jones

Für abenteuerlustige Naturen, die lieber Unperfektes entdecken als vorgefertigten Museumsspuren zu folgen, ist der **Fabrica-Hügel** ⓬ genau die richtige Umgebung. Der größte Teil der antiken Objekte an dieser archäologischen Stätte ist noch nicht vollständig erforscht. Einzig ihr Al-ter ist bekannt und wird in die Zeit um das 3. Jh. v. Chr. datiert. Zu sehen sind u. a. die Überreste eines **römischen Amphitheaters** an der südöstlichen Seite des Hügels. Es ist kleiner als das Odeon im Archäologischen Park. Von der Aussichtsplattform oberhalb des Theaters hat man einen grandiosen Blick über das Gelände und die angrenzende Umgebung. Die Reste der **Höhle von Ágios Agapitikós** ähneln eher einer Felsenkirche, zu erkennen an den Ikonen und Kerzen, die von Gläubigen hier hinterlassen wurden. ›Höhle der Liebenden‹ wird der Ort auch genannt, denn der Legende nach bleiben Verliebte, die sich der Freiluftkapelle Hand in Hand nähern, für immer glücklich vereint.

Ungefähr in der Mitte des Hügels sind in einem eingezäunten Areal Überreste eines **Kiesel-Mosaikbodens** aus hellenistischer Zeit zu sehen. Es gilt als das größte erhaltene Bodenmosaik dieser Art auf Zypern. Das Motiv in Schwarz-Weiß zeigt zwei Delfine mit einem Dreizack. Der größte Teil des Fabrica-Geländes gleicht einem Steinbruch mit unterirdischen Gängen und Höhlen, die noch nicht erforscht und nur zum Teil zugänglich sind. Indiana Jones, übernehmen Sie!
Eingang am Parkplatz gegenüber der Kings Avenue Mall (s. S. 101), jederzeit zugänglich, Eintritt frei

### Heilende Kraft aus der Unterwelt

Ein wenig mystisch wird es, wenn man die Katakomben der **Höhlenkirche Agía Solomonís** ⓭ betritt, die in den Kalksteinboden gehauen wurden. Die Kirche ist der hl. Solomonís gewidmet, Mutter der sieben Makkabäer, die 167 v. Chr. den Märtyrertod starben. Zu sehen sind in der unterirdischen Kirche Reste von Fresken aus dem 12. Jh., jede Menge Ikonen und von Kerzenlicht geschwärzte Felswände. Über den Katakomben steht eine jahrhundertealte Terebinthe (*Pistacia terebinthus*), die hier als **Wunschbaum** dient. Es

heißt, wer an ihre Äste eine persönliche
Gabe, meist sind es Tücher oder Bänder,
hängt, wird von all seinen Leiden befreit.

# Páno Páfos

### Páfos gibt es doppelt

Eine Stadt, aber zwei Siedlungsgebie-
te. Dass die Verwaltung heute auf dem
Berg sitzt, die antiken Spuren von Páfos hingegen um den Hafen herum
zu finden sind, hat seine Ursachen im
Mittelalter. Zwischen dem 7. und dem
10. Jh. wurde Néa Páfos von arabischen
Überfällen heimgesucht. Die Bewohner
fanden Zuflucht auf einem felsigen Hügel oberhalb ihrer Stadt und setzten sich
dort fest. Diese Oberstadt, Páno Páfos,

auch Páfos-Altstadt genannt, hat bei den
Einheimischen einen weiteren Namen:
**Ktíma.** Die ursprüngliche Bezeichnung
Vasilikó Ktíma bedeutet so viel wie ›kö-
nigliches Landgut‹ und bezieht sich auf
die Besitzung des Amalrich von Lusignan,
der 1194 bis 1205 König von Zypern war.

### Märchenbuch an Häuserwänden

Ausgangspunkt für einen Bummel durch
die Altstadt ist die **Pláteia Kénedy** ⑮. Der
Platz selbst ist im Sommer bei brütender
Hitze wegen fehlender Bäume zwar kein
Ort zum Verweilen, aber an manchen
Abenden und zu frischeren Jahreszeiten
finden auf ihm Konzerte statt. Hier beginnt der Fußgängerboulevard **Leofóros
Archiepiskópou Makaríou III,** der geradewegs bis zur alten **Markthalle** ❶ führt.
Für alle, die sich durch die Seitenstraßen
links und rechts des Boulevards treiben
lassen, hält die Stadt eine Art Schnitzel-
jagd bereit. Verstreut wird auf acht Haus-
wänden die Geschichte der Arodafnousa
in künstlerisch gestalteten Reliefs erzählt.
Diese ›Zementografien‹ zeigen Szenen
aus dem alten zyprischen Märchen von
dem Mädchen, das sterben musste, weil
es einen König liebte. Wer diesen **Arodafnousa Visual Walk** gehen möchte, holt
sich den dazugehörigen Stadtplan in der
Tourist-Info oder im Kimonos Art Center
(Kimonos 2). Eine Onlineversion gibt es
auf der Facebookseite des Projektes (FB
@Cementography, weitere Infos: www.
cementography.net).

### Abends mit Beleuchtung

Wer nicht gerade aufs Amt muss, besucht
den **Rathausplatz** ⑯ am besten nach
Einbruch der Dunkelheit. Dann nämlich erstrahlt das weitläufige Forum mit
seinen klassizistischen Bauten ringsum
in erhabener Beleuchtung. Die Illumi-
nation unterstreicht die Architektur und
macht das Ensemble zu einer attraktiven
Kulisse für all die Restaurants und Cafés
im Umkreis.

### Nahrung für Kopf und Bauch

Kreative Atmosphäre schnuppern lässt sich im **Technopolis 20 ⑰**. Das Kunst- und Kulturzentrum in der sanierten Villa aus den 1920er-Jahren macht nicht nur mit seinen Veranstaltungen und Ausstellungen von sich reden. In der Cafeteria treffen sich (Lebens-)Künstler der lokalen Szene zum Gedankenaustausch. Hausgemachter Kuchen, frische Limonade und Wein aus der Region sind ein weiterer Grund, sich hier niederzulassen.

Leofóros Nikoláou Nikolaïdi 18, www.techno polis20.com, Mo–Fr 10–14 Uhr und während der Veranstaltungen

### Einkehr in der Karawanserei

Eine Herberge ist die **Ibrahim Khan ⑱** zwar nicht mehr, aber die Gastlichkeit hat sich in dem Geviert gehalten. Kultur und Geschäftigkeit ist in die alte Karawanserei eingezogen, nachdem sie liebevoll saniert wurde. Eine große Bühne für Konzerte und Aufführungen, kleine Läden mit lokalen Bioprodukten, Kunsthandwerksateliers und Cafés machen den Han zu einem charmanten Magneten mitten in der Altstadt. In **Sharen Taylors Mosaik-Workshop** lassen sich zauberhafte Stücke der Künstlerin erwerben oder ein Versuch starten, selbst Mosaiken zu gestalten (www.sharentaylor.com). Beim **Carob King** sind alle Produkte aus den gesunden Schoten des Johannisbrotbaums gemacht (FB @CarobKingcy) und der kleine Laden mit dem schönen Namen **Nuts of your Dreams** (Nüsse deiner Träume) verkauft Superfood in Form von getrockneten Früchten, Honig, lokalen Weinen, Olivenöl – und natürlich Nüssen (Instagram # the_nuts_of_your_dreams).

Constantínou Kanári 40

### Der Barbier von Páfos

Es gibt zwei gute Gründe, **The Old Barber House ⑲** zu betreten: eine gepflegte

*Barbershops können ordentlich was hermachen. Statt langweiliger Bartkratzerei findet in diesem Herrensalon höchste Frisierkunst statt. Fehlt nur noch das Glas Sekt für die weibliche Begleitung.*

Nassrasur ganz ›old style‹ mit dem Messer und die Vintage-Einrichtung des Ladens. Marcos, der Besitzer, Nachkomme einer Barbier-Dynastie in Páfos, hat das Handwerk von seinen Onkeln gelernt. Haare schneiden und Bart stutzen ist hier zwar Männersache, aber auf einen Kaffee sollten die dazugehörigen Begleiterinnen unbedingt mit hereinkommen. Das alte Design ist nicht teuer erkauft, sondern in Handarbeit aus Secondhand-Möbeln selbst gemacht. Und einem Haar-Künstler bei der Arbeit zuzuschauen ist immer ein Vergnügen.

Alfrédou 2, FB @theoldbarberhouse, Mo–Mi 9–13, 14–18, Fr 9–18, Sa 9–16 Uhr

## Museen

### Kunst von hier

**⓴ Städtische Galerie:** Die Stufen knarren, die Räume sind klein und meist ist man als Besucher allein darin. Gerade deshalb ist die Städtische Galerie ein Genuss für Kunstinteressierte. In aller Ruhe lassen sich die Gemälde, Zeichnungen und Plastiken zyprischer Künstler erkunden. Allen voran der berühmteste von allen, Stass Paraskos (s. S. 103). Dem Gründer des Cyprus College of Art ist ein ganzer Bereich gewidmet. Die leuchtenden Farben und der hintergründige Humor in seinen Bildern macht die Betrachtung zu einem Vergnügen.

Gladstonos 7, Mo–Fr 9–15, Sa 10–13 Uhr, Eintritt frei

### Original Hausrat

**⓴ Ethnografisches Museum:** So spannend, wie auf einem alten Dachboden Schätze zu entdecken, ist ein Besuch in dem privaten Museum der Familie Eliades. Die Ausstellungsstücke umfassen Kostüme und Trachten, handgeschnitzte Holzmöbel, landwirtschaftliche Geräte und Werkzeuge, Küchengeräte, Gebrauchsgegenstände aus Ton, Webstühle und Webwaren, aber auch archäologische Funde, die vorwiegend aus der Bronzesteinzeit stammen.

Éxo Vrísis 1, http://ethnographicalmuseum.com, Mo–Sa 10–17, So 11–13 Uhr, 2,50 €

### Antike Wärmflaschen

**⓴ Archäologisches Museum des Bezirks Páfos:** Aus all den wichtigen Orten in und um Páfos, die in der Antike und sogar davor eine Rolle gespielt haben, sind in diesen Räumen die erstaunlichsten Funde ausgestellt. Eine Marmorbüste der Göttin Aphrodite, ein Grabstein mit kyprischer Silbenschrift aus Marion, Schmuck und Glasgefäße. Hinzu kommen skurrile Exponate wie Wärmflaschen aus Ton für verschiedene Körperteile. Insgesamt eine faszinierende Sammlung.

Leofóros Gríva Digení 43, Mo–Fr 8–16 Uhr, 2,50 €

## Schlafen

### 100-jähriges Stadthotel

**❶ Kiniras Hotel:** Das altgediente Haus gehört schon zum Inventar von Páfos. Seine hundertjährige Geschichte zusammen mit seiner zentralen Lage in der Oberstadt lassen über die ein wenig angejahrte Einrichtung hinwegsehen. Das Restaurant im Innenhof ist ein schattiger Rückzugsort ohne Musik, dafür mit Vogelgezwitscher.

Leofóros Archiepiskópou Makaríou III 91, www.kinirashotel.com, 18 Zi., DZ/F ab 55 €

### Schlicht und einfach

**❷ Crystallo Apartments:** Für unabhängige Geister, die gern ihr eigenes Ding machen und auf ihren Geldbeutel achten müssen, sind diese einfachen Studios eine gute Alternative. Doppelbett, Küchenzeile, Balkon, freie Parkplätze und sogar ein Pool im Innenhof sind vorhanden. Als Basisstation für Ausflüge in die Umgebung eine gute Wahl.

Ikárou 2, www.crystalloapartments.com, 21 Apart., DZ ab 40 €

## Essen

### Tapas auf Griechisch
**1 Koutourou Ouzeri:** Leckere Häppchen und dazu einen Ouzo, das ist mediterrane Lebensart! Sollte man drinnen einen Platz ergattern, kann man dem Koch bei der Arbeit zuschauen und die kreativ gestaltete Inneneinrichtung goutieren, die einem gut aufgeräumten Flohmarkt in Glasvitrinen und Regalen gleicht. Auf den Plätzen draußen genießt man abends die angeleuchteten Gebäude im Zentrum der Oberstadt.
25. Martíou 8, FB @Koutouroukafeneionouzeri, Mo–Sa 11–15, 19–1 Uhr, Tapas 5 €, kleine Flasche Ouzo 10 €

### Wie bei Muttern
**2 Palia Ilektriki:** Dieses nette Plätzchen vereint so viele Vorzüge, dass es genug Gründe gibt, das etwas versteckte Restaurant zu besuchen. Das Essen ist außergewöhnlich gut und reichhaltig, die Besitzer Vassos und Vassilia kümmern sich um die Gäste wie bei einer Familienfeier. Bis in den Hof des alten Elektrizitätswerks dringt der Lärm der Straße nicht vor und ein Springbrunnen sorgt für Erfrischung.
Vladimirou Irakléous 8, FB @paliailektriki.res taurantcafe, Mo–Sa 10–15.30, 18–22 Uhr, Lammkarree 17 €, Pasta 8 €

### Älteste Taverne
**3 Hondros Taverna:** Einkehr in der ältesten Taverne von Káto Páfos – schon 1957 beköstigte sie Gäste. Die heutige Generation geht mit der Zeit und serviert neben den zyprischen Standards auch vegetarische Mezé. Der Innenbereich ist mit alten Fotos und Wandgemälden dekoriert, auch Kunden haben sich an den Wänden verewigt. Im Innenhof sitzt man gemütlich unter Weinranken.
Apostólou Pávlou 96, FB @Hondros-Taverna, tgl. 11–24 Uhr, vegetarische Mezé 18,50 €, Karaffe Dorfwein 8,50 €

*Nah am Wasser gebaut: Restaurant im Hafen von Páfos*

## Einkaufen

In der alten **Markthalle** 1 gibt es statt Obst und Gemüse tausendundeinen Laden. Das Stöbern nach Schmuck, Mitbringseln und Klamotten ist ein Vergnügen (Ktíma, Agorás, tgl. 9–17 Uhr).

### Handwerk zum Zugucken
**2 The Place:** Sämtliche traditionellen Produkte aus der Region, die man sich vorstellen kann, werden hier angeboten – und zwar allesamt handgemacht: Seife, Kräuter, Nüsse, Olivenöl, Keramik, Seidenraupenstickerei, Mosaiken, Holzflöten, Schmuck u. a. Vormittags trifft man die Kunsthandwerker an, die ihre Gewerke vorführen. Lokaler Wein wird im Hofcafé ausgeschenkt.
Constantínou Kanári 56, www.theplacecyprus. com, Mo, Di, Do, Fr 9–18, Mi, Sa 9–14 Uhr

### Brett an der Wand

**3** **Neldi Art Gallery:** Holzschilder, Holzbilder, Herzen und Hocker aus Holz. Den Betreibern dieses Kreativladens gehen die Ideen nicht aus. Als kleinere Mitbringsel eignen sich Schmuckstücke aus Holz. Nelly und Dimos gestalten aber auch ganz individuell nach den Vorstellungen ihrer Kunden.

Leofóros Poseidónos 3, Shop 38, FB @ NeldiArtGallery, Mo–Sa 10–22.30 Uhr

### Marken und Klamotten

**4** **Kings Avenue Mall:** Für den eigenen Kleiderschrank zu shoppen muss ja auch mal sein. Falls die Sonne zu heiß brennt oder es aus Eimern schüttet, bietet das Einkaufszentrum den idealen Rückzugsort.

Leofóros Táfon ton Vasileon (Tombs of the Kings Avenue), www.kingsavenuemall.com, Mo–Sa 10–20, So 11–19 Uhr

## Bewegen

### Hop-on-hop-off

**1** **Páfos Sightseeing Tour:** Mit dem roten Doppeldecker-Bus geht es bequem von den Sehenswürdigkeiten in Káto Páfos hinauf in die Oberstadt zu den dortigen Highlights. Ein- und Aussteigen, wann immer man will. Das Konzept ist bekannt.

Parkplatz am Hafen, April–Okt. tgl. 10–16 Uhr, alle 60–90 Min., 24-Std.-Ticket 13,50 €

### Sich mühelos fortbewegen

**2** **Paphos Segway Tour:** Mehr als 20 Stundenkilometer sind nicht drin, aber für eine Stadtrundfahrt oder einen Ausflug auf zwei Rädern ist das die ideale Geschwindigkeit. Kurze Einführung und schon geht's los – entweder entlang der klassischen Sehenswürdigkeiten oder bei einer Küstentour entlang der Promenade von Chlóraka.

Leofóros Apostólou Pávlou 109, Shop 7, www.paphossegwaytour.com, ab 40 €

### Fischen mit Profis

**3** **Kingfisher Fishing Trips:** Drei Stunden Seefahrt und das eigene Abendbrot fangen, das ist doch was. Wem die Fische im Wasser besser gefallen als an Bord, der bucht dagegen einen Ausflug mit dem Glasbodenboot. Hauptsache, man kann sich ein bisschen Seewind um die Nase wehen lassen.

Liegeplatz im Hafen, www.kingfisher-fishing trips.com, selbst angeln ab 25 €, Zuschauer 15 €; Glasbodenboot 1,5 Std. 10 €

## Ausgehen

Ausgesprochene Feier-›Strips‹ sucht man in Páfos vergebens. In den 1990er-Jahren war die Odós Agíou Antoníou als Bar-Straße bekannt. Von diesem Ruf versuchen die verbliebenen Läden noch heute zu profitieren – mit überwiegend traurigem Ergebnis. Die bessere Wahl für ein abendliches Lokal-Hopping ist der **Hafen 2**. Restaurants, Pubs und Bars haben bis spät geöffnet.

### Beste Cocktails

**1** **Muse Bar:** Wer auf der Terrasse zum Sonnenuntergang einen Tisch abbekommen will, sollte dringend reservieren. Von hier oben genießen die Gäste den besten Blick über die Küste. Aber widmen Sie sich nach erfolgreichem Foto bitte sofort wieder den Cocktails, denn die sind so spektakulär wie das Panorama.

Páno Páfos, Odós Andréa Ioánnou 16, FB @musecafekitchenbar, tgl. 9–2 Uhr

### Die Nacht durchtanzen

**2** **Loft Club:** Ein Hauch Ibiza-Feeling kommt auf, wenn die Nächte glamourös oder zumindest das Outfit der Gäste glitzernd wird. Live-Acts, DJs und sogar Luftakrobatik sorgen für Partystimmung.

Káto Páfos, Odós Archimídous 1, FB @loftclub.pafos, Fr, Sa 23–6.30 Uhr

## Feiern

- **Internationales Festival des antiken griechischen Dramas:** Juni. Klassische Dramen an klassischen Orten. Das Odeon-Theater im Archäologischen Park von Páfos ist einer der Aufführungsorte (www.greekdramafest.com).
- **Pafos Aphrodite Festival:** 3 Tage Ende Aug./Anfang Sept. Eines der schönsten Events der Insel. Das Hafenkastell wird zur Kulisse für hochklassige Opernaufführungen unter freiem Himmel. Die Musik, die Sterne und das Ambiente sorgen dafür, dass die Tickets heiß begehrt sind (www.pafc.com.cy).

## Infos

- **Tourist-Infos:** Káto Páfos, Leofóros Poseidónos 63A, T 26 93 05 21, Mo, Mi, Do 8–14.30, Di, Fr 8.15–14.30, 15–18.15, im Winter Mo, Mi, Do 8–14.30, Di, Fr 8–14.30, 15–17.30 Uhr; Páno Páfos, Odós Agorás 8, T 26 93 28 41, Mo, Do 8.15–14.30, 15–18.15, Di, Mi, Fr 8–14.30, Sa 8.15–13.15, im Winter Mo, Do 8–14.30, 15–17.30, Di, Mi, Fr 8–14, Sa 8–13 Uhr.
- **Gratis-Führungen:** Altstadt-Rundgang Do 10 Uhr, Treffpunkt: Tourist-Info Páno Páfos, s. o., Anmeldung unter T 26 93 28 41 oder 26 93 05 21.
- **Bus:** Der Karavella-Busbahnhof in Páno Páfos (Odós Andréa Geroúdi) ist Ausgangspunkt für alle Busse in die Dörfer, nach Pólis und in die anderen Städte des Landes. Die Station in Káto Páfos am Hafen (Ende der Leofóros Apostólou Pávlou) ist Haltestelle für alle Busse in die Touristenviertel, nach Páno Páfos und zum Karavella-Busbahnhof. Alle Buslinien sind online zu finden auf der Website des Betreibers OSYPA (www.pafosbuses.com). Zwischen dem Hafen und Páno Páfos verkehrt die Linie 610. Einige Dörfer im Hinterland sind nur mit Umsteigen in Pólis zu erreichen. Einzelfahrten, auch in entfernte Dörfer, kosten 1,50 €, eine Tageskarte 5 €.
- **Flughafenzubringer:** Ab Páfos Airport fahren Busse zur Haltestelle am Hafen (Nr. 612), zum Karavella-Busbahnhof (Nr. 613) und nach Pólis (Nr. 649).
- **Sammeltaxi:** Travel & Express heißt der Kleinbus für den Intercity-Verkehr, der Fahrgäste an Wunschorten in der Stadt einsammelt und ablädt (www.travelexpress.com.cy).
- **Parken:** Der große Parkplatz am Archäologischen Park in Káto Páfos hat viel Kapazität und ist kostenlos.
- **Fahrrad:** Leihstationen für Räder gibt es in Hotels und über die Stadt verteilt. Über Fahrradrouten in der Region geben die Tourist-Infos Auskunft. Ein Kontaktforum für Insiderwissen ist der Paphos Cycling Club (FB @paphoscyclingclub).

# Umgebung von Páfos

## Geroskípou     📍 B8

### Aphrodites Garten

Im Treppenflur des Rathauses prangt unübersehbar eine riesige Aphrodite an der Wand. So stolz bekennt sich Geroskípou (4 km von Páfos) zu seiner Tradition, der Liebesgöttin verbunden zu sein. Der Ortsname (›Heiliger Garten‹) leitet sich tatsächlich von den heiligen Gärten der Aphrodite ab, die sich südlich des Dorfes Richtung Meer befanden. Dort begann der Pilgerweg zum Tempel der Göttin. Möglicherweise steht die **byzantinische Kirche** auf den Ruinen eines alten, ebenfalls der Aphrodite geweihten Tempels. Das imposante Gotteshaus mit den fünf Kuppeln ist einer anderen bedeutenden

Frau gewidmet, der Märtyrerin **Agía Paraskeví** (Mo–Sa 8.30–13, 14–16.30 Uhr).

## Seidig war es ehedem

Nur ein paar Gehminuten vom Dorfzentrum entfernt ist in einem traditionellen Gebäude mit hübschem Innenhof das **Volkskunstmuseum** untergebracht. Hier kann man das Dorfleben vergangener Zeiten beim Blick auf bäuerliche Töpferwaren, Schals aus handgesponnener Wolle, gewobene Wollteppiche und die längst nicht mehr praktizierte Seidenherstellung Revue passieren lassen.

Mo–So 9.30–17, im Winter 8.30–16 Uhr, 2,50 €

## Zuckersüße Souvenirs

*Loukoúmi* aus Geroskípou gibt es ausschließlich in Geroskípou. Das Dorf hat sich den Herkunftsort für die leckeren Süßigkeiten in der EU schützen lassen. Verdientermaßen, muss man sagen. Denn das Konfekt aus Gelee wird hier seit über einhundert Jahren von derselben Familie nach dem Originalrezept hergestellt und heute in die ganze Welt exportiert. Im Laden von **Aphrodite Delights** wird nicht nur verkauft. Besucher sind auch eingeladen, sich bei einer Führung über die Loukoúmi-Herstellung zu informieren. Die Häppchen firmieren übrigens inselweit auch unter den Bezeichnungen ›Cyprus Delights‹ oder (um Himmels Willen nicht im Süden benutzen) ›Turkish Delights‹.

Kantarénas 2, T 26 96 79 67, www.aphrodite delights.com, Mo–Fr 7–16, Sa 9–13 Uhr, Onlinebuchung für Führungen über die Website

# Lémba    📍A8

## Villa Kunterbunt

Platz für Kunst ist in der kleinsten Hütte! Das **Cyprus College of Art** in Lémba (6 km von Páfos) braucht keine Wegweiser, es ist leicht an der verrückten Gestaltung seiner mehr als vier Wände zu erkennen. Seit 1985 wurden hier von Hunderten Künstlern Objekte geschaffen und vermauert. Angefangen vom Gründer Stass Paraskos bis zu heutigen Teilnehmenden des **Cyprus Summer Studio** – ein Sommerkurs für professionelle Künstler ebenso wie Amateure – hat hier fast jeder dem Gebäude eine sehr kreative Note verliehen. Das Außenstudio im Garten kann besichtigt werden.

Stass Paraskos 6, www.cypruscollegeofart. com, jederzeit zugänglich, Eintritt frei

### EIN BUNTES HAUS ALS VERMÄCHTNIS

Stass Paraskos begründete 1969 die erste Kunstschule in Zypern. Er holte britische Studenten zu Kursen auf die Insel und 1978 entstand daraus das **Cyprus College of Art**. Vom Standort in Famagusta musste er weichen, weil die langhaarigen Künstler den Hoteliers ein Dorn im Auge waren, von Páfos wurde er nach Lémba abgeschoben. Trotzdem versicherten ihm Minister, dass er in der neuen Universität der erste Professor für Schöne Künste werden würde. Nach der Gründung der University of Cyprus 1989 war keine Rede mehr davon. Stass Paraskos (1933–2014) malte, lehrte an britischen Universitäten und wurde von der Republik Zypern mit dem höchsten Orden für Künstler und Wissenschaftler geehrt. Aber das verrückt-bunte Cyprus College of Art in Lémba ist sein eigentliches Vermächtnis.

*Verrückte Grundstücksmauer: Kunst im Cyprus College of Art in Lémba*

### An der Scheibe drehen

Damit hat sich die Kreativität in Lémba aber noch nicht erschöpft. In der **Lemba Pottery** entstehen Kunstwerke und Gebrauchskunst aus Keramik. Wer mag, kann hier teure Einzelstücke oder ein ganzes Teeservice aus irdenem Geschirr erstehen. Wenn Sie die Kreativität beim Schlafittchen packt, versuchen Sie doch selbst Ihr Glück an der Töpferscheibe, Eleftherías 18, www.lembapottery.com, Mo–Fr 10–13, 16–19 Uhr, Privatkurs 60 €/Std. (online buchbar)

---

### Einkaufen

---

### Mitbringsel selbst töpfern

**Avgoustínos Pottery:** Zauberhafte und doch auch praktische Stücke aus Ton lassen sich direkt beim Künstler erstehen. Der Meister lässt sich bei der Arbeit gern zuschauen, erklärt sie und bietet auch regelmäßig Kurse an. Wer es sich zutraut, gestaltet also seine Erinnerungsstücke und Mitbringsel hier selbst.

Geroskípou, Odós Evagóra Pallikarídi 23, www.avgoustinospottery.com, Mo–Sa 9–19, Kurse Mi, Sa 10–11.30 Uhr, Einzelstunde 20 €

---

### Infos

---

• **Bus:** von Páfos nach **Geroskípou** Nr. 606 (ab Hafen); nach **Lémba** Nr. 607 (ab Karavella-Busbahnhof).

# Küste südöstlich von Páfos

---

## Koúklia   📍 B 9

---

### Zauberkräfte einer Göttin

Es gab Zeiten, da galt Páfos als der Nabel der Welt. Das Orakel im Tempel der Aphrodite war ebenso legendär wie das von Delphi. Selbst der römische Kaiser

Titus Vespasian holte sich hier Rat. Im Hauptheiligtum der griechischen Göttin in Palaípafos/Koúklia (ca. 20 km südöstlich von Páfos) häuften sich Schätze, gespendet von Pilgern und Verehrern aus aller Herren Länder. Bis ins 4. Jh. n. Chr. hinein bescherte der Aphroditekult der antiken Stadt Páfos Ruhm und Reichtum. Danach war die Verehrung der heidnischen Gottheit ein Frevel, ihre Mysterien gerieten in Vergessenheit.

Obwohl vom **Tempel in Koúklia** nur Reste übrig geblieben sind, lässt sich die spirituelle Atmosphäre noch erahnen. An dieser Stelle trafen sich Pilger jedes Jahr vom 1. bis 3. April zum großen Fest der Aphrodisien. Dabei benutzte Fruchtbarkeitssymbole wie ein steinerner Phallus werden im Zypernmuseum in Nikosia präsentiert. Auf dem Gelände der Tempelruinen steht ein **perforierter Monolith,** dem Zauberkräfte nachgesagt werden. Angeblich musste man nur einen wichtigen persönlichen Gegenstand durch das Loch reichen, um von Kinderlosigkeit befreit zu werden.

### Das Original aus dem Tempel

Angebetet wurde in diesem Tempel übrigens nicht eine Statue der Aphrodite, sondern ein konischer Stein. Ein Zeichen dafür, dass es sich um einen sehr alten Kult handelt. Eine ›Große Göttin‹ wurde schon seit der Jungsteinzeit auf Zypern verehrt. Die Mykener, die sich zu Beginn des 12. Jh. v. Chr. auf der Insel niederließen, adoptierten die örtliche Fruchtbarkeitsgöttin und errichteten ihr zu Ehren ein Heiligtum: den Tempel der Aphrodite. Bei dem schwarz glänzenden Stein, der im **Museum in Koúklia** zu bewundern ist, handelt es sich tatsächlich um das originale Idol aus dem Heiligtum der Aphrodite. Aber es gibt in dem Gebäude, einem Herrenhaus aus der mittelalterlichen Lusignan-Periode,

noch mehr Funde zu entdecken. Ein römisches Mosaik, das Leda mit dem Schwan darstellt, oder einen 2500 Jahre alten Steinsarkophag, dessen Relief eine Szene aus Homers Odyssee erzählt: Der Held und seine Kameraden fliehen aus der Höhle des Zyklopen, indem sie sich unter Schafen verstecken.

**Archäologische Stätte und Museum:** tgl. 8.30–19.30, im Winter bis 17 Uhr, 4,50 €

## Pétra tou Romioú    ♥ C 9

### Die Ankunft der Göttin

An diesem beeindruckenden Felsen ist Aphrodite dem Meer entstiegen. So will es die griechische Sage. Weniger bekannt ist die Vorgeschichte: Kronos, der Anführer der Titanen, sollte seinem tyrannischen Vater Uranos eine Lektion erteilen. Die Ur-Mutter Gaia beauftragte ihren jüngsten Sohn, Uranos zu entmannen. Mit einer Sichel schlug er ihm das Geschlecht ab und warf es in hohem Bogen ins Meer. Das begann zu brodeln, Schaum wallte auf und diesem entstieg die jungfräuliche Göttin. Dass der **Aphrodite-Felsen** Pétra tou

### DIE SCHAUMGEBORENE – EIN TRUGBILD  **S**

Hinter dem Mythos der ›Schaumgeborenen‹ steckt möglicherweise ein Naturphänomen. An Zyperns Südwestküste sorgten früher im Frühling Meeresalgen für festen Schaum, der vom Wind aufgenommen und in großen Stücken über Land geweht wurde. Diese schwebenden Schaumgestalten hat man im Altertum leicht für übermenschliche Wesen halten können.

Romioú genannt wird, ist allerdings einer anderen Legende zu verdanken. Nach dieser wuchtete der byzantinische Held Digenis Akritas den Stein aus dem Tróodos an diese Stelle, um die Sarazenen fernzuhalten. Da die Byzantiner, aus dem oströmischen Reich hervorgegangen, sich selbst lange noch als Römer bezeichneten, heißt der Fels eben ›Stein der Römer‹. So romantisch dieser Ort dem Namen nach ist, der Strand ist mit seinem durchweg steinigen Untergrund für ein langes Sonnenbad eher nicht zu empfehlen. Aber drei Mal um den Felsen herum zu schwimmen, um ewige Schönheit zu erlangen, das kann man ja mal probieren. Wer es weniger sportlich, aber dennoch magisch mag, probiere Folgendes: Wenn Sie auf einen der Kieselsteine vom Strand den Namen Ihres heimlichen Schwarms schreiben und ihn in dem großen Felsen verstecken, wird Ihre Liebe erwidert werden.

## Schlafen, Essen

### Romantisch auf dem Lande

**Vasilias Nikoklis Inn:** Tradition und Luxus schließen sich nicht aus. In dem Gästehaus sind die Räume reizend hergerichtet bis hin zum Himmelbett. Kein Wunder, dass sich hier oft Hochzeitsgesellschaften einquartieren. Die Taverne (auch für Nichtgäste) mit grün überwachsener Terrasse, der Pool und die kleine Bar verlocken dazu, hier den ganzen Tag zu verbringen – wäre schade wegen der Umgebung im Diárizos-Tal. Nikókleia (♥ B 9), www.vasilias.nikoklis.com, 8 Zi., DZ/F 70 €

## Infos

● **Bus:** von Páfos nach **Koúklia** Nr. 630 (ab Karavella-Busbahnhof); zum **Pétra tou Romioú** Nr. 631 (ab Hafen).

*Zyperns berühmtester Felsen – hier soll Aphrodite an Land gestiegen sein. Der Strand ist voller Steine, trotzdem ist er als Badestelle begehrt. Drei Runden Schwimmen verheißen ewige Schönheit.*

# Vom Kap Máa nach Norden

## Kap Máa   📍 A8

### Griechische Flüchtlinge

Auf der Halbinsel Máa mit einer Länge von nicht mal 0,5 km liegen die Wurzeln des Griechentums der Insel Zypern, auf das die Bewohner so stolz sind. Hier setzten die ersten Griechen als Flüchtlinge ihren Fuß auf das Eiland. Vor 3200 Jahren hatten sie sich nach dem Zusammenbruch der mykenischen Königreiche vom griechischen Festland aus aufgemacht und landeten schließlich in Zypern, wo sie am Kap Máa sesshaft wurden. Reste der Wehrmauern sind noch zu sehen, was der **Ausgrabungsstätte** den Namen **Palaeokastro**, ›alte Festung‹, einbrachte. Das ufoartige **Museum** wurde von Professor Andrea Bruno aus Turin entworfen. Zu sehen sind darin Exponate und Erklärungen zur Kolonisierung Zyperns durch die mykenischen Griechen.

12 km nördlich von Páfos, Mo–Fr 9.30–17, im Winter 8.30–16 Uhr, 3 €

### Korallenbucht mit Entertainment

Südlich des Kaps erstreckt sich die **Coral Bay**. Von Korallen ist zwar nicht viel zu sehen, dennoch ist die Bucht beliebt: wegen des schönen Strandes, des klaren Wassers und des vielfältigen Vergnügungsangebots für die Bade- und Hotelgäste. Von Minigolf bis Karaoke ist alles dabei.

## Kantarkastoí   📍 A7

### Wo sich Robben tummeln

Die einen genießen die Schönheit der Landschaft von außen, die anderen entdecken tauchend die Unterwasserwelt der Meereshöhlen. Egal, von welcher Seite man sich den **Sea Caves** von **Pégeia** (16 km von Páfos) auch nähert, der Anblick ist immer überwältigend. Die Höhlen in den weißen Felsen von Kantarkastoí sind auch als Zufluchtsort von Mittelmeer-Mönchsrobben bekannt. Im besten Fall brüten sie hier sogar. Die Natur hat sich an dieser Stelle als Bildhauerin verewigt, indem sie Skulpturen aus Gestein schuf. Der Strand ist eine komplexe Landschaft mit steinernen Arkaden, hohen Klippen mit natürlich geformten Unterwasserhöhlen und verstreuten Felsinseln, die nur vom Meer aus zugänglich sind.

## Ágios Geórgios Pégeias und Gerónisos   📍 A7

### Das Geheimnis der Vogelinsel

Wahrscheinlich wissen nur die wenigsten Leute um das Geheimnis der kleinen Insel **Gerónisos**. Für die Besucher der Kirche **Ágios Geórgios** (18 km von Páfos), die Bootsfahrer vom gleichnamigen **Hafen** oder die Gäste in den umliegenden Restaurants ist das Inselchen eine hübsche Kulisse. Sehr beliebt ist es außerdem bei Brautpaaren als Szenerie für ihr Hochzeitsfoto. Wer genauer hinschaut, entdeckt eine Kolonie von Vögeln, die auf dem felsigen Eiland nisten. Kaum jemand ahnt jedoch, dass Gerónisos über Jahrtausende ein heiliger Ort für Pilger war. Archäologische Funde bezeugen Rituale in der Kupferzeit und die Existenz sowohl eines Apollontempels in der hellenistischen Periode als auch einer Kirche in frühbyzantinischer Zeit. Besuchen kann man die Insel nicht. Aber die weißen, glatten Felsterrassen auf dem Festland eignen sich bestens, um den Anblick über das glasklare Wasser hinweg zu genießen.

# TOUR
## Auf den Spuren der Handarbeit

**Ein Spaziergang durch Ineia und Droúseia**



Die Zwillingsdörfer Ineia und Droúseia zu besuchen hat einen besonderen Reiz, denn sie bilden einerseits ein Zentrum traditionellen Kunsthandwerks, zum anderen bietet die Landschaft schöne Aussichten, mächtige Felsbrocken und sogar eine optische Täuschung.

An der **Plateía von Ineia** ❶ können wir das Auto abstellen und von hier durch die sanierten Dorfstraßen zum **Korbflechterei-Museum** ❷ spazieren, das gleich neben der Kirche zu finden ist. In dem kleinen Raum sind die Beweise dafür versammelt, dass das Dorf einst berühmt für seine praktischen und schönen Flechtarbeiten war. Fischreusen und Körbe für die Landwirtschaft, Waagschalen und natürlich Einkaufskörbe machen beeindruckend klar, dass es ein Leben vor der Plastik-Zeit gab. Leider ist nicht nur diese Art von Behältnissen obsolet geworden, auch die Kunst des Korbflechtens droht immer mehr in Vergessenheit zu geraten. Deshalb bietet das Museum von Zeit zu Zeit auch **Workshops** an. Im Haus gleich gegenüber macht ein kleines Schild darauf aufmerksam, dass hier **Handarbeitsprodukte** 🛍 von den Frauen des Ortes verkauft werden.

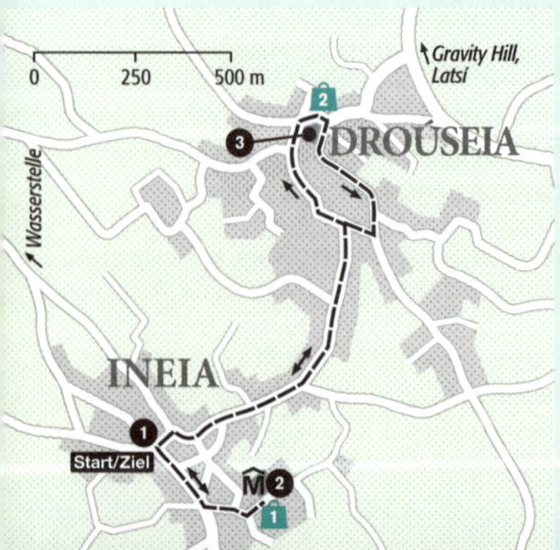


Nach **Droúseia** ist es nur rund 1 km – die Orte gehen fast ineinander über. Das malerische Dorf mit seiner traditionellen Architektur, den engen Straßen und kleinen Tavernen hat sich seinen verwunschenen Bergdorfcharakter bewahrt, obwohl der Tourismus kräftig zugenommen hat. Wegen seiner exponierten Lage sorgt eine Brise vom Meer für angenehme Temperaturen. Der Begriff für Frische und Kühle (griech. *drosiá*) liegt denn auch dem Dorfnamen zugrunde. Von seiner großen Webereitradition erzählt das nagelneue **Zentrum für lokale Handarbeit** ❸. Alte

*Körbe für alle Zwecke sind im Korbflechterei-Museum ausgestellt.*

Fotos und Exponate sind hier zu bestaunen, u. a. ein Webstuhl mit einer 130 Jahre alten Stoffprobe. Aber auch die Erinnerungen an andere lokale Handwerke wie Korbflechterei oder Töpferei haben hier einen Ehrenplatz gefunden.

Ein Handwerk, von dem man auch satt wird, betreibt die **Halloumi-Macherin Marina** 2 gleich gegenüber. Zu ihrer Käserei geht es links die Auffahrt neben dem Wohnhaus hinunter. Durch das Schaufenster können Besucher den gesamten Herstellungsprozess mitverfolgen. Im Laden wird der frische Halloumi verkauft. Eine andere Profession, die ein gutes Händchen verlangt, ist die Weinproduktion. Droúseia liegt an der **Weinstraße Nr. 1** und in den Cafés und Restaurants am Ort werden lokale Weine ausgeschenkt.

Ein Abstecher für Liebhaber kurioser Sehenswürdigkeiten führt aus dem Dorf hinaus Richtung Pólis. Etwa 700 m, nachdem die dorfauswärts führende Landstraße auf die Fernstraße E711 gestoßen ist, liegt ein sogenannter **Gravity Hill** (GPS: 34.9828, 32.4059). Eine optische Täuschung bewirkt, dass es so aussieht, als würde hier Wasser bergauf fließen. Zum Testen Wasser aus einer Flasche auf den Asphalt kippen (Achtung, starker Verkehr!).

Nachdem wir in **Ineia** wieder das Auto bestiegen haben, gönnen wir uns einen erfrischenden Abschluss der Tour. Nach etwa 2,5 km auf der Straße, die über Androlíkou nach Pólis führt, machen wir Halt an einer überdachten **Wasserstelle,** aus der kühles Quellwasser fließt. Von hier oben sind landeinwärts die **Droúseia Rocks** zu sehen, große, kahle Felsblöcke, die aus der sonst sanfthügeligen Landschaft herausragen. Zur anderen Seite öffnet sich der Blick zur Akámas-Halbinsel. Mit dieser grandiosen Aussicht endet unser Ausflug und wird idealerweise mit einem Dinner am Hafen von **Latsí** (♦ A 6; s. S. 67) beschlossen.

Von Ineia aus führt eine gewundene Straße zum Schildkrötenstrand Lára Beach (s. S. 111) hinunter (ca. 10 km).

## Essen

### Fisch zum Fingerablecken
**Arapis Taverne:** Ein bisschen abgelegen, daher ein Ort für Kenner. Hier kommen die Meeresfrüchte und Fische in klassisch zyprischer Zubereitung auf den Tisch, einfach, reichlich und absolut köstlich. Das Highlight dabei ist der Blick über den Strand, der gratis mit dazu serviert wird.

Coral Bay, Corallia Beach, T 26 62 10 21, FB @Arapis-Coral-Bay-Restaurant, tgl. 8–19.30 Uhr, Fisch-Mezé 20 €

## Infos

- **Bus:** von Páfos zum **Kap Máa** und zur **Coral Bay** Nr. 615 (ab Hafen); nach **Ágios Geórgios Pégeia** von Coral Bay Nr. 616.

# Akámas-Natio-nalpark ⭐ ♀ A 6/7

### Unberührte Wildnis
Dieses paradiesische Fleckchen Erde ist wohl die einzige Gegend in Zypern, in der man sich richtig (!) verlaufen kann. Willkommen auf 230 km² unberührter Natur, durch die nur unbefestigte Pfade führen. Wer die Akámas-Halbinsel erobern möchte, muss sich zu Fuß auf den Weg machen. Für Autos ist hier weder Platz noch Raum. Die wilde Schönheit der Natur mit Schluchten und Sandbuchten, Tälern und Ebenen, die im Frühling mit Teppichen wilder Orchideen und wilder Tulpen bedeckt sind, soll vom Massentourismus verschont bleiben. Die hiesige Artenvielfalt der Fauna braucht ebenso viel Schutz. In dieser spektaku-lären Umgebung gibt es 168 Vogelarten, 20 verschiedene Reptilien-, 16 Schmetterlings- und 12 verschiedene Säugetierarten. Der Status als Nationalpark ist vor allem an den äußeren Rändern heiß umstritten, weil Landbesitzer sich aus touristischen Gründen für die Erschließung stark machen.

## Bäder der Aphrodite und Fontána Amorósa ♀ A 6

### Die Liebesgrotte
Ein verschwiegenes Plätzchen hatte sich Aphrodite da ausgesucht für ihre Treffen mit dem Geliebten Adonis. Mit Vorliebe badete die Göttin in diesem Naturpool unter dem Wasserfall, beschattet von den Blättern eines großen Feigenbaums. Eines Tages machte Adonis auf der Jagd genau hier Halt, um sich mit einem Schluck Wasser zu erfrischen. Da passierte es: Als seine Lippen den Wasserspiegel berührten, verliebte er sich in Aphrodite. Von nun an waren die **Bäder der Aphrodite** ihr geheimer Treffpunkt. Heute führt ein üppig begrünter **Wanderweg** zu dieser mythischen Quelle, an der man am besten ganz früh morgens vorbeischaut, um ein bisschen Einsamkeit genießen zu können. Baden ist hier nicht erlaubt, das bleibt der Göttin vorbehalten. Der Weg zur Grotte führt an einem **botanischen Garten** vorbei, dem Sie ebenfalls einen Besuch abstatten sollten. Hier ist die duftende Kräutervielfalt des Akámas auf kleinstem Raum versammelt.

43 km von Páfos, zugänglich von Sonnenaufgang bis Einbruch der Dunkelheit, Eintritt frei

### Den Quads entkommen
So ganz unmotorisiert geht es auch im Paradies nicht zu. Lokale Vermieter von Quadbikes und Anbieter von Jeepsafaris sorgen dafür, dass selbst in

den entlegensten Ecken blauer Dunst aufsteigt. Vom Wasser her werden die legendäre **Blaue Lagune** und die idyllische Bucht **Fontána Amorósa** mit ihrem kristallklaren Wasser von Ausflugsbooten frequentiert. Trotzdem sind diese schwer zu erreichenden Strände nicht von Menschen überflutet, es bleibt ein Stück Einsamkeit erhalten. Wer noch mehr Abgeschiedenheit sucht, kann auf die Wanderwege ausweichen, die tatsächlich mit keinem Fahrzeug mehr bewältigt werden können. Drei offizielle und gut ausgeschilderte **Nature Trails** führen durch das bergige Hinterland auf bis zu 400 m Höhe hinauf. Adonis Trail, Aphrodite Trail und Smigies Trail garantieren atemberaubende Aussichten. Weitere Touren, z. B. bis zum **Kap Arnaoútis,** können mit Kartenmaterial ohne Weiteres bewältigt werden.

Broschüre »Cyprus Nature Trails« der Zyprischen Tourismusorganisation oder Wanderkarte »Akamas« 1:25.000 von kartographos

## SCHUTZ FÜR SANFTE RIESEN

An Zyperns Westküste wurde bereits 1978 mit der Beobachtung der Grünen Meeresschildkröte (*Chelonia mydas*) und der Unechten Karettschildkröte (*Caretta caretta*) begonnen. Zu diesem Zeitpunkt waren bis zu 80 % der Nester an den Stränden von Füchsen bedroht. Die Hauptniststrände stehen seit 1989 unter Schutz. An den Stränden von Lára/Toxéftra sowie Pólis/Límni/Gialiá an der Bucht von Chrysochoús legen 90 % aller Schildkröten, die in dieser Gegend nisten, ihre Eier ab. Der ca. 10 km lange Küstenstreifen gehört zum Netz der Natura-2000-Schutzgebiete der EU.

## Lára Beach　　　　　♀ A7

### Besuch aus der Tiefe

Weißer Sand, so weit das Auge reicht! Dieser Naturstrand 25 km nordwestlich von Páfos zieht jedoch seine Faszination nicht daraus, als Badestelle für Menschen zu dienen. Er gehört zum großen Teil den gigantischen Tieren, die hier seit Jahrtausenden an den Strand kommen, um ihre Eier abzulegen. Die **Schutzstation für Meeresschildkröten** hat daher auch an dieser Stelle ihre Zelte aufgeschlagen. Seit 1978 werden von von hier aus die Nester in der gesamten Region betreut. Von Ende Mai bis August kommen die weiblichen Tiere nachts an den Strand, um ihre Eier zu vergraben. Die Nester werden mit Käfigen vor Räubern und Zerstörung gesichert. Nach sechs bis acht Wochen schlüpft der Nachwuchs, der wiederum Hilfe braucht, um heil das Meer zu erreichen (s. S. 254). Für Besucher wurde ein überdachter **Info Point** aufgebaut, in dem u. a. in einem kleinen Becken Babyschildkröten beobachtet werden können, bevor sie ausgesetzt werden.

## Avgás-Schlucht　　　　♀ A7

### Auf ins Abenteuer

Eine Wanderung durch die Avgás-Schlucht (auch Ávakas-Schlucht; 19 km von Páfos) gehört zu den eindrücklichsten Erlebnissen auf Zypern. Die schroffe, ungebändigte Landschaft lässt einem in manchen Momenten den Atem stocken. Rechts und links von hohen Felswänden umgeben, durch deren Formation das Sonnenlicht an einigen Stellen nicht bis zum Boden vordringt, fühlt man die Überlegenheit der Natur und gleich-

*Wie klein der Mensch sich neben der Natur ausnimmt, zeigt sich in der spektakulären Avgás-Schlucht.*

zeitig ihre unnachahmliche Schönheit. Es ist schwer, von dem Pfad durch üppiges Grün und kahle Felsen nicht zu schwärmen. Dennoch sollte man die Anforderungen dieser rund 7 km langen Wanderung nicht auf die leichte Schulter nehmen. Bei bald anbrechender Dunkelheit oder bei drohendem Regen kann die Tour gefährlich werden. Außerdem verursachen die in den Felsen kletternden Ziegen manchmal Steinschlag. Festes Schuhwerk, um über Steine und glitschige Stellen hinwegzukommen, sind ein Muss. Bis zum engsten Punkt der Schlucht ca. 3 km zu wandern und anschließend wieder umzukehren, ist eine Alternative zum Rundweg, der durch die gesamte Schlucht und auf dem Rückweg zurück ins Tal wieder bis zum Parkplatz führt.

## Essen

### Beste Aussichten

**Viklari, The last Castle:** Das rustikale Ausflugsrestaurant hat den wohl spektakulärsten Blick zu bieten. Hoch über der Küste bei Ágios Geórgios, in direkter Nachbarschaft der Avgás-Schlucht und von Weinstöcken umrankt, gehört die Location zu den Lieblingstavernen der Einheimischen (Reservierung empfohlen!). Das Essen ist recht simpel, aber traditionell. Der Wein auch bodenständig. Insgesamt ein Ort, an dem man sich gern niederlässt. Pégeia, Avakas Gorge Road, FB @Viklari-The-Last-Castle, Mo–So 12–17 Uhr, ab 12 €

## Infos

- **Bus:** von Pólis zu den **Bädern der Aphrodite** Nr. 622.

# Pólis Chryso-choús    A/B6

### Stille und Gemütlichkeit

Die Balance, gleichzeitig Destination für gesellige Urlauber und Rückzugsort für Zivilisationsmüde zu sein, muss man erst mal hinbekommen. Doch dem Städtchen Pólis mit seiner traumhaften Lage an der Chrysochoú-Bucht gelingt dieses Kunststück. Im Ort selbst beherrscht die mit Gastronomie und Souvenirläden vollgepackte **Fußgängerzone** das Bild. Einhundert Meter dicht gedrängte Gemütlichkeit, wo man im Pub das Live-Spiel mitverfolgt und mit anderen Gästen im Handumdrehen ins Gespräch kommt. Schon am ersten Nachmittag grüßt man nach rechts und links, weil man alle Nasen schon einmal gesehen hat. Und dann ist da diese andere, ruhige Seite der Stadt mit abgelegenen Hotels und Pensionen, die als Ausgangspunkt für **Naturerlebnisse** in der Region dienen. Wandern, Tauchen, Baden, Segeln, Steine sammeln, Vögel gucken – das Gebiet um die Bucht von Chrysochoú ist schier unerschöpflich in seinen Möglichkeiten.

Auch im Ort bleibt Raum für Stille, etwa bei der Besichtigung der Kirchen **Agía Kyriakí, Ágios Andrónikos** und **Ágios Nikoláos.** In weniger als fünf Minuten ist man der quirligen Stadtmitte entkommen und genießt auf einem **Spaziergang um den Ort** die ruhige Umgebung. Dann begreift man ein wenig, wie naturbelassen die Gegend war, als sie in den 1980er-Jahren den Spitznamen ›Klein Berlin‹ trug. Der Campingplatz unter Eukalyptusbäumen war damals ein Anziehungspunkt für Rucksacktouristen aus Westberlin, die über das Kreuzberger Reiseunternehmen »Prima-Klima« billige Flüge mit der ostdeutschen Interflug nach Zypern buchen konnten. Das völlig abgelegene Pólis war für viele so eine Art Aussteigertraum auf Zeit.

### Die sitzenden Frauen von Marion

Die **Terrakottafrauen von Marion** gelten als absolute Besonderheit. Sie sitzen stumm mit leidenden Gesichtern, ihren Blick in die Ewigkeit gerichtet, auf tönernen Stühlen. Ihr Platz war einst in Gräbern der Nekropole des Stadtkönigreiches Marion, das ab dem 5. Jh. v. Chr. erwähnt wird. »Vielleicht die schönste cyprische, absolut eigenartige und Cypern eigene … Lokal-Tonbildnerei-Schule befand sich in Marion-Arsinoe. Dort arbeiteten die cyprischen Tonbildner neben vielen kleinen Terrakotten in großen Dimensionen Tonstatuen und Statuetten, die in die ›Dromoi‹, d. h. die Wege der Gräber gestellt wurden!« So schwärmte Magda Ohnefalsch-Richter von den Ergebnissen der Ausgrabungen, die ihr Mann Max 1885 in Pólis vornahm. Viele der Funde sind in Museen in London oder Berlin zu sehen, aber ein bedeutender Teil, wie die Terrakottafrauen, haben ihren Platz im **Archäologischen Museum Marion-Arsinoe** gefunden. Das alte Königreich war dank der nahe gelegenen Minen reich an Gold und Kupfererz und trieb einen florierenden Handel, besonders mit Athen. Der heutige Name Pólis Chrysochoús führt zumindest das Wort Gold (griech. *chrysós*) noch im Namen.

Leofóros Archiepiskópou Makaríou III 26, Mo–Fr 8.30–16, Sa 9–15 Uhr, 2,50 €

### Im Schatten der Eiche

Als kleine Sehenswürdigkeit um die Ecke soll die **170-jährige Eiche** im Ortsteil Prodrómi (1 km von Pólis) nicht vergessen werden. Mit ihrer gigantischen Krone beschattet sie die Außenplätze des kleinen Kafeneion gleich daneben.

# Latsí     ♀ A6

### Anziehungspunkt am Wasser

Es geht doch nichts über fangfrischen Fisch! Am **Hafen von Latsí** (auch Lakkí oder Latchi; 2 km von Pólis) bringen die Restaurants garantiert das auf den Teller, was morgens von den Fischern in den Netzen aufs Boot gezogen wurde. Der kleine Fischerhafen, der zur Gemeinde Pólis gehört, hat sich im Laufe der letzten Jahrzehnte zu einem echten Ausflugsort gemausert. Dank der Tavernen und Souvenirshops, einer attraktiven Mole und unzähligen **Wassersportangeboten,** dem Strand daneben und **Bootsausflügen** bis zur Blauen Lagune an der Akámas-Küste lassen sich hier locker mehrere Tage verbringen. Wenn an den Wochenenden viele Zyprer zum Fischessen anreisen und die Restaurants überfüllt sind, finden sich kleinere **Beachbars** mit gutem gastronomischem Angebot entlang der Küstenstraße Richtung ›Bäder der Aphrodite‹.

## Schlafen

### Klein und familiär

**Bay View:** Ein Schritt aus der Tür und schon steht man in der Natur. Ein Trampelpfad führt über 200 m zum einsamen (Stein-)Strand. Die Mini-Apartments bieten alles, was Selbstversorger brauchen. Treffpunkt ist abends die Open-Air-Bar neben dem Pool, zugleich Restaurant. Dank des familiären Charakters der Anlage findet man schnell Anschluss, kann aber auf eigener Terrasse auch gut für sich bleiben. Pólis, Gregóri Afxentíou 26, www.bayviewapt.com, 24 App., DZ/F ab 70 €

### Hafen als Kulisse

**Y+P Latchi Hotel:** Wer sich jegliche überflüssigen Wege ersparen möchte, ist in diesem liebenswerten Haus am besten aufgehoben. Direkt am Hafen von Latsí gelegen, mit Blick auf die Fischerboote, eine der empfehlenswertesten Fischtavernen als Hotelrestaurant, der Strand gleich nebenan. Der lebendige Hafen als Geräuschkulisse passt für alle, die gern mittendrin im Geschehen sind. Latsí, Hafen, Leofóros Akámantos, www.latchihotel.com, 10 Zi., DZ 58 €

## Essen

### Zurück zur Natur

**Polis Herb Garden:** Nicht nur im Namen, auch auf der Speisekarte spielen die Kräuter aus dem eigenen Garten die erste Geige. Die Gerichte basieren auf frischen Zutaten und fügen der klassischen zyprischen Küche raffinierte Geschmacksnuancen hinzu. Auch für Vegetarier und Veganer stehen Speisen auf der Karte. Der große Kräutergarten ist für die Gäste zugänglich. An jedem vierten Freitag eines Monats gibt es zwischen 16 und 20 Uhr auf dem Gelände einen Bauern- und Kunsthandwerksmarkt. Pólis, Leofóros Archiepiskópou Makaríou III 24, www.polisherbgarden.com, tgl. 10–24 Uhr, vegetarische Moussaka 12 €

### Gehobene Küche

**The Old Town Restaurant:** Ein Edelrestaurant im Gewand einer einfachen Taverne. Schon das Ambiente auf der liebevoll bepflanzten Terrasse und die durchweg aufmerksame Bedienung sind eine Erwähnung wert. Dazu kommen die Gerichte, die sich zwar an zyprischen Traditionen orientieren, aber deren Horizont mit kulinarischer Alchemie erweitern. Pólis, Georgiadi Kyproleondos 5, www.theoldtownrestaurant.com, Di–So 18–24 Uhr, Hauptgerichte ab 18 €

### Sundowner am Meer

**Yialos Beach Bar:** Legeres Ambiente direkt am Strand – und trotzdem kein Sand zwischen den Zehen. Die Tische

*Ignorant: Nur Esel kehren der schönen Aussicht bei Latsí den Rücken.*

stehen auf Rasen und unter Bäumen. Hier, zwischen den Touristenhotspots Latsí und den Aphrodite-Bädern, kann man ziemlich sicher mit einer ruhigen Atmosphäre rechnen. Nichts stört dabei, sich in den Anblick der Bucht von Chrysóchou und der angrenzenden Akámas-Halbinsel zu versenken.

Latsí, Leofóros Akámantos, 500 m hinter dem Hafen von Latsí, FB @ yialosbeach, tgl. 11–23 Uhr, Mezé 15 €

## Feiern

- **Summer Nights Events:** Juli/Aug., Pólis Chrysochoús. Den Urlaubern der Region werden auf dem Platz vor dem Rathaus traditionelle Tänze und Musik nahegebracht – umsonst.
- **Fischfest:** April, im Hafen von Latsí. Ein großes gemeinsames Fischessen mit vielen Gratisangeboten und einem unterhaltsamen Rahmenprogramm.

## Infos

- **Tourist-Info Pólis:** Leofóros Vasiléos Stasioíkou A' 2, T 26 32 24 68, Mo–Fr 8.30–16, 1. Woche des Monats Mo–Fr 9–15.30, Sa 9–14 Uhr.
- **Bus:** von Páfos (Karavella-Bhf.) nach **Pólis** Nr. 645; von Pólis nach **Latsí** Nr. 622.

# Nordöstlich von Pólis

## Pomós  ⦿ B5

### Sonnenuntergänge de luxe

Wo die Küste steil ins Meer abfällt und ein nahezu einsamer Strand sich über

### STEINERNE KULT-FIGUR

Eine der bekanntesten Frauenfiguren Zyperns stammt aus Pomós. Das **Idol von Pomós** ist eine kleine Fruchtbarkeitsskulptur, die im Original im Zypernmuseum in Nikosia ausgestellt ist. In allen staatlichen Museumsshops gibt es sie als Replik zu kaufen – als Andenken oder als Schutzheilige. Der Name des Ortes rührt wahrscheinlich vom griechischen Wort für Altar (*vomós*) her, was darauf hinweist, dass hier womöglich ein Tempel für eine vorchristliche Gottheit gestanden hat.

fast 1 km erstreckt, ist ein abgelegenes Stückchen Zypern noch in seiner unberührten Schönheit zu entdecken. Wer wirkliche Ruhe und Abgeschiedenheit sucht, kann sich in Pomós (20 km nordöstlich von Pólis) in einer der wenigen Ferienwohnungen einmieten. Der große Andrang bleibt einem hier erspart. Komplettiert wird die Location durch einen kleinen **Fischerhafen,** eine atemberaubende Landschaft und den wohl besten Platz der ganzen Insel, um zu beobachten, wie die Sonne glühend rot im Meer versinkt.

www.pomos.org.cy

### Natur im Museum

Genug Steine am Strand gesammelt und den Vögeln nachgeschaut, die am Himmel ihre Bahnen ziehen? Dann wird es Zeit, sich beides mal genauer anzuschauen. Im **Naturkundemuseum** des Ortes sind geologische Funde von der gesamten Insel ausgestellt und die Vielfalt der gefiederten Bewohner beschrieben.

Natural History Museum: T 99 21 05 88, 99 38 69 50, Mo–Fr 8–14, Mi bis 16, Sa bis 13 Uhr, 1 €

## Káto Pýrgos   ♀ C5

### Das Beste zum Schluss

Es gibt nichts Schöneres, als mit einem kühlen Getränk in der Hand am Strand zu faulenzen, während die Wellen plätschernd auf das Ufer treffen. Aber wenn schon, dann an diesem paradiesischen Ort. Das Dorf Káto Pýrgos (25 km von Pólis) ist infolge der Teilung der Insel zur Sackgasse geworden. Aus touristischer Sicht gereicht ihm das zum Vorteil. Wer hierher kommt, nimmt lange Autofahrten – vorbei an einem **Küstenpanorama,** das seinesgleichen sucht – in Kauf und sucht tatsächlich Ruhe. Dass man selbst hinter den sieben Bergen nicht auf eine Beachbar verzichten muss, ist dem **Grape by the Sea** zu verdanken (FB @grape-by-the-sea-Kato-Pyrgos, tgl. 10–1 Uhr). Ein bisschen Hippieatmosphäre, gute Drinks und vom Tisch zum Meer nur 3 m.

### Immer auf der Hut

Den Namensgeber des Ortes kann man besteigen, nun ja, zumindest den Hügel, auf dem die Ruine des mittelalterlichen **Wachturms** (griech. *pýrgos*) steht. Während der venezianischen Herrschaft wurde er als Beobachtungsposten genutzt, um rechtzeitig vor Feinden warnen zu können, die sich von See näherten.

### Hier brennt nichts an

In der Landschaft rund um den Ort steigen noch immer Rauchsäulen auf, wenn die Köhler bei der Arbeit sind. Seit Jahrhunderten ist das Dorf für die **Herstellung von Holzkohle** bekannt. Noch bis vor wenigen Jahrzehnten produzierten und exportierten 180 Familien bis zu 3 Mio. Sack Holzkohle jährlich. Umweltauflagen und billigere Importe haben dazu geführt, dass die lokale Produktion stetig rückläufig ist. Obwohl es heute nur noch verschwindend geringe Mengen sind, betreiben die paar Leute, die dabeigeblieben sind, ihren Beruf mit Stolz. Nachwuchs gibt es kaum, aber in den Familien wird die Tradition am Leben gehalten.

### Mach mal rüber

Wer am **Checkpoint** in den Nordteil der Insel wechselt, gerät in die zauberhafte Umgebung der **Bucht von Mórfou.** Diese Strecke dient zugleich als Abkürzung, wenn eine Rundfahrt geplant ist. Denn von hier aus erreicht man die Tróodos-Limassol-Straße nach 40 km (Checkpoint Astromerítis). Nach 60 km gelangt man via Nikosia (Checkpoint Ágios Dométios) auf die Autobahn nach Lárnaka.

---

## Feiern

---

- **Paradise Jazz Festival:** Aug., Pomós. Seit 1999 kommt im Paradise Place die Jazzgemeinde der Insel zusammen, um ein Wochenende lang zur Musik internationaler Künstler zu schnippen, zu jammen und zu tanzen (www.paradisejazzfestival.com).

---

# Ziele im Hinterland

---

## Kloster Ágios Neófytos
  ♀ B8

### Lasst mich doch alle allein!

Es wurde einem schon im Mittelalter nicht leicht gemacht, sich von der Gesellschaft zurückzuziehen. Ein junger Mönch namens Neófytos verspürte im 12. Jh. dieses Verlangen. Er wollte als Eremit leben, doch sein Abt meinte, er habe noch nicht das Alter dazu. Immerhin durfte er 1158 mit 24 Jahren ins Heilige Land reisen. Aber nach seiner Rückkehr meinte er es noch ernster mit dem Eremitentum. Er versuchte auf den Berg Latmos nach Kleinasien zu fliehen, wurde aber schon in Páfos festgenommen. Im Gefängnis brachten ihn die Wachen um sein Reisegeld und so muss Neófytos endgültig die Nase vollgehabt haben. Er zog 1159 in die Berge oberhalb von Páfos, fand eine passende Höhle und baute sie sich aus. Mit dem Ergebnis, dass er wieder nicht allein war. Jetzt pilgerten seine Anhänger mit Essen und Geschenken zu ihm. Der Bischof von Páfos ordinierte ihn 1170 zum Priester und verpflichtete ihn, einen Schüler zu nehmen. Dieser baute letztendlich das Kloster, das jetzt an dieser Stelle steht. Das schön angelegte Gelände strahlt übrigens an stillen Tagen eben jene Ruhe aus, die sich Ágios Neofýtos gewünscht hätte.

### 750 Haustiere

Am Anfang waren es nur sechs Dutzend Katzen, die auf dem Gelände des Klosters des hl. Neófytos herumstreunten. Dann machte es sich ein Ehepaar zur Aufgabe, die Tiere zu füttern. Daraus erwuchs der **Tala Monastery Cat Park** unterhalb des Klosters. Inzwischen leben 750 Katzen auf einem extra für sie eingerichteten Gelände, auf dem sie von freiwilligen Helfern betreut werden. Urlauber können das Projekt unterstützen, indem sie vorbeikommen, mit anpacken, Futter oder Geld spenden.

www.talamonasterycats.com, tgl. 10–14 Uhr

## Adonis' Bäder    ◈ B 7/8

### Erotik mit dem Holzhammer

Eine 10 m hohe Statue von Aphrodite begrüßt die Gäste am Eingang zu diesem landschaftlichen Kleinod. Mit Mythologie hat die Attraktion mitten in der kahlen Gegend (15 km von Páfos) zwar

*Egal wie kitschig die Ausstattung in den ›Bädern des Adonis‹ ist, der Wasserfall entschädigt für alles. Wohl der einzige Ort mit Katarakt und Teich auf Zypern, wo Baden offiziell erlaubt ist.*

# TOUR
# Der Amazonas von Zypern

## Wanderung zum Kremmiotis-Wasserfall bei Krítou Térra

### Infos

**Start:** Krítou Térra,
📍 B 7
**Länge:** 8 km
**Dauer:** 3 Std.
**Schwierigkeitsgrad:**
mittelschwer
**Ausrüstung:** festes
Schuhwerk, Bade-
sachen, Wasser-
flasche
**Tipp:** Die volle
Schönheit des
üppigen Grüns ent-
faltet sich am besten,
wenn die Sonne am
höchsten steht.

Über grün bewachsene Felsen stürzt ein Wasserfall zu Tal, in allen Regenbogenfarben schimmern die sprühenden Tropfen in der Sonne. Der Kremmiotis-Katarakt ist von atemberaubender Schönheit und scheint einer völlig anderen Landschaft entlehnt. Ein Stückchen Regelwald-Optik mitten in Zypern. Dieses Kleinod wird (noch) von relativ wenigen Menschen besucht, also besteht die Chance, das Naturwunder ganz privat bestaunen zu können.

Vom Dorf **Krítou Térra** aus ist der Weg zum Katarakt vorbildlich ausgeschildert. Der Straße folgend geht es etwa 3 km immer bergab. Wer sich die Kraft und den anschließenden Aufstieg sparen möchte, fährt mit dem Auto bis zum **ersten Wasserfall.** Beim dortigen **Picknickplatz** lässt sich der Wagen am Wegesrand abstellen. Der Mini-Katarakt ist nur ein Vorgeschmack auf das Kommende. Von hier aus geht es einen schmalen Pfad an Büschen und Bäumen vorbei etwa 1 km immer weiter hinunter ins Tal.

Der Weg wird zum Schluss recht steil. Jetzt zahlen sich die festen Schuhe aus. Unten angekommen, müssen Sie nur noch durch die Öffnung in einem Felsen wie durch einen Zauberstein klettern, dann liegt der **Kremmiotis-Wasserfall** in aller Schönheit vor Ihnen. Das von den Steinen abspritzende Wasser durchnässt einen im Nu. Am besten die Sachen abstreifen und die natürliche Wasserkunst inklusive eiskalter Dusche in Bikini oder Badehose genießen.

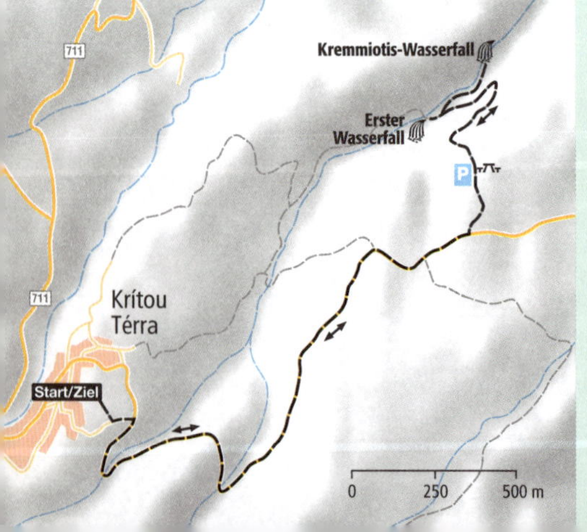

nichts zu tun, aber der private Besitzer hat sich alle Mühe gegeben, den **Wasserfall** auf seinem Grundstück mit einer guten Marketing-Idee aufzuwerten. Und so führt der Weg durch das als **Museum** ausgestattete Haus an mehr oder weniger erotisch wirkenden Skulpturen vorbei und den dazugehörigen ›guten‹ Ratschlägen (»Frauen mit Kinderwunsch, die das Anhängsel von Adonis berühren, bekommen anschließend viele Kinder.«) Der Wasserfall und das Becken, in dem man auch wirklich baden kann, sind tatsächlich eine Oase. Eine Picknickecke und Umkleidekabinen sind eine gute Basis, um hier ein paar Stunden zu verbringen und das Eintrittsgeld gut anzulegen.

Erreichbar über die Straße von Tála (♥ B 8), www.adonisbathswaterfalls.com, FB @Adonis BathsWaterfalls, tgl. 9–18 Uhr, 9 €

# Dörfer entlang der Weinstraße 1 ♥ A/B 7/8

### Bitte nachschenken!

Die Weinstraße 1 (Laona–Akámas) ist eine ausgezeichnete Route, um charmante Dörfer kennenzulernen und dabei noch die Geschmacksnerven zu aktivieren. In dieser Region wächst der Wein nahezu ausschließlich am Südhang mit konstanter Sonneneinstrahlung in einer Höhe von bis zu 650 m. Auf der Strecke gibt es vier Weingüter, die alle für Verkostungen offen sind. Der Ausflug führt von Páfos auf der B7 hoch über **Mesógi** (♥ B 8) zur **Fikardos Winery** (www.fikardoswines.com.cy), anschließend nach **Stroumpí** (♥ B 7) in die Weinkellerei **Kamanterena** (www.kamanterena.com.cy) und schließlich nach **Káthikas** (♥ B 7), wo das **Weingut Vasilikon** mit traumhaftem Ausblick von der Terrasse (www.vasilikon.com)

und die **Sterna Winery** mit einem Mix aus Restaurant und Museum (www.sterna-winery.com) als kleine Höhepunkte der Tour locken.

# Fýti ♥ B 7

### Textile Kunstwerke

Ein ganz besonderes Kunsthandwerk wird in Fýti (20 km von Pólis) vor dem Aussterben bewahrt. Noch bis in die 1950er-Jahre kannte jedes Kind in Zypern die *Fythkiótika*. Diese gewebten Stoffe aus dem Dorf Fýti haben einen ganz besonderen Stil. Sie zeigen geometrische Muster in satten Farben. Heute beherrschen nur noch wenige Weberinnen dieses Handwerk, das als Kulturerbe bei der UNESCO gelistet ist. In dem kleinen **Webereimuseum** in Fýti sind wunderschöne Beispiele dieser textilen Kunst ausgestellt und der traditionelle Herstellungsvorgang wird erklärt.

Mo–Sa 8–12, 14–17, im Winter 9–12, 13–16 Uhr, Eintritt frei

*Früher wurde nur mit roten und blauen Fäden gewebt, damals die einzigen verfügbaren Farben.*

# Lieblingsort

## Festival-Feeling JWD

›JWD‹, so sagen wir Berliner, wenn wir eine abgelegene Ecke meinen – JWD, janz weit draußen. Und eben dort liegt die wohl idyllischste Konzertlocation der Insel. Mitten im Saramá-Tal, 14 km südöstlich von Pólis, stehen drei Jurten und eine Bühne. Pawel Sikorski vermietet die **Yurts in Cyprus** (♥ B 7, s. S. 121) und veranstaltet Events mit Festivalcharakter. Mal Blues, mal Reggae, mal Folklore. Die Atmosphäre bei diesen Zusammenkünften ist einzigartig. Obwohl auch Snacks und Getränke verkauft werden, reisen die meisten mit Kühltasche oder Picknickkorb an. Dann noch Kissen und Decken unter dem Arm, manche ein Klappstühlchen. Jeder sucht sich auf den Terrassen, die als Sitzreihen dienen, einen passenden Platz. Es herrscht kein Massenandrang, eher fühlt es sich an wie ein ausuferndes Familientreffen. Vor allem macht man es sich gemütlich. Denn das Erlebnis an so einem Abend ist nicht nur der Live-Act auf der Bühne, sondern die Kulisse drumherum. Der rote Horizont, wenn die Sonne versinkt, die glitzernden Sterne am samtblauen Himmel, die laue, würzige Luft. Festival-Feeling für Erwachsene (Termine: www.yurtsincyprus.com, FB @YurtsInCyprus).

# Gióllou  ♥ B 7

## Brot nach altem Rezept

Mal ehrlich, wir lieben doch alle Museen, in denen es nicht nur etwas zu gucken, sondern auch zu kosten gibt. Die alte **Kouyioúka-Wassermühle** ist ein solcher Ausflugsort. Das denkmalgeschützte Gebäude wurde saniert und als folkloristisches Multi-Zentrum wiedereröffnet. Neben **Ausstellungsräumen**, in denen historische Werkzeuge, Geräte und Haushaltsgegenstände zu sehen sind, gibt es eine **Backstube,** in der frisches Brot und Kuchen mit lokalen Zutaten und nach traditionellem Rezepten zubereitet werden. Im angegliederten **Restaurant** wird beides dann den Gästen serviert.

**Kouyiouka Water Mill:** 12 km südöstlich von Pólis, 2 km vor Gióllou, tgl. 8–16 Uhr, 1 €

# Stení  ♥ B 6

## Dorfleben zum Angucken

Vom Kochtopf bis zur Mausefalle, vom Webstuhl bis zur Hundemarke, die von den Briten eingeführt wurde, ist in diesem hübschen Museum so ziemlich alles ausgestellt, was das Leben der Dorfbewohner von 1800 bis 1945 ausgemacht hat. Liebevoll eingerichtet und mit einer Fülle an Exponaten versehen, gehört das **Dorfmuseum** in Stení zu den interessantesten seiner Art in Zypern.

6 km von Pólis, tgl. 10–16 Uhr, Eintritt frei

## Schlafen

### Öko-Glamping im Mongolenstil

**Yurts in Cyprus:** Mittendrin in der Natur, abgeschieden und dennoch komfortabel. Die drei mongolischen Jurten sind gemütlich ausgestattet, haben individuelle Außenduschen und -toiletten und sind sogar beheizbar. Pawel, der diese Oase 2013 geschaffen hat, garantiert einen ökofreundlichen Aufenthalt mit Strom aus erneuerbaren Energien, Wasseraufbereitung und Gemüse aus eigenem Anbau. Freies WiFi gibt es auch (s. S. 120).

Símou (♥ B 7), www.yurtsincyprus.com, 3 Jurten für 2–4 Pers., Jurte inkl. Frühstück ab 200 € pro Nacht (2 Nächte Mindestaufenthalt)

### Heilung für Leib und Seele

**Ayii Anargyri Spa Resort:** Allein schon die Stille tut gut! In einem reizvollen Tal gelegen und von üppigem Grün umgeben, ist die Anlage wie geschaffen für einen wohltuenden Aufenthalt. Das Bad wird mit Wasser aus der Schwefelquelle gespeist, das Spa-Programm umfasst u. a. Aqua Aerobic, Yoga, Wanderungen und Oxygen Drinks und ist auch ohne Aufenthalt buchbar.

Milioú (♥ B 7), www.aasparesort.com, 56 Zi., ab 14 J., DZ/F ab 140 € inkl. Abendessen und Spa-Angebot

## Infos

● **Bus:** von Páfos Nr. 604 (ab Karavella-Busbahnhof) zum **Kloster Ágios Neófytos**; von Pólis nach **Stení** Nr. 640.

# Páfos-Wald

## Kloster Chrysorrogiátissa
♥ C 7

### Ohne Wein keine Kirche

Dass Klöster Wein herstellen, ist keine Besonderheit, aber dass sie damit erfolgreich am Markt sind, zeugt schon von Leidenschaft und einem Händchen für

# TOUR
# Die Vergänglichkeit der Gegenwart

## Wanderung von Lysós zu dem verlassenen Dorf Melándra

**Infos**

📍 B 6/7
**Start:** Lysós
**Parken:** gegenüber der Taverne im Ortskern (neben der Telefonzelle)
**Rundwege:** Langstrecke mit Rückweg über die Landstraße 6 km; Kurzstrecke von hinten wieder ins Dorf hinein 4,5 km
**Internet:** www.lyssos.org.cy; FB @Melandra HouseCyprus

Von **Lysós** (📍 B 6) nach Melándra ist es nicht weit, aber es ist eine Zeitreise. Die einstigen Nachbarn im nur 1 km entfernten Dorf sind seit fast einem halben Jahrhundert verschwunden. Übrig geblieben ist ein Geisterdorf, wie es so viele in Zypern gibt. Verlassen, verfallen, vergessen. Deshalb bitte nicht wundern, wenn Sie die Bewohner von Lysós nach dem Weg fragen. »Melándra? Meinen Sie vielleicht Meládeia, das Nachbardorf?« Nein, meinen wir nicht. Deshalb ist es besser, selbst die Spur aufzunehmen.

In südwestliche Richtung verlassen wir das Dorf über die **Leofóros Archiepiskópou Makaríou III**, nehmen den Abzweig **Odós Archángelou Michaíl** und nach ca. 30 m links den auf die **Ódos Andréa Dimitríou.** Jetzt immer geradeaus, nach 600 m an der T-Kreuzung wieder links halten. Die alte Asphaltstraße zum Dorf hat Risse bekommen mit den Jahren. Außer dem Sirren der Insekten ist nichts zu hören, Autos fahren hier nicht mehr entlang. In das alte Dorf geht es nun bergab. Rechts öffnet sich der Blick über die Berge des Tróodos.

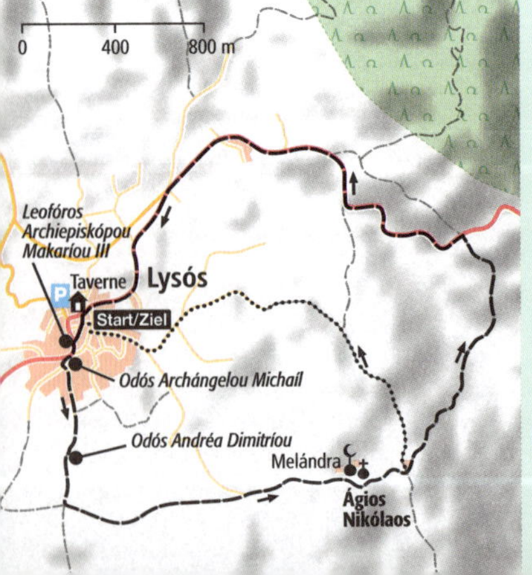



Nach 2 km steht man abrupt vor den Resten des verlassenen Dorfes **Melándra:** drei halbwegs erkennbare Häuser, sonst nur steinerne Fundamente. Einzig zwei Gotteshäuser haben die Zeitläufte beinahe unbeschadet überstanden. Eine Moschee und eine Kirche, beide im Miniformat, stehen sich nur ein paar Schritte voneinander entfernt gegenüber. Die **Moschee** ist leer. Außen führen Stufen hinauf zum Minarett, aber die Plattform ist schon halb weggebrochen. Früher haben sich die Bewohner hier zum Freitagsgebet versammelt. Seit osmanischer Zeit war Melándra ein türkisch-zyprisches Dorf. Nach der Teilung

der Insel 1974 zogen einige Bewohner allein durch die Berge in den Norden. Die verbliebenen 169 Menschen wurden am 3. September 1975 von einer UNFICYP-Eskorte evakuiert und auf die andere Seite begleitet. Einer von ihnen war Mustafa Kiralp, damals noch ein junger Mann, der nun in Famagusta lebt. Er hat es sich zur Lebensaufgabe gemacht, sein verlassenes Elternhaus an neuer Stelle auferstehen zu lassen. Das Melandra House in Nordzypern (s. S. 208) ist ein Museum, aber auch eine Begegnungsstätte für Zyperngriechen und Zyperntürken, die gemeinsam von einer Wiedervereinigung träumen. Derweil zeugt im verfallenen Melándra im Süden allein das Innere der kleinen **Kirche Ágios Nikólaos** davon, dass noch manchmal Menschen hierher kommen. Alles ist besenrein, das Gestühl intakt. Vor den Ikonen liegen Kerzen bereit. Rundum aber zeugen Ruinen und Stille von der Vergänglichkeit der Gegenwart.

Für den Rückweg nehmen wir den **Feldweg,** der aus dem Dorf hinausführt. An der nächsten Wegkreuzung steht ein Haus, an dem wir links abbiegen. Der gerade Weg führt über die längere Route, ein noch weiter links abgehender Sandweg über kürzere Distanz ins Dorf Lysós zurück.

Der lange Weg bietet großartige Aussicht über die Berge. Nach ca. 350 m geht es am **großen Feigenbaum** weiter nach links auf einen breiten Weg, dem wir ca. 600 m folgen. An der nächsten Weggabelung wieder links halten, dann landet man nach knapp 200 m auf der **Landstraße,** die nach links ins Dorf **Lysós** führt. Nach 2,5 km bergauf erreichen wir wieder den **Ausgangspunkt der Wanderung.**

**Einkehr:** Die Taverne von Lysós ist der richtige Ort, um sich zu stärken. Schöne Aussicht, freies WLAN und Sattwerden zum kleinen Preis. Ein großes Sandwich gibt's für 4 €, frischen O-Saft für 2 €

Marketing. In dem abgelegenen Kloster Chrysorrogiátissa (›Unsere Heilige Jungfrau vom Goldenen Granatapfel‹; 37 km von Páfos), das auf einer Höhe von fast 700 m einen malerischen Blick auf die umliegenden üppig grünenden Felder freigibt, nahm ein Abt mit Namen Dionysios (sic!) in den 1980er-Jahren die verschüttete Tradition wieder auf. Heute liefert die Klosterkellerei rund 150 000 Flaschen pro Jahr aus. Allerdings entsteht der Wein nicht mehr in den Gemäuern unter dem Kreuzgang, sondern in einer modernen Anlage ganz in der Nähe.

Im **Weinmuseum** im Keller des Klosters ist noch zu sehen, wo die Mönche früher mit ihren nackten Füßen die Beeren zerquetschten, bis der Most durch die Rinne abfloss und in Pitharia abgefüllt wurde. Der älteste im Kloster vorhandene Tonkrug trägt an seinem Rand die eingeritzte Jahreszahl 1725. Der Abt war nicht nur Praktiker, sondern forschte auch über den Bezug, den das Alte und das Neue Testament zum Wein herstellen. »Ohne Wein keine Kirche«, lautete sein Fazit. Ob Jesus bei der Hochzeit zu Kana sein erstes Wunder vollbringt und Wasser in Wein verwandelt, der barmherzige Samariter die Wunden eines Verletzten mit Wein und Öl behandelt oder Christus beim Abendmahl den Wein als Blut des Bundes mit Gott segnet – die heiligen Texte strotzen nur so von Beispielen der symbolträchtigen Wirkung des Weines. Im hauseigenen **Klosterladen** werden die Weine verkauft.

Überaus sehenswert sind auch die **Ausstellung liturgischer Gewänder und Geräte** im Obergeschoss, die klostereigene **Sammlung zyprischer Kunst** aus dem 20. Jh. und die Werke der **Ikonenmaler,** denen man im Atelier bei der Arbeit über die Schulter schauen kann.

An der Weinstraße Nr. 2, T 26 72 24 57, tgl. 9.30–18.30, im Winter 10–16 Uhr

## Roudia-Brücke ♥ C 7

### Verborgen im Wald

Hoch in den Bergen, kurz hinter der Quelle, wo der Fluss entspringt, fließt der Xerós Potamós unter einer venezianischen Brücke hindurch. Die **Géfyra Roudiá** (44 km von Páfos) ist ein idyllisches Ausflugsziel mitten im dichten Páfos-Wald. Sie ist längst nicht so frequentiert wie die Gefíri tou Tzelefoú im Tróodos, aber auch schwerer zu finden. Die einfachste Möglichkeit, zu ihr zu gelangen, ist von dem verlassenen Dorf **Vrétsia** aus. Wenn man dem Schild zur Picknickstelle Péra Vása folgt, passiert man unterwegs die Roudiá-Brücke.

## Stavrós tis Psókas ♥ C 6

### Hier wohnt das Mufflon

Mitten im Wald, auf einer Höhe von 1200 m, erwartet man kaum das spannendste **Wildgehege** Zyperns. Aber in der Nähe der **Forststation Stavrós tis Psókas** sind in einem umzäunten Gelände mit ein bisschen Glück die scheuen Wildschafe anzutreffen. Das Mufflon ist das Nationaltier Zyperns. Es ist sogar auf den 1-, 2- und 5-Cent-Münzen des zyprischen Euro abgebildet. Allerdings ist es in freier Wildbahn fast nie zu sehen. Die kleine Ansammlung von Giebeldachhäusern hier oben ist beileibe keine Durchgangsstation. Der **Picknickplatz** bietet Wasserstelle und Grillvorrichtungen für ein ausladendes Mahl. Wer sogar über Nacht bleiben will, kann die **Wanderhütten** nutzen oder sein Zelt auf dem **Campingplatz** aufschlagen.

36 km von Páfos, Anfahrt über die Straße von Pólis oder vom Kloster Kýkkos (♥ D 7); Wanderhütten: Mehrpersonen-Zimmer, 14 € pro Nacht, Buchung unter T 99 63 81 97 oder 99 64 03 54

# Zugabe
# Unerwünschte Kunst

*Ein Film im Giftschrank der Geschichte*

*Die Lovestory basiert auf der wahren Geschichte von Hasan und Hambou.*

Akámas ist nicht nur der Name einer berückend schönen Landschaft, sondern auch Synonym für den größten Filmskandal in der Geschichte der Republik Zypern. Das Drama »Akamas« von Regisseur Panikos Chrysanthou war 2006 der erste zyprische Film überhaupt, der bei der Biennale von Venedig lief. Er hatte sein internationales Publikum bei Filmfestivals in Los Angeles, Thessaloniki, Istanbul und Rhodos. Nur in Zypern selbst kennt ihn kaum jemand. Denn in Kinos oder im Fernsehen ist er nie gelaufen.

Hinter der scheinbar harmlosen Liebesgeschichte zwischen Omeris und Rhodou, angesiedelt in der Idylle der Akámas-Halbinsel in den 1950er- bis 1970er-Jahren, verbirgt sich historischer Sprengstoff. Eine Lovestory zwischen einer Zyperngriechin und einem Zyperntürken (basierend auf einer wahren Geschichte), das mag noch angehen. Aber dass der Regisseur mit Adonis Evagoras einen EOKA-Kämpfer* ersann, dessen ›nom de guerre‹ sich an den eines nationalen Helden anlehnt und der ausgerechnet in einer Kirche die Exekution eines vermeintlichen Verräters vollzieht, das ging dann doch zu weit. Der Kampf gegen

## Eine Liebesgeschichte, die Sprengstoff birgt.

die Entstehung des Films, dann gegen seine Verbreitung wurde mittels bürokratischer Hürden, mit Medienkampagnen und mit persönlichen Drohgebärden gegen den Regisseur geführt.

Der öffentlich-rechtliche Fernsehsender RIK hält die zyprischen TV-Rechte an dem Film – und strahlte ihn nicht ein einziges Mal aus. Das Kultur- und Bildungsministerium förderte den Film zu 25 Prozent. Trotzdem erfährt das Historiendrama keine öffentliche Aufführung. Lediglich im privaten Rahmen von bikommunalen Veranstaltungen ist »Akamas« immer mal zu sehen. Auf persönliche Nachfrage beim Regisseur (er spricht deutsch) kann man sich den Film auf DVD (dt. Untertitel) schicken lassen (artimagescyprus@yahoo.gr). ∎

** EOKA = militärische Untergrundorganisation von Zyperngriechen im Kampf gegen die britischen Kolonialherren in den 1950er-Jahren*

# Nördlicher Tróodos und Süd-Nikosia

**So wie das Gebirge sanft** — zur Hauptstadt hin abfällt, geht auch die ländliche Idylle in urbanen Lifestyle über.



### Kýkko-Kloster

Schlechtwetter macht reich! Die milden Gaben für die regenspendende Ikone haben der Abtei ein Vermögen eingebracht, das als Gold und Edelstein an Wänden, Ikonostasen und Decken funkelt.

### Spaziergang bei Páno Amíantos

Einmal tief einatmen! Diese Waldluft rund um den Bergsee ist köstlich. Dabei stehen Sie gerade mitten in einer ehemaligen Asbestmine. Hier zeigt sich, was Aufforstung zustande bringt. Im Besucherzentrum gibt's die Story dazu.

Hier ist gut Kirschen essen: Pedoulás hat die Frucht im Wappen.

### Ierokipio in Mitseró

Früher war er Musiker, heute lauscht er der Stille der Natur: Gabriel Pandelis bebaut Land in Permakultur und nimmt Besucher, die das natürliche Ökosystem verstehen wollen, in seinem Mustergarten mit auf Tour.



### Um das Kloster Machairás

Die Wanderung zu den Mönchen des Heiligen Messers hat es in sich! Aber dafür werden Sie am Ziel doppelt belohnt – mit meditativer Ruhe und Delikatessen aus dem Klosterladen.

Seite 149

## Greenline

Wo vierzig Jahre lang nur Staub die Straßen belebte, haben sich Kultur, Clubs und Cafés angesiedelt.

Seite 142

## Süd-Nikosia ⭐

Städtetrip mit Erholungsfaktor! In der gemütlichsten Hauptstadt Europas liegen die Sehenswürdigkeiten so dicht beieinander, dass man alle bequem zu Fuß erreichen kann. Die ummauerte Altstadt hat einen Durchmesser von 1,6 km.

Seite 150

## Zu Fuß durch die Pufferzone

Entlang der 300 m zwischen griechisch-zyprischem Posten und türkisch-zyprischer Kontrolle begegnen einem Geschichte, Hoffnung auf Wiedervereinigung und deutsche Kultur.

Seite 153

## Kakkarístra-Schlucht

Es war einmal … Da bestand Zypern aus zwei Inseln und das Urmeer schwappte über die Nikosia-Ebene. Das glauben Sie nicht? Dann sehen Sie selbst: Die Beweisstücke lagern als Fossilien in den Lehmwänden der Schlucht.

Quellwasser können Sie am Straßenrand zapfen – 10 Liter gibt's für einen Euro.

»Eine Beerdigung in Limassol ist lustiger als der Karneval in Nikosia.« Üble Nachrede! In Nikosia gibt es nicht nur dröge Verwaltungsheinis, sondern auch eine lebendige Kunstszene.

# Von wegen langweilig!

Wer verbringt auf einer Mittelmeerinsel seinen Urlaub schon im Inland? Selbst die Nikosianer flüchten bei jeder sich bietenden Gelegenheit an die Strände von Protarás. Inselweit hat die Hauptstadt den Ruf, ein Verwaltungsmoloch zu sein. Haben doch hier Ministerien, Botschaften, EU- und UN-Behörden ihren Sitz. Außerdem erstreckt sich ein Teil des Distriktes über die landschaftlich eintönige Mesaoría-Ebene, die auch noch von der Greenline durchschnitten wird. Grenzgebiet – Betreten verboten! Alles keine verlockenden Aussichten, will man meinen.

Aber nichts hält so viele Überraschungen bereit wie eine unterschätzte Region. Zunächst sei aufgeräumt mit dem Vorurteil, die Landschaft wäre langweilig. Bis hoch auf 1300 m geht es, wenn Sie das Kýkko-Kloster besuchen, immer entlang geschwungener Straßen, die hinter jeder Biegung einen noch grandioseren Ausblick bieten. Pittoreske Bergdörfer schmiegen sich in die Ausläufer des Tróodos-Gebirges. In der fruchtbaren Ebene laden Öko-Projekte umweltbewusste Gäste zu Touren ein. Nikosia selbst ist viel mehr als die stereotype ›letzte geteilte Hauptstadt der Welt‹. Kleine Cafés und



Kulturangebote erwecken die ehemals verfallene Zone an der Trennungslinie zu neuem Leben. Die kreative Szene agiert hier grenzübergreifend in gemeinsamen Projekten von Zyperngriechen und Zyperntürken. Spannende Impulse gegen die Mainstream-Kultur, wie die Cyprus Comic Con oder die Pride Parade, kommen ebenfalls von hier. Andererseits findet sich in Nikosia die einzige Galerie Zyperns, in der man Werke von Künstlern wie Chagall oder Monet zu Gesicht bekommt.

Die Melange aus ländlicher Idylle und urbanen Impressionen macht den Reiz dieser Region aus. Und wer es nicht ohne Meer aushält, ist in knapp dreißig Minuten am nächsten Strand.

# Nordwestlicher Tróodos

Von Nikosia aus gesehen erscheinen die hoch aufragenden Berge des Tróodos (s. auch S. 74) am Horizont wie aus einer anderen Welt. Die Hauptstädter haben längst nicht so eine enge Verbindung zum Gebirge wie die Menschen aus Limassol. Dafür sind Ausflüge aus der brütend heißen Ebene von Nikosia in die Sommerfrische der Berge äußerst beliebt. Natürlich gibt es auch am Nordhang des Tróodos überlaufene Spots, das Kýkko-Kloster und das Vorzeige-Dorf Kakopetriá können sich nicht über Besuchermangel beschweren. Doch insgesamt geht es auf der hiesigen Seite der Berge wesentlich beschaulicher zu.

## Panagía tou Kýkkou ♀ D7

### Regen macht reich

Arm wie eine Kirchenmaus ist hier oben niemand. Das **Kýkko-Kloster** (85 km von Nikosia, tgl. 10–18, im Winter bis 16 Uhr, 5 €), gegründet Ende des 11. Jh., strotzt geradezu vor Reichtum. Mit Edelsteinen besetzte Evangelienbücher, silberne Messgefäße, goldene Reliquienschreine und Marmorböden sind keine Seltenheit. Die offenen Gänge des Klosterbereichs zieren Mosaiken aus Porzellan und Blattgold. All das ist allein einer Frau zu verdanken: der regenspendenden Marienikone der Kykkiotissa. Ihr Bildnis, angeblich vom Apostel Lukas selbst gemalt, wird hier seit 900 Jahren aufbewahrt. Es ist von einem vergoldeten Überzug geschützt, ihr Gesicht wird verhüllt. Nur in Zeiten

*Einfach blendend! Das Kýkko-Kloster beeindruckt mit Blattgold an den Wänden, mit einer regenspendenden Ikone der Jungfrau Maria und mit dem roten Zivanía-Schnaps, den die Mönche selbst brennen.*

# Lieblingsort

## Das letzte bisschen Zedernwald

Duftende Bäume, Kartoffelsalat und ein leichter Rotwein. So habe ich meinen ersten Ausflug ins **Tal der Zedern** (♥ C 7) in Erinnerung. Angestiftet wurden wir von ›Omi‹, der Mutter einer deutschen Freundin, die zwecks Familienzusammenführung auf die Insel gezogen war. »Das Zederntal erinnert mich an die Wälder in Deutschland. Die vermisse ich am meisten.« Also schenkten wir ihr zum 78. Geburtstag einen kleinen Nostalgie-Trip. Omi sorgte für die Verpflegung und wir entdeckten diesen seltenen Ort mitten im Tróodos-Gebirge. Die majestätischen Zypern-Zedern mit ihren breiten Kronen spenden herrlichen Schatten und verströmen einen würzigen Duft. Einst sollen Zedernwälder in Zypern ganze Landstriche bedeckt haben – bis die Phönizier sich vor ca. 3000 Jahren mit Holz für ihren Schiffsbau eindeckten. Von der Pracht blieben nur noch die Bäume im Zederntal, die sich wie ein dichter grüner Teppich über den Hängen ausbreiten. Eines der wenigen Fleckchen in Zypern, das tatsächlich die Bezeichnung Wald verdient hat. Der Ausflug lässt sich gut mit einem Besuch im Kýkko-Kloster (s. S. 67) verbinden.

starker Dürre trugen Mönche die Ikone ins Freie, um mit ihr um Regen zu bitten. Als Dank für den eintreffenden Segen von oben erreichten das Kloster wertvolle Spenden, die seinen Reichtum mehrten. Leider lässt der Ort die Möglichkeit zur stillen Andacht vermissen, denn das Moní tis Panagías tou Kýkkou gehört zu den meistbesuchten Sehenswürdigkeiten der Insel. Auch wegen seiner idyllischen Lage auf 1200 m. Entsprechend touristisch ist der Außenbereich gestaltet – von der Ausflugsgaststätte mit anziehender Aussicht über die Berge bis hin zu den Souvenirbuden rundherum. An denen es übrigens den seltenen ›Roten Zivanía‹ zu kaufen gibt, der von den Mönchen des Klosters gebrannt wird.

# Kalopanagiótis   ♀ D 7

### Die Seele baumeln lassen

Frische Höhenluft, Heilwasser und der Reiz einer herrlichen Landschaft – ein echter Kurort, ohne dass ihn dieses Label schmückt. Die Schwefelquellen von Kalopanagiótis sorgten schon in der Antike dafür, dass Wellness-Reisende in diesem Dörfchen ihre Leiden lindern konnten. Allein schon ein Spaziergang an frischer Luft in 700 m Höhe sorgt für einen freien Kopf. Zumal **Naturlehrpfad,** Leihfahrräder oder ein Angelausflug zum Stausee genügend Abwechslung garantieren. Wer es nicht ganz so mit der Bewegung hat und sich lieber auf Kultur konzentriert, fährt mit der gläsernen Standseilbahn vom Oberdorf hinunter ins Tal, um das **Kloster Ágios Giánnis Lampadistís** (Mo–Sa 9–13, 14–18, So 10–18, im Winter jeweils nur bis 16 Uhr, Eintritt frei) zu besuchen, das äußerlich eher einem großbäuerlichen Anwesen ähnelt. Zu diesem Eindruck trägt auch eine Ausstellung bei, die sehr praktische land-

wirtschaftliche Gerätschaften, u. a. zur Öl- und Weinherstellung, präsentiert. Aber die inneren Werte zählen: An den Wänden und Decken der Klosterkirche haben seit dem 11. Jh. Malereien überdauert, wunderschön und lebendig. Auch dieses Kloster hat es dank der gut erhaltenen Kunstwerke in die Liste des Weltkulturerbes geschafft.

Dem **Byzantinischen Museum** (Mo–Sa 9.30–18, Vor- und Nachsaison bis 17, im Winter 10–15.30 Uhr, 1 €) in direkter Nachbarschaft ist es gelungen, den ausgestellten Ikonen mit ausgesuchter Beleuchtung eine geradezu wahrnehmbare religiöse Ausstrahlung zu verleihen.

# Pedoulás   ♀ D 7

### Hier ist gut Kirschen essen

Viel hilft viel, denkt sich der Pope am Ort. Die 200-Seelen-Gemeinde wird von sage und schreibe **12 Kirchen** behütet. Die unscheinbarste ist auch gleich die kostbarste. Das Kirchlein des Erzengels Michael, **Archángelos Michail** (tgl. 10.30–16.50 Uhr, Eintritt frei, Spenden möglich), aus dem 15. Jh. liegt mitten im Ort und verblüfft mit seiner historischen Authentizität. Es wirkt noch immer wie eine Schutzhütte für Körper und Geist, geduckt unter einem tiefgezogenen Scheunendach, geschmückt mit farbenprächtigen Wandmalereien für die innere Andacht. Auch diese Kirche ist ein UNESCO-›Kulturerbstück‹ der Menschheit. Die hervorstechendste Kapelle thront auf einem Hügel über dem Dorf. Ihr 25 m hohes Kreuz ist weithin sichtbar. Außer den historischen Ansichten im **Byzantinischen Museum** und im **Folkloremuseum** (beide tgl. 9–16 Uhr, Eintritt frei) sind vor allem die Naturerlebnisse entscheidend in dem 1100 m hoch gelegenen ›Kir(s)chendorf‹ 75 km südwestlich von Nikosia. Im Frühjahr

# TOUR
# Krankenbesuch bei Mutti Natur

**Spaziergang in der ehemaligen Asbestmine von Páno Amíantos**

## Infos

**♀ E 7**
**Länge/Dauer:**
4 km, 3 Std.
**Start:** Páno Amían-
tos, Parkplatz am
Botanischen Garten
Tróodos
**Tróodos Botanical
Garden ›A. G.
Leventis‹:** immer
zugänglich;
**Visitor Centre:**
Mo–Fr 9–14 Uhr,
Eintritt frei
**Tróodos Geopark
Visitor Centre:** www.
troodos-geo.org,
Di–So 9–16 Uhr, 3 €

Von oben wirkt dieses Idyll, als sei es schon immer da gewesen: grüne Hänge, die ins Tal hin abfallen und einen Bergsee umschließen. Doch all das ist menschengemacht – genau wie die Wunde, die der Asbestabbau von 1904 bis 1988 bei **Páno Amíantos** in die Landschaft gerissen hat.

Es ist spannend, einem neuen Gefilde beim Werden zuzuschauen. Bei einem Spaziergang durch das Gelände öffnet sich der Blick über die grandiose Gebirgslandschaft. Der Streifzug beginnt oben an der Straße im **Visitor Centre des Tróodos Botanical Garden ›A.G. Leventis‹.** Es informiert über die mühevolle Arbeit, die nötig ist, um einen giftigen Tagebau in einen Erholungspark zu verwandeln. Seit 1995 läuft der Heilungsprozess: Muttererde aufschütten, 150 000 Bäume und Büsche pflanzen, einen See anlegen und Tiere ansiedeln. Bis 2030 wird die Renaturierung voraussichtlich noch dauern.

Hinter dem Haus schlängelt sich eine Asphaltstraße über ca. 1,3 km hinunter zum **künstlich angelegten See.** Vorher sollte ein Abstecher links zum **Tróodos Geopark Visitor Centre** drin sein. Dort ist eindrucksvoll dokumentiert, wie das Tróodos-Gebirge entstanden ist, welche Gesteinsformationen hier existieren und was diese über die Geschichte der Erde erzählen können.

Der Name des nahe gelegenen Dorfes **Páno Amíantos** rührt übrigens vom griechischen Wort für Asbest her: *amíantos,* ›unbefleckt‹ – im übertragenen Sinne ›unkaputtbar‹, denn Kleidung aus Asbestfasern blieb sogar intakt, wenn man sie ins Feuer warf, um das Gewebe in den Flammen zu reinigen.

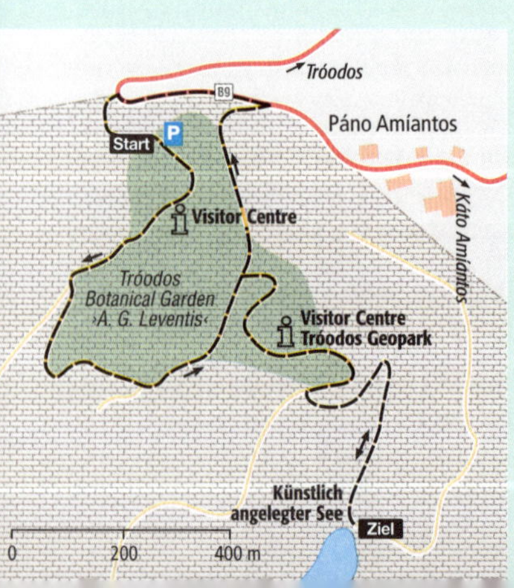

*Der Name Kakopetriá bedeutet ›schlimmer Fels‹. Laut Legende wurde hier nämlich einst ein Liebespaar von einem großen Stein erschlagen. Der sagenhafte Brocken ist am Dorfeingang zu finden.*

leuchten Hunderte Obstbäume in weißem Blütenkleid, Anfang Juni findet die Ernte mit dem **Cherry Festival** ihren Höhepunkt.

## Kakopetriá     📍 E7

### Es klappert die Mühle

Horch, da fließt Wasser! In der sommerlichen Hitze auf Zypern bedeutet so ein Geräusch mehr als eine Sonnenliege am Pool in der ersten Reihe. Das Dorf Kakopetriá 60 km südwestlich von Nikosia ist mit gleich zwei Flüssen gesegnet, die auch in der trockensten Jahreszeit noch Wasser führen: Karkótis und Garíllis. Auf 677 m Höhe und dank der grünen Umgebung ist es in dem Bergdorf auch immer um einige Grad kühler als in der Ebene. Die Segnungen des Tróodos-Gebirges beginnen hier.

Touristen wie Einheimische schätzen das malerische Erscheinungsbild des alten Dorfkerns mit den kleinen Gassen, in denen die Häuser mit ihren Holzbalkonen dicht an dicht stehen. Greifbar wird die ländliche Geschichte des Ortes in zwei reizenden Museen. Im **Linos-Museum** (Paliá Kakopetriá, Mo–Fr 7.30–15 Uhr, Eintritt frei), ist die Herstellung der diätologischen Dreifaltigkeit – Wein, Brot und Olivenöl – dokumentiert. Das **Eliómylos-Museum** (auf dem Gelände der Kirche Metamorphosis tou Sotiros, tgl. 9–16 Uhr, Eintritt frei) zeigt anschaulich, wie Oliven unter Einsatz massiver Mühlsteine ihr goldenes Öl preisgaben.

Wer seinen Spaziergang zu einer **Wanderung** ausdehnen möchte, macht sich zu Füßen des Hotels Mylos auf den den Weg: zunächst vorbei an dem beeindruckend verwinkelten Gebäude mit geradezu exzentrischem Äußeren, hügelabwärts zur alten **Wassermühle** aus dem 18. Jh. Noch immer ist das horizontale Mühlrad in Bewegung, angetrieben von dem niederplätschernden Wasserfall. Dort beginnt der **Naturpfad** von Kakopetriá, der sich 10 km am Flüsschen entlangschlängelt und nach etwa 1,5 km einen Abstecher zur Kirche **Ágios Nikólaos tis Stégis** (♀ E 6, Di–Sa 9–16, So 11–16 Uhr, Eintritt frei) erlaubt. Auch dieses beeindruckende Gotteshaus aus dem 11. Jh., übersetzt ›Kirche des Heiligen Nikolaus mit dem Dach‹, gehört zu den zehn Scheunendachkirchen, die als UNESCO-Weltkulturerbe gelistet sind. Ihre Wände sind vollständig mit Malereien aus dem 11. bis 17. Jh. bedeckt.

# Evrýchou ♀ E 6

### Tempo 30 mit dem Zug

Als in anderen Gegenden Europas schon Autorennen gefahren wurden, zuckelten in Zypern noch Kamele mit ihrer Last über die schmalen Wege der Insel. Was für eine Errungenschaft, als 1905 der erste Zug mit einer Höchstgeschwindigkeit von 30 km/h seine Fahrt aufnahm. Am Silvestertag des Jahres 1951 dampfte die letzte Lok über die Insel. Aus dem alten Bahnhofsgebäude in dem Dorf Evrýchou hat die Altertümerverwaltung ein **Eisenbahnmuseum** (tgl. 9.30–17, im Winter 8.30–16 Uhr, Eintritt frei) gemacht. Modelle, historische Fotos und Dokumente, Uniformen, der Bahnsteig und ein Stück Schienenstrang erzählen von der kurzen, aber stolzen Geschichte der CGR (Cyprus Government Railway).

*In den Bergdörfern wird an Ständen am Straßenrand Obst, Eingelegtes und Selbstgebranntes angeboten. Besondere Spezialitäten schmecken am besten aus den Orten, die dafür bekannt sind, z. B. Äpfel aus Kakopetriá.*

# Asínou ⚲ E6

## Buntes Weltkulturerbe

Was für ein farbenprächtiges Symbol ewiger Liebe! So unscheinbar die Kirche **Panagía Forvióttissa** (Panagía tis Asínou; Mo–Sa 9–16 Uhr) auch mitten in der Landschaft bei Nikitári (45 km von Nikosia) steht, so berührend ist doch ihre Entstehungsgeschichte. Fast 1000 Jahre ist es her, dass Magister Nikephóros Ischírios nach dem Tod seiner Frau auf göttlichen Auftrag hin eine Kirche für sie errichten ließ. Dank einer großzügigen Spende des Magisters wurden die Wände des Gotteshauses von einem Meister aus Konstantinopel in den Jahren 1105/1106 kunstvoll ausgemalt. Scheinbar jeder Quadratzentimeter der geputzten Wände ist bedeckt mit religiösen Figuren und Geschichten in den prachtvollsten Farben. Aber auch der Stifter selbst wurde verewigt: Auf dem mittleren Bogen über dem Eingang ist zu sehen, wie der Bauherr der Panagía, der Muttergottes, die Kirche schenkt. In der Widmung bedankt er sich bei ihr für all das Gute, das ihm dank ihrer Güte im Leben zuteil wurde.

Wie durch ein Wunder sind bis heute zwei Drittel der originalen Fresken erhalten geblieben. Andere Bilder stammen aus dem 14. Jh. Ihre farbige Pracht ist den sorgfältigen Restaurationsarbeiten zu verdanken, die Harvard-Wissenschaftler hier in den 1960er-Jahren durchführten. Man fühlt sich, als würde man einen mittelalterlichen Bilderbogen durchschreiten. Auch ohne bibelfest zu sein, sind Christi Himmelfahrt, die Fußwaschung, die Erweckung des Lazarus, das Jüngste Gericht und andere Szenen gut zu erkennen.

Die kleine Kirche von Asínou hat als **Scheunendachkirche** gemeinsam mit neun anderen ihrer Art Aufnahme in die UNESCO-Liste des Weltkulturerbes gefunden. Die reichhaltige Ausmalung, ihre äußere rustikale Bauweise und ein

### KULTUR IN 3D

Im **Digital Heritage Research Lab** der Technischen Universität Zypern entstehen 3-D-Modelle von Weltkulturerbestätten. Das Ergebnis stellen die Studenten und Wissenschaftler als Youtube-Filme der Allgemeinheit zur Verfügung. Als eines der ersten war das farbenprächtige Modell der **Panagía Forvióttissa** im Netz zu bewundern (Youtube-Kanal: Digital Heritage Research Lab > Asinou).

Schindeldach über dem Deckengewölbe machen die Gotteshäuser der Bergregion zu einer weltweiten Besonderheit.

## Schlafen

### Panoramablick über die Berge

**Two Flowers:** Hier täuscht der erste Eindruck. Das Hotel-Restaurant mit langen Tischreihen ist für Bustouristen in der Mittagszeit ausgelegt. Aber gleich die Treppe hinunter beginnt der gemütliche Teil. Dank der Hanglage hat jedes Zimmer eine fantastische Aussicht über Berg und Tal. Zum Frühstück sitzt man an den Panoramafenstern im Restaurant und genießt den Rundumblick. In der Sofaecke treffen sich Hotelgäste und die Familie der Besitzer zum Plausch. Und während mittags die Touristenschwärme zur Einkehr eintreffen, ist man zu Wanderungen oder Ausflügen unterwegs. Pedoulás, Filoxenías 26, T 22 95 23 72, FB @EfiHadjiloizou, 15 Zi., DZ ab 35 €

### Wohnen in historischer Kulisse

**Linos Inn:** Ausgewählte Requisiten versetzen jedes Zimmer in die Vergangenheit. Mal ist es eine alte Nähmaschine oder ein antiker Möbelknauf, mal ein Dampfradio oder ein Himmelbett. Äußerlich scheint

die Zeit in dem sanierten Häuserkomplex um die *linós*, die historische Weinpresse, stehen geblieben zu sein. Eine dörfliche Idylle zum Drin-Wohnen.
Kakopetriá, Palaiás Kakopetriá 34, T 22 92 31 61, www.linosinn.com, 25 Zi., DZ/F ab 40 €

## Essen

### Steak vom echten Argentinier
**Tziellari:** Als UN-Soldat kam Victor Benitez einst nach Zypern, wegen einer Frau blieb er. Zusammen mit Yioula führt er sein argentinisches Steakhouse in einem kleinen traditionellen Dorfhaus. Fusion Cuisine könnte man die Küche nennen, denn zum Fleisch kommen auch zyprische Tapas auf den Tisch. Hausmannskost zu gehobenen Preisen, die sich großer Beliebtheit erfreut. Besser vorbestellen.
Kakopetriá, Palaiás Kakopetriá 72, T 22 92 25 22, Fr 19–22.30, Sa 12.30–16, 19–22.30, So 12.30–14 Uhr

### Berühmter Nachtisch
**Café Kyriakides:** Wer unter Weinlaub sitzen und auf das in ein grünes Tal gebettete Dorf Moutoullás blicken möchte, muss sich einen Stopp im Café Kyriakides gönnen. Die Plätze auf der Terrasse sind begehrt, ebenso wie die *loukoumádes*, für die nicht nur das Café, sondern der gesamte Ort berühmt ist. Aber Vorsicht! Die frittierten, in Honig gewälzten Teigbällchen haben Suchtpotenzial.
Moutoullás (D 7), Eleftherías 43, T 97 68 97 28, Mo–Fr 8–19, Sa, So 8–21 Uhr, Hauptgericht ab 8 €, *loukoumádes* Portion 2 €

## Feiern

• **Spoon Sweet Festival:** Ende Sept., Kakopetriá. Die zyprischen Löffelsüßigkeiten (*glyká tou koutalioú*) gibt es hier in allen Formen zu verkosten. Das in Zucker eingelegte Obst und Gemüse, hergestellt von den Frauen im Dorf, darf vernascht und gekauft werden. Unterhaltung gibt's in Form von traditionellen Tänzen und Musik.
• **Apfelfest:** Anfang Okt., Kyperoúnta (E 7). Ein Wochenende im Zeichen des Apfels. Zwischen zyprischer Folklore und Fotoausstellungen erfahren Besucher alles über hiesige Apfelsorten, historische Gerätschaften und die leckere Produktvielfalt (Zivanía aus Äpfeln!). Ein Kochwettbewerb mit Apfelzutaten und ein Markt mit frischen Früchten sind Besuchermagneten.
• **Honey & Bee Products Festival:** Ende Okt., Kalopanagiótis. Jetzt geht's um den Honig! Eigentlich ist die Veranstaltung eher eine Messe, auf der sich Imker und interessiertes Publikum treffen. Informationen über Honigtherapie, eine Ausstellung über das süße Gold und andere Bienenprodukte gehören ebenso dazu wie Verkostung und Verkauf.

## Infos

• **Bus:** ab Nikosia nach **Kakopetriá** Nr. 405; nach **Kalopanagiótis** und **Pedoulás** Nr. 405, umsteigen in Atsas in Nr. 35; nach **Evrýchou** Nr. 405 (Dorf), für Evrýchou Central Road umsteigen in Nr. 33.

# Nordöstlicher Tróodos

An diesen Hängen würde der Bär nicht mal steppen, wenn es einen gäbe. Dank seiner Lage erfreut sich dieser Teil der Insel einer gewissen Abgeschiedenheit – beste Bedingungen also für ganz individuelle Reiseerlebnisse. Das sanft ansteigende Bergland um Nikosia bietet vor allem ungestörte Einblicke in das zyprische Leben: historische Kleinode, traditionelle

Plätzchen und trendbewusste Newcomer. Vermutlich ist es die Nähe zur Hauptstadt, die kreative junge Geister inspiriert, sich im Umland mit ökobasierten Projekten und Geschäftsideen niederzulassen.

## Mitseró   9 F6

### Nachhaltiger Anbau

Hier darf der Boden machen, was er will. Auf dem Gelände von **Ierokipio** praktiziert Gabriel Pandelis Permakultur – so eine Art antiautoritäre Landwirtschaft. Das Konzept der Landschaftsplanung schafft natürliche Ökosysteme, die es gestatten, in dieser eher windigen Gegend sogar Zitrusfrüchte und Jacarandabäume gedeihen zu lassen. Zwanzig Jahre lang war Gabriel als Musiker und Soundingenieur in Nikosia unterwegs, bis er 2009 aufs Land zog. Seine lebendigen Erfahrungen über den Ausstieg und interessante Einblicke in die Praxis des nachhaltigen Anbaus gibt er gern bei zweistündigen Erlebnistouren auf dem Gelände weiter. Im Anschluss wird ein vegetarischer/veganer Lunch aus frischen Produkten serviert. Wer sich auf eigene Faust umsehen möchte, bekommt eine Infomappe zur Verfügung gestellt und kann so viel Zeit wie gewünscht auf dem Gelände verbringen. Ein Getränk und einen Snack gibt's auch noch dazu.

**Ierokipio – Demonstration & Education Center for Permaculture:** www.ierokipio.org, FB @ierokipio, geführte Tour 25 € pro Pers., individueller Besuch 12 € pro Pers. Für beide Angebote unbedingt reservieren

## Goúrri   9 F7

### Unsichtbares Dorf

Goúrri? Nie gehört! Jede Wette, dass die wenigsten Einheimischen dieses Dorf 40 km südwestlich von Nikosia je besucht haben. Dafür kann man unbehelligt durch die idyllischen Gassen schlendern, eine halbe Stunde auf dem **Naturpfad** um den Ort wandern oder das winzige **Museum** besuchen, das in einem hübsch restaurierten traditionellen Haus untergebracht ist. Alle Exponate, vom Nachthemd bis zum Webstuhl, wurden von den Dorfbewohnern gestiftet.

**Museum:** Bitten Sie unter T 22 63 38 39 (mobil 99 68 24 18) darum, dass jemand aufschließt

### Natürliche Seifenoper

»Das Dorf hat mich zu meiner Seifenoper inspiriert«, witzelt Chrystalla Avgousti. Hauptberuflich arbeitet sie beim staatlichen Fernsehsender CyBC, nebenberuflich ist sie die Gründerin von **Cyprusfisika.** Die Zutaten für ihre handgeschöpften Olivenölseifen sammelt und pflückt sie in der Umgebung von Goúrri.

**DER AUSSTEIGER**

Außergewöhnlich sind nicht nur die Weine der **Kellerei Aes Ambelis in Kaló Chorió Oreinís** (9 F6), die jedes Jahr Preise abräumen, sondern auch die Geschichte des Gründers. George Tripatsas war eigentlich Banker. Doch 1992 hängte er seinen Job an den Nagel. Seither widmet sich seiner Leidenschaft. »Ich wollte irgendetwas machen, das Zyperns Geschichte und Natur miteinbezieht. Und ich mag Wein.« So einfach kann die Berufswahl sein. Der Commandaría des Weingutes ist übrigens ein attraktives Mitbringsel, vor allem wegen seines eleganten Etiketts, das an zarte Spitze erinnert (T 99 83 56 63, www.aesambelis.com, Führung und Weinprobe Mo–Fr 9–16.30 Uhr).

# TOUR
# Partisanenversteck bei den Mönchen

## Wanderung rund um das Kloster Machairás



**F7**
**Länge:** 12 km
**Dauer:** 5 Std.
**Start:** Picknickplatz Kiónia, ca 40 km südwestlich von Nikosia
**Kloster Machairás:** tgl. 8.30–18, im Winter bis 17 Uhr, außer Feiertage, Eintritt frei

Will man im Urlaub ein bisschen runterkommen, muss man nicht gleich ins Kloster gehen. Es genügt, eines zu besuchen. Im Fall des Klosters Machairás kann man die Kontemplation mit einer Wanderung beginnen.

Das Auto lässt sich gut am **Picknickplatz Kiónia** parken. Dort können Sie auch noch am Brunnen Ihre Trinkflasche auffüllen, denn diese Tour sollte auf keinen Fall ohne Flüssigkeitsreserve absolviert werden. Da die Route überwiegend nur von niedriger Vegetation begleitet wird, bitte zwischen Mai und Oktober die Kopfbedeckung nicht vergessen. Die Treppen hoch und zwischen den Holztischen hindurch geht es auf eine **Teerstraße,** die rechts nach ca. 600 m zu einer Tafel mit einer Übersichtskarte führt. An dieser Stelle betritt man den **Europäischen Fernwanderweg E4.** Nun wandert man ca. 40 Min. ganz entspannt auf dem Bergpfad, auch wenn es zunächst aufwärts geht. Zum Kloster hinunter führt dann ein Zickzack-Pfad (ca. 30 Min.), der auf eine unbefestigte Straße und schließlich wieder auf eine Teerstraße mündet (immer rechts halten, noch mal ca. 15 Min.).

Zum Verschnaufen steht nun der Besuch im **Kloster Machairás** an, das auf einer Höhe von fast 900 m an einem bewaldeten Abhang steht. Der Name des Klosters bedeutet Messer (griech. *machaíri*). Mit einem solchen haben der Legende nach zwei Einsiedler im 12. Jh. die Ikone der Jungfrau Maria aus einer mit Büschen überwucherten Höhle befreit, wo sie vor dem Bildersturm im 9. Jh. versteckt worden war. Das Kloster selbst ist ein wunder-

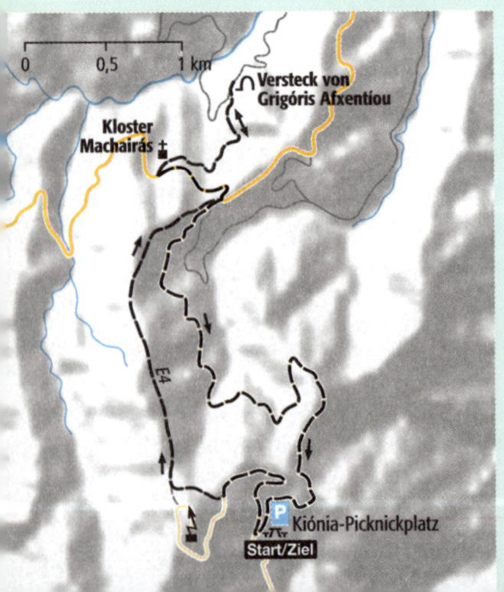

schönes Anwesen und ein friedvolles Fleckchen Erde, keine Touristenbus-Anlegestelle. Allerdings nehmen es die Mönche mit ihrem Gelübde sehr ernst, sodass einige Gebäude für Besucher nicht zugänglich sind. Wer für die Besichtigung der **Kirche** wegen der Wanderung nicht angemessen gekleidet ist, kann sich kostenlos am Eingang einen Umhang zum Verhüllen nackter Beine und Schultern ausleihen. Im **Klosterladen** lockt so manche Delikatesse. Statt für Weinflaschen entscheiden sich Wanderer eingedenk des Rückweges vielleicht lieber für frische Kräuter oder Mastix-Kaugummis. In einem kleinen Seitengebäude huldigt das Kloster dem EOKA-Kämpfer Grigóris Afxentíou. Das **Museum** stellt Erinnerungen an das Leben des Guerilla-Rebellen aus, der in den 1950er-Jahren gegen die britische Kolonialmacht kämpfte. Als Mönch verkleidet versteckte er sich im Kloster vor seinen Verfolgern – vergeblich.

Der Ort, wo Afxentíou elendiglich zu Tode kam, liegt etwa 1 km weiter. Wieder zurück an der Straße, muss man sich links halten, wenn man sein **Versteck** besuchen möchte. Die Höhle, die heute mit blau-weißen Bändern und Devotionalien geschmückt ist, wurde von den Engländern ausgeräuchert, weil sich Afxentíou nicht ergeben wollte. Er verbrannte bei lebendigem Leibe. Heute ist er ein zyprischer Nationalheld. Das **Denkmal** auf dem Klostergelände zeigt ihn als furchtlosen Mann.

Zeit für den **Rückweg**, der parallel zur ersten Etappe auf der Straße über 6 km wieder zum **Picknickplatz Kiónia** auf 1340 m führt. Da es bergauf geht, bedeutet die Tour eine gewisse Herausforderung, aber die Anstrengung lohnt sich, denn der Ausblick unterwegs ist grandios.

Wer den ganzen Abschnitt der E4-Strecke im Machairás-Wald laufen will, muss sich auf 45 km gefasst machen. Die Tour ist in der Broschüre »Europäischer Fernwanderweg E4« des Tourismusministeriums beschrieben.

Dort hat sie auch ihre kleine Werkstatt. Ihre Naturkosmetika sind dank der Aromen von Kräutern und Wildpflanzen ein Fest für die Nase. Inzwischen hat sie sogar Bienenwachscreme gegen Arthritis und Cellulite im Sortiment. Besucher der Werkstatt bekommen eine kurze Einführung in den Prozess der Öko-Seifenherstellung und können natürlich shoppen. Kostí Palamá 11, T 99 43 96 57, www.cyprus fisika.com oder FB @cyprusfisika, am Wochenende nach Voranmeldung geöffnet

# Fikárdou  ♀ F7

### Echte Filmkulisse

Will man alle Einwohner des Dorfes Fikárdou grüßen, ist man schnell durch. Tatsächlich leben hier dauerhaft nur noch eine Frau mit ihrem Sohn und einer Ziege, die ›Fuchsia‹ gerufen wird. Dennoch ist der Ort weder menschenleer noch heruntergekommen. Die erhalten gebliebenen Kopfsteinpflaster, die windschiefen Häuser und die davor sprießenden Basilikumbüsche ergeben ein ethnografisches Freilichtmuseum, das jede Menge Besucher anzieht. Die konservierte Geschichte, sorgfältig restauriert von der Regierung, dient auch regelmäßig als Filmkulisse. Aber nicht nur die verwinkelten Gassen, die wie ein steinerner Irrgarten anmuten, verlocken zu einem Rundgang, sondern auch das eigentliche **Dorfmuseum** (tgl. 9.30–17, im Winter 8.30–16 Uhr, 2,50 €). Spätestens hier fühlt man sich, als sei man mit der Zeitmaschine ins 18. Jh. gereist. Die Räume sind original erhalten und mit Haushaltsgegenständen jener Zeit ausgestattet. Ein Teil des Museumskomplexes, dessen Erdgeschoss für die Weinherstellung und als Vorratsraum genutzt wurde, ist sogar über 500 Jahre alt.

*In Fikárdou ist noch jeder Türnagel original. Hier hat sich die Vergangenheit nahezu unbeschadet in die Gegenwart hinübergerettet.*

# Politikó  G6

### Häuser in der Unterwelt

Ziemlich clever ist es, sein Wohnhaus in Stein meißeln zu lassen. Nein, das ist nicht bildlich, sondern wörtlich gemeint. Die sogenannten **Königsgräber von Tamassós** (Mo–Fr 9.30–17, Winter 8.30–16 Uhr, 2,50 €) reichen tief in die Erde hinein. Kunstvoll in den Fels gehämmerte Abbilder ihrer Häuser haben die Vorfahren hier hinterlassen. Deutlich zu erkennen sind angedeutete Säulen, Deckenbalken und Fenster. Diese ›Gebäude für die Ewigkeit‹ haben überdauert, während die hölzernen Originale längst vermodert sind. Sie gehörten zu dem mächtigen Stadtkönigreich Tamassós, das in der Bronzezeit für seine Kupfervorkommen weithin bekannt war.

### Frauenpower im Habit

Es sind durchaus irdische Genüsse, die Besucher in das **Kloster Irakleídios** locken. Klar, dass die Einheimischen zuerst zum Beten in die rund 500 Jahre alte Kirche gehen. Aber gleich danach lechzen sie nach den Mandelsüßigkeiten aus dem Klosterladen, die inselweit bekannt sind. Die Nonnen des Klosters haben aber nicht nur ein Händchen für Naschereien. Ein Blick ins Atelier der Ikonenmalerinnen und in die Werkstatt für Goldstickerei zeugen davon, dass die Frauen wundervolles Kunsthandwerk beherrschen. Ein anschließender Spaziergang durch die hübsche Anlage lässt genug Zeit, die beeindruckende Gestaltung des Klosters zu bewundern. Gewidmet ist es Irakleídos, der mit den Aposteln Paul und Barnabas im 1. Jh. n. Chr. in Zypern auf Missionsreise war und von ihnen kurzerhand in Tamassós als erster Bischof eingesetzt wurde. Sein Schädel und ein Knochen werden noch heute als Reliquien in der Klosterkirche auf-

bewahrt. Nachdem das von den Mönchen verlassene Kloster 140 Jahre lang dem Verfall preisgegeben war, wurde es 1962 von Nonnen übernommen. Mo–Fr 8.30–12.30 Uhr, 14.30 Uhr bis Sonnenuntergang, am Wochenende ab 6 Uhr, Eintritt frei

# Episkopeió  G6

### Zwiebeltürmchen

Eine Pracht wie aus dem russischen Märchen – fehlen nur noch die Birkenwälder ringsum. Der russische Geschäftsmann Viatislaw Zaragow hat seinen orthodoxen Landsleuten, die zu Tausenden auf der Insel leben, 2017 ein Gotteshaus spendiert. Und was für eins! Die fünf goldenen Kuppeln der **St.-Andreas-Kirche** (tgl. 8–20 Uhr) sind weithin zu sehen und markieren schon auch irgendwie den Stellenwert der überwiegend wohlhabenden russischen Community auf der Insel. Zu den Wandgemälden im farbenfrohen Innenraum gehört dann auch ein Bildnis, das den Stifter und seine Familie gemeinsam mit dem Bischof von Tamassós zeigt.

In direkter Nachbarschaft erhebt sich bescheiden, aber nicht weniger beeindruckend die **Kirche der rumänisch-orthodoxen Gemeinde** (tgl. 9–12, 16–18 Uhr). Sie ist ganz im klassischen Blockhausstil der Maramuresch-Region in Nordrumänien gehalten. Das Holz dafür wurde sogar extra aus der Heimat herangeschafft. Die umstehenden traditionellen Holzhäuser dienen als Kindergarten und Gemeindesaal.

Zu den beiden Kirchen wird sich ab 2020, so ist es jedenfalls geplant, noch eine überdimensionale blaue Kuppel mit goldenen Sternen hinzugesellen – das Gebäude des **Zypern-Planetariums,** ebenfalls finanziert von Viatislaw Zaragow.

## Schlafen

### Bei Künstlern zu Besuch

**Gästehaus Gonia:** Allein schon die deutschen Gastgeber sind den Besuch wert. Eine ehemalige Tänzerin des Berliner Friedrichstadt-Palastes und ein Drummer empfangen Gäste in dem hübschen Mini-Häuschen gleich neben ihrem eigenen Wohnhaus. Von den Genüssen, die das Paar für seinen kleinen Delikatessenladen Homemade sta Pera backt, brutzelt und einkocht, profitieren auch die Feriengäste. Das Dorf ist ein schöner Ausgangspunkt für Ausflüge nach Tamassós, zur Riverland Biofarm oder zum Kloster Machairás.

Péra Oreinís (♥ G 6), Panagías Odigitrías 8, T 22 62 36 90, www.guesthouse-gonia.jimdo. com, 1 Zi., DZ 40 €

## Essen

### Essen im Museumsdorf

**Yiannakos Taverne:** Was bei den Bauern seit jeher auf den Tisch kommt, wird auch hier serviert. Unkompliziert, einfach, lecker. Vom Essen bis zur überladenen Deko ist alles authentisch. Dorfwein wird in einer Kalebasse serviert, die Ziegenglocken an der Decke bimmeln leise bei jedem Windhauch. Und wenn man lange genug bleibt, sitzt man mit dem Wirt und seinen Freunden, die sich gegen Abend einfinden, zusammen am Tisch.

Fikárdou, am Ortsausgang, T 22 63 33 11, Mo–Do 9.30–19, Fr bis 2, Sa, So bis 21 Uhr, Gericht um 12 €

### Gesundes zwischen Viechern

**Riverland Biofarm:** Frischer wird's nicht – von der Kuh bis auf den Tisch legt die Milch nur 500 m zurück. In dem Holzhauscafé auf der Farm sind alle Zutaten garantiert bio. Üppige Mahlzeiten werden nicht serviert, aber nach einem Spaziergang zwischen den Gehegen mit Ziegen, Schafen und Hühnern, einer Einführung in die Imkerei oder dem Zuschauen beim Melken kommt ein Sandwich oder ein verspätetes Frühstück gerade recht. Eier, Käse und Milch auch zum Mitnehmen.

Kampiá (♥ G 6), T 99 59 25 98, www.river landbio.farm, tgl. 10–18 Uhr, Sandwich 3 €, Frühstück 6 €

## Infos

• **Bus:** von Nikosia nach **Mitseró** Nr. 157, in Aredioú umsteigen in Nr. 6; nach **Goúrri** Nr. 157, in Aredioú umsteigen in Nr. 11; nach **Politikó** Nr. 157, in Defterá umsteigen in Nr. 14; nach **Episkopeió** Nr. 157, in Defterá umsteigen in Nr. 14.

# Süd-Nikosia

★ ♥ G/H 5/6

Ganz ehrlich: Mit anderen europäischen Hauptstädten kann Nikosia nicht mithalten. Keine attraktiven Prachtstraßen, keine historisch atemberaubende Architektur, keine Ansammlung kultureller ›Must-sees‹, keine vierspurigen Magistralen. Aber darin liegt gerade der Reiz der zyprischen Kapitale. Im südlichen Großkreis Nikosia wohnen 240 000 Menschen – gerade mal so viele wie im Berliner Stadtbezirk Spandau. Das reduziert den Stressfaktor enorm. Erst recht für Gäste der Stadt. Die wichtigsten Sehenswürdigkeiten liegen zentral und sind zu Fuß zu erreichen. Statt mit Zeitdruck durch eine unüberschaubare Großstadt zu hetzen, sitzt man nach der Besichtigungstour bei einem gemütlichen Frappé und hat noch Muße, über die ›Facts‹ zu staunen: Nikosia ist über 2600 Jahre alt – knapp 100 Jahre jünger als Rom. Die Stadt hat drei Namen: international ›Nikosia‹, griechisch ›Lefkosía‹, türkisch ›Lefkoşa‹ und umgangssprachlich ›Chóra‹ (griech. ›große Stadt‹). Sie ist die letzte geteilte Hauptstadt der Welt und ihre historische Altstadt ist kreisrund.

Wer sich die Mühe macht, abseits der touristischen Trampelpfade die kleinen Nebenstraßen zu erkunden, findet die positiven Seiten der Gentrifizierung. In der Mischung aus verlassenen Werkstätten, altbackenen Geschäften und jungen Locations wächst das authentische urbane Leben der kleinen Hauptstadt in die Moderne.

**FAKTENCHECK**

**Bedeutung:** Hauptstadt
**Einwohner:** 320 000 (240 000 Süd, 80 000 Nord)
**Status:** Regierungssitz, Mediensitz
**Selbstbild:** Wichtig!
**Manko:** liegt nicht am Meer

## Entlang der Ledrastraße

### Nikosias bekannteste Meile

»Wo treffen wir uns?« – »An der **Plateía Eleftherías** ❶, wo sonst?« Der ›Freiheitsplatz‹ ist der beste Ort für Verabredungen in Nikosias City. Nach 13 Jahren wurde die Neugestaltung nach Plänen der Architektin Zaha Hadid 2019 endlich abgeschlossen. Lästerzungen gaben dem ›neuen‹ Platz wegen seiner unbeschatteten Betonfläche den Spitznamen ›Bratpfanne‹. Egal, es gibt immer noch genug Bäume, Bänke zum Sitzen, Leute zum Gucken und Tauben zum Füttern. Die Plateía Eleftherías ist einer der Zugänge in die historische Altstadt, die sternför-

*Lange lag die Altstadt im Dornröschenschlaf. Inzwischen finden sich Cafés und Bars auch in den kleinsten Seitenstraßen. Vor allem am Platz um die Faneroméni-Kirche blüht das urbane Leben.*

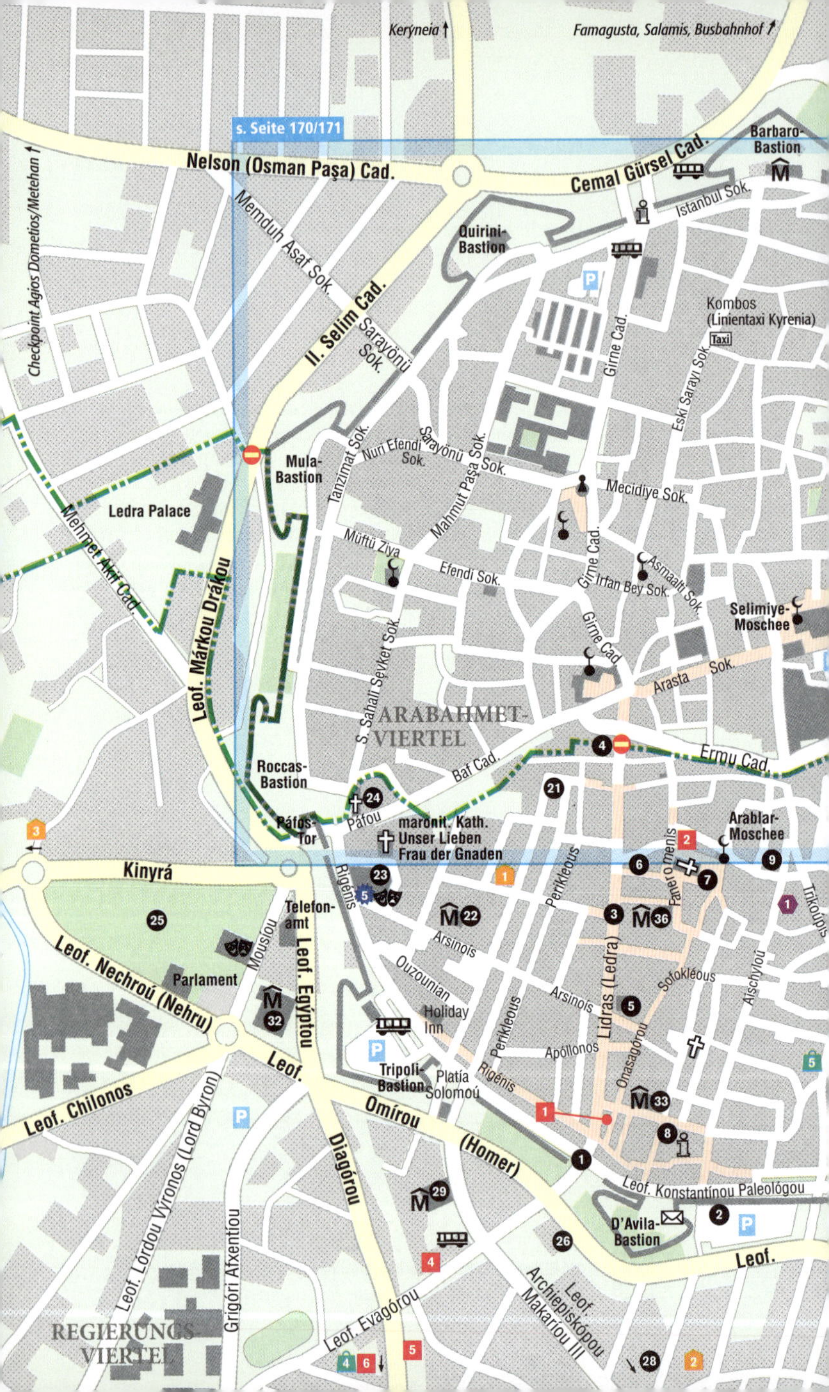

Kerýneia
Famagusta, Salamis, Busbahnhof
s. Seite 170/171
Nelson (Osman Paşa) Cad.
Cemal Gürsel Cad.
Barbaro-Bastion
Istanbul Sok.
Checkpoint Agios Dometios/Metehan
Memduh Asaf Sok.
II. Selim Cad.
Sarayönü Sok.
Quirini-Bastion
Kombos (Linientaxi Kyrenia)
Taxi
Girne Cad.
Eski Sarayı Sok.
Mehmet Akif Cad.
Mula-Bastion
Tanzimat Sok.
Nuri Efendi Sok.
Sarayönü Sok.
Mahmut Paşa Sok.
Mecidiye Sok.
Ledra Palace
Müftü Ziya
Efendi Sok.
Girne Cad.
İrfan Bey Sok.
Asmaaltı Sok.
Selimiye-Moschee
Leof. Márkou Drákou
Girne Cad.
Arasta Sok.
ARABAHMET-VIERTEL
Baf Cad.
Ermu Cad
Roccas-Bastion
Páfou
maronit. Kath. Unser Lieben Frau der Gnaden
Arablar-Moschee
Páfos-Tor
Kinyrá
Rigénis
Perikleous
Panerómenis
Trikoúpis
Telefon-amt
Arsinois
Mousíou
Leof. Egýptou
Parlament
Leof. Nechroú (Nehru)
Arsinois
Ouzounian
Lidras (Ledra)
Sofokléous
Aischýlou
Leof. Chilonos
Holiday Inn
Perikleous
Apóllonos
Rigénis
Onasagórou
Leof. Lórdou Vyronos (Lord Byron)
Grigóri Afxentíou
Diagórou
Tripoli-Bastion
Platía Solomoú
Leof. Omírou (Homer)
Leof. Konstantínou Paleológou
D'Avila-Bastion
Leof. Archiepiskópou Makaríou III
Leof.
Leof.
Leof. Evagórou
REGIERUNGS-VIERTEL

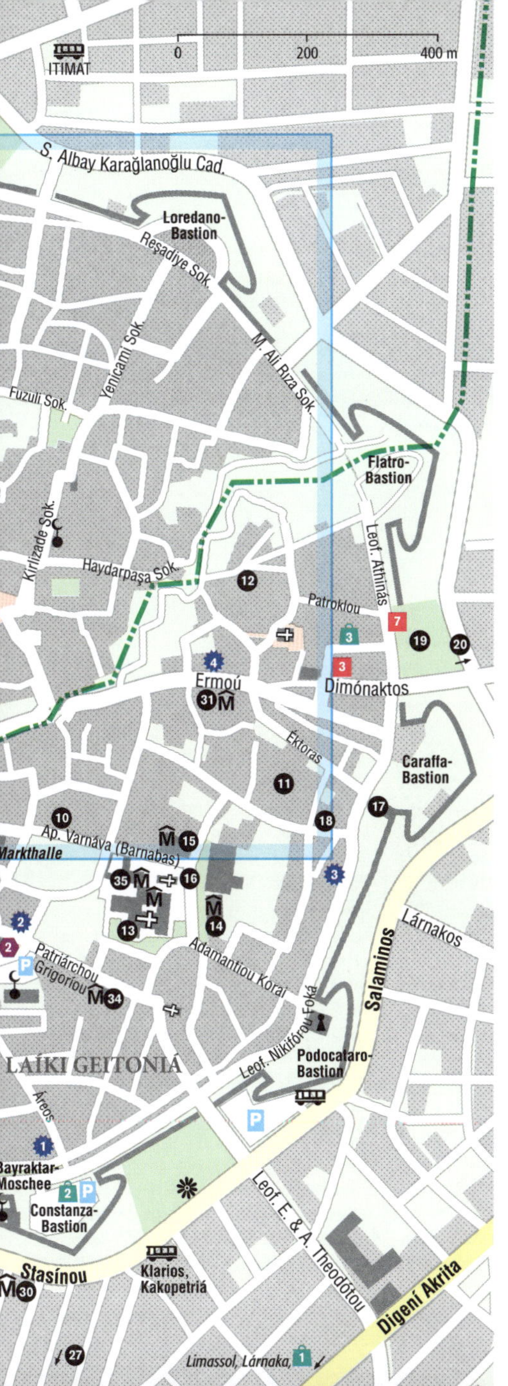


# Süd-Nikosia

## Ansehen

1 Plateía Eleftherías

2 Stadtbefestigung

3 Odós Lídras

4 Checkpoint Ledrastraße

5 Observatorium (Shacolas Tower)

6 Stoá Papadopoúlou

7 Faneroméni-Kirche

8 Laikí Geitoniá

9 To Yfantourgeio

10 Nicosia Municipal Arts Centre (NiMAC)

11 Taht-el-kale-Viertel

12 Kirche Ágios Kassianós

13 Erzbischöflicher Palast

14 Museum des Panzyprischen Gymnasiums

15 Museum des Nationalen Kampfes

16 Ágios-Ioannis-Kathedrale

17 Famagusta-Tor

18 Staatliche Galerie für zeitgenössische Kunst (SPEL)

19 Touferí-Park

20 Kaimaklí

21 Letzter besetzter Posten in der Altstadt

22 Cyprus Classic Motorcycle Museum

23 Kasteliotissa-Halle

24 Kirche des Heiligen Kreuzes

25 Stadtpark

26 The White Walls (Tower 25)

27 Atelier Woven Editions

## Süd-Nikosia Fortsetzung von Seite 145

28 Kakkarístra-Schlucht
29 Leventis-Galerie
30 Staatliche Galerie für zeitgenössische Kunst
31 Zentrum für visuelle Kunst und Forschung (CVAR)
32 Zypernmuseum
33 Leventis-Museum für Stadtgeschichte
34 Hadjigeorgákis-Kornesios-Haus
35 Byzantinisches Museum
36 Kulturstiftung der Bank of Cyprus
37 – 42 s. Tour S. 150

### Schlafen
1 Kipros
2 Manolia
3 Averof

### Essen
1 Odós Onasagórou
2 Pivo Microbrewery
3 Ingas Veggie Heaven
4 Mezostrati
5 Silver Pot
6 Váltou Rígani
7 Kípos tis Chrysaliniótissas

### Einkaufen
1 Mall of Cyprus
2 Bauernmarkt

3 Chrysaliniótissa Crafts Centre
4 Cyprus Handicraft Centre
5 Yiórgos Polystipiótis

### Bewegen
1 Nicosia Segway-Tours
2 Omeriye Hamam

### Ausgehen
1 Sarah's Jazz Club
2 Kafeneio 11
3 Ithaki
4 Shoe Factory
5 Pallas-Theater

---

mig von der mittelalterlichen **Stadtbefestigung** 2 umschlossen wird. Von hier geht es direkt hinein in die **Odós Lídras** 3, die Ledrastraße. Ihren uncharmanten Beinamen ›Mördermeile‹ bekam sie in den 1950er-Jahren, als extremistische Patrioten hier ihre britischen Kolonialherren ins Visier nahmen. Heute ist sie ein freundlicher Fußgängerboulevard mit Cafés, Geschäften, Straßenkünstlern und die bekannteste Straße der Stadt.

Die Shoppingtour endet abrupt am **Checkpoint Ledrastraße** 4, an dem der Spaziergänger die Seiten wechselt – aus den »freien Gebieten«, wie es offiziell heißt, in den »besetzten Norden«. Von oben ansehen kann man sich die geteilte Stadt aus den Fenstern des **Observatoriums** 5 im 11. Stock des **Shacolas Tower** mit dem Fernglas. Schautafeln und ein Video informieren. Besonders gut zu sehen ist die provozierend große

türkisch-zyprische Flagge auf dem zum Pentadáktylos-Gebirge gehörenden Berg im Norden – der meistgehasste Anblick der Zyperngriechen. Die riesige Flagge der international nicht anerkannten Türkischen Republik Nordzypern wurde aus weißen Steinen in den Berg gelegt und ist weithin in Süd-Nikosia sichtbar. Nachts wird sie sogar angeleuchtet.

**Shacolas Tower Museum and Observatory:** Arsinóis 11, Eingang in der Seitenstraße neben H&M, Mo–Sa 10–17, So ab 11, im Sommer bis 19 Uhr, 2,50 €

### Szeneviertel im Mini-Format

Zwei Blocks bevor die Ledrastraße am Checkpoint endet, führt ein überdachter Durchgang nach rechts in die **Stoá Papadopoúlou** 6. Sie ist der Zugang zum Szenehimmel: Bis zum Faneroméni-Platz reiht sich eine unkonventionelle Kneipe an die nächste, unterbrochen von winzigen Läden mit ›Zeugs‹. Dazwischen der Bookshop **Ant Comics** (Nr. 179–181, Mo, Di, Do–Sa 14–20 Uhr) und das Café **Ta kalá kathoúmena** (21 Nikokleous, tgl. 10–1 Uhr, Mi geschl.), zwei Urgesteine der alternativen Szene Nikosias.

Die 1872 erbaute **Faneroméni-Kirche** ❼ ist einer der größten sakralen Bauten Nikosias und Zentrum des zentralen Platzes, der sich zu einer lebendigen Plaza gemausert hat. Nahtlos geht es von hier in die ›Gastromeile‹ **Odós Onasagórou** 1. Bis vor wenigen Jahren dominierten in dieser Gegend noch angestaubte Stoff- und Schmuckgeschäfte. Dann machten sich hier Cafés und Restaurants breit. An den Wochenenden staut sich abends das Publikum, das nur mal gucken will oder Ausschau nach einem freien Tisch hält.

### Im Souvenir-Himmel

Wieder zurück an der Plateía Eleftherías, lohnt sich ein Abstecher in die kleinen Gassen des **Laikí Geitoniá** ❽. Das Viertel ist ein charakteristisches Beispiel für die städtische Architektur des 18. Jh. Seit der Restaurierung in den 1980er-Jahren ist es ein beliebter Anlaufpunkt für Souvenirjäger, die hier vom albernen T-Shirt über typische Leckereien bis hin zu Léfkara-Spitze und Silberschmuck alles gebündelt finden. Mittendrin natürlich jede Menge Tavernen und Cafés.

# Östlich der Ledrastraße

### Der Humus für Kultur

Rechts von der Odós Lídras geht es mittenrein in die Altstadt – dorthin, wo der Touristenstrom ausdünnt, wo Migranten und alte Nikosianer in maroden Häusern leben, wo sich Kultur ansiedelt und zahlungskräftige Eigentümer verfallene Häuser in prächtige Stadtvillen verwandeln. Dem Zeitgeist angemessen hat sich

**To Yfantourgeio** ❾ (bekannt auch als Weaving Mill, Odós Lefkónos, www.yfantourgeio.com, tgl. 10–22 Uhr) außer als Café mit Buch- und Filmclub jetzt auch als Coworking-Place etabliert. Zu jeder Zeit trifft man hier interessante Leute.

Aus dem alten Elektrizitätswerk der Stadt ist das **Nicosia Municipal Arts Centre (NiMAC)** ❿ (Paliás Ilektrikís 19, www.nimac.org.cy, Di–Sa 10–21 Uhr) geworden, das moderne Kunst aller Genres in wechselnden Ausstellungen zeigt. Neues Leben ist auch in die **Odós Ermoú** eingezogen. Bis zur Teilung der Stadt war sie Nikosias wichtigste Handelsstraße. Als Grenzgebiet, in dem nur noch Werkstätten ihren Platz hatten, verfiel sie anschließend. Inzwischen hat die Straße ein glänzendes Comeback als Kulturmagnet hingelegt. Alle Nase lang taucht überraschend ein Café oder ein kleiner Laden auf. Den Anfang machten vor einigen Jahren die **Shoe Factory** ❹ (Ermoú 304, www.pharosartsfoundation.org), ein privater Veranstaltungsort für Jazz und Klassik, und das **Zentrum für visuelle Kunst und Forschung (CVAR)**, das sich der Förderung zyprischer Kultur widmet (s. S. 154).

Beschauliche Ecken, um zwischen kleinen, restaurierten Wohnhäusern mit bunten Fensterläden und blumengeschmückten Höfen zu flanieren, gibt es vor allem in diesem Teil der Altstadt. So das **Taht-el-kale-Viertel** ⓫ mit der gleichnamigen Moschee, wo man auf Bänken unter Palmen verschnaufen kann, oder das Karree, das um die Kirche **Ágios Kassianós** ⓬ herum angesiedelt ist.

### Traditionsläden

Die kleinen Haushaltswarenläden in der Altstadt von Nikosia sind bis auf den letzten Zentimeter vollgestopft mit nützlichen Dingen. Hier gibt es scheinbar alles: vom Fliesenkreuz bis zur Ikone. Und natürlich Geschirr, Töpfe, Gläser in Hülle und Fülle. *Yalopoleío* heißen die

## ABSURDE POLITIK

In der Komödie »Smuggling Hendrix« entwischt der Hund Jimi durch die Greenline in den Norden und darf nicht mehr zurück. Sein Herrchen, der Musiker Yiannis (Adam Bousdoukos), findet in dem Zyperntürken Hasan einen Verbündeten, der ihm hilft, das entwischte Tier auf absurden Wegen wieder in den Süden zu schmuggeln (deutsch-zyprisch-griechische Ko-Produktion, als DVD erhältlich).

traditionsreichen Geschäfte, von denen es höchstens noch ein Dutzend in der Altstadt gibt. Die meisten leben nur noch vom Ausverkauf ihres vor Jahrzehnten angelegten Bestandes. Eine Ausnahme ist der Laden von **Yiórgos Polystipiótis** 5 (Trikoúpi 25B, Mo–Sa 8–19 Uhr). Er ist entschlossen, das Geschäft seines Vaters nicht untergehen zu lassen und erneuert das Warenangebot stetig. Dafür muss alles Vorhandene ein wenig näher zusammenrücken.

### Das heilige Karree

Rund um den **Erzbischöflichen Palast** 13 ist einiges versammelt, was den Zyprern hoch und heilig ist. Erster Präsident des unabhängigen Zypern wurde 1960 Erzbischof Makarios III. Bis heute wird der jeweilige Erzbischof als Hüter der hellenischen Wurzeln und der gesellschaftlichen Werte in Zypern wahrgenommen. Den Palast selbst kann man nicht besichtigen, aber zumindest den dazugehörigen Glaspavillon, in dem zwei Staatskarossen von Präsident Makarios III. ausgestellt sind: ein 600er Mercedes-Benz und ein Cadillac Fleetwood 75. Die Ikonensammlung im benachbarten **Byzantinischen Museum** 35 (s. S. 155), das **Museum des Panzypri-**

schen **Gymnasiums** 14 mit Exponaten zur Schulgeschichte, archäologischen Funden, alten Karten und Waffen (Mo–Fr 9–15.30, Mi bis 17, Sa bis 13 Uhr, Eintritt frei) und das **Museum des Nationalen Kampfes** 15 (Mo–Fr 8–14.30 Uhr, Eintritt frei) dokumentieren auf jeweils eigene Weise die griechische Traditionslinie auf der Insel. Vor allem ein Besuch des Museums des Nationalen Kampfes gehört bereits in der Grundschule zum Pflichtprogramm – auch wenn die Exponate, die den Kampf des zyprischen Volkes gegen die britische Kolonialmacht in den Jahren 1955 bis 1959 zeigen, nicht gerade kindgerecht sind.

Geradezu bescheiden nimmt sich in diesem Ensemble die kleine, 1662 errichtete **Ágios-Ioannis-Kathedrale** 16 aus (Mo–Fr 9–16, Sa 9–12 Uhr, Eintritt frei). Man mag kaum glauben, dass sich darin zu hohen Feiertagen und wichtigen Anlässen Regierungsmitglieder und Staatsgäste zum Gottesdienst drängen. Es ist der einzige Kirchenbau im Stadtgebiet, dessen Wandmalereien vollständig erhalten geblieben sind.

### Randerfahrungen

In Nikosias historischer City kann man sich trotz der verwinkelten Gassen unmöglich verlaufen. Entweder man wird von Barrikaden am Weitergehen gehindert oder man stößt auf den Befestigungsring, der wieder die Richtung vorgibt. So eine Landmarke am östlichen Altstadtrand ist das **Famagusta-Tor** 17, eines der drei Stadttore, durch die früher der Weg nach Nikosia führte. Seit es 1981 restauriert wurde, finden hier in unregelmäßigen Abständen Ausstellungen und Konzerte statt. Das moderne Gegenstück liegt direkt gegenüber. Der erst 2019 eröffnete Ableger der **Staatlichen Galerie für zeitgenössische Kunst (SPEL)** 18 (Ammochóstou 73, www.moca.org.cy, Di–So 10–18, Sa 11–20 Uhr, Eintritt frei) eröffnet in Wechselausstellungen einen

*Das Famagusta-Tor war früher der Haupteingang in die Stadt. Heute
dient sein geräumiger Innenraum als Kulturzentrum.*

spannenden Blick auf zyprische Künstler der Gegenwart.

Von hier aus führt die **Leofóros Athínas** direkt an die **Greenline.** Abseits vom quirligen Zentrum ist die wohl größte Sackgasse der Stadt für abendliche Unterhaltung unbedingt zu empfehlen. Musikkneipen, traditionelle Tavernen, schicke Bars und Kellerclubs teilen sich das Areal. Restauranttische stehen auf der Straße, denn Durchgangsverkehr für Autos gibt es hier nicht. Der kleine **Touferí-Park** ⑲ daneben ist abends gepackt voll mit Einheimischen. Während die Kinder spielen, gönnen sich die Erwachsenen in dem Biergarten **Kípos tis Chrysaliniótissas** 7 ihr Souvláki-Abendmahl (ab 18 Uhr).

Auf der anderen Seite des Parks führt eine Straße in den etwas abgeschlagenen Stadtteil **Kaimaklí** ⑳. Der dörfliche Charakter ist hier noch sehr ursprüng-lich und lädt nicht gerade zum Flanieren ein. Trotzdem lohnt sich ein Abstecher wegen kleiner Highlights wie dem alternativen Stadtteiltreff **Kaymakkin** (FB @ kaymakkin) oder der **Flohmarkthalle** (Yiánni Koromía 2, Sa, So 10–19 Uhr) und natürlich wegen der **Werkstatt von Julia Astreou** (Santa Barbara 1, www. juliastreou.com, Mo–Fr 9.30–16.45, Sa 10–13 Uhr). Die Textilkünstlerin stellt in einem traditionellen Stadthaus ihre gewebten Stücke mit den wunderbaren Mustern aus, gibt Workshops und zeigt Besuchern ihre Webstühle.

## Westlich der Ledrastraße

### Immer auf dem Posten

Um so richtig in die Teilungsrealität der Stadt einzutauchen, muss man nur

# TOUR
# Grenzerfahrung im Vorübergehen

**Durch die militärisch gesicherte Pufferzone, dennoch mit Kaffeetrinken**

Der Gang durch das Niemandsland ist so normal geworden, dass man nicht einmal mehr das Gefühl hat, sich in einer militärisch beobachteten Zone zu befinden. Dennoch sollte niemand vom Weg abweichen, denn trotz aller Lockerungen ist die Pufferzone zwischen Süd- und Nord-Nikosia ein brisantes Stück zyprischer Realität.

Jeder Nikosia-Besucher macht mal eine ›Schnuppertour‹ hinüber in den Norden. Die meisten nutzen dafür den Übergang Ledrastraße. Doch wer auf einem halben Kilometer Spaziergang einen Einblick in Zyperns komplizierten Beziehungsstatus bekommen möchte, sollte besser am Checkpoint Ledra Palace Hotel die Seiten wechseln. Vom Kreisverkehr am **Páfos-Tor** führt die Straße direkt in Richtung Greenline.

Erster Punkt zum Staunen ist rechts ein Gebäude, an dem **Kerýneia Municipality** ❸❼ steht. Sie fragen sich, warum die Stadtverwaltung von Kerýneia (s. S. 174) hier in Nikosia ihren Sitz hat? Das ist sozusagen die Exilregierung des Küstenstädtchens im Norden. Weil der türkisch-zyprische Staat international nicht anerkannt wird, wählen die Zyperngriechen für Städte aus ihrer türkisch besetzten Heimatregion eigene Vertreter. Zu sagen haben sie in Kerýneia natürlich nichts, sie treten aber als Botschafter der Vertriebenen auf.

Vorbei geht es am **Wachhäuschen der griechisch-zyprischen Grenzer** ❸❽, wo man kurz seinen Ausweis oder Pass vorzeigt. So – ab jetzt geht es durch militärisch gesichertes Gebiet zwischen zwei verfeindeten Linien. Und trotzdem sprießt hier kulturelles Leben. Gleich hinter der Barrikade links hat das **Goethe-Institut Zypern** ❸❾ seinen Sitz. Mitten im Niemandsland gelegen, ist es für alle Zyprer zugänglich, ohne dass jemand von hüben oder drüben am jeweils anderen Militärposten vorbei muss und das Gefühl hat, sich auf unbekanntes Terrain zu begeben. Das Institut versucht so neutral zu sein wie die Schweiz. Entsprechend gemischt sind auch die Deutschklassen und das Publikum bei den mehrsprachigen Veranstaltungen, die hier stattfinden. Vor allem aber lieben die

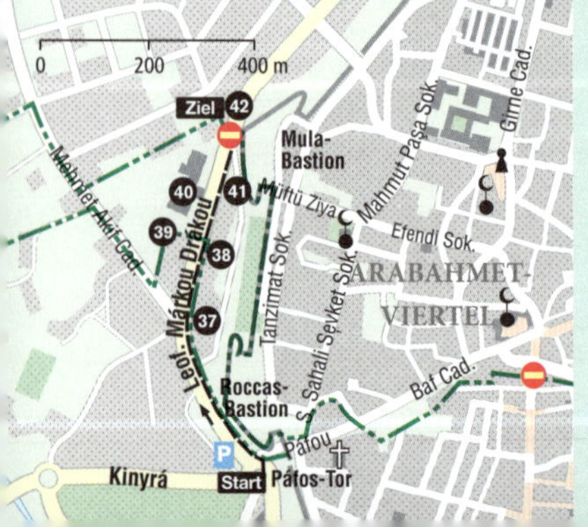

*Im Niemandsland ist erstaunlich viel los.*

## Infos

📍 **G/H 5**
**Dauer:** 30 Min.
**Start:** Odós Markoú Drákou, gegenüber dem Kreisverkehr am Páfos-Tor
**Planung:** Die Straße führt direkt vom Páfos-Tor bis hinein in die Greenline. Der Checkpoint Ledra Palace Hotel ist längst nicht so überfüllt wie der in der Ledrastraße.
**Goethe-Institut Zypern:** www.goethe.de/ins/cy/de
**Zyprisch-Deutscher Kulturverein:** FB @CyprusGerman CulturalAssociation
**Home for Cooperation:** www.home4cooperation.info
**Home Café:** Mo–Fr 9–21, Sa 9.30–16.30 Uhr

Zyprer ›deutsche Gemütlichkeit‹, die beim Oktoberfest und beim Weihnachtsmarkt aufkommt, ausgerichtet vom Zyprisch-Deutschen Kulturverein.

Gleich daneben steht das einstmals mondäne **Ledra Palace Hotel** ④. Als es 1946 eröffnet wurde, nannte man es ›La Ledra‹, wie eine Diva. Aber als 1964 die UN-Friedensmission in Zypern begann, wurden die Blauhelme in einem Teil des Hotels einquartiert. Schon damals existierten Checkpoints in der geteilten Hauptstadt Nikosia. Einer davon lag direkt vor dem Ledra Palace Hotel. Während der Kämpfe 1974 geriet das Hotel zwischen die Fronten. Einige Touristen waren hier für 30 Stunden gefangen, bevor die UN die Gäste evakuierte. Anschließend begann die Ära des ›La Ledra‹ als Kaserne für UN-Soldaten. Es erzeugt nach wie vor Gänsehaut, wenn man die Einschusslöcher an der Fassade sieht, die noch immer von den Kämpfen in der Hauptstadt zeugen.

Schräg gegenüber im **Home for Cooperation** ④ hat die versöhnliche Zukunft Einzug gehalten. Das **H4C**, wie es genannt wird, ist der ultimative Treffpunkt für bikommunale Projekte und Freundeskreise aus beiden Teilen der Stadt. Hier entstehen Ideen und Aktionen, finden Konzerte und Seminare statt. Diese wunderbare Atmosphäre von Offenheit und Kreativität spürt man sofort, wenn man sich für eine kleine Stärkung im hauseigenen **Home Café** niederlässt. Das vegetarische Angebot, die kleine **Bibliothek** und ein Plausch mit den Leuten vom Nachbartisch – auf Englisch – lohnen sich immer.

Von hier aus geht es vorbei an verstaubten Warnschildern (»Pufferzone – Bitte keinen Müll abladen«), einigen Restposten Stacheldraht und vergilbter Willkommenswerbung für Nordzypern zum **türkisch-zyprischen Checkpoint** ④. Entweder man schlendert jetzt zurück oder man nutzt die Chance, einen Abstecher nach Nord-Nikosia (s. S. 165) zu machen.

am Ende der Ledrastraße kurz vor dem Checkpoint links in den Torbogen einschwenken. Von hier geht's immer an der Mauer lang, vorbei an Barrikaden aus Sandsäcken und Ölfässern mit Blick auf Original-Einschusslöcher von den Kämpfen 1974 zum **letzten besetzten Posten in der Altstadt** ㉑. Zum Glück langweilen sich die Rekruten der Nationalgarde bei ihrem Job, das Niemandsland zwischen dem griechischen und dem türkischen Teil der Stadt zu bewachen. Vorgefallen ist schon lange nichts mehr. Also grüßen sie die vorbeischlendernden Touristen und warten auf ihre Pizzabestellung.

### Mit Dröhnen und Tönen

In diesem Teil der Altstadt setzt die moderne Veränderung nur zögerlich ein. Umso spannender ist der Gang durch die authentischen Straßenzüge. Als spontaner Treffpunkt für Einheimische und Reisende hat sich der ›Stammtisch‹ vor dem **Cyprus Classic Motorcycle Museum** ㉒ (Granikoú 44, www.motorcyclemuseumcy.com, Mo–Fr 10–13, 15.30–17.30, Sa 10–13 Uhr, 5 €) etabliert. Andreas Nikolaou, der hier in einer privaten Sammlung seine dröhnenden Schätze ausstellt, packt zu den Öffnungszeiten Tische und Stühle aufs Trottoir und kommt mit Hinz und Kunz ins Gespräch. Darüber sollte man aber nicht vergessen, die über hundert Motorräder aus der Zeit zwischen 1914 und 1983 und die historischen Fotos im Museum in Augenschein zu nehmen.

Im **Pallas-Theater** ❺ (Odoí Páfou/ Ecke Rigénis, www.cyso.org.cy), einem ehemaligen Kino, finden häufig Konzerte und Aufführungen statt – für kein oder wenig Geld. Das Pallas ist das Stammhaus des Cyprus Symphony Orchestra, das hier regelmäßig mit einem abwechslungsreichen Programm zu hören ist. Die **Kasteliotissa-Halle** ㉓ gegenüber war ursprünglich Teil des Lusignan-Palastes und wird auf das 13. bzw. 14. Jh. datiert. Das Gebäude mit seinen vielen gotischen Elementen wurde saniert und ist bei kulturellen Veranstaltungen dem Publikum zugänglich.

### Stille und Einkehr

Gleich um die Ecke macht die Greenline einen Bogen um die katholische **Kirche des Heiligen Kreuzes** ㉔, die 1902 erbaut wurde. Bekannt ist sie aus zwei Gründen: Bei seinem Besuch in Zypern 2010 zelebrierte Papst Benedikt XVI. an dieser Stelle die heilige Messe. Und außerdem füllen vor allem asiatische Immigranten römisch-katholischen Glaubens hier sonntags den Gottesdienst, bevor sie gegenüber im **Stadtpark** ㉕ ihren einzigen freien Tag in der Woche verbringen. Wer vom westlichen Ausgang des Parks die Straße überquert, erreicht den **Stadtwander- und Radweg,** der am Fluss Pediaíos entlang unter schattigen Bäumen bis in die äußeren Randbezirke Nikosias führt.

## LITTLE ASIA IM PARK

Sonntags versammelt sich im **Stadtpark** ㉕ eine bunte Parallelgesellschaft. Ihren einzigen freien Tag in der Woche genießen die Hausmädchen und Hilfsarbeiter aus Indien, Sri Lanka oder von den Philippinen gemeinsam in der grünen Oase der Hauptstadt. Dabei sind Zaungäste mehr als willkommen. Das dort verkaufte selbst gekochte Essen übertrifft geschmacklich jeden Asia-Imbiss. Die bunten Saris und andere exotische Festtagskleidung sind optische Highlights und für fünf Euro kann man sich open-air die Augenbrauen mit einem Faden zupfen lassen.

# Die moderne Innenstadt

### Kampf gegen die Ödnis

Viel zu wenige Besucher der Stadt nutzen die Chance, auch das moderne Nikosia zu erleben. Zu sehen ist es eigentlich schon vom Eleftherías-Platz aus – in Gestalt des Hochhauses **The White Walls (Tower 25)** ㉖. Für den grandiosen Einfall des französischen Architekten Jean Nouvel, die Fassade des 17-Geschossers aus allen möglichen Öffnungen zu begrünen, erhielt das Gebäude 2016 den Award »Best Tall Building Europe«. Dahinter verläuft Nikosias einst angesagteste Geschäftsstraße. In der **Leofóros Archiepiskópou Makaríou III,** kurz **Makaríou,** traf man sich zum Shoppen und Ausgehen. Hier feierten junge Nikosianer mit hupenden Autokorsos den Sieg ihres Fußballklubs oder die Wahl eines Präsidenten. Seit es zwei große Einkaufszentren am Stadtrand von Nikosia gibt, ist die einst geschäftige Mitte beträchtlich verödet. Mit Pop-up-Stores hat sie sich halbwegs über Wasser gehalten. Nun schlägt die Stadtverwaltung zurück. Mit einem neuen Konzept, das die Seitenstraßen der Makaríou autofrei, fahrradfreundlich und schattig gestalten will, soll die abtrünnige Kundschaft wieder in die Innenstadt gelockt werden.

### Die volle Packung Kunst

Das wohl beste Argument die Straßenseite zu wechseln ist die **Leventis-Galerie** ㉙ (s. S. 217). Die grandios kuratierte Sammlung europäischer, griechischer und zyprischer Malerei vom 17. bis zum 20. Jh. ist einzigartig in Zypern. Das nette **Café** im Haus und die Öffnung bis spätabends einmal pro Woche verlocken dazu, hier längere Zeit zu verbringen.

Den Anschluss an die Gegenwart bietet die **Staatliche Galerie für zeitgenössische Kunst** ㉚. Das restaurierte Villengebäude im Kolonialstil bekommt leider zwischen den umstehenden Häusern und

an der dicht befahrenen Straße zu wenig Aufmerksamkeit. Aber dann betritt man eine Oase der Ruhe und Kühle, äußerst erholsam im heißen Sommer. Zu sehen ist ein spannender Überblick über Stile und Motive der Gegenwart (s. S. 154).

Auch im **Atelier Woven Editions** ㉗ (Médontos 5c, www.joannalouca.com, Mo–Do 9–14, Fr 9–17 Uhr) von Joana Louca hängt Kunst an der Wand. Allerdings sind es feine Gewebe, die unter den Händen der Textildesignerin entstehen. Sie wird zu internationalen Events wie der Ausstellung europäischer Handwerkskunst »Homo Faber« in Venedig geladen, fertigt Stoffe für elegante Innenausstattungen, aber auch praktisch-schöne Strandtaschen. Gespräche mit ihr über gewebte Landschaften und sinnliche Berührung von Stoffen sind sehr inspirierend.

# Am Stadtrand

### Versteinerte Vergangenheit

Muscheln suchen in Nikosia? Das klingt wie ein Scherz. Aber es geht wirklich. Vor zwei Milliarden Jahren lag Nikosia nämlich noch auf dem Meeresgrund. Damals gab es die Stadt natürlich noch nicht. Die flache Zone zwischen Tróodos- und Kerýneia-Gebirge war komplett mit Wasser bedeckt. Übrig geblieben sind die fruchtbare Mesaoría-Ebene und Fossilien – versteinerte Muscheln, Seepocken, Austern. In der **Kakkarístra-Schlucht** ㉘ an Nikosias Stadtausgang sind diese Zeugen der Vergangenheit live zu bewundern. Sie ragen aus den steilen Wänden heraus oder liegen sogar, ausgespült vom Regen, auf dem Boden der Schlucht herum. Der Abstieg in den Canyon ist nicht schwierig und die kleine Exkursion braucht nicht mehr Ausstattung als festes Schuhwerk.

📍 G/H6, westlich der Autobahn A1 Richtung Lárnaka, nicht ausgeschildert, GPS: 35.093462, 33.368257

## Museen

### Herausragende Kunst
**㉙ Leventis-Galerie:** s. S. 153 und S. 276.

A. G. Levénti 5, www.leventisgallery.org, Do–Mo 10–17, Mi 10–22 Uhr, 3 €

### Moderne Ansichten
**㉚ Staatliche Galerie für zeitgenössische Kunst:** Von Malerei bis Installationen reicht das Spektrum der Galerie, die Arbeiten zyprischer Künstler aus dem 20. und 21. Jh. versammelt.

Ecke Leofóros Stasínou/Kritis, Mo–Fr 10–16.45, Sa 10–12.45 Uhr, Eintritt frei

### Ein Raum für die Königin
**㉛ Zentrum für visuelle Kunst und Forschung (CVAR):** Die Sammlung umfasst über 1000 Gemälde mit Ansichten von Zypern, geschaffen von ausländischen Künstlern, außerdem Trachten und Erinnerungsstücke aus dem 18. bis 20. Jh., über 6000 Bücher und eine Abteilung über Caterina Cornaro, die letzte venezianische Königin von Zypern.

Ermoú 285, www.cvar.severis.org, im Sommer Mo–Sa, im Winter Di–So 9.30–17 Uhr, ganzjährig Fr nach Anmeldung auch 17–20 Uhr, 5 €

### Der Göttin auf der Spur
**㉜ Zypernmuseum:** Aphrodite ist allgegenwärtig in Zypern. Nirgendwo finden sich so gehäuft Zeugnisse ihrer Verehrung wie in der archäologischen Sammlung des Nationalmuseums. Kultgegenstände wie Leuchter oder rituelle Messer, die einst in ihren Tempeln genutzt wurden, sind hier ausgestellt, ebenso wie figürliche Darstellungen der Göttin, Schmuckgegenstände oder auch ein steinerner Phallus, der wohl als Fruchtbarkeitssymbol in Gebrauch war. Kleine Zeichen in den Vitrinen machen auf den Zusammenhang der Exponate mit Aphrodite aufmerksam, die im Leben unserer antiken Vorfahren eine so bedeutende Rolle gespielt hat. Im Altertum war Zypern ein religiöses Pilgerzentrum für die Menschen, die der mächtigsten Göttin des Olymp huldigten. Auf der modernen »Aphrodite-Kultur-Route«, beschrieben in der gleichnamigen Broschüre (im Museumsshop erhältlich), kann man allen Überbleibseln und Ruinen ihrer Heiligtümer auf der Insel nachspüren. Mit dem Thema Aphrodite ist die Ausstellung des Museums jedoch längst nicht erschöpft. Tausende Jahre Kulturgeschichte finden sich hier gespiegelt. Eine spannende Reise durch Zyperns Vergangenheit im ältesten archäologischen Museum der Insel.

Mouseíou 1, Di–Fr 8–18, Sa 9–17, So 10–13 Uhr, 1. Mi im Monat bis 20 Uhr, 4,50 €

### Wir können Hauptstadt
**㉝ Leventis-Museum für Stadtgeschichte:** Wie aus einer sumpfigen Siedlung die Hauptstadt eines Landes wurde, zeigt dieses bezaubernde Museum in der Altstadt. Seit sich die ersten Siedler entlang des Pediaíos-Flusses niederließen, sind mindestens 4000 Jahre vergangen. Diesen langen Weg bis zur Gegenwart geht das Museum zusammen mit seinen Besuchern, gestützt auf attraktiv ausgestellte Exponate. Von archäologischen Ausgrabungsstücken über Landkarten, Haushaltsgegenstände, Schmuck und historische Mode sind hier Relikte aus Nikosias bewegter Geschichte zu finden.

Laikí Geitoniá, Hippocrátous 15–17, www.leventismuseum.org.cy, Di–So 10–16.30 Uhr, Eintritt frei

### In den Mauern der Elite
**㉞ Hadjigeorgákis-Kornesios-Haus:** Wo die Deutsche Botschaft heutzutage Empfänge abhält, traf sich schon im 18. Jh. die Elite der Stadt. Das Herrenhaus von Hadjigeorgakis Kornesios gehört zu den schönsten Bauten Nikosias aus jener Zeit. Es diente dem jeweiligen Dragomanen Zyperns als Residenz. Ein

*Diese Kunstwerke wurden aus zyprischen Kirchen gestohlen und außer Landes gebracht, erst nach vier Jahrzehnten kehrten sie zurück.*

Dragoman fungierte im Auftrag des Sultans als Übersetzer in Steuer- und Verwaltungsangelegenheiten in der osmanischen Provinz Zypern. Hadjigeorgakis Kornesios gilt als der bedeutendste Dragoman. Sein einstiges Wohnhaus beherbergt ein Volkskundemuseum, das über den Lebensstil der Oberklasse Aufschluss gibt.
Patriárchou Grigoríou 20, Di–Fr 8.30–15.30, Sa 9.30–16.30 Uhr, 2,50 €

### Abenteuer Beutekunst

**㉟ Byzantinisches Museum:** Drei Jahre lang suchte Arthur Brand nach dem »Heiligen Markus«, einem byzantinischen Mosaik mit einem Marktwert von 10 Mio. Euro. Der Kunstdetektiv war besessen von dem Wunsch, es aufzustöbern. Entdeckt hat er das seit Jahrzehnten verschollene Kunstwerk schließlich bei einer britischen Familie in Monaco. Sie fiel aus allen Wolken, als sie hörte, dass es sich bei dem 1600 Jahre alten Bildnis um Raubkunst aus Zypern handelte. Arthur Brand ist einer von den Guten. Der ›Indiana Jones der Kunstwelt‹ sorgte dafür, dass der »Heilige Markus« 2018 wieder nach Zypern zurückkehren konnte. Dies ist nur der jüngste einer Anzahl von Fällen, in denen Kunstwerke aus zyprischen Kirchen, die in den Wirren nach 1974 gestohlen wurden, nun im Byzantinischen Museum gezeigt werden können. Unter den 173 Schätzen, die schon 2013 nach langem Rechtsstreit ihren Weg aus der Asservatenkammer des Bayerischen Landeskriminalamtes in die Heimat antraten, waren bereits millionenschwere Mosaiken und Fresken aus dem 6. Jh. Genau wie der »Heilige Markus« stammen sie aus der schwer geplünderten Panagía-Kanakaría-Kirche in Lythrágkomi (heute Boltaşlı in Nordzypern). Neben all diesen wertvollen Artefakten sind in dem Museum Ikonen (9.–19. Jh.), sakrale Gewänder und Bücher in beeindruckender Fülle ausgestellt.
Plateía Archiepiskópou Kyprianoú, Mo–Fr 9–13, 14–16.30 Uhr, 4 €

### Virtuell Restaurieren

**36 Kulturstiftung der Bank of Cyprus:** Verblüffend, wie aus einer antiken Scherbe ein intaktes Gefäß wird! Besucher dürfen sich ein Fragment aussuchen (eine Nachbildung, versteht sich), sie auf einen Sockel platzieren und zuschauen, wie das Bruchstück dank moderner archäologischer Technologie auf einem Bildschirm virtuell ergänzt wird. Die **Pierídes-Sammlung,** in der dieses kleine Wunder stattfindet, zeigt großartige archäologische Funde von der Bronzezeit bis zum Mittelalter. Unter dem Dach der Kulturstiftung, untergebracht in einem stattlichen Bankgebäude von 1936, befinden sich auch das **Münzmuseum** und Sammlungen kostbarer historischer Karten, Manuskripte und Fotografien. Faneroménis 86–90, Mo–So 10–19 Uhr, Eintritt frei

## Schlafen

In der Hauptstadt ›einfach mal so‹ unterzukommen ist eher schwierig. Zwar gibt es in kleinen Hotels und Pensionen, vor allem im Laikí Geitoniá, vielleicht noch ein freies Zimmer. Aber die Häuser sind oft ziemlich in die Jahre gekommen. Für langfristige Buchungen ist Airbnb eine gute Alternative.

### Altstadtcharme

**1 Kipros:** Bis zur Odós Lídras (Ledrastraße) fünf Minuten zu Fuß, am Ende der Straße der Militärposten. Mehr mittendrin geht nicht. Die Zimmer in der Pension sind klein und nicht eben luxuriös ausgestattet, aber dafür wohnt man sehr authentisch in alteingesessener Nachbarschaft. Frühstück gibt's für 5 € pro Person. Wer zum Kaffee gratis eine druckfrische Zeitung möchte: Ein paar Häuser weiter hat die Redaktion der »Cyprus Mail« ihren Sitz, die aktuelle Exemplare in der Lobby zum Mitnehmen auslegt. Vasíleio Voulgaroktónou 16A, T 96 29 94 35, www.kiprosaccomodation.com, 3 Zi., DZ 40 €

### Jugendherberge für Erwachsene

**2 Manolia:** Die Quadratur des Kreises ermöglicht die Lage dieses Gästehauses. Man steigt in der wiederbelebten Neustadt ab und kann die Altstadt trotzdem gut zu Fuß erreichen. Modern-spartanisch eingerichtete Zimmer, ein Gemeinschaftsraum mit Kochgelegenheit und Esstischen, das reicht für einen kurzen Städtetrip. Wer länger bleibt, kann die Grand Suite mieten, deren Ausstattung mit Flokati und Palme an Muttis Wohnzimmer erinnert. Stasikrátous 35, T 96 32 02 05, www.manolia cityresidences.com, 5 Zi., DZ ab 50 €

### Old Style Haus

**3 Averof:** Wem das moderne Gedöns zuwider ist, der steigt im Averof ab. Gediegene Atmosphäre seit Jahrzehnten, rustikales Ambiente und inzwischen auch schon WiFi in der Lobby. Stammgäste werden wie Familienmitglieder behandelt, neue Besucher herzlich aufgenommen. Das traditionelle Hotel liegt im ehemaligen Villenviertel der Vorstadt. Zu Fuß braucht man etwa 20 Minuten in die Altstadt. Avérof 19, T 22 77 34 47, www.averof.com.cy, 25 Zi., DZ/F ab 55 €

## Essen

Lassen Sie sich entlang der Gastromeile **Odós Onasagórou 1** bis hinunter zum Faneroméni-Platz treiben, um ein passendes Plätzchen zu finden.

### Bier mit Beilage

**2 Pivo Microbrewery:** Ein Bier ist auch eine Mahlzeit, aber so ist dieser Tipp nicht gemeint. Zu der selbst gebrauten Vielfalt wird Herzhaftes gereicht, vom Burger bis zum Schnitzel. Selbst die Salate sind gehaltvoll. Mit der entsprechenden Ausdauer wird es hier ein kostspieliger Abend. Aber kann man ja mal machen.

Asklipiou 36, T 22 37 70 88, www.pivomicro
brewery.com.cy, Mi–So 19–0.30, Fr, Sa bis 1,
So bis 24 Uhr

### Die Mutter aller Veggie-Lokale

**3 Ingas Veggie Heaven:** Als die Zyprer das Wort Vegetarier noch gar nicht
buchstabieren konnten, hatte die Islän-
derin Inga ihr kleines Restaurant schon
in dem langsam aufblühenden Chrysali-
niótissa-Viertel etabliert. Ihre Suppen sind
eine Wucht und die veganen Makronen
tatsächlich himmlisch!
Dimonáktos 2 (bei den Chrysaliniótissa-Werk-
stätten), T 22 34 46 74, FB @ingasveggie
heaven, Di–Sa 9.30–17 Uhr, veganes Menü
ab 10,90 €

### Essen bis nichts mehr geht

**4 Mezostrati:** Eine Speisekarte braucht
man nicht, gegessen wird, was auf den
Tisch kommt! Beispielsweise gehen immer
klassische Mezé, bei denen sowieso für
jeden Geschmack etwas dabei ist – von
Gemüsehäppchen bis Schnecken. Sehr
typische Taverne, frequentiert von Einheimischen, am Wochenende Livemusik.
Leofóros Evagórou 18E, T 22 66 27 27,
www.mezostrati.com.cy, Mo 11–23, Di–Do
11–24, Fr, Sa 11–2, So 11–17 Uhr, Mezé
20 € p.P.

### Der Bio-Laden

**5 Silver Pot:** Grün frühstücken und
dabei Leute gucken, das ist Urlaub für
alle Sinne. Die Fensterbank ist als Sitz-
bar umfunktioniert – diese Plätze sind als
Erstes weg! Und mittags kommen junge Business People zum Lunch. Selbst
die Take-away-Verpackungen sind hier
nachhaltig.
Themistoclí Dérvi 3E, T 22 10 17 22, www.
silverpot.com.cy, tgl. 8–17 Uhr, Wochenende
ab 10 Uhr, Hauptgericht 10–12 €

### Spießgesellen

**6 Váltou Rígani:** Der beste Platz für
den kleinen Hunger. Die Spießchen wer-

### QUELLWASSER

An vielen Ecken in Nikosia sieht man
noch heute Wasserspender, die mit
Quellwasser aus den Bergen befüllt
werden. An ihnen zapfen sich die
Menschen ihr Lieblingswasser aus
Moutoullás, Farmakás oder Agrós
in mitgebrachte Plastikflaschen.
Kostenpunkt: ein Euro für zehn Liter.
Das preiswerte Trinkwasser ist vor
allem für diejenigen wichtig, die
sich wegen alter Leitungen im Haus
lieber nicht aus dem Wasserhahn
bedienen.

den einzeln serviert und die Salate sind
eine geschmackliche Offenbarung. Auf
raffiniertes Würzen legen die Griechen,
die den Laden führen, besonderen Wert.
Nicht umsonst heißt das Restaurant ›Mach
Oregano dran‹. Lieblingsbeilage: Tzaziki
aus Roten Beten.
Prevézis 15, T 22 25 55 45, www.valtourigani.
com, Mo–Sa 11–23 Uhr, Fleischspieß 1,80 €,
kleiner Burger 1,50 €

### Biergarten

**7 Kípos tis Chrysaliniótissas:** s.
S. 149.

---

## Einkaufen

Shoppen geht in der Hauptstadt unter
freiem Himmel in den Schuh- und Kla-
mottenläden der **Odós Lídras 3** und
der **Makaríou-Allee** (s. S. 153) oder
klimatisiert in der **Mall of Cyprus 1**
am Stadtrand (Verginas 3, www.themall
ofcyprus.com). Einige Schmuck-Ateliers
mit besonderer Note finden sich zwischen
den Souvenirläden im **Laikí Geitoniá 8**.
Der **Bauernmarkt 2** auf der Constanza-
Bastion (Mi, Sa 6–15 Uhr) verdient wirklich noch diesen Namen.

*Im Getümmel der Altstadt geht man noch einkaufen statt shoppen, Fachsimpeln inklusive.*

### Künstlerwerkstätten
**3 Chrysaliniótissa Crafts Centre:** In den Mini-Ateliers, die um einen kleinen Platz herum angeordnet sind, arbeiten u. a. Keramikkünstler, Ikonenmaler, Holzschnitzer und Glaser an ausgefallenen Stücken, die direkt vor Ort verkauft werden. Am schönsten ist es, sich die Geschichten der Kunsthandwerker dazu anzuhören, dann gibt es hinterher zu Hause was zu erzählen. Dimonáktos 2, FB @chrysaliniotissacraft, Mo–Fr 10–17, Sa 10–13 Uhr

### Kunsthandwerkszentrum
**4 Cyprus Handicraft Centre:** Hier ist alles versammelt, was die Insel an traditionellem Kunsthandwerk zu bieten hat. Von Stickerei bis Korbflechterei, von Silberschmiede bis Töpferei. Die Kombination aus Werkstatt, Ausstellung und Shop ist einzigartig in Zypern.

Leofóros Athalássas 186, T 22 30 50 24, FB @CyprusHandicraftService, Werkstätten Mo–Fr 7.30–15, Shop Mo, Di, Do, Fr 8–14, 16.30–19, Mi 8–14, Sa 8.30–13 Uhr

### Traditionsladen
**5 Yiórgos Polystipiótis:** s. S. 148.

---

## Bewegen

---

### Grenzenlos radeln
Es gibt zwei Varianten: Entweder lässt man sich Rikscha-like kutschieren oder man strampelt selbst. Ersteres, eine Tour mit **BiCy-Taxi,** schließt fachkundige Begleitung und Stadtführung ein. Mit den Mieträdern vom **Home for Cooperation** (s. S. 151) geht man auf eigene Faust auf Entdeckungstour.

**BiCy:** FB @bicynicosia, 3 Std. 20 €; **Home for Cooperation Rent a bike:** www.home4 cooperation.info, 1–5 Std. 5 €, Fr–Mo (72 Std.) 20 €; Vorausbuchung ratsam

### Elektrisch rollern
**1 Nicosia Segway-Tours:** Sommer in der Stadt bedeutet in Zypern Temperaturen von bis zu 40 Grad. Da ist eine geführte Rundfahrt mit dem Segway-Roller weniger schweißtreibend als ein Spaziergang durch die Altstadt.

Aischylou 77A, T 22 76 37 36, www.segway stationcyprus.com, Touren Mo–Sa 10.30, 15.30, 19, im Winter 10.30, 14.30, 18 Uhr, 38 € für 2 Std./48 € für 3 Std.

### Alles fließt
**2 Omeriye Hamam:** Keine Angst vor Hitze, ein türkisches Badehaus ist mehr als eine Sauna. Einfach mal entspannen, den Körper mit Wasser begießen und eine der raffinierten Massagen genießen. Danach tritt man aus der Tür des Hamam und fühlt sich wie eine duftende Blume.

Plateía Tylliriás, T 22 46 00 06, www.hamam omerye.com, Mi–So 10–20.30 Uhr (Do nur Frauen)

## Ausgehen

### Erste Jazz-Adresse

**❶ Sarah's Jazz Club:** Wenn es keine guten Jazzclubs gibt, dann gründet man eben einen. Die Sängerin Sarah ›Lady Jazz‹ Fenwick ist genau diesen Weg gegangen. Jede Woche lädt sie Musikerkollegen und Gäste zu familiär wirkenden Konzerten in den kleinen Club ein. Essen wird auch serviert – und Cocktails sowieso.

Xánthis Xeniérou 35, www.sarahsjazzclub. com, Mi–Sa ab 20 Uhr

### Rembetiko pur

**❷ Kafeneio 11:** Dieses urige Auffangbecken für Nachtschwärmer muss man erlebt haben. Zum traditionellen Rembetiko-Klang treffen sich hier von spät bis ultimo Leute zum Essen oder auf einen letzten Absacker. Die Musiker sitzen fast zwischen den Gästen und die Leidenschaft, mit der gesungen wird, ist bei allen Anwesenden gleich groß.

Peiraios 27, FB @Kafeneio11, Do–Sa 21.30–3 Uhr

### Jeder wie er will

**❸ Ithaki:** Egal ob im Glitzer-Outfit oder mit Jeans und Sneakers, man feiert zusammen. Der Club hat rund 20 Jahre auf dem Buckel und ist trotzdem in seiner Policy einer der progressivsten. Die »Think-outside-the-box«-Freitage gehören der LGBT-Community, mittwochs feiern die Studenten. In der Selbstbeschreibung heißt es: »Creating hangovers since 1998.«

Nikifórou Foká 33, T 22 25 05 00, FB @ ithaki33, Mo, Mi, Fr, Sa 22–3 Uhr

### Klassik privat

**❹ Shoe Factory:** s. S. 147.

### Kunst für lau

**❺ Pallas-Theater:** s. S. 152.

## Feiern

• **Cyprus Comic Con:** Mitte April. Zelebriert wird die Comic-Popkultur hier erst seit 2014, aber seither hat sich ein großer Pool von Comic-Künstlern, Cosplayern und Sammlern gebildet, als hätten die Zyprer nur auf diese Gegenbewegung zum gediegenen Kunstbetrieb gewartet (s. auch S. 284; www.cypruscomiccon.org).

• **Cyprus Pride Day:** Anfang Juni. Das bunte Event versetzt die Altstadt von Nikosia in Festivalstimmung. Im Mittelpunkt steht nach wie vor die Parade im Zeichen der Regenbogenflagge. Doch nebenher und anschließend findet eine große Party im Stadtpark statt, nachmittags mit Familienangeboten, abends mit Musik von diversen Bühnen. Getanzt wird meist bis in den Morgen (FB @acceptCyprus).

• **Faneromeni Arts Festival:** Juni–Sept. Mitten in der Stadt kulturelle Sommernächte genießen. Ob Open-Air-Kino oder Konzerte – jeden Donnerstag öffnet die Kulturstiftung der Bank of Cyprus ihren ›Hinterhof‹. Das Amphitheater wird mit Kissen bestückt, es gibt Snacks und Getränke. Das Publikum besteht überwiegend aus Locals (www.boccf.org/events).

• **AglanJazz:** Ende Juni/Anfang Juli. Einmal im Jahr ist der Stadtbezirk Aglantziás ein Besuchermagnet. Beim etablierten Open-Air-Jazzkonzert geht auf dem alten Dorfplatz die Post ab. Lokale Größen, Newcomer und Internationale Highlights bieten ein ausgewogenes Programm zum Hören, Wippen, Schnipsen und Tanzen.

• **Nicosia Festival:** Juli–Sept. Die Hauptstadt lässt sich bei der Sommerunterhaltung nicht lumpen. An beliebten Treffpunkten auf Straßen und Plätzen finden an 16 Abenden Konzerte und Tanzvorführungen statt. Von traditionell über Klassik bis Blues ist alles dabei. Beginn ist jeweils um 20.30 Uhr. Das Programm wird auf der Eventseite des Tourismusministeriums veröffentlicht (www.visitcyprus.com).

## GEISTERFLUGHAFEN

Zypern dürfte das einzige europäische Land sein, das keinen Hauptstadtflughafen besitzt. Oder besser gesagt: nicht mehr. Die Rollbahn verwittert, in dem 1968 eingeweihten Terminal hängt historische Werbung für Seiko-Uhren und die Eingänge sind mit Stacheldraht versperrt. Wo im Jahr 1973 noch 800 000 Passagiere abgefertigt wurden, schlugen im Sommer 1974 beim Einmarsch der türkischen Armee Geschosse ein. Der Airport wurde für den Flugverkehr gesperrt und gehört seit der Teilung der Insel zur UN-kontrollierten Pufferzone.

- **Nicosia Beer Fest:** Sept. Weil die Nikosianer das Oktoberfest toll finden, aber lieber im September feiern, holen sie sich die Gaudi schon einen Monat früher in die Stadt. Bier, Wurst und lokale Künstler. Ein authentisches Stadtfest-Erlebnis. Das Septemberfest (Nicosia Beer Fun Festival) findet Anfang September im Akadimías-Park statt (per ÖPNV erreichbar, www.septemberfest.com.cy), das Nicosia Beer Fest im Festungsgraben der Stadtmauer (FB @NicosiaBeerFest).

## Infos

- **Tourist-Info:** Aristokýprou 11 (im Laikí Geitoniá), T 22 67 42 64, Mo–Fr 8.30–16, Sa 8.30–14 Uhr.
- **Gratis-Führungen:** Stadtviertel Pallouriotíssa und Kaimaklí Mo 10–13 Uhr; Zypernmuseum Di, Fr 11–12.30 Uhr; außerhalb der Stadtmauern Mi 10–13 Uhr; Altstadt Do 10–13 Uhr; Treffpunkt: jeweils an der Tourist-Info.
- **Spezial-Führungen:** Die Historikerin Anna Marangou bietet Wissen und Un-terhaltung in einem, auf Deutsch (www.historiccyprus.com).
- **Im Internet:** www.visitnicosia.com.cy. offizielle Tourismus-Seite von Nikosia, Infos u. a. zu Sehenswürdigkeiten, Übernachtungstipps für das Umland.
- **Bus:** Der zentrale Busbahnhof von Süd-Nikosia liegt an der Plateía Solomoú. Von hier verkehren Stadtbusse, Intercity-Busse und einige Überlandbusse. Vor Ort gibt es ein Info-Häuschen und eine elektronische Anzeige. Bezahlt wird im Bus. Mit den **Stadtbussen** kommt man u. a. bis zur Mall of Cyprus, zum Krankenhaus und zum GSP-Fussballstadion. Die **Intercity-Busse** decken die Strecken zu den anderen großen Städten sowie nach Agía Nápa und Paralímni ab. Strecken und Abfahrtzeiten s. www.cyprusbybus.com oder www.osel.com.cy (Seite der Nikosia-Busgesellschaft). Die **Überlandbusse,** die in die entlegensten Ecken des Bezirkes Nikosia fahren, starten teilweise vom Kolokasi-Parkplatz auf der Podocataro-Bastion. Routen s. »Assisting Routes« auf der Website www.osel.com.cy.
- **Flughafenzubringer:** Abfahrt zu den Flughäfen Lárnaka und Páfos ist in der Leofóros Kyreneías. Dorthin kommt man am besten mit dem Taxi (www.kapnosairportshuttle.com).
- **Sammeltaxi:** Kleinbusse von Travel & Express (www.travelexpress.com.cy) verkehren zwischen größeren Orten. Fahrgäste werden an Wunschorten in Nikosia eingesammelt bzw. abgesetzt.
- **Parken:** Die großen Parkplätze an der Plateía Solomoú neben dem Busbahnhof oder im Graben der Stadtmauer zwischen D'Avila- und Constanza-Bastion sind die beste Wahl, um den Mietwagen abzustellen. Es gibt auch in der Altstadt kleine Parkplätze und Parkhäuser, aber die Straßen und Zugänge sind sehr eng.
- **Fahrrad:** Die Straßen sind eng, zugeparkt und stark befahren. Geführte Touren (s. Bewegen) bieten sich eher an als individuelle Fahrten.

# *Zugabe*
# Die Stadt in voller Blüte

*Nikosias Altstadt ist kreisrund, doch umrundet hat sie seit 1963 niemand mehr*

Aus der Vogelperspektive sieht Nikosias Altstadt aus wie eine Blume mit elf Blütenblättern. Zu verdanken ist dieser Anblick der venezianischen Stadtmauer aus dem 16. Jh. mit ihren elf Bastionen. Die Entfernung vom Zentrum bis zu jeder von ihnen beträgt exakt 804 m. Die Einheimischen kennen Nikosias Grundriss zwar vom Stadtwappen, aber im Alltag nehmen sie die besondere Form nicht wahr. Denn wegen der Teilung lässt sich die Stadt seit 1963 nicht mehr umrunden. Ihre ungewöhnliche Gestalt erhielt die Stadtmauer, als die Venezianer die alte Befestigungsanlage von 1567 bis 1570 entsprechend den damaligen Anforderungen an die Verteidigungstechnik modernisierten. Die elf herzförmigen Bastionen boten freies Schussfeld für die Artillerie. Benannt sind die hervorspringenden Bollwerke nach adligen venezianischen Familien, die den Bau finanzierten. ■

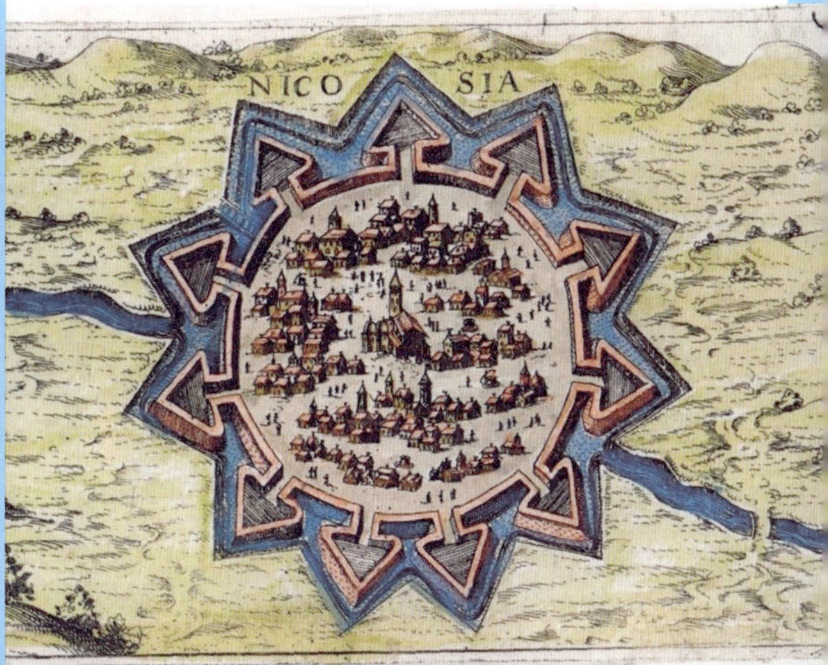

# Nord-Nikosia und der Westen Nordzyperns

**Die Küste mit überraschenden Kleinoden** — läuft der Perle Kerýneia und dem geschäftigen Nikosia fast den Rang ab.

Seite 165

## Nord-Nikosia ⭐

Im Norden lebt Nikosia einen anderen Rhythmus. Hier verharrt die Altstadt beinahe unsaniert in ihrer historischen Rolle. Wer durch beide Seiten der Hauptstadt schlendert (Süd-Nikosia s. S. 142), entdeckt gleichzeitig Vergangenheit und Gegenwart.

Seite 167

## Bedesten

High sein ohne Drogen. Die tanzenden Derwische des Mevlevi-Ordens drehen sich bei den Vorführungen in der Bedesten in Nord-Nikosia so lange im Kreis, bis sie in Trance fallen.

Kerýneia bedeutet angeblich ›Seejungfrau‹.

Eintauchen

Seite 168

## Rüstem's Bookshop

In Nikosias ältestem Buchladen stapeln sich bibliophile Schätze aus der Kolonialzeit. Zwischen den Regalen wird sogar zu Mittag gegessen.

Seite 174

## Kerýneia/ Girne ⭐

Die schönste Stadt Zyperns wurde sie einst genannt. Heute lebt ihr Ruf in dem idyllischen Hafen weiter, der, flankiert von einer Burg und umrahmt von hohen Bergen, zu jeder Tageszeit ein reizvoller Ankerpunkt für Besucher ist.

Seite 179

## Bellapais/ Beylerbeyi ⭐

Die ›Abtei des Friedens‹ ist sehr viel mehr als eine historische Sehenswürdigkeit. Von hier oben gibt es herrliche Ausblicke und die Akustik ihrer Mauern sorgt für den besten Konzertgenuss der ganzen Insel.

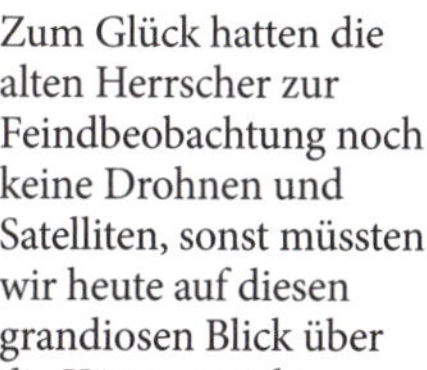

Seite 180

## St. Hilarion ⭐

Zum Glück hatten die alten Herrscher zur Feindbeobachtung noch keine Drohnen und Satelliten, sonst müssten wir heute auf diesen grandiosen Blick über die Küste verzichten.

Seite 181

## Sea Turtle Watching

Eine Nachtwanderung am Strand von Alakáti/ Alagadi ist einmalig: Hier lassen sich Meeresschildkröten beobachten.

Seite 192

## Stadtkönigreich Sóli

Hier liegt der meistfotografierte Schwan der Insel. Die filigranen Tiermosaiken bilden aber nur die Highlights der Überbleibsel eines ganzen Königreiches aus der Eisenzeit.

Johannisbrot war als Pferdefutter das Benzin des Mittelalters.

Für's Foto auf Wolke 7 schweben – kein Problem auf der Burg Buffavento (s. S. 181). Manchmal liegt die Wolkendecke unterhalb des Berggipfels, den sie krönt.

# Zwischen Orient und Okzident

Nordzypern, das klingt vertraut und auch wieder fremd. Ein ›verbotenes‹ Land, das es rein völkerrechtlich nicht gibt. Es liegt mitten auf einer EU-Insel und folgt doch türkischen Gesetzen. Während im südlichen Teil der Hauptstadt Nikosia die Kirchenglocken läuten, bestimmt nur ein paar Hundert Meter weiter im Norden der Ruf des Muezzins den Tagesrhythmus. Zerrissen zwischen dem Anspruch der türkischen Zyprer, als Europäer zu gelten, und der traditionellen Lebensweise der zugewanderten türkischen Siedler vom Festland, gibt es zwischen Vergangenheit und Gegenwart keine harten Bruchkanten, sondern verschwimmende Ränder.

So verschieden die Menschen in Nordzypern auch sein mögen, eines ist ihnen gemeinsam: die Gastfreundschaft. Fragt man jemanden nach dem Weg, kann es passieren, dass man im nächsten Moment auf einen Kaffee ins Haus gebeten wird. ›Hoşgeldiniz‹ heißt das Zauberwort, ›Herzlich willkommen‹. Obwohl es hier inzwischen mehr Moscheen als Schulen gibt, obwohl die zum Erbe der Insel gehörenden Kirchen verfallen, bleiben andere Zeugnisse der Vergangenheit als Sehenswürdigkeiten erhalten. Spuren von



untergegangenen Reichen, von Kreuzrittern, Aposteln, Sultanen und britischen Kolonialherren machen den kulturellen Reichtum aus. In Nordzypern behält man immer den Überblick. Jeder Fleck der Mesaoría-Ebene bietet freie Sicht auf die Berge der Kerýneia-Gebirgskette, ›Fünf-Finger-Gebirge‹ genannt nach dem markanten Felsen, der wie eine ausgestreckte Hand aussieht. Steht man dann oben auf Bergen oder Burgen, ist der Blick auf die Küstenregion überwältigend. Die dortigen Sandstrände haben aber nicht nur für Badende ihren Reiz, sondern auch für Meeresschildkröten, die hier mit Vorliebe ihre Nester bauen.

# Nord-Nikosia

 G/H5

In diesem Teil der Stadt sind traditionelle und moderne Lebensweise geradezu symbiotisch verschmolzen. Vor allem in der von der venezianischen Stadtmauer umgebenen City ist diese Verbindung zu spüren. In den alten, kaum sanierten Häusern praktizieren Siedlerfamilien aus ländlichen Teilen der Türkei ein fast dörfliches Miteinander. Gleich nebenan verwandeln alternative Cafés und Kneipen die bröckelnden Gemäuer in eigenwillige Dekoration für ihre Läden. In der Basarstraße wird zwar nicht mehr gehandelt, aber mit überbordenden Auslagen die Kundschaft angelockt. Die kurzen Wege zwischen den Sehenswürdigkeiten machen das Areal ideal zum Schlendern.

Als trendy gilt bei den Einheimischen die **Dereboyu Caddesi** außerhalb der ummauerten Altstadt. Die beliebte Shopping- und Gastromeile, in der es auch ein Kino gibt, ist zu fast allen Tageszeiten ein Magnet zum Sehen und Gesehen werden.

## Basarviertel

### Touristen statt Kamele

Das Touristenziel Nummer eins ist die **Büyük Han** ❶. Die Karawanserei diente einstmals Reisenden mit ihren Tieren als Unterkunft für die Nacht. Entstanden ist sie 1572 auf Befehl des ersten osmanischen Gouverneurs. Nach der Rekonstruktion der Anlage 2002 siedelten sich in den 68 Kammern rund um den offenen Innenhof kleine Läden und Ateliers an. Aus der ›Großen Herberge‹ ist ein

*Schattiges Karree: In der alten Karawanserei Büyük Han, dem Mittelpunkt des alten Basar-Quartiers im Norden von Nikosia, sind die Laubengänge mit kleinen Läden und Cafés bestückt.*

# Lieblingsort

## Kaffeetrinken im Stoffladen

Als ich das erste Mal auf diesem Stuhl neben der Nähmaschine saß und mit den Besitzern des Stoffladens Kaffee trank, war Gülen noch nicht einmal ein Teenager. Sie half ihren Eltern in den Ferien im Geschäft, lernte, wie man Stoffe richtig zuschneidet, und sie erlebte die Gastfreundschaft, die den Kunden entgegengebracht wurde. Heute führt Gülen Ertaç in vierter Generation den **Stoffladen in der Arasta Sokak** 1. Noch immer liebe ich es, hier beim Spaziergang durch die Stadt Station zu machen. Ich schaue dabei zu, wie Stoffe zugeschnitten, Tischdecken und Gardinen an der Maschine neben der Straße genäht werden. Wie andere wartende Kunden bekomme ich einen zyprischen Mokka serviert und wir plaudern ein bisschen übers Wetter, über die Familie und über das Geschäft. Bei Gülen geht man nicht Shoppen, man kauft ein. Hektik hat hier keinen Platz. Die Kundschaft wählt die Stoffe sorgfältig aus und gibt die Maße an, nach denen Gülen arbeitet. Es ist schön zu sehen, wie Dinge entstehen, statt sie immer nur fertig zu kaufen (Arasta Sokak 44–46).

lauschiges Plätzchen mit einem bunten Angebot an Gastronomie und Kunstgewerbe geworden. Hinter der Büyük Han lädt eine kleine **Plaza** mit verschiedenen Cafés zum Verweilen ein. Eine zweite Karawanserei steht gleich gegenüber, die **Kumarcılar Hanı** ❷. Die ›Herberge der Glücksspieler‹ entstand Ende des 17. Jh. In der Eingangshalle befindet sich ein gotischer Bogen. Deshalb wird angenommen, dass die Herberge auf den Ruinen eines Klosters erbaut wurde. Von den einst 52 Kammern sind nur noch 44 erhalten. Auch hier finden sich seit Abschluss der Restaurierungsarbeiten 2016 nette kleine Cafés und Ateliers.

### Traditionell einkaufen

Das traditionelle **Basarviertel** erstreckt sich entlang der **Arasta Sokak** ▮1▮ zwischen dem kurzen Teil der Ledrastraße und der alten Markthalle. Wie eh und je verkaufen hier Händler ihre Stoffe, Korbwaren, Wolle und Gewürze. Dazwischen stapeln sich die Auslagen von Geschäften mit ›Markenware‹, von der man die Finger lassen sollte, will man keinen Ärger mit dem Zoll bekommen. Unterwegs Grillrestaurants, in denen sich Kebabspieße drehen, ein Geschäft mit massenhaft Haushaltswaren und der kleine **Çıraklı Market** (Arasta Sk 64–66, Mo–Sa 6.30–19 Uhr), in dem Mustafa selbst gemachte Lokum-Süßigkeiten verkauft. Wer echten zyprischen Kaffee kosten oder kaufen möchte, sollte bei **Özerlat** (Arasta Sk 73A, www.ozerlat.com, Mo–Sa 8.30–19.30 Uhr) einkehren. Als erste Kaffeerösterei in Zypern wurde Özerlat Coffee 1917 gegründet. Heute wird in dem kleinen Café nicht nur die Traditionsmarke verkauft, sondern auch frischer Kuchen und hausgemachte Limonade.

### Wirbelnde Derwische

Die ursprünglichen Mauern der **Bedesten** ❸ gleich gegenüber weisen auf eine byzantinische Kirche aus dem 12. Jh. hin, die im 14. Jh. von den Franken weiter ausgebaut wurde und als St.-Nikolaus-Kirche bekannt war. Die Osmanen funktionierten das Gebäude später in eine Markthalle (Bedesten) um. Heute wird der sanierte Bau als Konzertraum und für Ausstellungen genutzt. Eine besondere Attraktion ist der **Tanz der Derwische** des Mevlevi-Ordens. Ihre drehenden Bewegungen sind ein altes Ritual und dienen der Meditation. Das ungewöhnliche religiöse Zeremoniell wird den Zuschauern auf Wunsch von den Derwischen erklärt.

**Derwischtanz-Vorführungen:** Mo–Sa 12, 14, 15 und 17 Uhr, Dauer: 30 Min., 7 €

### Die alte Markthalle

Im **Bandabuliya** ▮2▮ (Mo–Fr 6.30–18.30, Sa 6.30–16 Uhr) hat sich ein Händlermix etabliert, der sowohl die Bedürfnisse der Bewohner ringsum als auch der Touristen befriedigt. Neben Obst und Gemüse, Nüssen und Haushaltswaren haben Kunsthandwerk und Souvenirs ihren Platz in den kleinen Läden gefunden.

## Hinter der Markthalle

### Alternative Ecke

Noch in den Anfängen steckt die Wiederbelebung der Gegend hinter der Markthalle. Die **Uray Sokak** ist dabei, sich zum Alternativviertel zu mausern. Den Anfang machte **Bandabuliya Sahnesi** ❹, die Bühne für Konzerte, Lesungen und Vorträge in einem sanierten Seitenflügel der alten Markthalle (FB @Bandabuliya-Sahnesi). Entlang der Straße mit ihren **Graffiti,** die von Street-Art-Events zeugen, sind der **Luna Café Art Shop** (FB @Luna-Cafe-Art-Shop), die **Red Zeppelin Bar** mit ihrem Werkstatt-Charme (FB @redzeppelin.bar) oder zwei Ecken weiter sogar ein **Tango-Café** (FB @tango colorido) entstanden.

# Zwischen Moschee und Stadtmauer

## Gotik mit Minarett

Wer vor dem beeindruckenden Portal steht und seinen Blick in die Höhe schickt, kommt unweigerlich ins Grübeln. Hier stimmt doch was nicht? Über den gotischen Bögen erheben sich keine Kirchtürme, sondern zwei Minarette. Die **Selimiye-Moschee** ❺ war einst eine Kathedrale. Begonnen wurde der Bau der Sophienkirche 1209, doch die Fertigstellung zog sich bis ins 14. Jh. hin. Die Westfassade mit ihrem dreifach gegliederten Portal gilt als bedeutendstes Beispiel gotischer Architektur auf der Insel. Hier ließen sich fränkische Adlige zu Königen von Zypern krönen. Die Osmanen setzten der Kirche zwei Minarette auf und machten sie zur Hagia-Sofia-Moschee. Im Jahr 1954 wurde sie in Selimiye-Moschee umbenannt.

Tgl. 8–19 Uhr, außer zu den Gebetszeiten, nackte Schultern können mit den vor Ort vorgehaltenen Tüchern bedeckt werden

**Z**

### VERBORGENE ZEUGEN DER VERGANGENHEIT

Ihren Status als christliches Gotteshaus hat die Sophienkirche bereits vor 450 Jahren verloren. Aber die Erinnerung an christliche Kreuzritter lebt unsichtbar in der heutigen **Selimiye-Moschee** ❺ fort. Unter den Gebetsteppichen verborgen liegen im Boden eingelassene Grabplatten aus der Zeit der fränkischen Herrschaft im Mittelalter. Sie zeigen u.a. einen Ritter mit Helm und zum Beten verschränkten Händen oder einen stilisierten Umriss der Insel mit einem Flamingo in der Mitte.

## Kunst kommt von Können

Mit dem Meißel in der Hand trifft man im **Hasder-Kunstgewerbezentrum** ❸ Tischler an, die Truhen und Spiegel mit den schönsten Schnitzereien verzieren. Oder Stickerinnen, die aus Seidenraupenkokons dekorative Ornamente gestalten. Das Zentrum bewahrt nicht nur handwerkliches Brauchtum, sondern lässt es auch immer wieder neu erstehen. Zuschauen, stöbern, kaufen.

İdadi Sk./Selimiye Meydanı, https://hasder.org, FB @HasderHandicrafts, Mo–Fr 8–12.30, 13.30–17, Sa 8–13.30 Uhr, Eintritt frei

## Dampf ablassen

Das **Büyük Hamam** ❶, das große türkische Bad, steht noch immer unter Dampf, obwohl es aussieht, als sei es im Erdreich versunken. Dabei zeigt der tief gelegene Eingang nur an, wie niedrig das Straßenniveau der Hauptstadt vor 500 Jahren gewesen ist. Seit der Rekonstruktion 2012 ist das Hamam ein Wellnesstempel nach modernen Maßstäben.

İrfan Bey Sk. 9, www.grandturkishhamam. com, Di–So 9–21 Uhr, abwechselnd Frauen, Männer, gemischt

## Tempel für Leseratten

Insta-Foto-Spot: Der älteste Buchladen der Stadt hat bei der Sanierung der Räumlichkeiten auf Vintage-Optik gesetzt. Mit Erfolg. Denn jetzt betreten nicht nur Kunden den Laden, sondern auch Reisende auf der Suche nach den besten Fotomotiven. **Rüstem's Bookshop** ❹ kann aber noch mehr. Das **Café** im Innenhof ist ein ruhiger Ort, um ein bisschen in den neu erstandenen Büchern zu schmökern. Außerdem wird im Obergeschoss wochentags zyprische Hausmannskost serviert. Die Tische stehen zwischen Bücherregalen und die Chefin kocht höchstpersönlich.

Girne Caddesi, gegenüber vom Saray-Hotel, FB @rustemkitabevi, Mo–Sa 9–18 Uhr, Mittagstisch Mo–Fr 12–14 Uhr

### Kleinod am Straßenrand

Wieder ein Beispiel dafür, dass es sich lohnt, die Hauptstraßen zu verlassen! Westlich der Girne Caddesi betreten Spaziergänger eine andere Welt. Keine Autos, dafür Blumen vor den niedrigen Häusern. **Samanbahçe** ❻ wurde Ende des 19. Jh. als Wohnquartier für arme Familien errichtet und war das erste seiner Art in Zypern. Inzwischen ist es als restauriertes Quartier ein Beispiel für die moderne Nutzung alter Bausubstanz und den Einsatz einheimischer Materialien.

### Vorfahrt für Autos

Auf der Girne Caddesi ging es einst geradewegs nach Kerýneia. Das ehemalige Stadttor, heute **Girne Kapısı** ❼ genannt, war seit 1562 der nördliche Eingang nach Nikosia. Lange führte der Weg noch durch das recht kleine Gemäuer hindurch, aber als der Autoverkehr immer mehr zunahm, wurden 1931 rechts und links davon Breschen in die Stadtmauer geschlagen, um dort die neuen Straßen entlangzuführen. Heute hat die **Tourist-Info** im Stadttor ihr Büro.

---

# Arabahmet-Viertel

---

### Frische Brise für die High Society

Noch fast authentisch hat sich die osmanische Vergangenheit der Stadt in den zum großen Teil sanierten Bauten des Arabahmet-Viertels nahe der Stadtmauer erhalten. Die engen Straßen und die Struktur der Häuser mit ihren überhängenden Erkern und kunstvoll gearbeiteten Fenstergittern vermitteln einen Eindruck von den über 300 Jahren, in denen Zypern Teil des osmanischen Reiches war.

Die **Arabahmet-Moschee** ❽ wurde im späten 16. Jh. erbaut und ist heute das Herz des Viertels. Der Innenhof ist eine kleine Oase mit eindrucksvoll aufwendig gestalteten Grabmälern.

*Typisch osmanische Architektur gehört zum Straßenbild in Nikosia.*

Diese Wohngegend war einst das Villenviertel der osmanischen High Society. Hier siedelten die Kadis und Paschas. Aber nicht nur, weil Saray und Regierungsgebäude in der Nähe lagen. Vielmehr war es im heißen Sommer der kühlste Ort in Nikosia, denn die Abendbrise vom Westen traf damals noch ungehindert auf die Altstadt. Eines der sorgfältig restaurierten Gebäude in diesem traditionellen Viertel beherbergt das **Arabahmet-Kulturzentrum** ❾ (Şht. Mehmet Hüseyin Sk. 5, FB @arabahmet), das mit einem eigenen Theater, Konferenzräumen und Ausstellungsfläche wieder reges Leben in diese abgeschiedene Ecke gebracht hat.

Eng mit der Geschichte des Viertels verwoben ist auch das **Armenische Kloster Notre Dame de Tyre** ❿ oder **Sourp Azdvadzadzin.** Viele zyprische Armenier lebten in dieser Gegend, bis das Gebiet 1964 wegen der bikommu-

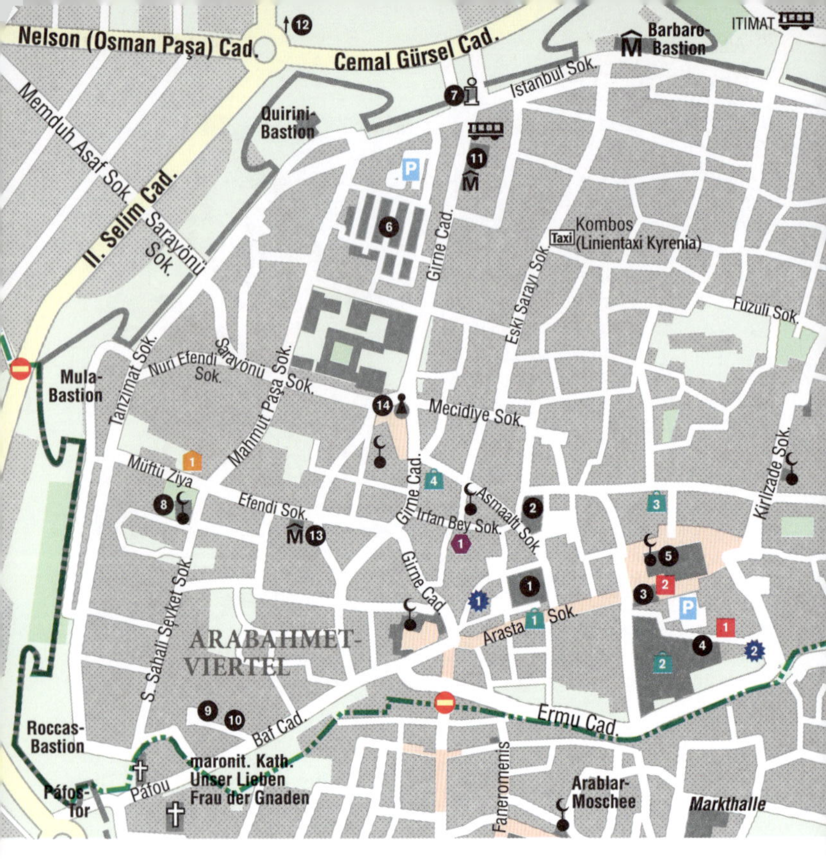


nalen Kämpfe aufgegeben wurde. Erst 50 Jahre später konnte in der komplett sanierten Kirche wieder ein Gottesdienst abgehalten werden. Das Ensemble aus Kloster und Kirche gewann 2015 den »Europa-Nostra-Preis«.

**FAKTENCHECK** F

**Bedeutung:** illegale Hauptstadt
**Einwohner:** 80 000
**Status:** Sitz aller wichtigen Behörden
**Selbstbild:** bedeutend
**Manko:** staubig

## Museen

### Derwische aus Wachs

**11 Mevlevi-Tekke-Museum:** Im ehemaligen Derwischkloster ist das Museum für türkische Kunst und Kultur beheimatet. Zu besichtigen gibt es wertvolle Grabsteine, Möbel, Musikinstrumente und kostbare Koran-Ausgaben. Sogar eine Mönchszelle, eingerichtet bis hin zum Kochgeschirr, wurde zur Ansicht wieder hergerichtet. Die Derwische tanzen hier noch immer – allerdings nur als Wachsfiguren. Wer echte Vorführungen live erleben möchte, hat dazu in der Bedesten (s. S. 167) Gelegenheit.
Girne Caddesi, Mo–Fr 8–15.30 Uhr, 7 TL

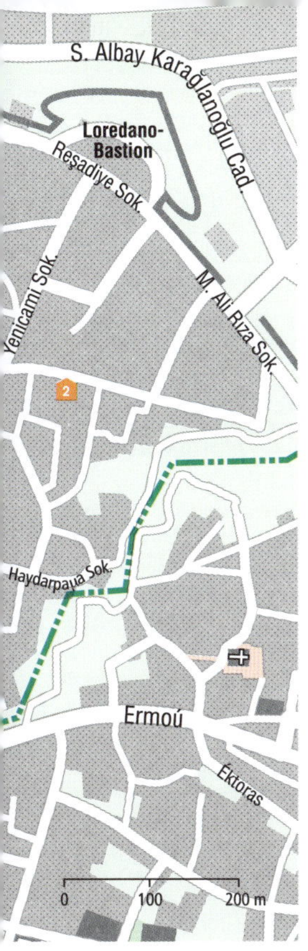


# Nord-Nikosia

## Ansehen

1 Büyük Han
2 Kumarcılar Hanı
3 Bedesten
4 Bandabuliya Sahnesi
5 Selimiye-Moschee
6 Samanbahçe
7 Girne Kapısı (Girne-Tor)
8 Arabahmet-Moschee
9 Arabahmet-Kultur-
   zentrum
10 Armenisches Kloster
   Notre Dame de Tyre
   (Sourp Azdvadzadzin)
11 Mevlevi-Tekke-
   Museum
12 Museum der Barbarei
13 Derwisch-Pascha-Haus
   und Ethnografisches
   Museum
14 Venezianische Säule

## Schlafen

1 Tasev Guesthouse
2 Palm Garden Guesthouse

## Essen

1 Canteen
2 Saraba

## Einkaufen

1 Basarviertel Arasta
   Sokak
2 Bandabuliya
3 Hasder-Kunstgewerbe-
   zentrum
4 Rüstem's Bookshop

## Bewegen

1 Büyük Hamam

## Ausgehen

1 Hoi Polloi
2 Papa Bar

## Ein Tatort als Museum

12 **Museum der Barbarei:** Achtung, verstörende Inhalte! Ein Haus, in dem am 24. Dezember 1963 fünf Menschen, darunter drei Kinder, ermordet wurden, ist beinahe unverändert als Gedenkstätte erhalten worden. Die grausame Tat, bei der Zyperngriechen die Familie von Dr. Nihat İlhan angriffen, erinnert an den Beginn der bürgerkriegsähnlichen Zustände, die anschließend in Zypern herrschten. Fotos vom Tatort und Blutflecken an den Wänden sowie Infotafeln und Exponate zu anderen Gräueltaten jener Zeit machen diesen Ort zum brutalsten Museum ganz Zyperns.
**Barbarlık Müzesi:** Şht. M. İlhan Sk. 2, Mo–Fr 8–15.30 Uhr, Eintritt frei

## So wohnte ein Zeitungsmogul

13 **Derwisch-Pascha-Haus und Ethnografisches Museum:** Das Haus des Derwischs Pascha im Arabahmet-Viertel ist charakteristisch für die osmanische Architektur des 19. Jh. Derwisch Pascha war Herausgeber der ersten türkisch-zyprischen Tageszeitung (»Zaman«). Im heutigen Museum kann die historische Wohnkultur von damals bewundert werden. Ein Blick gilt im Erdgeschoss Küche und Waschküche, bevor man sich der Pracht in den opulenten Wohnräumen der oberen Etage widmet. Ausgestellt ist dort so Exquisites wie Perlmutt-Badepumps und bestickte Brautkleider.
Beliğ Paşa Sokak, Mo–Fr 8–15.30 Uhr, 7 TL

## VENEDIG-FLAIR

Die Säule in der Mitte des Atatürk-Platzes stammt ursprünglich aus Salamis und wurde während der Herrschaft der Venezianer (1489–1571) hierher verpflanzt. An die Stelle des Markuslöwens, der sie einst gekrönt hatte, setzten die Briten eine Weltkugel. Sozusagen als Hommage an die ehemalige Mutterstadt Venedig tummeln sich zu Füßen der **Venezianischen Säule** ⓴ jedoch noch immer Taubenschwärme und verbreiten venezianisches Flair.

## Schlafen

### Urban wohnen in altem Gemäuer

**1 Tasev Guesthouse:** Mitten im historischen Arabahmet-Viertel verbindet das Gästehaus den Charme vergangener Tage mit einem urbanen Wohnkonzept. Jedes Zimmer in der aufwendig sanierten Mansion ist nach einem anderen Motto eingerichtet: ›Metal‹, ›Wood‹, ›Earth‹. Unverkleidete Steinwände, Holzdielen und antike Accessoires verleihen den Räumen eine eigenwillige Eleganz. Der grüne Innenhof dient als bezauberndes Restaurant, in dem traditionelle Gerichte auch in vegetarischen Varianten angeboten werden.
Müftü Ziyai Efendi Sk. 33, T 054 28 62 13 79, www.tasevlefkosa.com, 3 Zi., DZ/F ab 65 €

### Stadthaus im traditionellen Stil

**2 Palm Garden Guesthouse:** Hinter der unscheinbaren Fassade im etwas abgelegenen Teil der Altstadt vermutet man auf keinen Fall so ein zauberhaftes B & B. Bei der Renovierung wurde der einfache, aber gemütliche Eindruck des traditionellen Stadthauses bewahrt. Die Einrichtung der Zimmer ist minimalistisch gehalten, aber dafür entschädigt der große Garten mit Brunnen und gepolsterten Sitznischen. Auch das Frühstück wird draußen serviert. Auf den Tisch kommt die klassische Auswahl an Halloumi, Ei, Gemüse, Oliven und frischem Bauernbrot.
Atilla Sk. 14, T 054 28 62 13 79, www.palm gardens.net, 9 Zi., DZ/F ab 80 €

## Essen

### Provisorien als Prinzip

**1 Canteen:** Palettenmöbel, Bücherregal an der Wand und auf der Karte leckere Snacks zum Reinbeißen. Sandwiches und Burger gibt es in der klassischen Ausführung, aber auch mit gegrilltem Gemüse. Die Salate sind knackig frisch, kein Wunder, die Markthalle ist nur ein paar Schritte entfernt. Für Gäste, die draußen sitzen wollen, sind auf den Stufen im gegenüberliegenden Hauseingang Teppiche und Decken ausgebreitet. Die Provisorien erweisen sich durchaus als gemütlich.
Uray Sk. 51–53, T 053 38 77 35 98, https:// canteensandwichbar.com, Mo–Sa 9–2.30, im Winter Mo, Di, Do 9.30–18, Mi, Fr, Sa 9.30–2.30 Uhr, Sandwich ab 4 €

### Beste Hausmannskost

**2 Saraba:** Die volle Packung zyprischer Traditionen können Sie in diesem Restaurant erleben. Im Schatten der Selimiye-Moschee sind Holztische mit karierten Tischdecken und Kaffeehausstühle mit geflochtenem Sitz aufgebaut. Was hier serviert wird, ist authentische Hausmannskost. Wollten Sie schon immer mal Molohiya, Kolokasi oder Trachanas kosten? Dann haben Sie hier die Gelegenheit dazu. In ihrer Mittagspause kommen Einheimische zum Essen hierher.
Im Durchgang zwischen Moschee und Bedesten, T 039 22 28 93 45, FB @sara baevyemekleri, Mo–Sa 8–17 Uhr, Hauptgerichte ab 7 €

## Einkaufen

Beim Shoppen von Kleidung und Taschen sollten Sie immer im Hinterkopf haben, dass es sich bei preiswerter ›Markenware‹ meist um Fälschungen handelt. Der griechisch-zyprische Zoll an den Übergängen in den Süden kontrolliert da sehr streng und zieht bei Verdacht das jeweilige Produkt auch ein.

Hübsche Mitbringsel aus Nordzypern sind **Stickereien aus Seidenraupenkokons,** bunte **Korbwaren,** gewebte **Teppiche,** schön verzierte **Tavla-Bretter** oder **Silberschmuck.**

### Alles von Büchern bis zu Stoff
**1** – **4** s. S. 166, S. 167 und S. 168.

## Bewegen

### Türkisches Bad
**1** **Büyük Hamam:** s. S. 168.

## Ausgehen

### Interessante Gästemischung
**1** **Hoi Polloi:** Szenevolk trifft sich in dem Café hinter der Büyük Han. Gegründet von dem Journalisten Simon Bahceli, hat es sich zu einem Anziehungspunkt für Kreative, Friedensaktivisten aus beiden Teilen der Insel und Medienleute entwickelt. Immer spannend, immer gemütlich. Evkaf Meydanı 12–14, FB @Hoi.Polloi.Nicosia, So–Do 10–1, Fr, Sa 10–2 Uhr

### Cocktails und Tanz an der Mauer
**2** **Papa Bar:** Bröckelnde Häuser rundum, die Mauer der geteilten Stadt im Rücken, drinnen ein Anflug feiner Barkultur. In dem aufstrebenden Gastroviertel hinter der Markthalle hat diese Bar eine neue Stufe der Ausgehvielfalt etabliert. Gibt's Livemusik, verwandelt sich die stimmungsvolle Atmosphäre in ausgelassene Partylaune. Uray Sk. 71, FB @papabarnicosia, Mo–Sa 16–1 Uhr

*Abendliches Stimmungsbild mit Katze: Café in der Altstadt von Nikosia*

## Infos

- **Tourist-Info:** im Girne-Tor, T 227 29 94, Mo–Fr 8–17, Sa, So 9–16 Uhr.
- **Bus:** Innerstädtische Busse fahren an den Haltestellen hinter dem Girne-Tor ab (Cemal Gürsel Caddesi); Verbindungen in der Tourist-Info erfragen. Der Fernbusbahnhof befindet sich an der Ecke Atatürk Caddesi/Kemal Asik Caddesi. Hier fahren Busse nach Kerýneia/Girne, Famagusta, Mórfou/Güzelyurt und Tríkomo/Iskele ab.
- **Flughafentransfer:** vom Flughafen Ercan International (10 km östl.) gibt es einen Busshuttle nach Nikosia (www.kibhas.org).
- **Parken:** Mit dem Auto in die Altstadt von Nikosia zu fahren ist wegen der vielen Einbahnstraßen und begrenzten Parkmöglichkeiten keine gute Idee. Falls unvermeidlich: Neben dem Parkhaus in der Mahmut Paşa Sokak eignet sich auch die große Freifläche im Burggraben an der Roccas-Bastion (Einfahrt Sarayöni Sk., kurz hinter dem Checkpoint Ledra Palace Hotel), um sein Auto abzustellen.
- **Fahrrad:** Nord-Nikosia ist eine fahrradunfreundliche Stadt. Wer es dennoch probieren möchte, mietet sich ein Rad bei Akcan Bisiklet (www.akcanbisiklet.net) oder beim Home for Cooperation in der Greenline (www.home4cooperation.info; die Räder dürfen für Touren nach Norden wie nach Süden genutzt werden).

*Großeinkauf auf zwei Rädern, sogar der Enkel hat noch Platz.*

# Kerýneia/Girne

 G 4

Wenn im Hafen die Lichter angehen, eine frische Brise die Hitze vertreibt und man bei einem Glas Wein auf die Boote schaut, versteht man, warum die Einheimischen Kerýneia ›die schönste Stadt Zyperns‹ nennen. Sie hält ihr Versprechen bereits, wenn man sich ihr über die geschwungene Gebirgsstraße aus Nikosia nähert. Zwischen den Bergen eröffnet sich ein weiter Blick auf die Dächer der Stadt und das glitzernde Meer zu ihren Füßen.

### Steile Karriere

Begonnen hat Kerýneias Karriere als Ferienort mit den britischen Kolonialbeamten und Militärs, die sich in dieser idyllischen Abgeschiedenheit ihre Sommersitze sicherten. Die heutige **Marina** ❶ zu Füßen des Hafenkastells wurde damals noch ausschließlich von Fischern und den Mitgliedern des hiesigen Segelclubs benutzt. Auf historischen Fotos ist nur ein lang gestreckter Strand zu sehen. Der diente in dieser Form schon im Altertum als Hafen. Zum Schutz vor Eindringlingen war eine dicke Eisenkette über die Einfahrt gespannt. Die erstreckte sich vom alten Seetor, an dessen Stelle heute das alte

**Zollhaus** steht, bis zu dem **Steinsockel**, der in Burgnähe aus dem Wasser ragt.

## Wahrzeichen der Stadt

Am besten lässt sich die Pracht von oben überblicken. Von den Zinnen der **Hafenfestung** ❷ aus reicht der Blick bis zu den Gipfeln des Kerýneia-Gebirges. Schon im 7. Jh. stand hier ein Fort, das immer mehr erweitert wurde. Den letzten Schliff und das heutige Aussehen verdankt die Festung der militärischen Baukunst der Venezianer. Die Anlage ist so gut intakt, dass man sich noch immer in ihr verschanzen könnte, wurde sie doch in schöner Tradition von den Lusignans bis hin zu den englischen Kolonialherren als Wehranlage und Kerker benutzt und gepflegt.

## Antike Titanic

Es ist ein beeindruckender Moment, wenn man den Originalplanken eines über 2000 Jahre alten Schiffes gegenübersteht. Vor Zypern ging die antike Titanic um das Jahr 300 v. Chr. auf Grund – und dort lag sie 22 Jahrhunderte lang im Schlamm. Bis an einem stürmischen Herbsttag 1965 der Taucher Andreas Kariolou das Wrack entdeckte. Vor seinen Augen türmten sich auf dem Meeresgrund etwa 80 unversehrte Amphoren auf. Ein internationales Team von Unterwasserarchäologen begann 1968 mit der Bergung. Die Originalreste des alten Schiffes stehen inzwischen restauriert und wieder aufgebaut in einem klimageschützten Raum der Burg. Nebenan sind die Amphoren, Mandeln und Mühlsteine ausgestellt, die der Segler geladen hatte. Außerdem die Becher, Teller und Löffel der vierköpfigen Besatzung.

**Burg und Museum:** tgl. 9–19, im Winter bis 15.30 Uhr, 12 TL

## Das Benzin des Mittelalters

Wo heute Restaurants und Souvenirläden das Bild bestimmen, herrschte früher die Geschäftigkeit eines florie-



renden Hafens. Die Venezianer bauten nicht nur die Burg aus, um ihre Handelsschätze zu verteidigen, auch die Speicherhäuser stammen ursprünglich aus dieser Zeit. Besonders gefragt war das Johannisbrot aus Zypern, das als Pferdefutter benötigt wurde. Die Schoten waren quasi das Benzin des Mittelalters. Über die höher gelegene Straße hinter den Lagerhäusern wurde die Ware angeliefert und in den Speicher gefüllt. Unten konnte sie bequem zum Weitertransport per Schiff entnommen werden. Das **Volkskundemuseum** ❸ (Carob Stores and Cyprus House, Hafenpromenade, Mo–Fr 8–15.30 Uhr, 7 TL) ist in einem jener typischen Johannisbrotspeicher untergebracht. Es ist originalgetreu wie ein zyprisches Haus aus dem 18. Jh. eingerichtet, samt Möbeln, Geschirr und Gerätschaften. Ein Dokumentarfilm aus den 1930er-Jahren zeigt, wie das Leben vor rund 100 Jahren in Zypern aussah.

## Aufgetürmt

Von den ursprünglich vermutlich acht Stadttürmen existieren noch drei. Der eine, **Uferturm** ❹ genannt, steht am Hafen an der Treppe zur Oberstadt neben dem Carob-Restaurant; ein namenloser **zweiter Stadtturm** ❺, schon halb zerstört, befindet sich im Gassengewirr der Altstadt. Der dritte hat die Zeitläufte am besten überstanden und ragt kompakt und beinahe unversehrt mitten an einer der Hauptstraßen auf: Der **Round Tower** ❻ (Ziya Rızkı Caddesi,

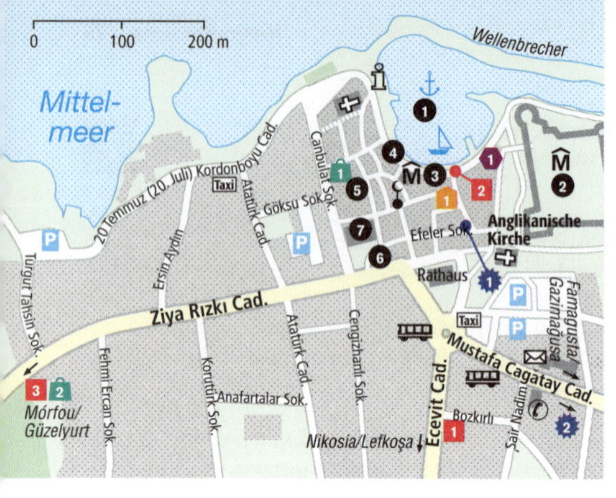


# Kerýneia/Girne

## Essen

1 The House
2 Corner Balık Restaurant
3 The Meyhane

## Einkaufen

1 Fanus
2 Dizayn74 Pottery

## Bewegen

1 Highline Air Tours

## Ausgehen

1 Ego Bar
2 Groggy Lounge

## Ansehen

1 Marina
2 Hafenfestung
3 Volkskundemuseum
4 Uferturm
5 Zweiter Stadtturm
6 Round Tower
7 Bandabuliya

## Schlafen

1 Kyrenia Palace Boutique Hotel

---

Mo–Sa 10–18 Uhr) bietet als einziger die Chance, sich so einen Stadtturm von innen anzuschauen – und zugleich in einer Boutique zu stöbern. Kunsthandwerk, Malerei und ein paar Antiquitäten können einen schon eine Weile fesseln.

### Treffpunkt Alter Markt

Wer vom Shoppen eine trockene Kehle bekommen hat, kehrt vielleicht in dem Straßencafé am **Bandabuliya** 7 (Çarşi Sokak, Mo–Sa 8–19 Uhr) ein. Die alte Markthalle wurde saniert und für kleine Geschäfte und Lokale hergerichtet. Begonnen hat die Verkaufstätigkeit 1878. Anfangs diente die Halle nur als Winterdomizil für die Markthändler, dann entwickelte sie sich zur ständigen Einrichtung für Grünkramhändler, Fischer und Fleischer. Um das Gebäude zu retten und als Stätte der Begegnung zu erhalten, wurde es nach einer Sanierung 2006 in seiner jetzigen Funktion wiedereröffnet.

# Schlafen

### Kolonialer Prunk

1 **Kyrenia Palace Boutique Hotel:** Gewollt prunkvoll ist die Ausstattung der Räume in diesem Stadtpalast. Die Zimmer im ehemaligen Gästehaus eines britischen Generals sind mit verschnörkelten Möbeln und Accessoires sowie zum Teil groß gemusterten Tapeten ausgestattet. Auch die Idee für die Gestaltung der Lobby scheint einem Kolonialmuseum entnommen. Insgesamt ist der Aufenthalt schon allein dadurch spektakulär. Getoppt wird das Ganze aber noch von dem majestätischen Innenhof, in dem das angeschlossene Restaurant Jacaranda gute zyprische und internationale Küche serviert. Am besten jedoch ist die Lage des Hauses – fünf Minuten Fußweg vom Hafen entfernt. Cafer Paşa Sk., T 039 28 15 60 08, www. kyreniapalacehotel.com, 8 Zi., DZ/F ab 100 €

## Essen

### Essen im Herrenhaus

**1 The House:** Als ehemaliges Herrenhaus ist dieses gegenüber vom Colony Hotel gelegene Restaurant nicht nur von außen zu erkennen. Die Einrichtung der thematisch gestalteten Räume reicht von prunkvoll über kolonial bis hin zu orientalisch-schwülstig. Die Speisen sind allerdings nicht experimentell abgehoben, sondern werden tatsächlich zum Schmecken und Sattmachen zubereitet. Neben Steak und Kebab spielen italienische Standards und Burger die Hauptrolle.

Ecevit Caddesi, T 039 28 16 10 10, www. thegardenkyrenia.com, Mi–Mo 12–24 Uhr, Hauptgericht ab 15 €

### Zwischen Booten

**2 Corner Balık Restaurant:** Bester Platz, dickste Fische. Die Tische sind bis auf den Anlegesteg verteilt, die Portionen überreichlich. Den Fisch darf sich jeder selbst in der Vitrine aussuchen.

Am Hafen, T 053 38 72 94 94, https://corner-girne-balik-restaurant-kibris.business.site, FB @CornerBalikGirne, tgl. 9–1 Uhr, Hauptgericht ab 12 €

### Nichts für stille Genießer

**3 The Meyhane:** So muss das sein – an großen Tischen zusammensitzen, die sich unter den Gerichten biegen. Rustikale Atmosphäre, am Wochenende Livemusik und reichhaltige Portionen vom Grill. Hierher kommen die Einheimischen, um gut und viel in unterhaltsamer Gesellschaft zu essen. Dabei geht es laut und lustig zu. Wer kein Fleisch mag, ist etwas fehl am Platz, aber es gibt immerhin ein vegetarisches Menü.

Témplos/Zeytinlik (ca. 3 km westlich), Ateş Sk. 37, T 054 28 74 56 78, www.the meyhanerestaurant.com, Mo–Sa 17–1, So 13–1 Uhr, Grillgerichte ab 10 €

## Einkaufen

### Leuchtende Märchenwelt

**1 Fanus:** Vergessen Sie die immer gleichen Souvenirshops, treten Sie lieber ein in dieses schimmernde Reich orientalischer Lampen, Teppiche und Krüge. Die von den Decken hängenden Laternen aus bunten Glasscherben und Perlen verströmen märchenhaftes Licht, in dem alles irgendwie verzaubert ausschaut. Wahrscheinlich ist Aladins Lampe auch darunter. Tayfun, der Inhaber, spricht deutsch und richtet Ihnen Ihr Lieblingsstück wahlweise für Kerzenlicht oder für elektrischen Betrieb ein.

Canbulat Sk. 32c, FB @fanusgirne, Mo–Sa 9–20, im Winter 9–17.30 Uhr

### Mit Werkstatteinblick

**2 Dizayn74 Pottery:** Dutzende Regale voller handgemachter Keramik, man weiß gar nicht, welches Design man zuerst bewundern soll. Direkt hinter dem Laden liegt die Werkstatt, in die man immer einen Blick werfen kann. Die Chefs sind zwei Freunde, die vor über 42 Jahren gemeinsam ihre Ausbildung in der Türkei absolviert haben und noch immer zusammen mit ihren Frauen und einigen Helfern die Werkstatt betreiben. Der Ton wird aus dem Garten hinter dem Haus gewonnen und weiterverarbeitet.

Karaoğlanoğlu yolu 36, FB @Dizayn74Pottery, Mo–Fr 9–17, Sa 10–13 Uhr

## Bewegen

### Vom Himmel segeln

**1 Highline Air Tours:** Mit spektakulären Aussichten können Sie rechnen, wenn Sie vom höchsten Punkt bei der Burg Hilarion an einem Fallschirm nach Kerýneia/Girne hinuntersegeln. Die Tandemflüge sind ein großes Abenteuer und eine unvergessliche Erfahrung. Das Paragliding-Team hat

*Die besten Plätze mit Blick auf den Hafen sind schnell vergeben.
Pärchen, Angler und Touristen machen sich gegenseitig Konkurrenz.*

rund 20 Jahre Erfahrung vorzuweisen. Nur Mut, so ein Urlaubserlebnis kann nicht jeder vorweisen!

Büro im Hafen, www.highlineparagliding.com, März–Ende Okt., Sprung ca. 90 €

## Ausgehen

### Jazz in kolonialer Kulisse

**❶ Ego Bar:** Unangefochtene Nummer eins ist seit Jahren die alternativ angehauchte Bar mitten in der Altstadt von Girne. Im Patio des Kolonialgebäudes mit seiner leicht maroden Schönheit sind luftige Außenplätze und auf der Terrasse unter Rundbögen gemütliche Sofas im Vintage Style für die Gäste aufgebaut. Sehr lockere Atmosphäre, regelmäßig Livemusik zwischen Jazz und Rock.

Merdivenli Sokak, FB @egobar, So, Mo, Di, Do 16–2, Mi, Fr, Sa bis 3 Uhr

### Nach Lust und Laune

**❷ Groggy Lounge:** Für jede Stimmung findet sich hier das passende Entertainment. Nach einem heißen Strandtag ganz in Ruhe einen Sundowner genießen, sich bei einem Karaoke-Auftritt auspowern oder auf dem großen Screen ein Fußballspiel verfolgen. Fancy Cocktails, tanzbare Livemusik. Kein Wunder, dass sich hier sogar das Personal der umliegenden Casinos nach Feierabend für einen Absacker einfindet.

Karákoumi/Karakum, Iskenderun Caddesi, FB @groggylounge, tgl. 11.30–3.30 Uhr

## Feiern

• **Kultur- und Kunstfestival:** Juni, Kerýneia/Girne. Mit Theateraufführungen und Konzerten im Amphitheater am Meer und Street-Performances steht der Juni ganz im Zeichen türkischer und türkisch-zyprischer Kultur.

● **Olivenfest:** Okt., Témplos/Zeytinlik (📍 G 4). Gesunder Genuss und Umweltschutz sind die Kerngedanken bei dem Fest, das sich um Olivenöl und den Erhalt alter Bäume dreht. Kochwettbewerbe, Verkostungen, Theaterworkshops, Kunsthandwerk und Auftritte internationaler Künstler machen das Fest zu einem Anziehungspunkt für Einheimische und Touristen.

## Infos

● **Tourist-Info Kerýneia/Girne:** Im alten Zollhaus am Beginn der Hafenpromenade, T 039 28 15 21 45, Mo–So 8–19.30, im Winter 9–17.30 Uhr.
● **Bus:** In Kerýneia/Girne starten die Fernbusse vom zentralen Busterminal in der Dr. Halim Hocaoğlu Caddesi. Vom Belediye Meydanı fahren Kleinbusse *(dolmuş)* nach Famagusta und Nord-Nikosia ab.
● **Flughafentransfer:** Busshuttle vom Flughafen Ercan International (www. kibhas.org).
● **Parken:** Der Parkplatz Baldöken Otoparkı gegenüber der Stadtverwaltung (Girne Belediyesi) liegt am zentralsten.

# Ausflüge von Kerýneia/Girne

## Bellapais/Beylerbeyi

⭐ 📍 G 4

### Lose Sitten im Kloster

Schon bevor man sich dem kleinen Dorf Bellapais/Beylerbeyi nähert, das sich 6 km südöstlich von Kerýneia/Girne in die Berge schmiegt, tut man gut daran, auf dem Weg innezuhalten. In die sanfte Gebirgslandschaft gebettet und weithin sichtbar liegt die gleichnamige **Abtei** – einst Abbaye de la Paix (›Abtei des Friedens‹). Ein besonderer Genuss ist dieses Panorama in der Dämmerung, wenn die angeleuchteten Klosterruinen vor der dunklen Landschaft schimmern. Die Abtei ist der Mittelpunkt des Dorfes, und das nicht nur geografisch. Sie ist die einzige Attraktion hier. Die Restaurants und Souvenirgeschäfte in der Gasse davor sind das schmückende Beiwerk für die in Scharen anreisenden Touristen.

Bewohnt wurde das im 13./14. Jh. im gotischen Stil erbaute Kloster von Augustiner- und Prämonstatensermönchen. Die privilegierte Lage muss die frommen Hausherren zu weltlichen Ausschreitungen verführt haben. Einige sollen zur Vielweiberei geneigt und nur noch ihre eigenen Söhne als Novizen aufgenommen haben. Die Landnahme durch die Osmanen 1571 erledigte das Problem und die sakralen Gemäuer wurden der orthodoxen Bevölkerung übergeben. Heute ist die Abtei vor allem ein Genuss für Auge und Ohr. Die Aussicht ist so fesselnd, dass man sich nicht losreißen kann. Im Refektorium und im Kreuzgang mit seinen vier majestätischen Zypressen finden regelmäßig **Konzerte** statt (s. S. 184).
Tgl. 8–19, im Winter bis 15.30 Uhr, 10 TL

### Faulheit als Naturereignis

Wenn man zu arbeiten beabsichtige, solle man sich nicht unter den Baum des Müßiggangs setzen, heißt es in Lawrence Durrells »Bittere Limonen« (s. S. 234). Im Schatten dieses Maulbeerbaums verfalle man einer angenehmen Faulheit, warnte man den Schriftsteller, der von 1953 bis 1956 in Bellapais lebte. Der ursprüngliche Baum existiert nicht mehr. Aber es gibt genügend Wirte, die ihre Gäste mit der Behauptung locken, den originalen ›**Tree of Idleness**‹ vor ihrem Restaurant zu haben.

*Das Fenster von St. Hilarion rahmt den weiten Blick in die Landschaft ein.*

# St. Hilarion  G4

### Das Märchenschloss

Zyperns Reichtum an Kreuzritterburgen erstaunt Besucher der Insel immer wieder. An der Nordküste reihen sich wie Perlen einer Kette die Verteidigungsanlagen St. Hilarion, Buffavento und Kantára aneinander. Die am besten erhaltene Festung ist zweifellos die **Burg St. Hilarion.** Ihren Namen bekam sie von einem Heiligen namens Hilarion, der sich im 4. Jh. in einer Höhle auf dem Gipfel des Berges niederließ. Fünfhundert Jahre später wurde hier das erste Kloster errichtet. Im 11. Jh. machten die Byzantiner eine Festung daraus, um einen Schutz gegen die Feinde zu schaffen, die sich von Norden zur See näherten. Sicher auch dank des Umbaus im 13. Jh. zur könig-

lichen Sommerresidenz vermittelt die Burg noch immer den Eindruck eines Märchenschlosses, das hoch oben auf dem Gipfel des Berges die Landschaft beherrscht. Von dem schmalen Balkon, der vom Saal in der Unterburg abgeht, hat der Betrachter einen geradezu üppigen Blick über Kerýneia. Für ein Foto eignet sich das ›Fenster der Königin‹ im obersten Teil, den einst die königliche Familie bewohnte.

10 km von Kerýneia/Girne, 18 km von Nikosia. Die Auffahrt zu St. Hilarion führt an einem türkischen Militärgelände vorbei. Die Posten lassen Autos nur während der Öffnungszeiten der Burg passieren: tgl. 8–18.30, im Winter 8–15.30 Uhr, 9 TL

# Kármi/Karaman G4

### Europäische Idylle

Ohne jeden Zweifel das hübscheste Dorf in ganz Nordzypern! Allerdings auch das einzige, in dem Schilder wie »Betreten verboten« an den Zäunen hängen. Hier leben Engländer und Deutsche größtenteils unter sich. Über Jahrzehnte restaurierten sie jedes architektonische Detail im typisch ländlichen Stil. Bei einem Spaziergang über das historische Kopfsteinpflaster in den engen Gassen kann man sich nicht sattsehen an den herausgeputzten Häusern und dem Blick hinauf zur Burg St. Hilarion. Ein gemütliches Restaurant und ein uriger Pub sind Gründe, sich hier noch ein wenig länger aufzuhalten als geplant.

### Kriegsreste

Wer auf dem Kamm hinter der Burg Hilarion weiter fährt (oder wandert), findet ein kurioses Denkmal vor: An dieser Stelle liegt ein umgestürzter Panzer, der bei den Kämpfen 1974 wahrscheinlich abgeschossen wurde oder einfach am Hang abrutschte. Die Unglücksstelle ist ausgeschildert und wird von Einheimischen gern besucht, die mit Kind und Kegel darauf herumklettern und sich gegenseitig fotografieren.

# Buffavento  H4

## Luftiger Aussichtspunkt

Etwa 950 m über dem Meeresspiegel erhebt sich die Ruine der **Burg Buffavento** (ca. 17 km südöstlich von Kerýneia/Girne). Der Name macht ihrem Erscheinungsbild alle Ehre: › Wo der Wind weht‹. Hier oben pfeift jede Bö mit doppelter Kraft durch die leeren Fensterhöhlen und brüchigen Mauern. Um das Jahr 1000 schufen sich die Byzantiner mit Buffavento eine schier unberührbare Verteidigungsanlage. Vom Plateau, zu dem man mit dem Auto gelangt, ist man bis hoch zum Eingang noch eine knappe Dreiviertelstunde auf felsigen Stufen und kniffligen Serpentinen unterwegs. Oben angekommen, ist es angebracht, schwindelfrei zu sein, wenn man bestimmte Aussichten genießen will.

# Alakáti/Alagadi  H4

## Schildkröten gucken

Der Strand bei Alakáti/Alagadi ist vor allem wegen der nahen **Schutzstation für Meeresschildkröten** bekannt. Von Mai bis September können sich Besucher hier über die Unechte Karettschildkröte und die Grüne Meeresschildkröte informieren, die Zyperns Strände als Nistplätze nutzen. Bei nächtlichen Führungen darf man die gewaltigen Tiere beim Legen der Eier beobachten. Sind die Kleinen dann geschlüpft, bietet sich die Möglichkeit dabei zu sein, wenn die Jungtiere ins Meer entlassen werden. Diese Hilfestellung ist notwendig, da den Eiern und den kleinen Schildkröten allerhand Gefahren drohen. Von tausend Schildkröten erlebt nur eine einzige die Geschlechtsreife. Die Weibchen, die das gefahrvolle Dasein überstehen, kommen nach 25 Jahren wieder an ihren Geburtsstrand zurück, um dort zu nisten – sofern sie nicht gestört werden. Deshalb sollten Strandbesucher die ausgeschilderten Verhaltensregeln unbedingt einhalten (s. auch »Die Tränen der Meeresschildkröte« S. 254).

**Sea Turtle Conservation and Research Center:** 17 km östlich von Kerýneia/Girne, www.cyprusturtles.org, Mai–Juli Nachttouren, Buchung erforderlich, ca. 12 € Spende erbeten; Juli–Sept. Nestkontrollen, Freilassen der Jungtiere

# Schlafen

## Exklusives Ambiente

**Bellapais Gardens:** Nicht ganz preiswert, hier zu übernachten – aber dafür ist das Setting einzigartig und die Slow-Food-Küche exzellent. Von den Terrassen bzw. Balkonen der luxuriös eingerichteten Bungalows bietet sich ein unverstellter Blick über das üppig grüne Tal, an dessen Ende die Küste von Kerýneia/Girne liegt. Direkt oberhalb des Pools erhebt sich die Abtei Bellapais, die abends beleuchtet ist, wenn die Sonnenliegen den weiß gedeckten Tischen für das Open-Air-Dining weichen. Aber auch im Restaurant selbst mit seinen Panoramafenstern lässt sich das vorzügliche Essen in edlem Ambiente einnehmen.

Bellapais/Beylerbeyi, Crusader Road, T 039 28 15 60 66, www.bellapaisgardens.com, 17 Zi., DZ/F ab 200 €

# Essen

## Dinieren mit Weitblick

**Treasure Karmi:** Der Mix aus orientalischer Gemütlichkeit und schlichter Ele-

# TOUR
# Immer den Bergrücken entlang

**Autotour durchs Fünf-Finger-Gebirge mit Mini-Wanderung**

## Infos

📍 H/J 4
**Länge:** 25 km
**Dauer:** ca. 3 Std.
**Alternative:** 3-stündige Wanderung (s. S. 183)
**Start:** Restaurant Beşparmak Bufavento (Mağusa Dağ Yolu, FB @Beşparmak-Bufavento-Restaurant) an der alten Straße zwischen Kerýneia/Girne und Nikosia
**Herbarium:** tgl. 8–16 Uhr, Eintritt frei
**Kloster Antifonitís:** Mo–Fr 8.30–17, im Winter bis 15.30 Uhr, 3 €

Der östliche Weg aus **Kerýneia/Girne** hinaus führt hinter **Ágios Epíktitos/Çatalköy** auf eine Straße, die sich wie ein gewundenes Band zum Fünf-Finger-Gebirge (Pentadáktylos/Beşparmak) hinaufschlängelt. Der **Beşparmak-Pass** ist Ausgangspunkt für eine reizvolle Tour durch die Berge. Wir machen uns mit dem Auto auf den Weg. So lässt sich auch der Picknickkorb verstauen, um für die nächsten Stunden gegen Hunger und Durst gewappnet zu sein.

Los geht es am **Restaurant Beşparmak Bufavento** ❶, dem einzigen Ausflugslokal weit und breit. Von dort folgen wir dem breiten, teils asphaltierten Weg immer in Richtung Halévga/Alevkaya. Der Ausblick ist zauberhaft: In der Ferne leuchtet das Meer und die für zyprische Verhältnisse erstaunlich dichten Wälder ringsum verströmen einen betörenden Duft. Selbst in der größten Hitze des Sommers ist es hier oben angenehm kühl. Im Frühjahr blühen am Wegesrand wilde Alpenveilchen und sogar winzige Orchideen.

Nach ca. 8 km ist **Halévga/Alevkaya** ❷ erreicht. Der Flecken ist eigentlich nicht viel mehr als eine Forststation mit umliegenden Häusern. Das **Herbarium** im Ort enttäuscht ein wenig, wenn man sich eine ansehnliche Ausstellung zur einheimischen Flora ausgemalt hat. Zwar ist der Eifer des britischen Botanikers

*Wie die Finger einer Hand ragen die Gipfel in den Himmel, sie gaben dem Fünf-Finger-Berg seinen Namen.*

Deryck Viney, der mit annähernder Vollständigkeit alle 1200 heimischen Pflanzen zusammengetragen hat, nicht zu unterschätzen. Auch, dass andere Ausstellungsstücke, wie z. B. konservierte Orchideen oder Fototafeln, zu sehen sind, ist löblich. Doch ihre Schönheit ist verblasst – teils sogar bis zur Unkenntlichkeit.

Nach einer Stärkung auf dem weitläufigen **Picknickplatz** ist es Zeit für einen Verdauungsspaziergang. Wir lassen das Auto stehen und gönnen uns ein bisschen Bewegung. Ganz in der Nähe zweigt ein Weg zu dem ehemaligen **armenischen Kloster Sourp Magar ❸** ab. In schönster Landschaft geht es 1,5 km bergab (aber auch wieder hinauf!). Das Kloster wurde um das Jahr 1000 erbaut und dem hl. Makarius von Alexandria gewidmet. Im 15. Jh. wurde es von den Armeniern übernommen, die es als Zwischenstation für ihre Reisen von und nach Jerusalem benutzten. Viel ist von ihm nicht übrig geblieben, aber die Landschaft lohnt dennoch den Abstecher.

Wieder zum Auto zurückgekehrt, nehmen wir uns den nächsten Abschnitt der Tour vor und folgen der Straße ab Alevkaya weiter Richtung Osten. Nach 14 km liegt dort das **Kloster Antifonitis ❹**. Wegen seiner in die Hügel eingebetteten Lage heißt es ›Echo‹. Im 12. Jh. soll ein Mönch aus Kleinasien mitten in diesem Wald den Grundstein gelegt haben. Inzwischen hat sich die Natur große Teile des Geländes wieder zurückerobert. Nur die **Kirche** hat äußerlich unbeschadet überdauert. Ihre ungewöhnliche Bauweise – die Kuppel wird nicht von vier, sondern von acht Bögen getragen – und die künstlerisch bedeutsamen Fresken machen sie zu einem lohnenden Ziel. Als nettes Extra serviert der Wärter frische Limonade oder wahlweise türkischen Tee als Erfrischung. Hier sind wir am Ziel unseres Ausflugs. Entweder geht's auf dem gleichen Weg zurück oder man fährt via **Agios Amvrósios/Esentepe** und entlang der Küstenstraße 25 km nach **Kerýneia/Girne**. Dort lässt sich der Tag herrlich mit einem Sundowner am **Hafen** beschließen.

**Alternative:** Wer lieber durch die Gebirgslandschaft wandern möchte, lässt das Auto am **Restaurant Beşparmak Bufavento ❶** stehen, absolviert den ersten Teil der Tour bis **Halévga/Alevkaya ❷** als Wanderung und kehrt dann zum Ausgangspunkt zurück (hin und zurück 16 km).

## ERFOLGREICHES GEMÜSE

**G**

Wer ahnt schon, dass wir Zypern den Blumenkohl zu verdanken haben? Der wuchs auf der Insel nachweislich schon im 6. Jh. v. Chr. Auf europäischen Festlandboden gelangte er erstmals 1604 in Genua an Bord eines Schiffes. Von dort trat er seinen Siegeszug durch die Welt an. In **Kythréa/Değirmenlik** (♥ H5) spross das weiße Gemüse dank des Flusses Kefalóvrysos besonders reichlich, daher gilt das Dorf inselintern als Wiege des Blumenkohls.

ganz ist in diesem Fall bestens gelungen. Von der Terrasse reicht der Blick über die wunderbar hügelige Landschaft bis zum Meer. Die Speisekarte ist zwar nicht lang, aber angefüllt mit Gerichten, die jeden Geschmack treffen: Steak und Fleischspießchen, Pasta, Fisch und Meeresfrüchte. Wem das zu einseitig ist, der labt sich an den vielseitigen Vorspeisen, die in der Summe ein vollwertiges Gericht ergeben. Anschließend bleibt man für einen Drink von der Bar, entweder genossen im Hof auf der Ottomane oder im ›Wohnzimmer‹, wo man bei Brettspielen am Kamin im Winter die Zeit vergessen kann.
Kármi/Karaman, Doga Sk. 1, T 053 38 35 48 58, www.treasure-karmi.com, Di–Fr 18–23, Sa, So 12–15, 18–23 Uhr, Grillmix 13 €

## Einkaufen

### Echte falsche Schätze

**Cyprus Bronze Age:** Schatzgräberei ist nun mal verboten, aber das heißt keineswegs, dass Sie ganz auf antike Kunstwerke verzichten müssen. Das Studio Cyprus Bronze Age hat die Erlaubnis, Tontöpfe, Statuen, Krüge, Siegel, Schmuck, Idole und Ornamente, hauptsächlich aus dem vorchristlichen Zeitalter, zu kopieren und zu verkaufen. Um Unannehmlichkeiten beim Zoll zu vermeiden, erhalten Sie ein Zertifikat, mit dem bestätigt wird, dass es sich um eine Kopie handelt.
Dikomo/Dikmen (♥ G4), Çanakkale Sk. 2, www.cyprusbronzeage.com, Mo–Sa 9–17 Uhr

## Bewegen

### Zu Fuß unterwegs

**North Cyprus Walks:** Ausgewiesene Wanderwege – mit einer Gesamtlänge von 600 km – gibt es zwar in ganz Nordzypern, aber die Schilder und Wegmarken sind nicht immer zuverlässig zu erkennen. Da ist es am besten, wenn man sich einer geführten Tour anschließt. Ob quer durch die Landschaft für mehrere Tage oder nur für ein paar Stunden zu interessanten Sehenswürdigkeiten, bei North Cyprus Walks haben Sie die Wahl.
www.northcypruswalk.com, z. B. dreitägige Tour 40 € pro Tag

## Feiern

● **Seidenraupenfest:** Mai, Bellapais/Beylerbeyi. Ein Nebenprodukt der Seidenspinnerei vergangener Zeiten waren die leeren Seidenkokons. Aus ihnen fertigten die Frauen Wandschmuck. Beim Seidenraupenfest wird das Kunsthandwerk vorgeführt, es gibt typische Produkte wie Tabletts, Karten und Bilder zu kaufen. Zum Programm gehören traditionelle Tänze.
● **International Bellapais Music Festival:** Mai/Juni, Abtei Bellapais. Die renommierteste Konzertreihe in Nordzypern. Klassische Musik, dargebracht von internationalen Künstlern in dem Saal mit der besten Akustik der ganzen Insel. Das Ergebnis ist ein Hörgenuss in traumhafter Kulisse (http://bellapaisfestival.com).

# Westlich von Kerýneia/Girne

## Lápithos/Lapta      📍 F4

### Schätze aus dem Zitrustal

Wo die grünen Berge auf das blaue Meer treffen, da liegt dieser zauberhafte, weit unterschätzte Ort. Ist er eine Küstenstadt? Ist er ein Bergdorf? Wer mag sich da schon festlegen, wenn beide Vorzüge vereint sind. Lápithos/Lapta (15 km westlich von Kerýneia/Girne) bietet eine der reizvollsten Landschaften der Insel. Die aus den Bergen strömende Quelle scheint nie zu versiegen und segnet die Gegend mit ungewöhnlichem Wasserreichtum, der wiederum üppige **Zitrusgärten** hervorbringt. Aber auch für kunsthandwerkliche Fertigkeiten ist der Ort bekannt. **Truhen aus Walnussholz,** die speziellen Muster der **Lapta Lace** genannten Stickerei und **Taschenmesser** mit Griffen aus Ziegenhorn sind noch immer Markenzeichen von Lápithos.

Lápithos/Lapta hat seinen Ursprung in einer der ältesten Siedlungen Zyperns. Nur 3 km entfernt lag einst das Zentrum des eisenzeitlichen Königreichs Lápithos. Ausgrabungen legen nahe, dass sich die ersten Bewohner schon 3000 v. Chr. an dieser Stelle ansiedelten. Seine prachtvollste Zeit erlebte der Ort in der frühchristlichen Periode unter dem Namen Lambousa, ›die Herrliche‹. Der hier entdeckte Silberschatz – Geschirr und Bestecke aus dem 7. Jh. n. Chr. – ist verstreut u. a. in Museen in Berlin, Monaco und London zu sehen. Der ›**Zweite Lambousaschatz**‹, die sogenannten

*Strände gibt es an der Küste in allen Größen und Qualitäten. Wer einfach mal die Hauptstraße verlässt, findet verschwiegene Buchten, die nur von den Einheimischen genutzt werden.*

# TOUR
# Die Einsamkeit in der Höhe

**Wanderung zur Ruine des Klosters Sina**

## Infos

**♀ F4**

**Länge:** ca. 5 km

**Dauer:** 2 Std.

**Start:** an der Moschee von Vasíleia/Karşıyaka

**Ausrüstung:** Der Aufstieg ist teilweise steil, das Klostergelände voller Geröll. Also unbedingt feste Schuhe tragen. Und Wasser nicht vergessen!

Eine kurze, aber eindrucksvolle Wanderung führt hinauf zu den Ruinen des Klosters Sina. Von der **Moschee** in **Vasíleia/Karşıyaka** geht es eine Teerstraße entlang nach Westen bis zur **Manastır Sokak.** Nach ein paar Metern wird die Straße zum Sandweg, auf dem Sie bis zu den **Ruinen des Klosters Sina** gelangen.

Dieser Blick in die Ebene bis zur Küste, diese Stille hier oben zwischen den felsigen Bergen! Nur das Gebimmel der Ziegen ist zu hören, die durch die Gemäuer klettern. Die Ursprünge des Klosters liegen im Dunkeln. Angeblich bestanden Verbindungen mit dem Erzbistum Sinai, doch es gibt keine schriftlichen Quellen. Verfallen war das Kloster schon, als Lord Kitchener 1882 seine Landvermessungen in Zypern durchführte. Das Bewässerungssystem, mit dem Wasser aus der Bergquelle zu dem Brunnen des Klosters geführt wurde, ist noch gut zu erkennen.

Wir folgen dem Weg weiter bergauf und halten uns bei der **Wasserleitung** rechts. Immer schmaler wird der Pfad, der zu den Felsen führt. Von dort hat man nun das gesamte Panorama einschließlich Kloster vor Augen. Ab jetzt wird es ein wenig steiler und die losen Steine machen den Weg rutschig. Weiter geht es zu den **großen Felsen,** die man nach etwa 30 Min. Fußweg erreicht. Jetzt dem Pfad um den Felsen herum folgen, der nach links bergab führt und sich ins Tal windet. Nach einigen Steinstufen nehmen wir den befestigten Weg rechter Hand, überqueren eine Brücke und folgen dem Sandweg weiter abwärts wieder bis zur Teerstraße, die nach rechts in 15 Min. ins Dorf **Vasíleia/Karşıyaka** zurückführt.

Davidplatten – Silberschalen mit Motiven aus dem Leben Davids –, werden im Zypernmuseum in Süd-Nikosia sowie im Metropolitan Museum in New York gezeigt.

### Immer am Meer entlang

Die Küste vor Lapta ist von rauer Schönheit. Ihre felsigen Buchten und Klippen machen sie zwar ungeeignet für Badegäste, aber als Szenerie für ausgedehnte Spaziergänge ist sie geradezu ideal. Auf dem **Küstenwanderweg**, der knapp 2 km am Meer entlangführt, bieten sich reizvolle Ausblicke. Unterwegs ist eine kleine Stärkungspause in **Zihni's Coastal Café** eine angenehme Unterbrechung (FB @ zihniscoastal, 8–20 Uhr).

## Pánagra/Geçitköy     📍 F4

### Längste Wasserleitung der Insel

Die ständige Wasserknappheit des Landes hat zu einem gigantischen Wassertransfer geführt. Von der Türkei aus fließen über eine Distanz von 107 km durch eine Unterwasserpipeline jährlich 75 Mio. Kubikliter Frischwasser nach Nordzypern. Die Gegend um den extra dafür ausgebauten **Stausee Geçitköy** (26 km von Kerýneia/Girne) ist bekannt als Eldorado für Wasservögel und seltene Pflanzen. Im Frühjahr sprießen hier **wilde Orchideen und Tulpen.** Von Oktober bis Mai sind die **Birdwatching-Touren** mit den Experten für Vogel- und Naturschutz von Kuşkor (www.kuskor.org, s. auch S. 223) ein besonderes Erlebnis.

## Mýrtou/Çamlıbel     📍 F4

### Besuch beim Waffenschmuggler

Partylöwe, Waffenschmuggler, windiger Geschäftsmann – Byron Pavlides muss eine schillernde Gestalt in Zypern gewesen sein. Etliche Mythen und Skandale werden mit seinem Namen in Verbindung gebracht. Seine ehemalige Villa, **Mavi Köşk** (›Blaues Haus‹), ist vollständig eingerichtet als eine Art Museum erhalten geblieben. Byron Pavlides schuf sich hier in den 1960er- und 1970er-Jahren ein ausgefallenes Refugium. Das ganze Haus ist mit extravaganten Möbeln und Kunstwerken in einem beeindruckenden Stilmix ausgestattet. Die Partys, die hier veranstaltet wurden, galten als legendär. Ein Foto, das in einem der Wandschränke hängt, zeigt Byron Pavlides als Humphrey-Bogart-Verschnitt, verwegen mit einer Zigarette im Mundwinkel. In einem anderen Zimmer findet sich noch der rosa Bademantel des ehemaligen Hausherrn.

Ausgeschildert hinter dem Dorf Mýrtou/Çamlıbel (29 km von Kerýneia/Girne); Mavi Köşk liegt auf türkischem Militärgelände, Besucher müssen sich ausweisen, Di–So 10–16 Uhr, Eintritt frei

## Kaló Chorió Kapoúti/ Kalkanlı     📍 E5

### Uralter Olivenhain

Wenn Sie die knorrige Rinde der Olivenbäume in diesem Tal berühren, nehmen Sie Verbindung mit Lebewesen auf, die hier schon im Mittelalter Wurzeln geschlagen haben. Die ersten Bäume an dieser Stelle wurden im 13. Jh. zur Zeit der Frankenherrschaft gepflanzt. Im 16. Jh. trugen die Venezianer ebenfalls ihren Teil zu diesem **historischen Olivenhain** bei (jederzeit freier Zutritt). Mehr als ein Viertel der knapp 2000 Bäume im Tal von Kaló Chorió Kapoúti/ Kalkanlı sind älter als 500, einige sogar älter als 800 Jahre. Die massigen Stämme, manche in sich verschlungen oder gespalten, verwachsen oder geformt wie

Waldgeister, bieten einen ganz eigentümlichen Anblick, der die Fantasie reizt und eine Fülle an Fotomotiven bereithält.

## Schlafen

### Privater Sonnenuntergang
**Hannakoumi Boutique Hotel:** Ein bisschen wie im siebten Himmel fühlt man sich in diesem bezaubernden Hotel. Die Räume spiegeln den ländlichen Charme der Dorfhäuser dieser Gegend wider, gleichzeitig sind sie mit kleinem Luxus wie Himmelbetten, antiken Möbeln, Kamin ausgestattet, TV und WiFi sowieso. Als romantischen Tagesordnungspunkt fest einplanen kann man den Sonnenuntergang auf den Balkonen mit Privatsphäre. Das Restaurant im Innenhof im Tavernenstil hält beste (und reichliche!) Hausmannskost bereit. Ein Traumstrand ist nur 15 Min. entfernt.
Kormakitis/Koruçam (♥ E 4), Dimocratias 39, T 05 33 84 03 77 04, www.hannakoumi.com, 6 Zi., DZ ab 60 €

## Essen, Bewegen, Schlafen

### Aktiv in den Bergen
**The Kozan Experience:** Kozan ist so etwas wie eine Wundertüte hoch in den Bergen. Die einen kennen es als Ausflugsrestaurant, andere kommen zum Picknick oder der Pferde wegen. Aber neben einem kleinen Ausritt werden hier noch viel mehr Möglichkeiten geboten, aktiv zu werden. Durch die nähere Umgebung führen einige Wanderwege, auf Wunsch kann man sich Mountainbikes für 12 € pro Tag hoch zum Restaurant liefern lassen. Auch Climbing und Yoga sind im Angebot. In einer kleinen Holzhütte kann man übrigens auch einfach, aber naturnah übernachten.
In den Bergen bei Vasíleia/Karşıyaka (♥ F 4), www.kozanexperience.weebly.com, Di–So 10–20, im Winter 10–17 Uhr

# Bucht von Mórfou

## Mórfou/Güzelyurt ♥ E 5

### Heiliges Öl für die Ohren
Die meisten Besucher kommen wegen der **Klosterkirche Ágios Mámas** (Mo–Fr 8–18, im Winter bis 15.30 Uhr, 9 TL) nach Güzelyurt. Die einen, um dem Heiligen eine Kerze anzuzünden, die anderen, um die anmutigen Ikonen zu bewundern. Im natürlichen Seitenlicht, das durch die Eingangstür fällt, strahlen sie einen überirdischen Glanz aus. An der Stelle, wo sich heute die Kirche mit dem **Ikonenmuseum** befindet, hat in grauer Vorzeit ein Aphrodite-Tempel gestanden. Das darauf gesetzte Gotteshaus wurde im Laufe der Jahrhunderte mehrfach ergänzt. Auf byzantinischen Ruinen entstand eine gotische Kirche, von der noch die äußeren Seitenportale und die Säulen im Kirchenschiff zeugen. Die Ikonostase ist ein prachtvolles Beispiel kunstvoller Holzschnitzerei aus dem 16. Jh. Ihr heutiges Aussehen bekam die Kirche nach einem Brand im 18. Jh. Der Sarkophag des hl. Mámas, gleich links neben der Nordtür, ist von Votivgaben umgeben, viele davon in Form von Ohren aus Wachs. Angeblich sickert nämlich **heilendes Öl** aus den Löchern im Sarg, das gegen Ohrenleiden, aber auch bei Augenkrankheiten helfen soll.

### Gar nicht lapidar
Nicht gerade spannend, aber durchaus informativ ist ein Rundgang durch die Sammlung im **Museum für Natur und Archäologie** (Mo–Fr 8–18, im Winter bis 15.30 Uhr, 7 TL) im ehemaligen Bischofspalast. Die naturkundli-

## ÁGIOS MÁMAS

Als der Hirte Mámas einst zum Gouverneur gerufen wurde, um zu erklären, warum er keine Steuern zahle, traf er unterwegs einen Löwen, der ein Lamm reißen wollte. Er rettete das Lamm und ritt auf dem Rücken des Löwen zum Gouverneur. Der erließ ihm daraufhin lebenslang die Steuern. So wurde der hl. Mámas zum Schutzpatron des Viehs und der Steuerverweigerer. Sein Bildnis – reitend auf einem Löwen – prangt als Relief über der Tür der **Klosterkirche Ágios Mámas** in Mórfou/Güzelyurt (s. S. 188). Ob seine Kräfte gegen das Finanzamt auch heute noch wirken, z. B. wenn man sich ein Foto von ihm zu Hause über den Schreibtisch hängt, muss jeder selbst ausprobieren.

che Abteilung im Erdgeschoss zeigt eine Sammlung ausgestopfter Tiere, u. a. Vögel, Schlangen, Füchse, Lämmer und Schildkröten. Im Obergeschoss finden sich archäologische Ausstellungsstücke, die in chronologischer Reihenfolge die Etappen der Besiedelung Zyperns dokumentieren. Interessantestes Exponat ist die Statuette der Artemis von Ephesus, die 1980 an der Küste von Salamis entdeckt wurde. Im Außenbereich wurde ein Lapidarium als kleiner Park angelegt, wo architektonische Elemente – Steine, Säulen, Kapitelle – zwischen Blumen arrangiert sind.

## Léfka/Lefke ♀ D 6

### Moschee mit Zwiebelgeheimnis

Ein Abstecher von der Küstenstraße bergauf in das Städtchen Léfka/Lefke ist nicht nur wegen der großartigen Aussicht eine gute Idee. Weit in die Landschaft reicht der Blick: über das Flüsschen und die Orangenbäume, entlang der über die Hügel versprengten Häuser bis hin zum Meer. Aber das Städtchen selbst macht auch einiges her. Die **traditionellen Häuser** im Zentrum sind zum Teil sorgfältig restauriert. Es lohnt sich durchaus, das Auto stehen zu lassen und sich zu Fuß auf einen kleinen Bummel zu begeben. Im Stadtzentrum thront breit und behäbig ein **Turm mit britisch-königlichem Wappen,** der anlässlich der Krönung von König George im Jahre 1937 errichtet wurde.

Von den drei Moscheen im Ort ist die **Piri Osman Paşa Cami** zweifellos die mit der märchenhaftesten Ausstrahlung. Früher eine byzantinische Kirche, wurde sie nach einem arabischen Übergriff im Jahre 963 n. Chr. in eine Moschee umgewidmet. Seitlich des Eingangs, in einem kleinen umzäunten Gärtchen, steht der prachtvoll verzierte Steinsarkophag des 1839 verstorbenen Großwesirs Osman Paşa. Neben der Moschee murmelt ein kleiner Bach, der zum alten, offenen Bewässerungssystem gehört, und gegenüber breitet sich üppig ein Palmenhain aus. Wem die äußere Schönheit nicht genügt, der sollte noch von einer Legende wissen, die sich um die Moschee rankt: Wenn man hier eine Zwiebel auf dem Boden zertritt, heilt die Krankheit des oder der Herzallerliebsten.

## Karavostási/Gemikonağı ♀ D 5

### Ruhende Stahlgiganten

Bei Karavostási/Gemikonağı ragen verrostete Seebrücken ins Meer. Langweilig? Von wegen! Die gigantischen **Stahlkonstruktionen einstiger Hafenanlagen** sind Überbleibsel der Cyprus Mining

# TOUR
# Ungewöhnliche Strandabenteuer

## Rundwanderung bei Agía Eiríni/Akdeniz



Hier wartet ein echtes Mikroabenteuer. Weit und breit keine Hotels und befestigten Wege, nur ein breiter Naturstrand und unterwegs kleine Entdeckungen und herzliche Begegnungen. Ein erster Stopp im Dorf **Agía Eiríni/Akdeniz** erfolgt unweigerlich an den **Tonfiguren** ❶, die an der Straße ins Auge fallen. Sie ähneln einer Mini-Terrakotta-Armee. Ihre Geschichte geht auf das Jahr 1929 zurück. Damals fand ein Priester bei der Arbeit auf dem Feld ein Stück einer Statue. Die Ausgrabungen, die bald darauf einsetzten, brachten 2000 Figuren aus der Zeit zwischen 750 und 500 v. Chr. ans Licht. Die meisten davon wanderten mit dem schwedischen Archäologenteam in dessen Heimat, die übrigen sind im Zypernmuseum in Süd-Nikosia ausgestellt. Die Nachbildungen, die hier im Dorf zu sehen sind, entstanden als Ergebnis von Bilderhauersymposien mit internationalen Künstlern. Gleich hinter dem Gebäude mit den ›Living History‹-Figuren hat das **Camp des Schutzprojekts für Meeresschildkröten** ❷, Außenstelle Agía Eiríni/Akdeniz, seinen Sitz. Wenn Sie die Tierschützer hier antreffen, dürfen Sie gern Fragen stellen.

An der alten **Moschee** ❸ geht es jetzt nach rechts. Dort können Sie beruhigt Ihr Auto stehen lassen. Ab hier folgen wir den Schildern, die den Weg zu den Kings Tombs (Königsgräber) weisen. Unterwegs kommen wir am **Eco Camp Indigo** ❹ vorbei. Es lohnt sich, die Betreiber des Zeltplatzes kennenzulernen. Ayşe und Joap (spricht deutsch) haben sich ein Aussteigerleben aufgebaut, an dem sie andere teilhaben lassen. Hier ist tatsächlich alles öko, bis hin zur Komposttoilette und zur Open-Air-Dusche. Die Bar ist selbst gebaut. Jeder Campinggast hilft ein bisschen mit, das Gelände noch wohnlicher zu machen. Bei einem Kaffee oder einer frischen Limonade können Sie sich für

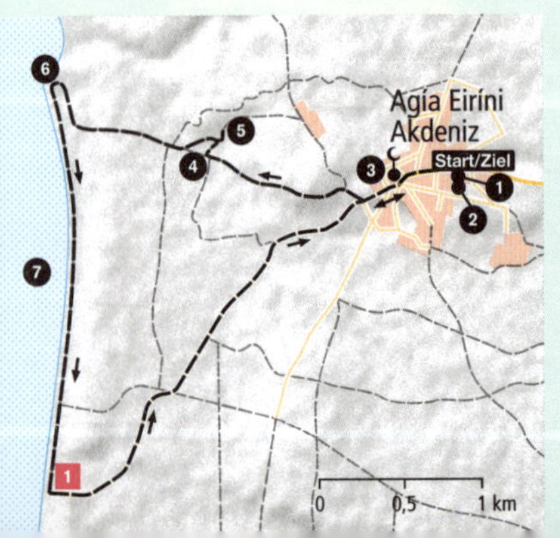

den nächsten Abschnitt des Weges stärken. Vom Camp sind es nur noch 1,6 km bis zu den **bronzezeitlichen Gräbern** ❺. Fünf Grabkammern, bis zu 2 m tief, machen die ganze Sehenswürdigkeit aus.

Zurück beim Ökocamp folgen wir dem Sandweg über ca. 1,3 km, bis wir nach rechts abbiegen und 300 m hügelan zu einem verlassenen **Panzer** ❻ kommen. Der T 34/85 der ehemaligen Küstenwache ist ein interessantes Fotomotiv. Vor allem aber hat man von hier oben die gesamte **Bucht von Mórfou** ❼ im Blick. Nach Osten hin liegen die einsamen Schildkrötenstrände, nach Westen beginnt das Kitesurfer-Paradies. Die bunten Drachen sind hier fast immer in der Luft, denn der Wind steht günstig.

Jetzt folgt ein 2 km langer Strandspaziergang bis zum **Ausflugsrestaurant Caretta Beach** ❶ . Eine luftige Terrasse, Strandliegen und frischer Fisch vom Grill sind gute Gründe, um hier ein paar Stunden zu verweilen. Aushänge kündigen Infoveranstaltungen mit den Tierschützern vom Meereschildkröten-Projekt an. Sie halten im Restaurant oft Vorträge und zeigen Filme. Außerdem organisieren die Besitzer des Restaurants Jeepsafaris in die Umgebung mit Stopps in der Natur und zu Vorführungen traditioneller ländlicher Arbeiten, wie Brotbacken, Käseherstellung etc. Für einen der nächsten Ausflüge können Sie sich vor Ort anmelden. Alles an einem Tag zu unternehmen, wäre zu viel. Lieber noch ein bisschen Zeit am Strand verbringen, bevor es die letzten 3 km zurück ins Dorf **Agía Eiríni/Akdeniz** geht.

**Eco Camp Indigo:** Für Spontancamper steht ein Zelt zur Verfügung, Getränke können vor Ort gekauft werden (FB @ ecocampindigo, 25 TL/Pers. pro Nacht, Selbstverpflegung).

Corporation (CMC), die bis 1974 mit dem Abbau und dem Transport von Kupfer eine lange Tradition fortsetzte. Manche nennen die stählernen Gerippe der Verladekais ja ›Zyperns liegenden Eiffelturm‹. Besonders eindrucksvoll heben sich die Brücken im Gegenlicht des Sonnenuntergangs ab.

Ganz gemütlich können Sie sich für dieses Schauspiel am einzigen Fischimbiss ganz Zyperns, **Merhaba Balık Evi,** niederlassen (FB @merhababalikevi, tgl. 12–24 Uhr). In dem Holzhäuschen an der Uferpromenade brutzeln Cevdet und seine Frau Fatos leckere Spezialitäten. Ein paar Außenplätze sind für jene gedacht, die ihr Essen im Sitzen genießen wollen. Die Geschäftsidee für einen Imbiss brachten sie aus München mit, wo sie lange gelebt haben. Es lässt sich ganz wunderbar mit ihnen ein Schwatz auf Deutsch halten.

# Sóli  ◆ D5

### Der Schwan in der Kirche

Einmal den Blick nach unten senken bitte! Dann sehen Sie den meistfotografierten Schwan Zyperns. Er ist in einem Mosaik verewigt, das zu den Highlights der **Ausgrabungsstätte Sóli** gehört (tgl. 8–18, im Winter bis 15.30 Uhr, 9 TL). Auf diesem Boden wandelten schon vor mehr als zweieinhalb Jahrtausenden Zyprer, die ihren Wohlstand dem Kupfer verdankten. Um 600 v. Chr. wurde der antike Stadtstaat Sóli gegründet, der mit der Herrschaft über die Kupfervorkommen einer der mächtigsten auf der Insel wurde. In mehreren Terrassen erstreckte sich die Stadt einst bis zum Meer hinunter. Mit der arabischen Invasion 648 n. Chr. wurde sie zerstört, die Bewohner verließen den Ort. Die Trümmer verwendeten spätere Generationen als Baumaterial. Der einstige

*Zyperns bekanntester Schwan ist 1500 Jahre alt. Verewigt ist der Vogel als Mosaik einer frühchristlichen Basilika in Sóli.*

Reichtum lässt sich angesichts der übrig gebliebenen Ruinen nur noch erahnen. Das römische Amphitheater konnte einst bis zu 4000 Zuschauer fassen. Von seinen obersten Rängen hat man heute immer noch einen unverstellten Blick auf die Küstenlinie. Bei späteren Ausgrabungen in den 1960er-Jahren kam eine frühchristliche Basilika ans Licht, deren Reste unter einem schützenden Dach für Besucher zugänglich sind. Dabei beeindrucken vor allem die Fußböden mit anmutigen Tiermosaiken. Ein besonders schönes und seltenes unter ihnen ist die Darstellung jenes Schwans, der zum Markenzeichen der Ausgrabungsstätte von Sóli geworden ist.

# Vouní  ◆ D5

### Palast mit 107 Räumen

In unmittelbarer Nachbarschaft und in direkter Konkurrenz zu Sóli residierten einst die persischen Statthalter im Palast von Vouní – 250 m über dem Meeresspiegel mit einem imposanten Blick über die Landschaft. Ihre Macht haben sie durch die exponierte Lage ihrer Residenz wirkungsvoll in Szene gesetzt. Dieser Eindruck stellt sich noch heute ein, wenn man die gewundene Straße zum Gipfel in Angriff nimmt. Hinter jeder Kurve bietet sich eine neue fesselnde Aussicht. Von dem luxuriösen Palast, der im 5. Jh. v. Chr. errichtet wurde, ist nur ein Ruinenfeld übrig geblieben. Doch wer über die steinernen Relikte einstiger Pracht wandelt und sich auf seine Fantasie verlässt, vor dessen geistigem Auge entsteht wieder das Schloss mit seinen 107 Räumen, mit seinen Zisternen und Bädern, in denen es sogar warmes Wasser gab. Nach nur etwa 100 Jahren ging der Palast in Rauch und Flammen auf. Er soll von den Einwohnern Sólis zerstört worden sein – und wurde niemals wieder rekonstruiert.

Tgl. 8–18, im Winter bis 15.30 Uhr, 9 TL

## Schlafen, Essen

### Gesundes Landleben

**Erson Hoca's Organic Farm:** ›Ferien auf dem Bauernhof‹, das geht auch in Nordzypern. Auf der Farm werden seit Jahren verschiedene Obst- und Gemüsesorten angebaut, die – was hier ganz selten ist – ein Biosiegel haben. Das Wasser wird mit Solarenergie erhitzt und die selbst gemachten bzw. eingelegten Köstlichkeiten, die auf den Tisch des Restaurants kommen, stammen allesamt aus eigenem Anbau. Wer hier übernachtet, genießt absolute Stille, in den Räumen die Einfachheit des Landlebens plus WiFi, Gerichte aus frischen Zutaten und eine familiäre Betreuung. Auf dem Feld oder im Garten mithelfen darf man jederzeit.

Limnítis/Yeşilırmak (♥ D 5), Kirbo Yolu Uzeri, T 053 38 61 53 04, www.cyprusorganicfarm. com, 5 Zi., DZ/F ab 30 €

## Bewegen

### Über Wellen fliegen

**Kitesurfing:** In der Bucht bei Mórfou finden Kitesurfer ideale Voraussetzungen. Equipment und Unterweisung bieten der Surf Club im Resort Aphrodite Beachfront Village in Kasiverá/Gaziveren (♥ E 5) und Heaven Surf House in Karavostási/Gemikonağı (♥ D 5). Sie können Kurse buchen oder sich mit allem ausstatten, was Sie für den Flug über die Wellen brauchen.

www.aphroditebeachfront.com oder www. heavensurfhouse.com, Anfängerkurs 350 €

## Feiern

- **Tulpenfest:** März, Diórios/Tepebaşı (♥ F 4). Geführte Wanderungen zu dem Meer von Wildtulpen auf den Feldern um den Ort sind Teil des Festes. Im Dorf sorgen derweil Volkskunst und Verköstigung für reichlich Andrang.
- **Orchideenfest:** März, Kampylí/Hisarköy (♥ F 4). Wenn die kleinen wilden Orchideen in der Landschaft sprießen, werden sie mit Volkstanzaufführungen und Konzerten gefeiert. Besucher haben die Möglichkeit, an Wanderungen unter sachkundiger Führung teilzunehmen.
- **Walnussfest:** Juni, Léfka/Lefke. Zwei Tage lang können sich Besucher von dem süßen Aroma eingelegter Walnüsse, dem kunsthandwerklichen Potenzial von Walnussholz und dem angeblich außergewöhnlichen Geschmack der Walnüsse dieser Gegend überzeugen lassen.
- **Orangenfest:** Juni/Juli, Mórfou/Güzelyurt. Die jährliche Orangenernte wird mit einem großen Fest gefeiert. Neben dem Verkauf einer überbordenen Menge an Orangen und sämtlichen Produkten, die sich daraus herstellen lassen, finden Tanzvorführungen, Popkonzerte, Sportveranstaltungen und andere Belustigungen für alle Altersgruppen statt.

# Jesu' Sprache lebt in Zypern

*Der Dialekt der Maroniten – Zyprisches Arabisch*

Die Rufe, mit denen sich die Männer im Kaffeehaus von Kormakítis/Koruçam begrüßen, muten orientalisch an. Ihr Klang hat nichts gemein mit dem Griechischen oder Türkischen, wie es sonst in Zypern gesprochen wird. Die Alten nennen ihre Sprache Arabic, andere sagen Sanna dazu. Es ist ein Mix aus Aramäisch mit arabischen, französischen, italienischen, griechischen und türkischen Einsprengseln. Offiziell wurde dieser Dialekt auf den sperrigen Namen C.M.A. getauft – Cypriot Maronite Arabic. Nur noch wenige Maroniten in Zypern beherrschen diese Mundart. In Kormakítis hat sie seit 900 Jahren als Alltagssprache überlebt.

Kormakítis, das einst blühende Zentrum der maronitischen Gemeinschaft im Norden der Insel Zypern, ist heute ein 100-Seelen-Ort, in dem wochentags die Schwalben auf dem Dorfplatz mehr Lärm machen als die betagten Bewohner. Kourmajit nannten ihre Vorfahren das Dorf, nachdem sie aus dem Libanon nach Zypern übergesiedelt waren. Auf Türkisch heißt es Koruçam. Als Zypern 1960 unabhängig wurde, hatten die knapp 3000 Maroniten die Wahl, in der Verfassung zur griechischen oder zur türkischen Volksgruppe gezählt zu werden. Sie entschieden sich für die Zyperngriechen, Christen wie sie selbst. Bis auf die Alten, die sich nicht von ihrer Heimat trennen wollten, zogen beim Bevölkerungsaustausch nach dem Einmarsch der türkischen Armee 1974 die meisten Einwohner von Kormakítis in den Süden. Sie nahmen alles mit – nur ihre Sprache vergaßen sie.

Sanna hatte all die vielen Jahrhunderte nur in der mündlichen Überlieferung überlebt, schriftliche Aufzeichnungen gab es nicht, nicht mal ein Alphabet. Die Maroniten blieben unter sich und konnten sich verständigen. Niemand verlangte von ihnen, ihre Sprache aufzugeben. Doch seit ihrer Diaspora haben sich die Maroniten in der griechisch-zyprischen Gemeinschaft assimiliert, sodass sie den Wortschatz ihrer Vorfahren nicht mehr beherrschen. Die Alten im Kaffeehaus von Kormakítis versuchen zu erklären, was sich hinter der trockenen Abkürzung C.M.A. verbirgt: »Es ähnelt dem Aramäisch, wie es zu Zeiten Jesu gesprochen wurde. Wenn er jetzt unter uns wäre, könnten wir ihn verstehen.«

Aber die junge Generation kann mit diesen fremden Lauten nichts mehr

Nur noch wenige Maroniten in Zypern beherrschen diese Mundart. In Kormakítis hat sie seit 900 Jahren als Alltagssprache überlebt.

anfangen. Nur noch etwa 800 Menschen sind wirklich in der Lage, C.M.A. zu sprechen. Um zu verhindern, dass die Sprache ausstirbt, haben Lehrer zusammen mit Linguisten ein Alphabet entwickelt. Es wurden 28 Buchstaben gefunden, mit denen die Laute schriftlich umgesetzt werden können. Das Alphabet ist ein Mix aus lateinischen, griechischen und einem türkischen Buchstaben. Auf dieser Grundlage wird die Sprache nun auch gelehrt, obwohl sie an keiner Schule zum regulären Stundenplan gehört. Jetzt werden Bücher und Lieder in Sanna übersetzt und maronitische Kinder, die Nachmittagskurse oder einen Sonntagsunterricht besuchen, können die Sprache ihrer Vorfahren lernen und sich darin unterhalten.

Auch Kormakítis erwacht zu neuem Leben. Jedes Wochenende und im Sommerurlaub kehren ehemalige Bewohner zurück zu ihren Wurzeln: in das Haus ihrer Eltern oder Großeltern, das sie sich als Wochenenddomizil ausgebaut haben. Sie füllen sonntags die Kirche und das Kaffeehaus nebenan. Ein Kulturzentrum gibt es im Dorf, für das die alte Grundschule saniert wurde und das auch Sprachkurse anbietet. Solange aber in den Familien nicht wieder C.M.A. gesprochen wird, haben diese Bemühungen wenig Sinn. Eine Sprache muss angewendet werden, damit sie leben kann.

Der Dorfplatz leert sich, viele Wochenendbesucher machen sich auf den Weg nach Hause, in den Süden. Ein Junge, dessen Eltern schon zur Abfahrt bereitstehen und die sich lauthals übers Autodach hinweg von den Nachbarn verabschieden, dribbelt seinen Fußball gegen die Statue des hl. Josef. Seine Mutter ermahnt ihn – auf Griechisch. Ein alter Mann aus dem Kaffeehaus ruft ihm etwas zu. Der Junge zuckt mit den Schultern, er hat ihn nicht verstanden. »Dor!«, wiederholt der alte Mann auf Sanna. »Pass auf dich auf!« (www.kormacit.com). ∎

*In der Kirche des hl. Georg wird die Messe in Aramäisch gelesen.*

# Famagusta, Salamis und Karpasía

**Mit jedem Kilometer** — auf der Halbinsel entrückt man der Zivilisation ein bisschen mehr.

Seite 199

## Famagusta ⭐

Hier hat Othello gemordet! Dank Shakespeare wurde Famagusta zum Schauplatz des berühmtesten Eifersuchtsdramas der Weltliteratur. Damals war die Stadt noch nicht so verträumt wie heute, sondern zählte zu den reichsten Küstenorten der Levante.

Seite 203

## Varósia

3 km menschenleerer Strand, dahinter allerdings auch menschenleere Gebäude – eine Geisterstadt am Meer. Das ehemalige Touristenareal Varósia ist seit 1974 militärisches Sperrgebiet.

Jede Menge Sternschnuppen am klaren Himmel.

Eintauchen

Seite 206

## Streifzug durch Salamis ⭐

In dem Gymnasion zwischen Marmorsäulen stählten die Bewohner von Salamis ihre Körper, in der Therme genossen sie Dampfbäder. Und auf der Latrine hielten sie Sitzungen ab.

Seite 209

## Kómi Kepír/ Büyükkonuk

In Sachen Bio und Nachhaltigkeit war Kómi Kepír/Büyükkonuk schon aktiv, als andere Dörfer in Zypern noch nicht mal wussten, was ein Eco Village ist. Tradition zum Mitmachen.

## Kóma tou Gialoú/Kumyalı

Eine Wanderung mit Erlebnis-Bonus und verschwiegenem Sandstrand als Belohnung, so geht Ausflug auf der Karpasía-Halbinsel.



## İncirli-Höhle

In Zyperns einziger Höhle bei Platáni/Çınarlı wächst glitzernder Blumenkohl an den Wänden – so sieht es aus, wenn die Gipskristalle angeleuchtet werden.

## Agialoúsa/ Yeni Erenköy

Was haben 1500 Jahre alte Latschen mit der Moderne zu tun? Das alte Pilgersymbol, zu sehen als Mosaik in den Ruinen der Basilika Agía Triás, scheint als Vorbild unserer heutigen Flip-Flops gedient zu haben.

## Golden Sands Beach ⭐

Zwei Kilometer weicher Sand und seichtes Meer, weitab der Zivilisation. Dieses Fleckchen Erde gehört zu den letzten Paradiesen Zyperns.

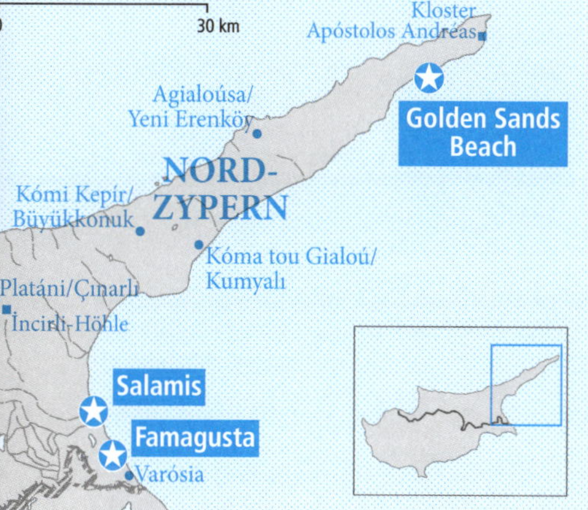


Ein Schlückchen aus der Flasche oder eine Einreibung und schon verschwindet jedwedes Leiden. Das Wasser aus der Quelle am Kloster Apóstolos Andréas wirkt angeblich Wunder …

Wer im August nachts in tiefster Dunkelheit ins Wasser geht, wird von einem geheimnisvollen Glitzern begleitet. Spezielle Algen sind die Ursache dieses Naturphänomens.

erleben

# Im Reich der kleinen Abenteuer

A b jetzt geht es immer geradewegs in Richtung Erholung. Auf dem ›Pfannenstiel‹, wie die schmale Karpasía-Halbinsel auch genannt wird, verliert jeder Stress seine Wirkung. Wer sich zur abgelegenen Ostspitze der Insel Zypern auf den Weg macht, sucht wirklich Ruhe. Keine überfüllten Sehenswürdigkeiten, keine Partylocations oder lauten Beachbars. Dank der Abgeschiedenheit hat sich der Massentourismus noch nicht bis in diese entlegenste Ecke vorgewagt.

Die historische Altstadt von Famagusta mit ihren dicken Mauern und die zauberhaften Ruinen von Salamis sind die letzten Bastionen großer Besucherströme in dieser Region. Danach werden die Straßen immer leerer, die Anzahl der Dörfer immer spärlicher. Dennoch – oder gerade deshalb – ist Karpasía ein Refugium für alle, die offen sind für kleine Entdeckungen und Abenteuer. Selbst größere Touren über die Halbinsel bleiben erholsam, denn die Landzunge misst von der Höhe Famagustas bis zum Kap nur 90 km. Von der Nord- zur Südküste sind an der breitesten Stelle der Halbinsel gerade mal 25 km zu bewältigen. Beste Voraussetzungen also, um von einem Basislager aus zu den vielfältigsten Ausflügen zu starten.



**Verkehr:** Für die Karpasía-Halbinsel benötigt man unbedingt einen Mietwagen. Die Busverbindungen reichen gerade mal von Famagusta/Gazimağusa bis Agialoúsa/Yeni Erenköy, zweimal täglich auch bis Rizokárpaso/Dipkarpaz.

Es sind die kleinen Highlights, die es hier zu entdecken gibt. Höhlengräber und einen Berg aus glitzernden Kristallen, romantische Sonnenuntergänge und einen Fels, der angeblich vom Himmel gefallen ist, Wunderquellen und Wunschbäume. Wenn im Frühling die Natur vor Farben explodiert und die Temperaturen noch moderat sind, ist die beste Zeit zum Wandern und Radfahren. Birdwatching-Touren sind vor allem in den Wintermonaten spannend, wenn die Zugvögel sich niederlassen. Im heißen Sommer kommen die Meeresschildkröten, um ihre Eier in den weichen Sand am Ufer zu legen. Traumhafte Naturstrände gibt es hier oben in Hülle und Fülle, ob in versteckten Buchten oder an sich lang erstreckenden Gestaden. In dieser Gegend findet jeder inneren Frieden, der für einen Urlaub kein Entertainment, sondern nur seinen eigenen Entdeckergeist braucht.

# Famagusta ⭐ 📍L 5/6

Unendlicher Reichtum strömte einst nach Famagusta. Nachdem 1291 die Festung Akkon im Heiligen Land gefallen war und die kleine Küstenstadt plötzlich zum östlichsten Hafen des Abendlandes wurde, avancierte sie zum Umschlagplatz für die Luxuswaren jener Zeit. Von diesem Glanz ist nicht viel übrig. Nur die massive Stadtbefestigung und die Ruinen von Palästen und Kirchen deuten noch auf die ruhmreiche Vergangenheit hin. Heute wickelt der Hafen nur regionale Transporte aus der Türkei ab. Der belebteste Stadtteil ist der um die Universität. Für einen touristischen Bummel aber ist die Altstadt genau das richtige Pflaster. Die Stadt hat übrigens mehrere Namen: griechisch **Ammóchostos,** türkisch **Mağusa** bzw. **Gazimağusa** und die westeuropäische Variante Famagusta.

## Altstadt

### Angedichteter Othello

Hoch oben auf den Bastionen der massiven **Stadtbefestigung** hat man den besten Überblick über die Altstadt. Die Mauern der Verteidigungsanlagen sind 15 m hoch und beeindruckende 8 m dick. Auf insgesamt 3 km sind 15 Bastionen verteilt. Diese massive Wehranlage, nach dem modernsten kriegstechnischen Stand des 16. Jh. hochgerüstet, hat die Stadt aber doch nicht retten können. Denn die osmanischen Eroberer hungerten die Bewohner der Festung 1571 über vier Monate buchstäblich aus. Heute noch betritt man die historische Stadt durch das **Landtor** ❶ (türk. Akkule, ›weißer Turm‹): Hier schwenkten die Venezianer die weiße Flagge, als sie sich den Osmanen ergaben. Das **Seetor** ❷ ist ein weiterer Zugang zur historischen Altstadt. Er wird von einem steinernen Löwen bewacht, der in manchen Nächten sein

*Sie prägt Famagustas Stadtsilhouette: Die Krönungskathedrale bekam nach der osmanischen Eroberung ein Minarett aufgesetzt und wurde zur Moschee.*

# Famagusta

## Ansehen

1 Landtor (Akkule)
2 Seetor
3 Othello Tower
4 Lala-Mustafa-Paşa-Moschee
5 Palazzo del Provveditore mit Namık-Kemal-Museum
6 Sinanpaşa Cami
7 Ágios Georgios Exorinos
8 St. Georg der Lateiner
9 Canbulat-Museum
10 Letzte Lok der Cyprus Government Railway

## Schlafen

1 Lusignan House
2 Templar House

## Essen

1 Petek
2 Taşkın'ın Yeri

Maul aufreißt, so heißt es. Dem Mutigen, der dann zur Stelle ist, um seine Hand hineinzulegen, wird ewiges Glück zuteil.

Seit 1878, als die britische Krone Zypern übernahm, wird der Turm an der kleinen Festung neben dem Hafen **Othello Tower** ❸ (tgl. 8–19 Uhr, Winter bis 15.30 Uhr, 9 TL) genannt. Fakt ist, dass er im 14. Jh. unter den Lusignans errichtet wurde und dass der venezianische Kommandant Nicolo Foscarini ihn 1492 umbauen ließ. Die Tafel mit der eingravierten Jahreszahl und dem Markuslöwen legt davon Zeugnis ab. Von Shakespeare steht da nichts, aber die britischen Herrscher suchten auf ihrer neuen Besitzung nach historisch spannenden Spuren. »Dreißig Segel; und nun steuern sie ihren Lauf, ohne ihre wahren Absichten länger zu verhehlen, nach Cypern«, heißt es im »Othello«. Ein spezieller Ort ist mit keinem Wort erwähnt. Aber mit der beschriebenen Hafenstadt konnte eigentlich nur Famagusta gemeint sein. Seither heißt der Turm nach dem eifersüchtigen Feldherrn.

### Mal vom Wege abkommen

Am Landtor beginnt der Spaziergang durch die Altstadt mit ihrer ›**Bummelmeile**‹, die sich bis hinunter zum Hafen erstreckt. Cafés und Geschäfte, vor allem Souvenirläden, machen das Bild in den wenigen Vorzeigestraßen aus: İstiklal Caddesi, Sinan Paşa Sokak, Liman Yolu Sokak. Ein Abstecher lohnt sich aber auch in die Seitengassen, in denen die Häuser

noch vom Zahn der Zeit angenagt sind, wo man hier ein jahrhundertealtes Grab entdeckt oder dort die unscheinbare Fassade eines einstigen Prachtbaus. Hähne krähen und Kinder spielen vor dem Haus. Eine fast dörfliche Idylle.

# Namık-Kemal-Platz

### Religionswechsel

Irgendwann führen alle Wege zur **Lala-Mustafa-Paşa-Moschee** ❹ (tgl. geöffnet, zu den Gebetszeiten sind Besucher nicht erwünscht) auf dem zentralen Platz der Altstadt. Dem schmuckvollen gotischen Bau der einstigen St.-Nikolaus-Kathedrale setzten die Osmanen ein Minarett auf und widmeten ihn in eine Moschee um. Erbaut wurde die Kathedrale von den Lusignans zwischen 1298 und 1326. Bis 1372 ließen sie sich in dem Gotteshaus zu Königen von Jerusalem krönen. Das gotische Bauwerk erlitt einige Schäden durch den Beschuss der Stadt während der osmanischen Eroberung und bei einem Erdbeben. Die reich verzierten Giebel über den drei Portalen und die Fensterrosette im Zentrum des Gebäudes blieben immerhin erhalten. Im Inneren wurden alle bildlichen Darstellungen entfernt und die Mauern weiß gestrichen.

### Steinalt und doch aus Holz

Kein Verkehr, nur schöne Aussichten in alle Richtungen und etliche Möglichkeiten zur Einkehr machen den großen Namık-Kemal-Platz zu einem der angenehmsten Orte für eine kurze Pause oder einen ausgedehnten Abend. Nicht nur die steinernen Zeitzeugen hier haben Jahrhunderte auf dem Buckel, sondern auch die **Maulbeerfeige** neben der Moschee, die mit ihrer ausladenden Krone willkommenen Schatten spendet. Botaniker wollen beschwören, dass man sie pflanzte, als das katholische Gotteshaus im 13. Jh.

### DIE LETZTE LOK

In Famagusta ist ein Rest der stolzen **Cyprus Government Railway** erhalten geblieben. Eröffnet wurde die Strecke Famagusta–Nikosia anno 1905. Damals dauerte die Tour in die 60 km entfernte Hauptstadt bei einer Spitzengeschwindigkeit von 30 km/h noch zwei Stunden. Als die Strecke nach Mórfou erweitert wurde, mussten die Reisenden noch einmal zwei Stunden einplanen. Genau am Silvestertag des Jahres 1951 dampfte die **letzte Lok** ❿ nach Famagusta zurück. Und dort steht sie noch heute, als technisches Denkmal am Polatpaşa Bulvarı.

errichtet wurde – vor 700 Jahren. Man sagt, wenn man das Ohr an ihren Stamm legt, hört man die wechselvolle Geschichte der Stadt in ihrer Borke ächzen. Wahrscheinlich ist es aber nur der Holzwurm.

### Eingesperrt im Palast

Bögen und Säulen und nichts dahinter. Die ehemalige Fassade des venezianischen Gouverneurspalastes, **Palazzo del Provveditore** ❺, ist heute ein beliebtes Fotomotiv. Abends kann man das angeleuchtete Portal beinahe für sich allein genießen, denn die Touristengruppen verschwinden bei einbrechender Dunkelheit aus der Stadt. Übrig bleiben Weltenbummler, Einheimische und Studierende, die das prachtvolle Ambiente auch ohne großstädtische Menschenansammlung zu schätzen wissen. Der Seitentrakt diente unter den Osmanen als Gefängnis. Hier verbrachte der regimekritische Schriftsteller Namık Kemal von 1873 bis 1876 seine Zeit im Exil, da er wegen seines liberalen Theaterstücks »Vatan Yahut Silistre« (»Vaterland oder Silistria«) von der osmanischen Regierung verbannt worden war.

Die **Gefängniszelle von Namık Kemal,** heute ein **Museum,** ist über den Garten des venezianischen Palastes zu erreichen. Besucher können durch das Fenster einen Blick in den schmalen Raum werfen.

## Kirchen

### 365 Gotteshäuser

Eine unglaublich reichhaltige Ansammlung zerfallener Gotteshäuser kündet davon, dass im Mittelalter viele Glaubensgemeinschaften in Famagusta ihre Pfründe zu sichern suchten. Angeblich soll Famagusta die Stadt der 365 Kirchen gewesen sein. Auch wenn es als Prahlerei abgetan werden kann, dass es hier so viele sakrale Bauten gegeben haben soll, wie das Jahr Tage hat, ist doch das traute Beisammensein so vieler Konfessionen auf so engem Raum Grund genug zum Staunen. Vertreten waren neben Orthodoxen und Lateinern auch Armenier, Franziskaner, Karmeliter. Und die Kirchen der Templer und Johanniter teilen sich sogar eine gemeinsame Mauer.

### Heiliges Lagerhaus

Mit dem Geld eines Kaufmanns aus Famagusta wurde die St.-Peter-und-Paul-Kirche zwischen 1358 und 1360 erbaut. Nachdem das Gebäude von den Osmanen als Moschee genutzt worden war und fortan **Sinanpaşa Cami** ❻ hieß, führten es die britischen Herrscher einer profanen Nutzung zu: Sie lagerten hier Kartoffeln und Getreide. Darum wird die Moschee heute auch **Buğday Cami** (Weizen-Moschee) genannt.

### Wirksamer Staub

Ursprünglich wurde die Kirche **Ágios Georgios Exorinos** ❼ (FB @Agios-Georgios-Exorinos) für die nestorianische Gemeinde in Famagusta errichtet. Gestiftet hat sie um das Jahr 1359 der syrische Kaufmann Francis Lakhas. Zur Zeit der Osmanen diente sie als Kamelstall. Die Orthodoxen erwarben sie 1905 und weihten sie dem hl. Georg dem Verbannten. Eine Legende besagt, dass man nur etwas Staub aus der Kirche aufnehmen und in das Haus eines Feindes streuen müsse. Binnen eines Jahres würde dieser dann die Insel verlassen.

### Premiere der Kreuzritter

Mitten auf einer großen Freifläche ragen die Ruinen der katholischen Georgskirche gen Himmel, die zur Unterscheidung von der orthodoxen Georgskirche auch **St. Georg der Lateiner** ❽ heißt. Errichtet wurde sie im 13. Jh. – angeblich als erstes Bauwerk der Kreuzritter unter dem Franzosenkönig Ludwig IX., bevor dieser sich auf den Weg nach Ägypten machte.

# Varósia

### Zyperns Geisterstadt

Abrupt findet der Strandspaziergang hier ein Ende. Quer über den Beach zieht sich ein Zaun: Betreten streng verboten, militärisches Sperrgebiet. Dahinter, so weit das Auge reicht, herrlich weißer Sand und eine nicht enden wollende Hotelzeile. In den 1960er- und 1970er-Jahren erblühte in Varósia, am Stadtrand von Famagusta, die Tourismusindustrie. Bis der Einmarsch der türkischen Armee 1974 dem Traum ein Ende machte. Einwohner und Urlauber flohen, Häuser und Hotels blieben verlassen zurück, eingeschlossen in Stacheldraht. Am Anfang des Strandes operiert noch ein einziges Hotel, doch seine Gäste sonnen sich im Schatten zerstörter Hochhausruinen.

*Tourismusbrache mit großem Potenzial: Von vielen Seiten gibt es Bemühungen, die von türkischem Militär besetzte Geisterstadt wieder in ein Urlaubsparadies zurückzuverwandeln.*

Auch wenn die Geisterstadt zu Aufnahmen reizt: Fotografieren erfolgt auf eigene Gefahr.

Neuerdings gibt es Bemühungen, Varósia zu öffnen. Ein kleiner Abschnitt ist schon als Strand für türkische und zyperntürkische Badegäste ausgewiesen. Eine mögliche wirtschaftliche Erschließung seitens Nordzyperns wird von den ehemaligen Besitzern der Immobilien, fast ausnahmslos Zyperngriechen, stark kritisiert.

## Museen

### Heldenverehrung

**❾ Canbulat-Museum:** Als die Osmanen die Stadt 1571 erobern wollten, hatten die Venezianer an der Canbulat-Bastion beim Hafen ein drehbares, mit Messern und Schwertern bestücktes Rad installiert, um die Angreifer davon abzuhalten. In einer dramatischen Aktion warf sich der osmanische Soldat Canbulat Bey samt Pferd in die tödliche Maschinerie und zerstörte sie so. Damit war den Osmanen freier Zugang gewährt. Die Bastion ist heute ein Museum, benannt nach dem Helden. Es zeigt archäologische Ausstellungsstücke, osmanische Handwerkskunst und Waffen sowie Karten aus der Zeit der Belagerung.
Tgl. 8–19, im Winter 8–15.30 Uhr, 7 TL

## Schlafen

### Mitten in der Altstadt

**Guest House Famagusta:** Mitten in der Altstadt von Famagusta gut unterzukommen, ist an sich schon eine Besonderheit. Diese zwei Häuser sind darüber hinaus aber noch so liebevoll und praktisch eingerichtet, dass der Aufenthalt darin für einen angenehmen Städtetrip genau die richtige Ergänzung ist. Das **Lusignan House** ❶ stammt aus dem 14. Jh., hat einen hübschen Innenhof und liegt nahe der Stadtmauer. Das **Templar House** ❷ aus den 1960er-Jahren ist mit Vintagemöbeln ausgestattet und liegt gleich hinter der Kirche der Templer und Johanniter. Es kommen jeweils 4 bzw. 5 Personen unter.
www.guesthousefamagusta.com, 2 Häuser mit je 2 Schlafzimmern, Mindestaufenthalt 2 Nächte, Selbstversorger, 2 Nächte 130 €

## Essen

### Süße Sünden

**❶ Petek:** Ob vormittags zum Frühstück oder nachmittags zum Naschen – ein Abstecher in die Kult-Konditorei ist immer ein köstliches Erlebnis. Seit über 40 Jahren werden von der hauseigenen Backstube Schmakazien hergestellt, die in den Vitrinen wie Kunstwerke aussehen. Aber auch Herzhaftes ist im Angebot, sodass alle Geschmäcker und Mahlzeiten abgedeckt werden. Am besten sitzt man auf der Dachterrasse.
Yeşildeniz Sk. 1, T 039 23 66 71 04, www.petekpastahanesi.com, FB @petek1976, tgl. 7–24 Uhr, Kuchen ab 5 TL

### Frisches am Hafen

**❷ Taşkın'ın Yeri:** Fischrestaurants in und um Famagusta gibt es viele, aber keines sitzt so nahe an der Quelle wie ›Taşkıns Platz‹. Der frische Fang wird hier hervorragend zubereitet und die Tische auf der Außenfläche bieten einen freien Blick auf die Boote und das Meer.
Liman İçi, T 053 38 52 53 69, FB @Taşkın'ın Yeri Denizciler Lokali, Mo–Sa 12.30–0.30 Uhr, Fischplatte ab ca. 60 TL

## Einkaufen

Um Mitbringsel zu erstehen, ist die ›Bummelmeile‹ zwischen Lala-Mustafa-Paşa-Moschee und Othello-Turm die beste Wahl (s. S. 201).

## Infos

- **Tourist-Info:** in der Bastion der Stadtmauer neben dem Akkule-Tor, T 039 23 66 28 64, Mo–Sa 9–17 Uhr.
- **Im Internet:** www.famagustawalledcity.com
- **Bus:** Zentraler Busbahnhof ist der Otobüs Terminali (Gazi Mustafa Kemal Bulvarı). Minibusse nach Kerýneia und Nord-Nikosia fahren ab Itimat-Busstation (Orman Sokak, hinter dem großen Monument im Kreisverkehr). Abfahrt nach Kerýneia und Nikosia alle 30 Min., nach Yeni Erenköy mehrmals täglich. Mo–Sa verkehrt ein Bus zwischen Famagusta und Rizokárpaso/Dipkarpaz, 10 TL.
- **Parken:** Für einen Stadtspaziergang stellt man sein Auto am besten auf dem Parkplatz gegenüber dem Othello-Turm ab. Dazu über das Seetor in die Altstadt fahren.

# Umgebung von Famagusta

## Salamis   L5

### Antiker Wellnesstempel

Einer der schönsten Orte auf Zypern, um sich in die Zeit der Antike zurückversetzen zu lassen, ist Salamis 6 km südwestlich von Famagusta. Die **archäologische Stätte** gleicht einem weitläufigen Park, durch den man spazieren kann, ohne von einer Touristenflut eingeengt zu werden. Nach dem Erdbeben 1075 v. Chr. siedelten die ersten Bewohner, von Égkomi kommend, in Salamis. Im 8. Jh. v. Chr. war Salamis bereits ein bedeutendes Handelszentrum und eine wohlhabende Stadt. Das blieb es, bis wechselnde Herrscher, Erdbeben, Sturmfluten und Piratenüberfälle seine Bedeutung verebben ließen. 648 n. Chr. kehrten die letzten Bewohner dem Ort endgültig den Rücken. Sie ließen sich in Arsinoe nieder, dem späteren Famagusta. Die Ruinen der einstmals weißen Stadt am Meer sind nicht nur zum Anschauen gedacht. In dem Amphitheater finden heute noch Aufführungen statt (Details zu Salamis s. Tour S. 206).

## Égkomi/Tuzla L5

### Bedeutende Steine

Was wie ein Ruinenfeld aussieht, bestehend aus Steinblöcken, die wahllos in der Landschaft herumliegen, ist tatsächlich von historischer Bedeutung. 5 km nordwestlich von Famagusta gruben Archäologen die **Reste einer bronzezeitlichen Stadt** (tgl. 8–19, im Winter bis 15.30 Uhr, 7 TL) aus. Es handelt sich möglicherweise um das alte Alasia, dessen Könige Kupfer zu den Pharaonen nach Ägypten verschifften. Obwohl die Stätte im Laufe der Jahrhunderte mehrmals geplündert wurde, barg sie doch noch eines der reichsten Gräber aus der Bronzezeit, das je ans Tageslicht befördert wurde. Zu den Funden zählen zwei Bronzestatuetten gehörnter Götter aus dem frühen 12. Jh. v. Chr., die im Zypernmuseum in Süd-Nikosia ausgestellt sind. Andere kostbare Stücke sind im British Museum in London zu finden.

### Ins Jenseits mit dem Streitwagen

In den **Königsgräbern** (tgl. 8–19, im Winter bis 16 Uhr, 5 TL) wurden die Herrscher von Salamis bestattet – mitsamt Pferd und Wagen und manchmal auch mit Sklaven, wie es üblich war. Unter Glas ist sogar noch das Skelett eines Tieres zu erkennen. Den Aufbau eines Grabes jener Zeit mit Zufahrt und Vorhalle für die Totenfeier kann man anhand Mer Modelle und Schautafeln in der Nekropole ausgiebig studieren. Wer auch

# TOUR
## Wo es sich die Bürger gut gehen ließen

### Spaziergang durch die Ruinen der antiken Stadt Salamis

---

**Infos**

**♀ L 5**

**Dauer:** ca. 2 Std.

**Planung:** tgl. 8–19, im Winter bis 15.30 Uhr geöffnet, 9 TL

---

Salamis – das klingt wie die Zauberformel aus einem Märchen. Als müsste sich derjenige verwandeln, der das Wort ausspricht: »Salamis!« Und es steckt sogar ein Körnchen Wahrheit darin. Denn wer den Fuß auf den Boden von **Salamis** setzt, wird unweigerlich verzaubert von der überwältigenden Atmosphäre, die nichts von ihrer Wirkung eingebüßt hat. Von der weißen Stadt am Meer blieben Säulen, die erhaben in den blauen Himmel ragen. Es überlebten Statuen, mit denen Bildhauer Schönheitsideale erschufen, die noch heute als harmonisch empfunden werden. Es überdauerten Mosaiken und Fresken, Gänge und Nischen, die inmitten von Ruinen bis heute ihre einstige Pracht behaupten konnten. Es ist, als bewahrten die Steine ihren Stolz in den Wirren der Jahrhunderte, um als einzige Überlebende von vergangenen Zeiten zu künden. Die ersten Ausgrabungen begannen schon Ende des 19. Jh. 1952 wurden sie wieder aufgenommen.

Das größte zusammenhängende Ensemble – es ist besonders gut erhalten – sind das **Gymnasion ❶** und die Bäder. Die mit Säulen gesäumte Fläche war einst ein Übungsplatz für die körperliche Ertüchtigung der Männerwelt. Teile der Konstruktion und Säulen gehörten ursprünglich zu dem Theater der Stadt. Sie wurden nach einem Erdbeben, das das Theater im 4. Jh. zerstörte, im Gymnasion verbaut. Auf der westlichen Seite der Wandelhalle gab es eine Einkaufspassage mit Geschäften. Pikant ist ein gut erhaltenes Überbleibsel an einer versteckten Ecke der Kolonnaden.

*In dem klassischen Geviert drehten schon Jogger ihre Runden, als Sport noch ›Leibesübung‹ hieß.*

Die nicht nur öffentliche, sondern geradezu offene **Latrine** ❷ mit 44 nebeneinander liegenden Sitzplätzen brauchte keine Türen. Man saß im Halbrund und führte seine Debatten oder Geschäfte mit dem Nebenmann fort. Unten rauschte das Wasser durch die steinerne Rinne, und auch die Handwaschbecken wurden ständig mit Frischwasser versorgt. Wer von den Herren, die damals die Aborte aufsuchten, um ihren körperlichen Bedürfnissen nachzugehen, hätte sich wohl ausmalen können, dass viele Jahrhunderte später neugierige Touristen ihre Köpfe in die Grube stecken würden …

An das Gymnasion schließt sich mit den **Bädern** und der **Therme** ❸ eine wahre Wellnessoase an. Für alle Annehmlichkeiten war gesorgt. Es gab Schwimmbäder, Dampfbäder, das typische Caldarium (Warmwasserbad) römischer Badeanstalten, Abkühlräume und Kaltwasserbäder. In den Ruinen kann man deren Fragmente noch erkennen, sieht die Heizungsrohre und die Reste von Wandmalereien, die das Gebäude einmal schmückten.

In Sichtweite erhebt sich das große **römische Theater** ❹, das seine endgültige Gestalt vermutlich im 2. Jh. n. Chr. erhielt. Damals konnte es 15 000 Besucher fassen, die sich auf 50 Sitzreihen verteilten. Das Erdbeben von 332 ließ sowohl die Zuschauerränge als auch die Bühnenaufbauten einstürzen. In dem wieder voll rekonstruierten Theater finden heute regelmäßig Aufführungen und Konzerte statt.

Weiter geht es zu den Fundamenten einer **römischen Villa** ❺ und zur **Zisterne** ❻, einem 52 x 15 m großen Wasserbecken. Hier hinein wurde Quellwasser aus Kythréa/Değirmenlik über ein Aquädukt in die 40 km entfernte Stadt geleitet. In der unmittelbaren Umgebung sind noch das Säulenfeld der **Epiphanios-Basilika** ❼, die Überbleibsel des einstigen Marktplatzes, der **Agora** ❽, und eines **Zeus-Tempels** ❾ zu sehen.

Nach so viel versunkener Kultur tut es gut, sich selbst zu versenken – und zwar in die kühlenden Fluten direkt am **Strand** ❿ nebenan.

noch wissen will, wie eine Beerdigung damals vonstatten ging, sollte bei Homer nachlesen (23. Gesang). Die Beisetzung von Achills Freund Patroklos im Trojanischen Krieg fiel etwa in jene Zeit.

### Ein Kloster für den Heiler

Der hl. Barnabas, der sich im Jahre 45 gemeinsam mit Paulus auf den Weg gemacht hatte, um Zypern zu christianisieren, war ein Kind dieser Gegend. Geboren wurde er in Salamis – und hier starb er auch, gesteinigt von aufgebrachten Juden, die der neuen Lehre nicht lauschen wollten. Sein Körper wurde heimlich von seinen Anhängern verscharrt. Da er zu Lebzeiten Kranke geheilt haben soll, indem er ihnen das Matthäus-Evangelium auflegte, das er stets mit sich führte, wurde es ihm auch ins Grab gelegt. Anhand dieses Dokumentes konnte 477 die Begräbnisstätte identifiziert werden, an deren Stelle noch im gleichen Jahr ein Kloster errichtet wurde. 1756 erhielt das **St.-Barnabas-Kloster** (Ágios Varnávas, tgl. 8–19, im Winter bis 15.30 Uhr, ca. 9 TL) sein heutiges Erscheinungsbild. Im Kloster selbst ist ein **Archäologisches Museum** untergebracht, das u. a. Stücke aus den Königsgräbern von Égkomi und ansonsten Funde aus ganz Nordzypern zeigt. Die Klosterkirche wird als **Ikonenmuseum** genutzt. Wandgemälde erzählen hier ausführlich die Geschichte vom hl. Barnabas. Die Quelle vor dem Kloster soll heilsame Wirkung bei Hautkrankheiten haben.

# Ágios Sérgios/ Yeni Boğaziçi     ♥ L5

### Versöhnt mit der Vergangenheit

Den einen treibt das Heimweh in die Verzweiflung, den anderen spornt es an. Mustafa Kiralps Familie musste beim Bevölkerungsaustausch nach der Teilung 1974 von Meléndra bei Páfos nach Famagusta umsiedeln. Um die Erinnerung an die Vergangenheit wachzuhalten, sammelte er über Jahrzehnte alten Hausrat und landwirtschaftliche Gerätschaften. Schließlich baute er sein ehemaliges Elternhaus originalgetreu nach und machte daraus ein Museum. Doch das **Melandra House** (11 km nördlich von Famagusta, tgl. 9–17 Uhr, FB @MelandraHouseCyprus) bewahrt nicht nur die Tradition einer vergangenen guten alten Zeit, sondern ist auch kulturelle Begegnungsstätte für Zyperntürken und Zyperngriechen, die sich für eine Wiedervereinigung des Landes einsetzen. Am Wochenende wird im Garten echt zyprisches Frühstück serviert.

## Schlafen

### Im Museum schlafen

**Melandra House:** Das reizende Kulturanwesen (s. o.) vermietet im Obergeschoss auch ein Zimmer. Ein Doppelbett, ein Bad, eine kleine Küchenzeile – mehr gibt der Platz nicht her. Aber das Ambiente des im traditionellen Stil gestalteten Hauses, die familiäre Atmosphäre und vor allem das delikate zyprische Frühstück am Morgen wiegen die Einfachheit der Unterkunft auf. Bei aller Hingabe zur guten alten Zeit – es gibt auch hier freies WiFi.
Ágios Sérgios/Yeni Boğaziçi, Gazimağusa–Karpaz Anayolu, FB @MelandraHouseCyprus, 1 Zi., DZ/F 60 €

## Feiern

- **Artischockenfest:** Mai, Limniá/Mormenekşe (♥ L5). Der lokale Frauenverein organisiert ein großartiges Event, bei dem die Gemüsesorte vorgestellt wird – von der schwierigen Kunst des Putzens bis hin zu Rezepten. Die aktiven Frauen haben sogar ein Buch zum Thema Artischocken herausgebracht (vor Ort erhältlich).

# Karpasía – Südroute

## Bogázi/Boğaz ♀ L4

### Relaxen am Wegesrand

Ein hübscher kleiner **Hafen**, gute **Fisch-restaurants** und ein nie überfüllter **Strand** machen den Ort (24 km von Famagusta) zu einem idealen Zwischenstopp. Bogázi gilt als Tor zur Karpasía-Halbinsel. Und das nicht nur rein geografisch, denn die gelassene Atmosphäre verführt sofort dazu, die Seele baumeln zu lassen. Fremde wie Einheimische gleichermaßen kommen hierher, um in einer der vielen Tavernen mit Blick aufs Meer das Essen und den Tag zu genießen. Auch wenn es von der Straße aus nur ausschaut wie eine Ansammlung von Häusern – machen Sie nicht den Fehler, einfach vorbeizufahren.

## Kómi Képir/ Büyükkonuk ♀ L3

### Dorfleben zum Mitmachen

Wer sehen will, wie eine ganze Dorfgemeinschaft an einem Strang zieht, sollte unbedingt Büyükkonuk einen Besuch abstatten. Es war die erste Gemeinde, die sich in Nordzypern den Ökotourismus auf die Fahnen geschrieben hat und nun schon seit 20 Jahren danach lebt. Die geschwungene Landschaft mit endlosen Olivenhainen und der Burg Kantára (s. Lieblingsort S. 216) als Kulisse bietet sich für ein solches Vorhaben geradezu an. Individualtouristen finden hier Bed & Breakfast-Unterkünfte und für kleine Gruppen werden ländliche Aktivitäten wie Olivenpflücken, Brot im Steinofen backen, Käseherstellung oder Kräutersammeln als Mitmach-Aktionen angeboten. Ein kleines **Museum** (auf Anfrage, Eintritt frei) mit einer liebevoll res-

*Ob im Volksmund entstanden oder von Touristikern erfunden – Bogázi ist in der Tat das ›Tor zur Karpasía-Halbinsel‹.*

*Frisches Brot aus dem Holzofen schmeckt unübertroffen.*

taurierten Olivenmühle informiert über die Verarbeitung der Ölfrucht und beherbergt zugleich ein **Kunsthandwerkszentrum.** Wer nur naschen will, kann beim **Sonntagsmarkt** (Okt.–Mai 10–12 Uhr) hausgemachte Produkte aus der Region kaufen. Zweimal im Jahr lädt das Dorf zu einem **Ökofest** (s. S. 213) ein.

www.ecotourismcyprus.com

### Spaziergang ins Nachbardorf

Wandermöglichkeiten gibt es rund um das Dorf jede Menge. Da wäre z. B. ein Querfeldein-Spaziergang zum Nachbarort **Livádia/Sazlıköy** (♀ M 3), dessen größte Sehenswürdigkeit die Kapelle Panagía tis Kyrás ist (ca. 4 km). Diese byzantinische Kreuzkuppelkirche aus dem 13. Jh. wurde reichlich geplündert. Nicht nur, weil die Mosaiksteine aus der Apsis angeblich gegen Hautkrankheiten schützten, sondern auch, weil Kunsträuber hier ein lukratives Betätigungsfeld fanden.

Dennoch hat sich die Kirche, eingebettet in eine traumhafte Landschaft, einen besonderen Reiz bewahrt.

## Lythrágkomi/Boltaşlı  ♀ N 3

### Opfer eines Kunstraubs

Das **Kloster Panagía Kanakariá** ist in der internationalen Kunstwelt zu trauriger Berühmtheit gelangt. Das bemerkenswerteste Schmuckelement der Kirche, ein Apsismosaik, war eines der wenigen erhalten gebliebenen Beispiele oströmischer Mosaikkunst, das nicht der religiösen Ikonenzerstörung im 8./9. Jh. zum Opfer gefallen war. In den 1970er-Jahren allerdings verschwanden die Mosaiken. Sie wurden herausgebrochen, verschleppt und verbannt in die dunklen Kanäle des Kunstdiebstahls. Ein Teil von ihnen tauchte 1988 bei einer amerikanischen Kunsthändlerin wieder auf, ein weiterer Teil 1997 in München im Keller eines Kunstdealers. Der Wert der entwendeten Mosaiken: mehrere Millionen Euro. Inzwischen sind große Teile der Raubkunst wieder der Öffentlichkeit zugänglich – im Byzantinischen Museum in Süd-Nikosia.

## Ágios Symeón/Avtepe  ♀ N 3

### Das Grab in der Höhe

Von der Straße aus ist es schon zu sehen, das schwarze Loch hoch oben im Berg. Wo früher nur eine wackelige Leiter lehnte, steht inzwischen eine Wendeltreppe – immerhin. Der Höhlentrip ist aber noch immer ein Mikro-Abenteuer. Das große **Elisis-Felsengrab** (immer zugänglich) liegt 3 km östlich des Dorfes in 20 m Höhe und ist schwer zu erreichen. Der Versuch, die Höhle aus der Nähe zu betrachten, ist nur etwas für schwindelfreie Naturen,

# TOUR
# Badeausflug für Entdecker

**Wanderung um Kóma tou Gialoú/Kumyalı**

## Infos

**◆ M 3**

**Länge:** ca. 8 km

**Dauer:** ca. 3 Std.

**Start:** Hotel Nitovikla Garden, s. S. 213, Parkmöglichkeit

**Alternative:** Die Tour kann auch mit dem Auto zurückgelegt werden.

**Nicht vergessen:** festes Schuhwerk, Kopfbedeckung, Trinkwasser

Falls Sie sich Ihr Bad im Meer mit einer Wanderung verdienen wollen, hier ein Vorschlag: Diese Tour führt von **Kóma tou Gialoú/Kumyalı** querfeldein zu einem fast menschenleeren Naturstrand. Am östlichen Dorfausgang hinter der Kirche folgen wir der Asphaltstraße, die zu einem breiten Sandweg wird. Auf den Feldern und Wiesen ringsum verbreiten wilder Thymian und Wildknoblauch ihren herben Duft. Im Frühling blühen Mohn, Ginster und Artischocken. Nach 2 km steht eine **Sitzbank** in der Landschaft, von der man einen weiten Blick über die Ebene bis zur Küste genießt. 200 m weiter, nachdem der Weg eine große Kurve beschrieben hat, sollte man die Augen offen halten. Im Gelände tun sich rechts kreisrunde Löcher im felsigen Boden auf. Es handelt sich um eine **antike Ölmühle,** in der Oliven verarbeitet wurden. Wenn Sie auf der gegenüberliegenden Seite des Weges 100 m landeinwärts gehen, finden Sie eine **unterirdische Grabanlage** aus dem 5. Jh. v. Chr. Eine der Kammern trägt über dem Eingang eine gravierte Maske, die wie das Antlitz eines gehörnten Gottes aussieht. Nach 150 m stößt der Pfad auf einen breiteren Sandweg von rechts, dem wir folgen. Wir passieren eine **Schaffarm,** einen **Steinbruch** und eine kleine **Kirchenruine,** bis wir zu einem trockenen **Flussbett** gelangen. Kurz davor geht rechts ein Weg zu den Dünen ab. Wenn wir oben stehen, liegt links eine kleine **Lagune** und vor uns erstrecken sich der Sandstrand und das Meer.

Zurück folgen wir ein Stück dem gleichen Weg, nur sparen wir uns diesmal den Abstecher zu den Gräbern. Deshalb biegen wir nach 2 km nicht nach rechts auf den Feldweg ab, sondern gehen geradeaus direkt ins Dorf **Kóma tou Gialoú/Kumyalı** zurück.

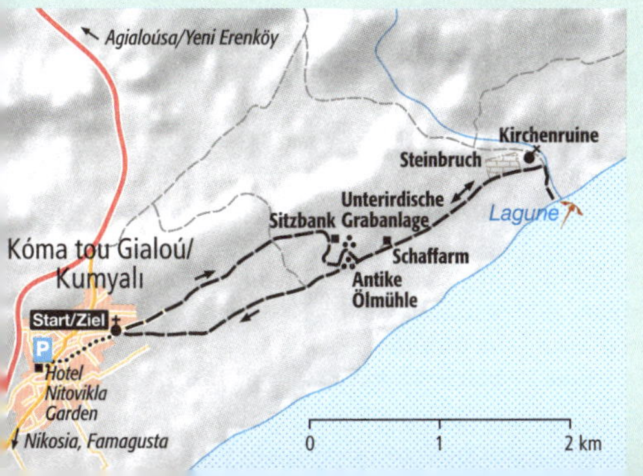

die bereit sind, die hohe Wendeltreppe zur Öffnung der Höhle zu erklimmen. In ihrem Inneren führen einige tiefe Gänge zu den Grabkammern. Wer das Risiko auf sich nehmen will, sollte zumindest festes Schuhwerk und eine Taschenlampe mit sich führen.

Der Weg zum Felsengrab (3,5 km, z.T. ausgeschildert) beginnt ca. 1 km hinter dem Ausgang des Dorfes Ágios Symeón/Avtepe.

---

# Galinóporni/Kaleburnu ♥ N 2

## Durchlöcherte Wände

An den Hängen des Dorfes Galinóporni/Kaleburnu (68 km von Famagusta) finden sich jede Menge **Felskammern,** die in grauer Vorzeit als Gräber dienten und wie steinerne Bienenwaben die Berge aushöhlen. Bewohner nutzen sie immer noch. Wenn sie direkt hinter dem Haus liegen, eignen sie sich hervorragend als Stall oder sogar als Garage. Eines der größten Gräber, die **Kastro-Höhle** (immer zugänglich) liegt am südöstlichen Hang des Dorfes und ist für eine Besichtigung bequem zu erreichen. Sie gleicht einer Halle, von der sechs große Grabkammern abgehen.

## Glitzernder Berg

Genau gegenüber liegt der ›**Königsberg**‹ (Kraltepe). Auf ihm entdeckten Archäologen 2004 eine **bronzezeitliche Siedlung** und fanden einen reichen Bronzeschatz aus dem 13. Jh. v. Chr. Demnach soll hier einst ein Palast oder eine heilige Stätte gestanden haben. Bis zum Gipfel des Kraltepe ist es ein steiler, steiniger Aufstieg. Aber er lohnt sich – und nicht nur wegen des Ausblicks. Die Gipskristalle, die den Weg nach oben säumen, sind durchscheinend wie Glas und funkeln märchenhaft in der Sonne. Eine **Wanderroute** um den Königsberg, entlang des Tales zur Kas-



tro-Höhle (2 km) und durch das Dorf wieder zurück (1,3 km) ist auf einer Tafel am Ortseingang beschrieben.

## Ruß für die Augen

Im Dorf ist das kleine **Ethnografische Museum** von Kemal Deveci einen Besuch wert (für einen Besuch im Dorf fragen oder anrufen unter T 054 28 89 43 09). In seinem mit antikem Hausrat und Arbeitsgerät angefüllten Ausstellungsraum unterhält er die Besucher mit Histörchen über vorsintflutliche Türschlösser und altertümliche Schminkgewohnheiten in Zeiten, als Frauen statt eines Eyeliners noch Ruß und Holzstäbchen benutzen mussten. Bestimmt greift Kemal auch zu einer der selbst geschnitzten Hirtenflöten und bringt den Gästen ein Ständchen.

# Schlafen

## Unter Pinien

**The Pine View Forest Houses:** Die einfachen Holzhäuser unter Pinien versprechen ein Urlaubsgefühl zwischen Hotel und Campingplatz. Wer weniger Wert legt auf eine perfekte Ausstattung (kein Geschirr oder Wasserkocher auf den Zimmern), dafür mehr auf eine unberührte Landschaft zum Wandern und Entspannen, ist hier an der richtigen Adresse. Fahrräder kann man sich vor Ort leihen. Der Pool und das Restaurant werden auch von den Dorfbewohnern benutzt. Eine Unterkunft für alle, die eintauchen wollen in das Leben der Einheimischen.

Kómi Képir/Büyükkonuk, FB @buyukkonukso syaltesisler, 3 Häuser/6 Zi., DZ ab 50 €

### Tradition im Dorfstil

**Nitovikla Garden Hotel:** Die Mischung aus Museum, Hotel und Traditionsstube macht den Charme der kleinen Anlage aus. Die Zimmer im Anbau sind von ländlicher Schlichtheit, Pool und Terrasse sind auch schon in die Jahre gekommen. Aber der Ökoansatz des Besitzers Zekai Altan, Produkte aus der Region mit traditionellen Herstellungs- und Zubereitungsmethoden zu verbinden und die Gäste immer mit einzubeziehen, ist ein großer Bonus.

Kóma tou Gialoú/Kumyalı (♥ M3), www.nito vikla.com, FB @NitoviklaGardenHotel, 10 Zi., DZ/F ab 65 €

## Essen

### Ausflugsrestaurant mit Musik

**Kemalin Yeri Bogaz:** Sich dort niederzulassen, wo auch die Einheimischen essen, ist meist eine gute Idee. Auch hier sind am Wochenende ganze Familien zu einem Ausflug versammelt. Die Gerichte lassen zwar Rafinesse vermissen, aber dafür sind die Portionen reichlich und der Fisch frisch. Die langen Holztische laden zur geselligen Runde ein und abends kommt sogar noch Livemusik hinzu.

Bogázi/Boğaz, T 053 38 51 76 61, FB @Ke malinYeriBogaz, tgl. 9–24 Uhr, Fr, Sa bis 2 Uhr, Fischplatte inkl. Vorspeise und Wein ca. 80 TL

### Fisch mit Strandblick

**La Prima Porta del Mare:** Das große Ausflugsrestaurant mit Meerblick hat sich den Charme eines guten Fischrestaurants bewahrt. Von der Hingabe der Betreiber zeugt das maritime Ambiente. Wenigstens innen verzichten sie auf Plastikgestühl. Die exzellente Zubereitung der Fische und Meeresfrüchte sticht aus der Masse heraus. Übrigens: Gleich gegenüber liegt der Strand.

Tríkomo/Yeni İskele (♥ L 4), Dr. Sitesi Dinlenme Kompleksi, FB @portadelmarecy, T 039 23 71 21 11, Di–Fr 17–22, Sa, So 13–22 Uhr, große Fischplatte ca. 25 €

## Feiern

● **Tulpenfest:** März, Ágios Symeón/ Avtepe. Ein typisches Volksfest mit viel Folklore. Auf den Wiesen ringsum sprießen dann ganze Tulpenteppiche, zu denen die Besucher des Festes pilgern, um sich daran zu erfreuen und den seltenen Anblick zu fotografieren.

● **Ökofest:** Mai, Kómi Képir/Büyükkonuk. Der Andrang ist bei diesem Eco Day so groß wie bei keinem anderen Dorffest. Grund sind die anspruchsvollen Stände, die lokales Kunsthandwerk und hausgemachte Köstlichkeiten anbieten. Folklore gehört natürlich auch zum Programm.

● **Internationales Volkstanzfestival:** Juni/Juli, Tríkomo/Yeni İskele (♥ L 4). Die Farbenpracht der Kostüme und die Choreografien der verschiedenen Ländergruppen machen das einwöchige Fest zu einem wirklichen Erlebnis. Getanzte Tradition drückt in jeder Nation eine andere Geschichte aus. Absolut faszinierend, sich

### NUTELLA-ERSATZ

Der Sirup, der aus Johannisbrotschoten gewonnen wird, ergibt einen nussigen Brotaufstrich, wenn man ihn mit Sesampaste mischt. Fun Fact: Die Kerne des Johannisbrotes (Carob) dienten in der Antike wegen ihres relativ konstanten Gewichts von 200 Milligramm als Maßeinheit für Diamanten. Daran erinnert die noch heute gebräuchliche Bezeichnung Karat.

auf diese Weise mit anderen Völkern auseinanderzusetzen.

• **Ökofest:** Okt., Kómi Képir/Büyükkonuk. Der zweite Termin im Jahr, zu dem das Öko-Dorf seine Tradition feiert (s. S. 213).

# Karpasía – Nordroute

## Platáni/Çınarlı  📍 K4

### Besuch in der Unterwelt

Ein bisschen kann man sich hier fühlen wie ein Entdecker. Die **İncirli-Höhle** hat nichts von den überfüllten Attraktionen in anderen Ländern, wo die Unterwelt mit Lightshows und Musik in Szene gesetzt wird. Hier spricht die Natur für sich selbst. Auf schmalen Pfaden durchlaufen Sie die zumindest gut ausgeleuchtete Strecke, die sich hier mal verengt oder dort mal in einen niedrigen Saal mündet. Das Erlebnis ist überwältigend! Die Gipskristalle an den Wänden und Decken sehen aus wie Blumenkohlköpfe, die im Schein der Lampen glitzern. İncirli ist die einzige öffentlich zugängliche Landhöhle Zyperns und gleichzeitig die größte. Immerhin erstreckt sie sich über eine Länge von 70 m in den Berg. Lange Zeit blieb sie verborgen, weil der vor ihrer Öffnung wachsende Feigenbaum (Feigen= türk. *incir*) den Zugang verdeckte. In den 1950er-Jahren versteckten sich hier Guerillakämpfer der EOKA-Untergrundorganisation vor dem Zugriff der britischen Kolonialmacht. Erst 1995 erhielt die Höhle Beleuchtung und wurde der Öffentlichkeit zugänglich gemacht.

38 km von Famagusta; der ca. 3 km lange Weg vom Dorf zur Höhle ist ausgeschildert, Do–Di 10–16 Uhr oder im Dorf beim Mukhtar nach dem Schlüssel fragen; ca. 1,50 €

### Wünsch dir was!

Der Magie des **Mammutbaumes** nordwestlich des Dorfes (1,3 km, ausgeschildert) kann man sich nur schwer entziehen. Tatsächlich soll die 300-jährige Kiefer heilende Kräfte haben. Die vielen bunten Tücher und Bänder, die an ihren Ästen flattern, zeugen von der Hoffnung, dass der › Wunschbaum‹ die Bitten seiner Besucher in Erfüllung gehen lässt. Die sich weit wölbende Krone, sein massiver Stamm von fast 5 m Umfang und die dicken Äste, die sich wie Arme eines Kraken winden, sind ein beeindruckender Anblick.

## Akanthoú/Tatlısu  📍 K4

### Bauwerke en miniature

Einmal die Perspektive wechseln, bitte! Von oben schauen Sie hier der Selimiye-Moschee, dem Hafenkastell von Kýreneia und anderen architektonischen Sehenswürdigkeiten aufs Dach. **Minia Kıbrıs** (tgl. 8–17 Uhr, 5 TL) präsentiert die detailgetreuen Modelle der Gebäude auf einem hübsch angelegten Gelände. Außerdem kann man einen Blick in die Kirche **Panagía Pergaminiótissa** aus dem 12. Jh. werfen, die als Museum/ Souvenirshop hergerichtet wurde und nun ein Sammelsurium aus Ikonen, lokaler Flora und historischen Funden zeigt. Die kleine **Cafeteria** auf dem Gelände bietet Snacks und frisch gepressten Orangensaft an.

### Vergangenheit und Zukunft

Nicht gleich abdrehen nach der Besichtigung von Klein-Zypern. Ein Rundgang durchs Dorf ist nicht uninteressant. Die Kirche **Ágios Chrysosotiros** (1916–35) auf dem Hauptplatz soll zur Zeit ihrer Fertigstellung eine der größten in ganz Zypern gewesen sein. Heute dient sie als Moschee des Dorfes. Östlich des Ortes sorgte der **Akanthoú-Katarakt** früher für die Bewässerung der gesamten Gegend. Das Becken, in den der nasse Segen einst aus 200 m Höhe stürzte, stammt noch aus dem Jahr 1898 (Fußweg: 0,5 km). Sorgfältig restauriert ist die **Wassermühle** des Dorfes. Mehrmals im Jahr organisiert die Gemeinde ›Wandertage‹ mit geführten Touren durch die Berge. Für die Zukunft plant sie den Aufbau eines archäologischen Parks, um die Funde einer 10 000 Jahre alten Siedlung zu präsentieren. Außerdem sollen alte Handwerkstechniken vorgeführt werden.

# Davlós/Kaplıca  ♀ L 3

### Eingerahmte Landschaft

Gut zu Fuß müssen Sie schon sein, um **Kantára,** die östlichste der drei Burgen Nordzyperns, zu erklimmen (tgl. 8–17, Winter 8–15.30 Uhr, 7 TL; s. Lieblingsort S. 216). Sie thront auf einem 630 m hohen Felsen und bietet einen weiten Blick in die Landschaft. Angeblich kann man an klaren Wintertagen von hier aus sogar schneebedeckte Berge im 200 km entfernten Libanon erkennen. In die Weltgeschichte trat die Burg ein, als sich Isaak Komnenos, Herrscher von Zypern, hier auf der Flucht vor dem englischen König Richard Löwenherz verschanzte, bevor er sich ihm ergab. Er bat damals darum, ihn nicht in Eisen zu legen. Dem entsprach der listige Herrscher auf seine Weise: Er legte dem Gefangenen Ketten aus Silber an. Obwohl sie später noch als Verteidigungsanlage genutzt wurde, verblasste die Bedeutung der Burg angesichts neuer strategischer Punkte auf der Insel. Schon seit Mitte des 16. Jh. ist Kantára als Ruine bekannt. Besucher lieben vor allem den Blick durch verbliebene Fensteröffnungen, die die Landschaft einrahmen. Auch die Latrinen, die eigentlich nur aus einem Loch über dem Abgrund bestehen, finden reges Interesse.

*Wenn der kürzeste Weg zur Weide am Strand entlangführt, freut das die Hirtin. Kühe gehen nicht ins Wasser, aber Schafe werden einmal im Jahr zu einem Reinigungsbad ins Meer getrieben (bei Davlós/Kaplıca).*

# Lieblingsort

## Karpasía aus der Vogelperspektive

Hoch oben auf verlassenen Steinen zu sitzen, ist ein besänftigendes Gefühl. Der Wind weht eine frische Brise herüber und macht den Kopf frei. Immer wieder zieht es mich zu den Ruinen der **Burg Kantára** (📍 L 3). Es ist ein Ort, um mit sich allein zu sein, denn zwischen den übrig gebliebenen Mauern spazieren nur wenige Besucher umher. Am meisten aber liebe ich es, dass ich von hier oben den Umriss der Insel erkennen kann. Zumindest die markante Form des ›Pfannenstiels‹. An dieser Stelle ist die Karpasía-Halbinsel nämlich nur noch 12 km breit. Sie wird ab hier immer schmaler, sodass man von oben Zyperns Nord- und Südküste gleichzeitig im Blick hat. Einmalig! Man kann dem Meer dabei zuschauen, wie es sich am Kap Apóstolos Andréas wieder vereint. Diese ungewöhnliche Perspektive lässt sich aber noch toppen. Bei Sonnenaufgang, wenn der Himmel im Osten rot erglüht, werden die Mauern der Burg in das goldene Licht des Morgens getaucht. Und am Abend, bei Sonnenuntergang, verwandelt das Farbenspiel des Himmels die gesamte Bergkette des Kerýneia-Gebirges in eine märchenhafte Landschaft.

### Carob Warehouses

Der Eingang vom Land, der Ausgang zum Meer. So waren die ehemaligen **Lagerhäuser für Johannisbrotschoten** konzipiert. Eins davon bzw. seine Ruine steht auf einer Landzunge etwa 5 km hinter Davlós/Kaplıca. Im höher gelegenen Zugang von der Landseite lieferten die Bauern ihre Ernte ab und über die weiter unten gelegenen Tore auf der anderen Seite wurden die Schoten auf Boote geladen. Die gesamte Nordküste war mit diesen Lagerhäusern bestückt, die von der britischen Inselregierung ab Ende des 19. Jh. errichtet wurden, um die Transportwege zu vereinfachen.

# Agialoúsa/Yeni Erenköy

📍 N 2

### Schöne Latschen

Sieh an, sieh an: Flip-Flops waren schon vor 1500 Jahren in Mode. Dieser Eindruck entsteht jedenfalls, wenn man sich die Fußbodenmosaiken der frühbyzantinischen Basilika **Agía Triás** (tgl. 8–17, im Winter bis 15.30 Uhr, 7 TL) genauer anschaut. Neben fantasievollen geometrischen Gebilden in prächtigen Farben zeigt eines von ihnen ein paar Sandalen – ein altes Pilgersymbol. Der Bodenschmuck und einige Säulen sind das einzige, was von der einst wohl prächtigen Kirche aus dem 6. Jh. übrig geblieben ist. Fehlende Überdachung und mangelnder Schutz haben den historischen Ruinen hart zugesetzt. Dennoch ist ein Spaziergang über das Gelände ein Quell der Entspannung. Es ist ein Ort der Stille, wo man gut ausruhen und seine Gedanken schweifen lassen kann. Um die weißen Säulenstümpfe huschen Eidechsen, die Vögel zwitschern und die Augen spazieren entlang der anmutigen Muster, die den Boden der Kirche ehemals geschmückt haben.

### Die Höhle der Fruchtbarkeit

An der Straße ist die Kirche **Ágios Thýrsos** nicht zu übersehen. Die eigentliche Attraktion an dieser Stelle ist jedoch eine kleine **Kapelle** (immer zugänglich), die unterhalb des Restaurants Deks fast auf Höhe des Meeresspiegels liegt. Erbaut wurde sie über einer Felsspalte mit einer wundertätigen Quelle. Nach der Legende soll das heilige Wasser Frauen ihren Kinderwunsch erfüllen. Die Höhlenkapelle ist angefüllt mit Heiligenbildern und Wunschtüchlein, die entlang der Wände verknotet und festgesteckt sind. Ein Zeichen dafür, dass der Glaube an die Wirkung noch recht lebendig ist.

### Liegende Giganten

Menschen mit Entdecker-Gen nehmen die nun folgende kleine Wanderung über 3 km gern in Kauf. Denn mitten in der kahlen Landschaft, verborgen zwischen Büschen und auf den ersten Blick kaum von der steinigen Umgebung zu unterscheiden, liegen zwei **überlebensgroße Statuen** herum. Es wird vermutet, dass sie aus der Bronzezeit stammen. Datiert und vor allem geschützt wurden die beiden Giganten jedoch noch nicht. Zwar hat der Bildhauer seine Arbeit nie vollendet, aber Kopf und Armhaltung sind deutlich in dem verwitterten Gestein zu erkennen. Seit vielleicht 4000 Jahren liegen sie hier und niemand wird je erfahren, wen sie darstellen sollten oder zu welchem Zweck sie in Auftrag gegeben wurden.

# Rizokárpaso/ Dipkarpaz

📍 O 2

### Das letzte Dorf vor der Stille

Die Bewohner von Rizokárpaso/Dipkarpaz können mit Fug und Recht behaupten, dass die Sonne in Zypern über ihrem Dorf zuerst aufgeht. Der östlichste Ort der Insel ergießt sich großzügig über die Ebe-

*Rizokárpaso/Dipkarpaz: Kirche und Moschee friedlich Seit an Seit – Sinnbild für das Zusammenleben der Bewohner*

ne zwischen der Nord- und der Südküste, die hier nur noch 7 km voneinander entfernt liegen. Es scheint, als habe in dieser Kante noch niemand das Wort ›Hektik‹ auch nur je gehört. Man schlendert über die Straße, ob Mensch oder Tier, sitzt im Schatten eines Baumes oder fährt mit dem Traktor zum Einkaufen. Die Touristen sind nur Durchreisende auf dem Weg zu den Stränden oder zum Kloster Apóstolos Andréas.

Die Kaffeehäuser und kleinen Läden an der Hauptstraße bieten den rund 3000 Einheimischen den besten Platz, das Geschehen im Ort zu beobachten und zu kommentieren. In Dipkarpaz leben türkische und griechische Bewohner noch zusammen, rein äußerlich zu erkennen an den beiden Gotteshäusern. Einige Stufen führen von der Hauptstraße zur **Moschee** hinauf, die erst 1992 erbaut wurde und hoch über Dipkarpaz

thront. Weiter unten leuchtet die ›weiße Kirche‹, **Ágios Synésios.** Der Bau wurde im 12. Jh. neben der ›Höhle des St. Synesius‹ errichtet und bekam im 18. Jh. seine heutige Gestalt. Dieser regionale Heilige gilt als der Schutzpatron der Karpasía-Halbinsel. Der Ehrentag des einstigen Bürgers und Bischofs der antiken Stadt Carpasia wird am 16. Mai gefeiert.

### Die untergegangene Hauptstadt

In sanften Kurven windet sich die Straße hinunter zur Nordküste. Der Blick reicht weit über die hügelige Landschaft, den weißen Strand und das blaue Meer. Heutzutage kommen Besucher zu dem abgelegenen Fleckchen, um sich die Kirchenruine anzuschauen oder auf der Terrasse des Restaurants Oasis die Aussicht zu genießen. Aber vor fast 2500 Jahren war das ein geschäftiger Landstrich. Denn hier lag das **antike Carpasia**, die Hafen- und Hauptstadt, die der gesamten Halbinsel ihren Namen gab. Ob sie tatsächlich, wie die Legende besagt, vom phönizischen König Pygmalion gegründet wurde oder irgendein anderer Herrscher seine Standarte aufpflanzte, ist nicht mehr stichhaltig beweisbar. Der Hafen von Carpasia war auch in seinen besten Zeiten nur für kleinere Schiffe geeignet. Das hielt aber den makedonischen Feldherrn Demetrios Poliorketes nicht davon ab, hier 306 v. Chr. mit seiner Flotte zu landen, Carpasia sowie das benachbarte Urania zu erobern und anschließend vor Salamis die Seeschlacht gegen Ptolemaios I. für sich zu entscheiden. Ende des 4. Jh. n. Chr. wurde die Stadt Bischofssitz. Auf diesem hohen Stuhl saß Ágios Phílon, der von dem Metropoliten Epiphanius zum ersten Bischof von Carpasia geweiht wurde.

Im Jahre 806 fiel die Hafenstadt Carpasia einem arabischen Plünderungszug zum Opfer. Die Bewohner siedelten von der Küste ins Landesinnere um und gründeten den Ort Rizokárpaso. Aus den gelben Steinen der antiken Stadt Carpasia wurde im 12. Jh. auf den Ruinen einer frühchristlichen Basilika die Kreuzkuppelkirche **Ágios Phílon** errichtet. Malerisch von Palmen eingerahmt, ist ihre Ruine noch heute an dieser Stelle zu bewundern. Beim Schnorcheln vor der Küste kann man sogar **Reste des versunkenen Hafens** von Carpasia erkunden.

In unmittelbarer Nähe erstreckt sich sichelförmig ein herrlicher **Strand**, der allerdings in den Sommermonaten vorsichtig genutzt werden sollte. Er ist einer der vielen **Eiablageplätze der Meeresschildkröten.** In den Hügeln oberhalb des Strandes, von einem unscheinbaren Feldweg aus erreichbar, finden sich antike **Felsengräber,** die als Unterschlupf für Ziegen und Schafe dienen.

## Schlafen

### Oase am Meer

**Oasis at Ayfilon:** Einer der schönsten Plätze in ganz Karpasía! Von der Terrasse des Restaurants erlebt man einen perfekten Sonnenuntergang. Ein kleiner hoteleigener Strand gehört dazu und nur 500 m entfernt liegt ein idealer Beach. Unterkommen kann man entweder in einer der umgebauten Klosterzellen, die aus Bett, Schrank, Toilette und direktem Strandzugang bestehen, oder in einem größeren Raum in dem Steinhaus oberhalb der Kirchenruine Ágios Phílon. Es ist auch möglich, sich hier Fahrräder auszuleihen.
Rizokárpaso/Dipkarpaz, Mersin 10, www.oasis hotelkarpas.com, 7 Zi., DZ/F 60 €

### Beim Kochen helfen

**Glaro Garden Hotel:** Mitten im Dorf liegt diese zauberhafte Gartenanlage mit den Bungalows aus hiesigem Naturstein. Die authentisch-ländliche Einrichtung der einfach, aber liebevoll ausgestatteten Räume setzt sich in dem Restaurant der Anlage fort. Das Essen ist hausgemacht und immer frisch. Zuschauen und mit-

machen bei der Zubereitung ist jederzeit möglich und erwünscht. Zum Service gehören ein Flughafenshuttle (50 € p. P.) und ein Gratis-Fahrdienst zum Strand.
Rizokárpaso/Dipkarpaz, www.glarogarden. com, 6 Bungalows, DZ ab 55 €

## Essen

### Dinieren am Yachthafen

**Hemingway's Restobar:** Es gibt wohl nur wenige Restaurants in Nordzypern, in denen man sich in so exklusiver Umgebung fühlt, wie in diesem. Die Restobar serviert exzellente Speisen, die sich wohltuend von den üblichen Mahlzeiten der lokalen Gastronomie abheben. Dazu der Anblick der Boote und einen glühenden Sonnenuntergang – da bleibt man gern noch auf einen Cocktail.
Agialoúsa/Yeni Erenköy, T 053 38 25 39 90, www.karpazbay.com, tgl. 8 Uhr bis zum letzten Kunden, Menü mit Vorspeise, Hauptgericht und Dessert ab 90 TL

### Essen wie die Einheimischen

**Dostlar:** Wenn sich eine traditionelle Hausfrau das Essen im Restaurant bestellt, statt zu kochen, muss es gut sein. Die einen kommen, um das Abendessen für die Familie abzuholen, die anderen lassen sich für einen gemütlichen Abend an den einfachen Holztischen nieder. Während die Touristen bei Manolyam (Anavatan Sokak) einkehren, essen die Einheimischen hier in diesem Kebabrestaurant. Und das aus gutem Grund, denn die angebotenen Klassiker sind frisch und exzellent gewürzt.
Rizokárpaso/Dipkarpaz, Karpaz Analoyou (Dorfstraße in Richtung Kloster Apóstolos Andréas), tgl. 11–23 Uhr, Lahmacun 8 TL

### Bestes Sunset-Dinner

**Oasis:** Gekocht wird mit Können, serviert mit Kunst. Sogar die Möhren für die Salatbeilage sind geschnitzte Blumen. Obwohl ein Ausflugsrestaurant mit angegliedertem

Badestrand, kann man im Oasis wirklich gut speisen. Diplomaten und UN-Vertreter kommen hierher, um ihre Gäste auszuführen. Am Abend wird die Terrasse voll, denn von hier aus hat man den schönsten Sonnenuntergang weit und breit im Blick.

Rizokárpaso/Dipkarpaz, Ágios Phílon, T 054 28 56 50 82, FB @OasisAtAyphilon, tgl. 7–22 Uhr, gebackener Fisch 70 TL

---

## Bewegen

### Besuch bei den Riesennestern

**Turtlewatching:** In der Karpasía-Region gibt es unzählige Strände, an denen Meeresschildkröten ihre Eier ablegen. Der weiche Sand und die Einsamkeit sind die besten Bedingungen dafür. Weder störender Lichteinfall von Hotels oder Beach-Clubs noch dicht an dicht stehende Sonnenliegen verhindern den Nestbau. Zwei der wichtigsten Strände, die von den Mitarbeitern der Schildkrötenschutzstation kontrolliert werden, sind **Ronnas Bay** (♥ O 2) und **Ayfilon Beach** (Ágios Phílon Beach, ♥ O 2). Auch der **Golden Sands Beach** (s. S. 222) wird wieder vermehrt von den Tieren angesteuert. Termine für das öffentliche Freilassen von Jungtieren werden auf der Facebookseite angekündigt, Anmeldungen für die Nachttouren sind über die Website möglich.

www.cyprusturtles.org, FB @cyprusturtles, Mai–Juli Nachttouren, Buchung erforderlich, Spende von ca. 12 € erbeten; Juli–Sept. Nestkontrollen, Freilassen der Jungtiere (s. S. 254)

### Unterwasser-Vergnügen

**Mephisto Diving:** Tauchkurse und -ausflüge mit deutschsprachiger Führung bietet die Tauchschule an, die ihre Basis im Yachthafen bei Agialoúsa/Yeni Erenköy, hat. Die Betreiberin ist Marion Buchmüller, eine deutsche Auswanderin, die schon seit Jahren in Nordzypern lebt.

Mephisto Diving, Karpaz Gate Marina, www.mephisto-diving.com Fr–Mi 9–17 Uhr

### Zu Fuß über Stock und Stein

**Wandern in der Karpasía-Region:** In fast jedem Dorf sind auf Infotafeln die umliegenden Wanderwege ausgeschildert. Man kann sich gut allein auf den Weg machen, sollte aber die Entfernungen und die Einsamkeit der Gegend nicht unterschätzen. Besser, man sagt in der Unterkunft Bescheid, was man vorhat, für den Fall, dass man sich verläuft. Beachten Sie, dass während der Jagdsaison (Okt.–Jan.) sonntags Männer mit Schrotflinten in den weniger besiedelten Gebieten unterwegs sind. Die Wanderwege wurden im Rahmen des EU-Projektes »Natura 2000« markiert. Das grün-weiße Quadrat kennzeichnet schmale Wege, der grün-weiße Kreis die breiten Wege, die größtenteils auch mit dem Auto und dem Fahrrad befahrbar sind. Für die nicht gekennzeichneten Routen empfiehlt es sich, in den umliegenden Dörfern einen Ortskundigen als Guide anzuheuern.

---

## Feiern

- **Kulturfestival:** Juni, Platáni/Çınarlı. Die traditionelle Kultur steht im Mittelpunkt des Festes. Kunsthandwerk und folkloristische Darbietungen ziehen die Besucher an.
- **Johannisbrotfest:** Sept., Akanthoú/Tatlısu. Das ›schwarze Gold‹ wird gefeiert mit Verkostungen und Verkauf diverser Produkte aus der Schote. Dazu kommen Konzerte und Tanzaufführungen.

---

# An der Ostspitze

Hinter Rizokárpaso/Dipkarpaz begegnen dem Reisenden nichts als abgeschiedene Ruhe, herrliche Landschaft – und **Esel**. Auf der Landstraße stellt sich Ihnen bisweilen so ein sturer Geselle in den Weg, der Sie nur passieren lässt, wenn Sie ihm etwas zu beißen anbieten. Im

# TOUR
# Aufstieg zum ›Magic Rock‹

**Wanderung zum Roten Stein mit einer Stippvisite in Aféndrika**

## Infos

 O 1/2

**Start:** Ágios Phílon; die Wanderung beginnt am Abzweig zum Roten Stein

**Länge der Wanderung:** 6 km (gleicher Hin- und Rückweg); 8 km (Rundweg)

**Nicht vergessen:** festes Schuhwerk, Kopfbedeckung, Trinkwasser

Um Karpasías ›Magic Rock‹ von Nahem zu sehen, fahren wir ca. 7 km von **Ágios Phílon** auf der Straße parallel zur Küste zu einem mit Ruinen übersäten Areal. Hier lag vor über 2000 Jahren die Stadt **Aféndrika.** Viel ist von ihr nicht übrig geblieben. Zu sehen sind vor allem die zerstörten Gemäuer von drei Kirchen: Panagía Asómatos, Ágios Geórgios und Panagía Chrysiótissa. Doch diese gehen auf eine erst später errichtete Siedlung zurück.

Aféndrika ist nur ein Abstecher auf unserer Tour, die eigentlich ca. 1,5 km zuvor an einer **Wegkreuzung** beginnt. Genau hier lassen wir das Auto stehen. Landeinwärts führt ein breiter, holpriger Weg hinauf auf den Kamm der Bergkette. Etwa 1,5 km geht es bergan bis auf eine Höhe von 145 m. Dann schlängelt sich der Pfad über 1,5 km an Feldern vorbei bis zum ›Magic Rock‹, dem **Roten Stein.** Dieser gigantische, 10 m aufragende Felsbrocken thront auf einem Berghang, als könne er gerade so die Balance halten. Sein kupferfarbenes Gestein sticht auffällig aus der Umgebung heraus. Die Einheimischen vermuten, dass es sich bei ihm um einen Meteoriten oder einen von einem antiken Tsunami emporgehobenen Felsbrocken handelt. Von der Südküste aus fällt er ins Auge, weil er je nach Sonnenlicht geradezu magisch anmutet. Nur wenige Menschen machen sich die Mühe, ihn aus der Nähe zu betrachten. Nicht mal alle Einwohner von Rizokárpaso/ Dipkarpaz kennen den Weg zu dem Naturmonument.

Zurück geht es auf der selben Route. Wer noch Lust und genügend Energie hat, verlängert die Tour über die Felder Richtung Norden. Mit einem Abstieg, der zu den **Kirchen von Aféndrika** (3,6 km) führt, geht es zum **Ausgangspunkt** zurück (1,5 km).

## VERSCHOLLEN

Es soll sie gegeben haben, die **antike Stadt Urania.** Alte Quellen weisen darauf hin, dass sie hinter Rizokárpaso am Meer lag. Die bis heute verschollene Metropole gehörte im 2. Jh. v. Chr. zu den sechs größten Städten der Insel Zypern. Noch immer gibt es keinen klaren Nachweis über ihren genauen Standort. Aber 1,5 km hinter Aféndrika in Richtung Osten sind große Felsengräber zu sehen, die auf eine längst untergegangene Kultur hinweisen. Lag hier Urania?

Dorf verkaufen einige Läden inzwischen Möhren als Futter. Zutraulich stecken die Tiere ihre Köpfe durch die Autofenster. Die Esel gelten als Wahrzeichen der Karpasía-Halbinsel. Sie sind die verwilderten Nachkommen einer Generation von Hauseseln, die von den ehemaligen griechisch-zyprischen Bewohnern nach 1974 zurückgelassen wurden. Von ein paar Tausend sind nur noch ca. 500 Tiere übrig. Inzwischen gibt es ein umzäuntes Areal für die Esel mit Futterstellen und Wasserplätzen, damit sie die Felder nicht plündern. Das hält sie aber nicht davon ab, immer wieder auszubüxen.

# Golden Sands Beach

 O/P1/2

### Goldener Traumstrand

Zahllose Strände mit weichem Sand oder bizarren Steinformationen, manche hinter bewachsenen Dünen oder in abgeschiedenen Buchten versteckt, laden auf diesem letzten Stückchen der Karpasía-Halbinsel zum Baden ein. Der schönste von allen ist der **Golden Sands Beach:** 2 km goldener, weicher Sand. An dem **Naturstrand** gibt es keine Bademeister, keine Sonnenliegen und auch keine Kioske. Wer hier den Tag verbringen will, tut gut daran, eine Kühlbox im Auto zu haben und sich im Dorf mit Speisen und Getränken einzudecken. Schilder gemahnen, den Strand sauber zu halten und nachts nicht zu betreten, um brütende Meeresschildkröten nicht zu stören und ihre Nester nicht zu beschädigen.

# Kloster Apóstolos Andréas

P1

### An der Wunderquelle

Immer weiter führt diese letzte Straße Nordzyperns bis auf die äußerste ›Nasenspitze‹ der Insel. Bevor aber das Ende erreicht ist, erheben sich aus der einsiedlerischen Landschaft die Mauern des **Klosters Apóstolos Andréas.** Die Geschäftigkeit zwischen den Gebäuden rührt von den vielen Gläubigen her, die extra in diese verlassene Gegend kommen, um dem hl. Andreas zu huldigen und sich von der **wundertätigen Quelle** am Felsen zu Füßen des Klosters Wasser abzufüllen. Das soll gegen alle möglichen Leiden helfen und sich in seiner Wirkung nicht auf Christen beschränken. Auch Muslime glauben an seine Heilkraft. Diese Quelle, so sagt die Legende, habe der Apostel Andreas der durstigen Schiffsmannschaft genannt, die ihn nach seiner Verkündungsreise durch Carpasien auf Zypern an Bord genommen hatte. Die Lusignans ließen im 15. Jh. an dieser Stelle zu Ehren von Andreas, dem Schutzheiligen der Reisenden und der Kranken, eine Kapelle errichten. Die Klostergebäude des Wallfahrtsortes wurden in den Jahren 1865 bis 1867 erbaut. Restauriert und instand gesetzt 2016, hat das Kloster seine alte Erhabenheit wiedergewonnen.

Die modernen Pilger schlendern nach ihrer heiligen Pflicht auch gern über den kleinen **Markt,** der sich dort mit einem reichhaltigen Angebot an Süßwaren und Souvenirs angesiedelt hat.

# Kap Apóstolos Andréas/ Zafer Burnu  P 1

### Am Ende der Insel

Das Kap ist ein beliebter Ausflugsort, auch für die Einheimischen, die sich dort manchmal sogar mit Decken und Picknick niederlassen. Der Felsen oberhalb des Meeres bietet eine fantastische Aussicht. Dort oben stand in der Antike ein der Aphrodite Akraia geweihter Tempel. Diese Bezeichnung adelte die Göttin als Beschützerin der Höhen. Heute weht dort eine große türkische Flagge. Schon die Steinzeitmenschen bevorzugten diesen Platz. Die Überreste einer neolithischen Siedlung aus dem 7. Jt. v. Chr. fand man auf einem nach Süden gerichteten Absatz unterhalb des Plateaus. Ein paar Hundert Meter weiter ist Zypern dann zu Ende. **Kleídes** werden die vorgelagerten Inselchen seit Menschengedenken genannt, ›Schlüssel‹. Vielleicht, weil sich über diese Küste so viele fremde Mächte Zutritt nach Zypern verschafft haben?

Es ist nicht nur die Landschaft, die den Reiz des Ortes ausmacht, es ist auch das Bewusstsein, dass man alles hinter sich gelassen hat. Von hier aus geht es nicht weiter, das Meer versperrt den Weg in drei Himmelsrichtungen. Man ist an einem Punkt angekommen, der unendliche Ruhe ausstrahlt.

## Schlafen

### Terrasse mit Weitblick

**Burhans Place:** Die beliebten Bungalows am Golden Sands Beach wurden aus Gründen des Naturschutzes abgebaut. Burhans Place hat jedoch als Boutique-Hotel nur etwa 2,5 km hinter dem letzten Dorf der Halbinsel ein neues Domizil mit weitem Blick über das Meer gefunden.

Rizokárpaso/Dipkarpaz, www.burhanshotel. com, 19 Zi., DZ/F ab 90 €

### Familienhotel am Fischerhafen

**Blue Sea Hotel:** Das kleine Familienhotel neben dem Fischerhafen verströmt eine heimelige Atmosphäre. Zum Glück haben die Renovierungen nichts an dem herrlich altmodischen Flair geändert, das dieses Haus umgibt. Die Besitzer kümmern sich um ihre Gäste wie um Familienangehörige. Hoch ist der Anspruch auch, was die Bewirtung betrifft – der fangfrische Fisch wird vom Chef höchstpersönlich zubereitet. Die Zimmer sind äußerst großzügig geschnitten und bieten reichlich Platz für eine komplette Familie.

Rizokárpaso/Dipkarpaz, Apostolos Andreas Yolu Üzeri, www.blueseahotel.net, 15 Zi., DZ/F 50 €

## Bewegen

### Vögel gucken

**Birdwatching:** Zypern wird von zwei der wichtigsten europäischen Zugvogel-Routen gekreuzt. Die vielen Feuchtgebiete in der Gegend um Famagusta (s. S. 199) und die **Kleídes-Inseln** am Kap Apóstolos Andréas sind die besten Sichtgebiete für Vögel in dieser Region. Die Inselgruppe ist außerdem Brutplatz für zwei äußerst rare Arten: die schwarz glänzende Krähenscharbe (*Phalacrocorax aristotelis desmarestii*) aus der Familie der Kormorane und die Korallenmöwe (*Larus audouinii*). Von Oktober bis Mai bieten die Vogelschützer von Kuşkor geführte Birdwatching-Touren an.

www.kuskor.org

# Kosmisches Leuchten

*Der Sternenhimmel auf Karpasía*

Wenn der Himmel sich nachtblau färbt und die ersten Lichtpunkte am Firmament aufblitzen, gibt die Natur auf der Karpasía-Halbinsel eine ihrer wunderbarsten Vorstellungen. Ein paar Kilometer hinter dem letzten Dorf Rizokárpaso/Dipkarpaz, am äußersten Zipfel Zyperns, liegt eine Gegend, die in ihrer naturbelassenen Finsternis einen geradezu spektakulären Blick auf die Sterne erlaubt. Je später es wird, desto deutlicher treten einzelne Sternbilder und schließlich sogar die Milchstraße hervor. Ausgesprochen unterhaltsam wird es um den 12. August, wenn mit den Perseiden ein wahrer Sternschnuppenschauer niedergeht. Ist man anfangs noch versucht, sich bei jedem ›Shooting Star‹ etwas zu wünschen, gehen einem angesichts der Fülle der vom Himmel fallenden Meteoroiden bald die Wünsche aus. Langweilig wird der Anblick des von Millionen von Sternen glühenden Himmels nie. ∎

# Das Kleingedruckte

*Die Skulptur »The Little Fisherman«
ist in Páfos ein beliebter Treffpunkt für
Verabredungen.*

## Anreise

### Mit dem Flugzeug

Die internationalen Flughäfen der Republik Zypern sind **Lárnaka** und **Páfos**. Der Flughafen Ercan in Nordzypern kann nur mit Zwischenstopp in der Türkei angeflogen werden. Zwar fliegen **Billigairlines** wie Easyjet auch Zypern an, doch sind Hin- und Rückflug unter 150 € kaum zu bekommen.

**Flughafen Lárnaka:** 7 km westlich des Stadtzentrums. **Airport-Shuttlebusse** operieren zwischen Lárnaka, Nikosia und Páfos (www.kapnosairportshuttle.com) sowie zwischen Lárnaka und Limassol (www.enlimas solairportexpress.eu). **Linienbusse** fahren ins Zentrum von Lárnaka, von dort weiter nach Agía Nápa und Protarás (Nr. 711). Auch **Intercity-Busse** fahren ab Lárnaka in die Urlaubshochburg um Agía Nápa (www. cyprusbybus.com). **Taxis** stehen vor dem Flughafengebäude in großer Zahl bereit.

**Flughafen Páfos:** 15 km östlich des Stadtzentrums. Die **Linienbusse** Nr. 612 und 613 fahren zu den Strandhotels von Geroskípou, Páfos und Coral Bay sowie in die Stadt (www.cyprusbybus.com). **Airport-Shuttlebusse** fahren nach Lárnaka und Nikosia (www.kapnosairportshuttle. com) sowie nach Limassol (www.enlimas solairportexpress.eu). Am Flughafen Páfos stehen **Taxis** bereit.

**Flughafen Ercan:** 10 km östlich von Nord-Nikosia. **Airport-Shuttlebusse** fahren nach Nikosia, Kerýneia/Girne und Famagusta (www.kibhas.org), außerdem gibt es **Taxis. Mietwagen** können an allen Flughäfen angemietet werden.

### Mit der Fähre

Derzeit verkehren zwischen Europa und Zypern keine Fähren, doch eine Verbindung nach Griechenland ist geplant. Zwischen der Türkei und Nordzypern operieren Fährboote auf den Strecken Mersin–Famagusta (www.kibrisdeniz.net) und Taşucu–Kerýneia/Girne (www.akgunlerbilet.com).

## STECKBRIEF

**Lage:** östliches Mittelmeer
**Größe:** 9251 km$^2$ (davon türkisch kontrollierter Norden 3355 km²)
**Küstenlänge:** 782 km
**Einwohner:** 1,15 Mio. (850 000 im Süden, 300 000 im Norden)
**Große Städte:** Nikosia, Lárnaka, Limassol, Páfos, Kerýneia, Famagusta
**Staat und Politik:** Republik Zypern, Präsidialsystem; Türkische Republik Nordzypern: nur von der Türkei anerkannt; Präsidialsystem
**Religion:** in der Republik Zypern 94,8 % Christen, davon 89,1 % zyprisch-orthodox; in Nordzypern 99 % Muslime
**Wichtigste Wirtschaftszweige:** in der Republik Zypern Tourismus, Schifffahrt und Finanzdienstleistungen, Arbeitslosenquote 6,5 %; Nordzypern ist wirtschaftlich von der Türkei abhängig; eigene Einnahmen: Tourismus und die Hochschulgebühren an den 11 Universitäten
**Zeitzone:** Zypern liegt in der Osteuropäischen Zeitzone (EET), ganzjährig MEZ +1 Std.
**Vorwahl:** 00357 ist die internationale Vorwahl für die Republik Zypern; für den Norden: türkische Vorwahl 0090, gefolgt von 392 (Festnetz) oder 533 bzw. 542 (Mobilnummern).

# Bewegen und Entschleunigen

## Baden

Der Republik Zypern werden für ihre Strände regelmäßig über 60 blaue Flaggen verliehen. Rettungsschwimmer gibt es an allen viel besuchten Stränden. An einigen Stränden mit starker Strömung ist das Baden verboten, darauf weisen Warnschilder hin. Es gibt keinerlei Bedrohung aus dem Meer, weder Haie noch ein Übermaß an Quallen.

## Birdwatching

In Zypern gibt es vielfältige Gelegenheit, vor allem Wasservögel zu beobachten. Die besten Spots im Süden sind der Salzsee von Lárnaka, die Gegend um Kíti/Mazotós, Oróklini-See, Paralímni-See, Áchna-Damm und Kap Gréko. Es gibt regelmäßig geführte Touren, aber mit der kleinen Broschüre, die man sich bei **Birdlife Cyprus** herunterladen kann, gelingt die Beobachtung auch auf eigene Faust (www.birdlifecyprus.org). Im Norden der Insel Zypern sind das Kukla-Feuchtgebiet bei Famagusta, die Landschaft um den Geçitköy-Staudamm und die Kleídes-Inseln an der Spitze der Karpasía-Halbinsel lohnenswerte Birdwatching-Punkte (Infos und Touren: www.kuskor.org).

## Golf

Die meisten Golfanlagen sind im Bezirk Páfos versammelt. Von der Ausstattung und der Anlage her sind sie alle erstklassig. **Aphrodite Hills Resort** (www.aphroditehills.com) und **Secret Valley Golf Course** (www.cyprusgolf.com) liegen ca. 24 km südöstlich von Páfos auf den Hügeln oberhalb des Felsens der Aphrodite. Der **Eléa Estate Golf Club** (www.eleaestate.com) hat sein Domizil bei Geroskípou (s. S. 102), der **Minthis Hills Golf Club** (www.cyprusgolf.com) bei Tsáda (♥ B 8).

## Paragliding

Bei Paraglidern beliebte Orte sind die Kensington Cliffs bei Koúrion (Limassol, www.cyprusflyadventures.com) und der Felsen der Burg St. Hilarion (Kerýneia/Girne, www.highlineparagliding.com). Auch Tandemflüge werden angeboten.

## Radfahren und Mountainbiking

Die Region um Agía Nápa und Protarás hat ein vorbildlich ausgebautes Radwegenetz. Auch im Tróodos-Gebirge gibt es Radwege, aber eher als schmale Seitenstreifen. Mountainbiker nutzen lieber die unebenen Pisten im Gebirge und in der Páfos-Region. Auf der Website des Tourismusministeriums sind 40 Fahrradrouten unterschiedlicher Schwierigkeitsgrade ausgewiesen (www.visitcyprus.com > Sport&Training > Radtraining). Optimale Reisezeit für Radler sind die Monate November bis Mai. Größtes Mountaibike-Event ist der »Cyprus Sunshine Cup«.
www.activatecyprus.com
www. bikecyprus.ch

*Vor allem in der dünn besiedelten Gegend der Karpasía-Halbinsel ist Radfahren ein Vergnügen.*

## UNBEDINGT BEACHTEN **B**

Wanderer und Outdoor-Athleten sollten sich immer bewusst sein, dass auf Zypern wegen der teils extrem hohen Temperaturen in den Sommermonaten erschwerte Bedingungen herrschen. In dieser Zeit sind fordernde Aktivitäten draußen nur in den Morgen- und Abendstunden empfohlen. Eine Kopfbedeckung und das Mitführen von ausreichend Trinkwasser ist Pflicht. Für Geländesportler und Wanderer gilt: Wegen der Schlangen unbedingt festes Schuhwerk tragen.

### Reiten

Für Pferdefreunde bieten sich in fast allen Regionen Gelegenheiten zum Ausritt und für längere Touren. Die Mitarbeiter in den Tourist-Infos und an den Hotelrezeptionen können konkrete Auskunft geben. Ausritte und Reitstunden können z. B. gebucht werden bei der Eagle Mountain Ranch in Mesógi (♥ B8; www.horseridingpaphos.com) und auf George's Ranch in Pégeia (♥ P7; www.georgesranchcyprus.com).

### Segeln

Es gibt bereits einige viel frequentierte Yachthäfen wie Limassol, Lárnaka oder die Karpaz Gate Marina (www.karpazbay.com). In Zukunft sollen weitere hinzukommen. Allerdings gibt es aus politischen Gründen keine Möglichkeit, die Insel im Boot zu umrunden. Für einen kurzen Segeltörn die Küste entlang mit oder ohne Skipper finden Gäste in den meisten Hafenstädten Bootsverleiher.

### Tauchen

Das Fehlen von Plankton erlaubt beim Tauchen eine ausgezeichnete Sicht auf Fische, Schwämme, Korallen, Seeanemonen, Tintenfische, Miesmuscheln und Seeigel. Auch Meeresschildkröten können unter Wasser beim Schwimmen bewundert werden. Zwar gibt es vor Zyperns Küsten keine so aufregende Unterwasserwelt wie im Roten Meer, aber dafür jede Menge außergewöhnliche Tauchziele, wie Höhlen oder Grotten, Überreste von antiken Amphoren und Schiffswracks. Die »Zenobia« kennt jeder, aber es gibt noch viel mehr Wracks. Teils sanken sie tatsächlich, teils wurden sie extra als Tauchattraktion versenkt (Übersicht über Tauchziele: www.visitcyprus.com > Sport&Training > Tauchen). In allen Badeorten der Insel gibt es Tauchschulen und -stationen.

### Wandern

Der **Europäische Fernwanderweg E4** verläuft über eine Distanz von 539 km in Zypern. Die Strecke beginnt am Flughafen Lárnaka und endet am Flughafen Páfos. Sie ist in Routen von 12 bis 45 km Länge unterteilt. Eine Broschüre mit allen Wanderwegen in Zyperns Süden lässt sich von der Website www.visitcyprus.com als PDF downloaden. Die Printversion ist in den Tourist-Infos erhältlich. Leider ist nur ein Teil der Strecken als Rundwanderweg angelegt. Einen Shuttleservice zwischen Ausgangs- und Endpunkt gibt es nirgendwo.

Im Norden können Wanderungen auf Grundlage der Wegbeschilderung in Angriff genommen werden. Längste Route ist der **Kerýneia Mountain Trail** (www.kyreniamountaintrail.org), der über eine Länge von 260 km immer auf dem Kamm der Gebirgskette entlangführt. Das Büchlein »Walks in North Cyprus« (erhältlich in Buch- und Souvenirläden in Nordzypern) hilft bei der Planung kleinerer Touren. Auf beiden Seiten der Insel bieten Veranstalter geführte Wanderungen an. Auskünfte erteilen die Mitarbeiter der Tourist-Infos und Hotelrezeptionen.

### Windsurfen/Kitesurfen

An mehreren Stränden wird das notwendige Equipment vermietet. Zypern ist

### MARATHON/TRIATHLON

Im März finden der **Cyprus Marathon** (Páfos; www.logicomcyprus marathon.com) und der **Limassol Marathon** (www.limassolmarathon. com) statt. Für Triathleten ist Zypern eine ›Up-and-Coming Destination‹ und wird als Geheimtipp gehandelt. Dank des milden Klimas ist das *race* in Agía Nápa im März das früheste in Europa. Open-Air-Training ist ganzjährig möglich. **Cyprus Triathlon Federation:** www.cytrifed.org.

(noch) ein Geheimtipp für Kitesurfer. Wegen der angenehmen Wassertemperaturen und des stetigen Windes aus südlicher bis südwestlicher Richtung gilt die Insel als ›All-Year-Destination‹. Beste Strände sind im Süden Avdímou, Lady's Mile, Softádes und Paramáli, im Norden die Bucht von Mórfou.

### Zur Ruhe kommen

Hier ein paar Tipps, um im Zypernurlaub richtig herunterzukommen: An abgelegenen Stränden oder im Tróodos-Gebirge nachts die **Sterne beobachten.** In solchen Gegenden ohne Lichtverschmutzung ist die Sicht besonders gut. Sternschnuppen sind garantiert während der Perseiden-Schauer um den 12. August herum zu sehen (s. S. 224).

**Meeresschildkröten beim Nestbau zuschauen.** Zwischen Juni und August kann man sich einer Nachtwanderung anschließen (www.cyprusturtles.org). Die langsamen Bewegungen der großen Tiere, die bis zu drei Stunden brauchen, um das Nest am Strand zu graben, die Eier zu legen und das Nest wieder zuzuschütten (s. S. 254), haben eine meditative Wirkung.

In einem abgelegenen Bergdorf ins Kafeneion gehen und den alten Männern **beim Nichtstun zuschauen.**

# Einkaufen, Essen und Trinken

Die Einkaufsgewohnheiten der Zyprer werden durch Jahreszeit und Uhrzeit bestimmt. In den Sommermonaten ist es tagsüber zu heiß, um in den Innenstädten einen Einkaufsbummel zu machen. Dafür sind die klimatisierten Malls, die Einkaufszentren am Rande der Stadt, gut gefüllt. Hier geht man nicht nur Shoppen, sondern auch essen und Kaffee trinken. Abends wechselt dann die Strömungsrichtung. Sobald es kühler wird, beleben sich die Geschäftsstraßen und die vielen Cafés. Man sitzt draußen, gern auch direkt an der Straße. Denn immer geht es um Sehen und Gesehenwerden.

### Restaurantbesuch

Gegessen wird in Restaurants meist spät, ab 21 Uhr. Auch das hat mit den Temperaturen zu tun. Tavernen eignen sich nicht nur, um den Hunger zu stillen, sondern sie sind Orte der Geselligkeit. Dort geht es meist laut zu, am Wochenende gern mit Livemusik und es wird aufgetragen, bis sich die Tische biegen. Die Zyprer streiten anschließend oft in großer Runde darum, wer die Rechnung übernehmen darf. Die Bitte um getrennte Rechnungen wird nicht gern gesehen. Die Zyprer bezeichnen dies als ›deutsch zahlen‹. Als **Trinkgeld** sind 10 % der Rechnung durchaus üblich. Man lässt den Betrag nach dem Bezahlen auf dem Rechnungstellerchen zurück.

### Geschäftsöffnungszeiten

Große Geschäfte haben wochentags bis 22 Uhr geöffnet, viele selbst samstags und sonntags bis 21 Uhr. Vor allem in den Touristenregionen gelten diese Öffnungszeiten auch in kleineren Läden. Für den Einkauf von Lebensmitteln während der Schließzeiten der Supermärkte sind hier statt der Tankstellen die *peripteros* (Kioske) und Bäckereien zuständig. Die **Perípteros** sind ein

Geschenk für alle, die ›nur mal eben‹ etwas brauchen. Hier gibt es alles, von Getränken über Waschpulver, Geburtstagskarten und Badelatschen bis hin zu Nudeln und Hygieneartikeln für Damen. Zeitungen, Zigaretten und Süßigkeiten sowieso. Die meisten Perípteros sind bis 22 Uhr geöffnet, manche auch rund um die Uhr. Wer am Sonntagmorgen Milch und Brötchen braucht oder nachts Hunger auf etwas Süßes verspürt, besucht eine der geräumigen **Bäckereien.** Zu ihrem Angebot gehören auch herzhafte Snacks, Milch, Wurst, Käse, Eier und tagsüber warme Speisen.

## Einreisebestimmungen

**Ausweispapiere**: Für EU-Bürger und Schweizer genügt für beide Teile Zyperns bei der Einreise ein gültiger Personalausweis. Auch Kinder benötigen ein eigenes Passdokument.

**Haustiere:** Für Hunde braucht man den EU-Heimtierausweis. Hunde ohne eingesetzten Mikrochip müssen mit einer tierärztlichen Tätowierung am Ohr gekennzeichnet sein.

**Zollbestimmungen**: Waren für den persönlichen Gebrauch können EU-Bürger zollfrei in die Republik Zypern mitführen (u. a. 800 Zigaretten oder 1 kg Tabak, 90 l Wein oder 10 l Spirituosen). Für Schweizer Bürger und generell für Nordzypern gelten Obergrenzen: 200 Zigaretten und 1 l Spirituosen über 22 % Alkohol. Im Verkehr zwischen beiden Teilen Zyperns ist die Einfuhr von Waren für den persönlichen Gebrauch bis zu einem Wert von 260 € erlaubt, u. a. bis zu 40 Zigaretten und 1 l Spirituosen. Lebende Tiere oder Tierprodukte dürfen nicht eingeführt werden. Beim Übertritt aus dem Norden in die Republik Zypern wird kontrolliert, ob gefälschte Markenware eingeführt wird. Bei Verdacht wird konfisziert.

## Feiertage

### Gesetzliche und orthodoxe Feiertage
**1. Jan.:** Neujahr
**6. Jan.:** Epiphánias
**25. März:** griechischer Unabhängigkeitstag
**1. April:** zyprischer Nationalfeiertag
**1. Mai:** Tag der Arbeit
**15. Aug.:** Mariä Entschlafung
**1. Okt.:** Unabhängigkeitstag (Gründung der Republik Zypern)
**28. Okt.:** griechischer Nationalfeiertag
**25./26. Dez.:** Weihnachten

### Bewegliche orthodoxe Feiertage
**8 Tage vor Ostern:** Prozession mit der Lazarus-Ikone durch Lárnaka
**Karfreitag:** Prozession des Epitáphios, des symbolischen Leichnams Jesu
**Ostern:** Wichtigstes Fest der orthodoxen Kirche. Die Auferstehung wird Ostersamstag um Mitternacht verkündet. Allerorten werden Osterfeuer entzündet. Am Ostersonntag finden Familienfeste statt.
**Orthodoxer Ostersonntag:** 19.4.2020, 2.5.2021, 24.4.2022
**Kataklysmós-Fest:** in den Küstenstädten, besonders in Lárnaka (51 Tage nach Ostersonntag) am Pfingstmontag: 8.6.2020, 21.6.2021, 13.6.2022

*Ordentlich was los vor dem ›Freiluft-Geschäft‹ für Lefkarítika-Stickereien*

## Feiertage in Nordzypern

**1. Jan.:** Neujahr
**23. April:** Tag des Kindes
**1. Mai:** Tag der Arbeit
**19. Mai:** Tag der Jugend und des Sports
**20. Juli:** Tag der türkischen Intervention
**30. Aug.:** Tag des Sieges (1922)
**29. Okt.:** Gründung der Republik Türkei
**15. Nov.:** Tag der Proklamation der Türkischen Republik Nordzypern

## Bewegliche muslimische Feiertage

**Kurban Bayramı (Opferfest):** 30.7.–2.8.2020, 19.–22.7.2021, 9.–12.7.2022
**Şeker Bayramı (Ende des Ramadan):** 23.4.2020, 12.5.2021, 1.5.2022

---

## Geld

---

Die Währung ist in der Republik Zypern der Euro, in Nordzypern die Türkische Lira (TL). Deren Wechselkurs schwankt beträchtlich auf täglicher Basis. Getauscht werden kann in Wechselstuben. Die Hotels und Geschäfte in größeren Städten nehmen auch Euro. Um kleinere Beträge zu bezahlen, ist es immer besser, einige Türkische Lira in der Tasche zu haben. Geldautomaten gibt es ausreichend. Über die anfallenden Gebühren informiert man sich besser im Vorfeld bei seiner Bank.

---

## Informationsquellen

---

### Fremdenverkehrszentrale Zypern
### ... in Deutschland

– Schillerstr. 31
60313 Frankfurt/M.
T 069 25 19 19
info@cto-fra.de
(auch für Österreich zuständig)
– Kurfürstendamm 182
10707 Berlin
T 030 30 86 83 12
cto_berlin@t-online.de

### ... in der Schweiz

Gertrudstr. 5
8400 Winterthur
T 044 262 33 03
ctozurich@bluewin.ch

### Nordzypern Tourismuszentrum

Joachimsthalerstr. 10–12
10719 Berlin
T 030 88 92 94 84
www.nordzypern-touristik.de

### Im Internet

**www.visitcyprus.com:** Website des Tourismusministeriums der Republik Zypern mit touristischen Infos
**www.fescyprus.org:** politische Informationen der Friedrich-Ebert-Stiftung zu Zypern
**www.ev-kirche-zypern.de:** Website der Evangelischen Kirche deutscher Sprache in Zypern; Seelsorge und Gemeinschaft
**Facebook-Gruppe Zypern-Treffpunkt:** Austauschforum für Deutsche in Zypern
**www.cyprus-mail.com:** Online-Ausgabe der Zeitung »Cyprus Mail« (engl.)
**www.cyprusevents.net:** Veranstaltungskalender für den Süden

---

## Internetzugang

---

Es gibt vier Hauptanbieter auf Zypern: **Cyta** und **epic** im Süden, **KKTC Turkcell** und **KKTC Telsim** im Norden. Alle vier verkaufen Prepaid-Karten nur gegen Vorlage offizieller Personaldokumente in ihren Geschäftsstellen und über autorisierte Verkäufer, erkennbar am entsprechenden Logo. Die Guthaben zum Aufladen gibt es in Supermärkten, Kiosken etc. Die Netzabdeckung ist in Zypern generell gut. Nur an sehr abgelegenen Orten wie der Akámas-Halbinsel, auf der Spitze der Karpasía-Halbinsel oder in manchen Buchten, ist kein Netz zu bekommen. WLAN-Hotspots bieten Hotels, gastronomische Einrichtungen, Geschäfte und auch einige der großen Strände im Süden.

# Kinder

Da die Gesellschaft der Familie einen hohen Stellenwert einräumt, sind Kinder in Zypern immer willkommen, auch abends im Restaurant. Die Kleinen bleiben hier viel länger auf, weil das Leben draußen erst in den kühlen Abendstunden wieder beginnt. Allerdings gibt es außer Wasserparks, Zoos und dem großen Rummel Parko Paliatso in Agía Nápa nicht übermäßig viele Freizeitangebote, die sich direkt an Kinder richten. Oft werden sogenannte Luna Parks als Vergnügungsstätten für Kids beworben. Sie bestehen aber nur aus Minikarussels und elektrischen Schaukelgeräten mit Geldeinwurf. Interessanter sind da einige andere Aktivitäten: In der **Leventis-Galerie** in Nikosia können sich Kinder mit Ausmalbüchern und digitalen Spielen als Kunstdetektive betätigen (www.leventisgallery.org). Einen Urlaubstag auf dem Bauernhof erleben Familien auf der **Riverland Bio Farm** in Kampiá (♥ G 6, FB @riverlandbiofarm). Im **Masterland** in Limassol, einer kleinen Stadt mit Straßen und Geschäften, können Kinder verschiedene Berufe ausprobieren (FB @masterlandcy). Einen Bootsausflug mit Schminken, Schatzsuche und Meerjungfrauen bietet die **Mermaid Cruise** in Protarás (FB @TheMermaidCruise). Noch mehr Vorschläge nur für Kinder finden sich in »**Zypern – Die erste Karte der Insel für Kids**« (Landkarte und Reiseführer für Kinder«, CIPS Verlag).

# Klima und Reisezeit

Zypern ist das ganze Jahr über ein lohnendes Reiseziel. Hier scheint an 300 Tagen die Sonne. Im **Frühling** blüht die Insel auf, die Temperaturen bis April sind moderat und gerade richtig für Aktivurlauber. Von **Mai bis September** ist eigentlich jeden Tag Strandwetter. Im **Herbst** kommen die

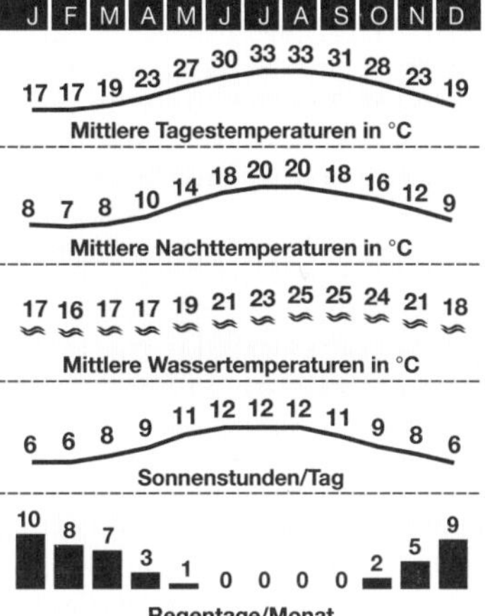


*Klimadaten Limassol*

Wanderer und Radfahrer wieder auf die Insel, aber der Oktober hält auch noch viele schöne Badetage bereit. Im **Winter** sind gemütliche Aufenthalte in den Bergdörfern mit Wanderungen, Ski-Abfahrten und an sonnigen Tagen auch Ausflügen ans Meer die ideale Mischung.

Der Hochsommer (Juli/Aug.) ist in der Regel heiß. An der Küste werden durchschnittlich max. ca. 35 °C am Tag (ca. 25 °C in der Nacht) erreicht. Höchsttemperaturen von über 40 °C sind aber längst keine Seltenheit mehr. Im Hochland erreicht die Durchschnittstemperatur 35 °C. Im Juni und September liegt die Höchsttemperatur an der Küste meist bei 28–30 °C (nachts bei 18–20 °C). Zwischen Dezember und März ist es an der Küste 17–19 °C warm. Nachtfröste sind auch im Tróodos-Gebirge unter 1000 m Höhe selten. An der Küste sinken die Nachttemperaturen selbst im Winter kaum unter 8 °C.

Die **Wassertemperatur** beträgt im Jahresdurchschnitt 21–22 °C. Sie reicht von 17 °C im Februar bis 27–28 °C im August (je nach Standort). In den Monaten

Mai bis November übersteigt die durchschnittliche Meerestemperatur 20 °C.

Mit 11 bis 13 Regentagen pro Monat verzeichnet das Quartal Dezember bis Februar die höchste **Niederschlagsmenge.** Zwischen Mai und September regnet es maximal ein- bis zweimal im Monat.

## Lesetipps

**Bittere Limonen,** Lawrence Durrell. Zypern in den 1950er-Jahren zwischen Normalität und politischem Ausnahmezustand. Vor allem der Alltag – vom Hauskauf bis zum gesellschaftlichen Leben – ist detailliert und wundervoll beschrieben.
**Caterina Cornaro. Königin von Zypern, Herrin von Asolo,** Jetta Sachs-Collignon. Der Roman spielt in der Zeit der italienischen Renaissance. Beschrieben wird das Leben und Schicksal der letzten Königin von Zypern in einer Kulisse von Intrigen und historischen Fakten.
**Aphrodite, die nackte Wahrheit,** David Selwood. Das antike Fest zu Ehren der Liebesgöttin wird in dieser Graphic Novel zum Leben erweckt, und zwar mit viel Erotik und Humor. Die Geschichte basiert auf historischen Fakten.
**Aphrodites Küche. Der Geschmack von Sommer und Zypern,** Christina Loucas. In dem Kochbuch kombiniert die Autorin ihre Erinnerungen und Erlebnisse mit traditionellen Gerichten, die sie kreativ interpretiert und ihnen damit neues Leben einhaucht.
**Verführerisches Zypern: Eine kulinarische Reise,** Marianne Salentin-Träger (Hrsg.). Ein opulenter Prachtband, Kochbuch und Reisereportage in einem.

## Reisen mit Handicap

37 Strände in der Republik Zypern bieten über Rampen einen barrierefreien Zugang zum Meer sowie Parkplätze und sanitäre Einrichtungen für Menschen mit eingeschränkter Mobilität. An bisher sechs Stränden können Badegäste mithilfe des Seatrac-Systems auf einem speziellen Sitz, der sich auf Schienen bewegt, ins Meer gelangen. An anderen Stränden gibt es ›schwebende Rollstühle‹, mit denen sie sich am Strand fortbewegen und ins Meer fahren können. Beide Services sind kostenlos. Hinweise zum barrierefreien Reisen hat das Tourismusministerium in der Broschüre »Accessible Cyprus« zusammengefasst (www.visitcyprus. com > Reiseplanung > Barrierefreies Zypern). **Accessible Cyprus Travel** (FB @accessiblecyprustravel) ist der erste Reiseveranstalter in Zypern, der sich auf barrierefreie Reisen spezialisiert hat.

## Reiseplanung

**Das gibt es nur in Zypern**
Hier kurz und knapp die Antwort auf die ewige Frage »Was muss man unbedingt gesehen haben in Zypern?«. Ein Besuch in **Nikosia,** der letzten geteilten Hauptstadt Europas, ist ein Muss. Die Grenzerfahrung, einen Checkpoint mitten in einer belebten Fußgängerpassage zu passieren und ›en passant‹ in den anderen Teil der Stadt/ des Landes zu gelangen, gehört unbedingt dazu. Der **Archäologische Park in Páfos** ist von außergewöhnlichem architektonischen und historischen Wert. Die Mosaiken der römischen Villen zählen zu den schönsten der Welt. Und seien Sie einmal dabei, wenn **Meeresschildkröten** schlüpfen und ins Meer entlassen werden, z. B. am Strand von **Alakáti/Alagadi** – ein Naturschauspiel, das es im westlichen Mittelmeer schon lange nicht mehr zu erleben gibt. Baden Sie am Felsen der Aphrodite, **Pétra tou Romioú,** ein magischer Ort: Hier stieg die Göttin der Liebe angeblich aus dem Meer. Besuchen Sie eine **Scheunendachkirche im Tróodos-Gebirge.** In den wie Hütten wirkenden Gotteshäusern sind

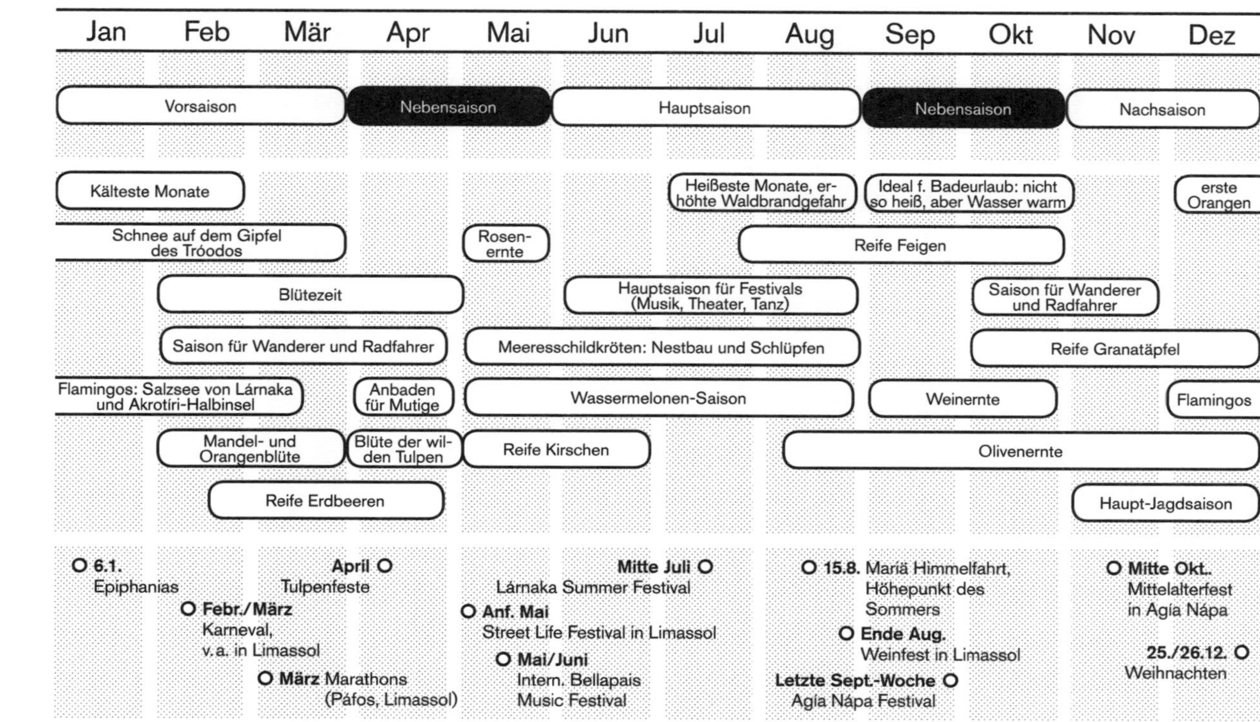

Jan Feb Mär Apr Mai Jun Jul Aug Sep Okt Nov Dez
Vorsaison
Nebensaison
Hauptsaison
Nebensaison
Nachsaison
Kälteste Monate
Heißeste Monate, erhöhte Waldbrandgefahr
Ideal f. Badeurlaub: nicht so heiß, aber Wasser warm
erste Orangen
Schnee auf dem Gipfel des Tróodos
Rosenernte
Reife Feigen
Blütezeit
Hauptsaison für Festivals (Musik, Theater, Tanz)
Saison für Wanderer und Radfahrer
Saison für Wanderer und Radfahrer
Meeresschildkröten: Nestbau und Schlüpfen
Reife Granatäpfel
Flamingos: Salzsee von Lárnaka und Akrotíri-Halbinsel
Anbaden für Mutige
Wassermelonen-Saison
Weinernte
Flamingos
Mandel- und Orangenblüte
Blüte der wilden Tulpen
Reife Kirschen
Olivenernte
Reife Erdbeeren
Haupt-Jagdsaison
6.1. Epiphanias
April Tulpenfeste
Febr./März Karneval, v.a. in Limassol
März Marathons (Páfos, Limassol)
Mitte Juli Lárnaka Summer Festival
Anf. Mai Street Life Festival in Limassol
Mai/Juni Intern. Bellapais Music Festival
15.8. Mariä Himmelfahrt, Höhepunkt des Sommers
Ende Aug. Weinfest in Limassol
Letzte Sept.-Woche Agía Nápa Festival
Mitte Okt. Mittelalterfest in Agía Nápa
25./26.12. Weihnachten

prachtvolle Wandmalereien erhalten geblieben. Baden Sie im glasklaren Wasser der **Strände um Protarás** – warum, muss man nicht erklären.

## Gegen den Strom schwimmen

Zu jeder überlaufenen Touristenattraktion gibt es eine Alternative. Das Zentrum von Agía Nápa mutiert bei Nacht zu einer Partymeile. Wer einen ruhigen Abend verbringen will, weicht nach **Derýneia** aus. Das Dorf ist nur 8 km entfernt und hat einige ›Up-and-Coming-Locations‹ für gutes Essen und feine Cocktails zu bieten. Die Hafenzeile von **Páfos** ist meist überfüllt. Flanieren Sie besser auf der Promenade in Richtung Bánia (s. S. 92). Zum Dinner können Sie gut in die Oberstadt ausweichen. An der Burg St. Hilarion halten Busse im Minutentakt. Als Alternative ist die **Burg Buffavento** nur ca. 20 km weiter zu empfehlen. Der Eintritt ist frei. Allerdings ist der Aufstieg etwas abenteuerlicher. Die Restaurants am Hafen von **Kerýneia** sind zur Dinnerzeit schnell voll besetzt. Wer einen freien Tisch ergattern will, sollte schon am frühen Abend erscheinen. Am Übergäng Ledrastraße in **Nikosia** muss man vor allem vormittags wegen der vielen Touristengruppen lange anstehen. Alternativ empfiehlt sich der nur 1 km entfernte Checkpoint Ledra Palace Hotel.

## Klassiker und Eskapaden

Die meisten Ausflüge führen nach **Léfkara** zu den Künstlerinnen der Lefkarítika-Spitze, zu den Säulen der antiken Stadt **Salamis,** zum Fischessen und Bootegucken an den Hafen von **Latsí,** per Ausflugsschiff oder Jeepsafari zur **Blauen Lagune** der **Akámas-Halbinsel,** ins **Kýkko-Kloster,** zur Ausgrabungsstätte **Koúrion** und ins Weindorf **Ómodos.**

Als Alternativen für Individualreisende empfehlen sich Streifzüge auf den **Weinstraßen** des **Tróodos-Gebirges** (s. S. 70), eine Wanderung in die **Avgás-Schlucht** (s. S. 111), eine Tagestour entlang atemberaubender Küstenlandschaft ins abgelegene **Káto Pýrgos** (s. S. 116) oder ein Besuch im Dorf **Anógyra** (s. S. 72) bei Bonbonmachern, Kräuterkundigen und im Olivenpark.

---

# Sicherheit und Notfälle

Zypern ist nach wie vor eines der sichersten Länder der Welt, auch wenn die Anzahl der Straftaten in den letzten Jahren zugenommen hat. In alkoholisierter Umgebung auf Partymeilen besteht wie überall das Risiko einer höheren Gewaltbereitschaft. Und bei größeren Menschenansammlungen ist natürlich Vorsicht vor Taschendieben angebracht.

## Fotografieren

Es ist grundsätzlich verboten, militärische Einrichtungen zu fotografieren. Dazu gehören u. a. die Checkpoints, die Greenline, die militärischen Einrichtungen der türkischen Armee in den nordzyprischen Dörfern wie auch die Anlagen der Britischen Basen (SBA). Ein Zuwiderhandeln kann ernste Konsequenzen haben.

### ORTSNAMEN

Die Städte und Dörfer im Norden Zyperns sind mit türkischen Namen ausgeschildert. Auf Karten, die in der Republik Zypern herausgegeben wurden, sind alle Orte im Norden jedoch entweder mit den griechischen Bezeichnungen eingezeichnet oder der Bereich wurde leer gelassen und nur mit dem Hinweis »Under Turkish Occupation« (unter türkischer Besatzung) versehen. Zur besseren Orientierung verwenden wir für die Ortsnamen in Nordzypern in diesem Buch größtenteils Doppelbeschriftungen.

## Notrufnummern

**In der Republik Zypern:** Krankenwagen, Polizei und Feuerwehr gebührenfrei T 112 oder T 199; Englisch wird meist verstanden.
**In Nordzypern:** Krankenwagen T 112, Polizei T 155, Feuerwehr T 199
**Verhalten bei Panne oder Unfall:** Wenden Sie sich an Ihre Mietwagenfirma, schildern Sie das Problem und geben Sie Ihren genauen Standort durch.
**Sperrnotruf:** für Bank- und Kreditkarten, die Identitätsfunktion des neuen Personalausweises u. a.: T 0049 116 116 (Ausnahmen u. a. Postbank, Targobank).
**Deutsche Botschaft:** Nikosia (Süd), Nikitará 10, T 22 45 11 45, im Notfall T 99 68 93 25, www.nikosia.diplo.de
**Österreichische Botschaft:** Nikosia (Süd), Leofóros D. Sevéri 34, T 22 41 01 51, www.bmeia.gv.at/botschaft/nikosia
**Schweizer Botschaft:** Nikosia (Süd), Prodromoú/Polyvíou Dimitrakópoulou 2, T 22 46 68 00, www.eda.admin.ch/nicosia

## Übernachten

In Zypern findet man Unterkünfte aller Kategorien. Viele kleinere **Ferienhäuser, B & Bs** und **familiengeführte Boutique-Hotels** haben keine eigene Website mehr, sondern lassen sich ausschließlich von Buchungsplattformen vertreten.

Eine Auswahl an individuellen **Unterkünften in ländlichen Gegenden** bietet die Website www.agrotourism.com.cy. Auch das Tourismusministerium führt online eine Anzahl von Übernachtungsmöglichkeiten auf (www.visitcyprus.com > Unterkunft). Für Nordzypern gibt es eine solche Übersicht nicht.

Die **Preise** der meisten Unterkünfte variieren stark nach Saison. Als Faustregel, vor allem in den Sommermonaten, gilt: je weiter weg vom Strand, desto preiswerter. Es lohnt sich bei den Tarifen genauer hinzusehen, da manche Hotels bei Doppelzimmern den Preis pro Person angeben.

*Unter dem Stichwort Agrotourismus finden sich die hübschesten Unterkünfte auf dem Lande.*

Klassische Jugendherbergen gibt es in Zypern nicht mehr. Aber dafür kommen **Hostels** gehäuft vor, vor allem in den großen Städten. **Campingplätze** gibt es auf beiden Seiten in kleiner und einfacher Ausführung. Für Nordzypern liegen keine Kontaktdaten vor. In der Republik Zypern sind die Plätze telefonisch buchbar. Lárnaka: Forest Beach, T 24 65 44 83; Limassol: Governor's (Kalymnos) Beach Camping Site, T 25 63 28 78; Geroskípou: Zenon Garden, T 26 24 22 77; Páfos: Feggari Camping, T 26 62 15 34; Pólis: T 26 81 50 80; Tróodos: T 25 42 16 24.

## Umgangsformen

An religiösen Stätten gelten die strengsten Verhaltensregeln. Freie Schultern und kurze Hosen/Röcke sind keine Bekleidung für die Besichtigung einer Kirche oder einer Moschee. Oft liegen am Eingang Tücher oder Umhänge bereit, um bloße Schultern zu bedecken. In Moscheen müssen die Schuhe ausgezogen werden. Zu viel Freizügigkeit ist auch in den Städten nicht erwünscht.

Badebekleidung oder bei Männern ein freier Oberkörper passen zum Strand, aber nicht in die Innenstadt.

Feilschen gehört in Zypern nicht zum Einkauf dazu. Manche Händler, vor allem in Nordzypern, beleidigt man mit solch einem offensichtlichen Basarverhalten geradezu. Stellt man es aber raffinierter an und zögert beim genannten Preis, kommt einem der Verkäufer meist ganz von selbst entgegen. Wird man im Geschäft oder im Kaffeehaus vom Nachbartisch auf einen Kaffee eingeladen, ist es unhöflich zu gehen, bevor die ausgetrunkene Tasse erkaltet ist. Den Zyprern ist ihre Siesta am Nachmittag heilig – zwischen 14 und 17 Uhr bitte nicht stören.

In alten Gebäuden sind die Abflussrohre so schmal, dass sogar das benutzte Toilettenpapier im Eimer entsorgt wird, um keine Abflussverstopfung zu verursachen.

## Der Umwelt zuliebe – nachhaltig reisen

Die Initiative für nachhaltigen Tourismus in Zypern, **Cyprus Sustainable Tourism Initiative** (www.csti-cyprus.org) ist bemüht, die Dörfer im Hinterland, insbesondere in der Bergregion, zu beleben, um die Abwanderung der jungen Generation aufzuhalten. Helfen Sie mit, indem Sie in familiär geführten traditionellen Häusern absteigen statt in Hotelketten. Gehen Sie in Dorftavernen essen statt in den Restaurants der Urlauberhochburgen. Das Interesse der Reisenden an der ländlichen Tradition und an Produkten aus biologischem Anbau kann helfen, das Alte wieder attraktiv zu machen und Einkünfte für junge Gründer in den Bereichen Landwirtschaft, Gastronomie oder Ökotourismus zu sichern. Ein Besuch in den Öko-Dörfern **Tris Eliés** (s. S. 248) im Tróodos und **Kómi Képir/ Büyükkonuk** (s. S. 209) auf der Karpasía-Halbinsel unterstützt das Engagement der Aktivisten. Wer sich selbst

verpflegt, sollte auf den nächstgelegenen Bauernmärkten einkaufen (meist am Wochenende; Auskunft in den Tourist-Infos). Die Initiative **Let's Make Cyprus Green** (www.letsmakecyprusgreen.com) ist bei Strandreinigungen und Baumpflanzungen aktiv. Und wollen Sie selbst mit Hand anlegen, helfen Sie an einem Sonnabend ab 10 Uhr in Nikosia beim Projekt **Cans for Kids** mit, das Getränkedosen für einen guten Zweck sortiert (s. S. 257).

## Verkehrsmittel

### Verkehrsregeln

Auf der gesamten Insel herrscht **Linksverkehr.** Die **Höchstgeschwindigkeit** beträgt auf Autobahnen 100 km/h, auf Landstraßen 80 km/h, in Ortschaften 50 km/h. Es herrscht **Anschnallpflicht.** Kinder unter 5 Jahren müssen auf dem Rücksitz Platz nehmen. Der Gebrauch von **Mobiltelefonen** ohne Freisprechanlage ist verboten. Die **Promillegrenze** liegt im Süden bei 0,5, im Norden bei 0,0.

Welches Verkehrsvergehen wie teuer wird, kann man online einsehen (www.bussgeldkatalog.org/zypern). Bußgelder werden in der Republik Zypern entweder sofort erhoben oder es wird ein Bußgeldbescheid per Post zugestellt. In Nordzypern wird das Vergehen notiert und man muss das Bußgeld am Checkpoint zahlen – allerdings meist nicht am selben Tag. Sollte man zwischenzeitlich abgereist sein, ist der Bußgeldeintrag dennoch vermerkt und wird bei der nächsten Einreise fällig, unter Umständen mit Säumniszuschlag.

### Bus

Intercity-Busse verbinden die Städte Páfos, Limassol, Lárnaka, Nikosia, Agía Nápa und Paralímni-Protarás mehrmals täglich miteinander (Einzelfahrt 4–7 €). Einzelfahrscheine im Stadt- und Überlandverkehr kosten 1,50 €, Tageskarten 5 €. Es gibt Tagestickets für 15 €, mit denen Sie die Linienbusse aller Regionen benutzen können. Eine Wochenkarte kostet 75 € (www.cyprusbybus.com). Für den Norden liegen keine zentralen Infos vor (Details s. in den jeweiligen Kapiteln im Buch).

## Sammeltaxi

Zwischen den Städten im Süden ist man mit den Sammeltaxis (bis zu 7 Passagiere) von Travel & Express äußerst flexibel. Sie kosten mehr als Intercity-Busse, bieten aber Abholung von jedem gewünschten Ort innerhalb der Stadtgrenzen (www.travelexpress.com.cy > Intercity Taxi Service). Im Norden verkehren Sammeltaxis (türk. *dolmuş*) auf festen Routen zwischen den Städten und in größere Dörfer. Die Preise liegen bei 3–5 TL für kurze und 10 TL für lange Strecken.

## Taxi

In allen Städten und Touristenzentren stehen rund um die Uhr Taxis bereit. Zwischen 6 und 20.30 Uhr gilt im Süden Tarif I (Anfangspreis 3,42 €, 0,73 €/km, Wartestunde 13,66 €), nachts und an Sonntagen Tarif II (Anfangspreis 4,36 €, 0,85 €/km, Wartestunde 15,71 €). Für Gepäck wird jeweils 1,20 € fällig. Im Norden sind Taxis etwas preiswerter.

## Straßennetz

Das Straßennetz im Süden ist gut ausgebaut, die Städte sind untereinander durch mautfreie Autobahnen verbunden. Ausfahrten und Ortschaften sind gut ausgeschildert. Nordzypern hat keine Autobahnen, nur Schnellstraßen, die von Kreisverkehren und Kreuzungen unterbrochen werden. Hier ist erhöhte Aufmerksamkeit gefordert.

## Mietwagen

Leihwagen tragen im Süden ein rotes Nummernschild mit einem Z als erstem Buchstaben. Die Preise sind abhängig von Mietdauer und Saison. Für einen Kleinwagen zahlt man im Sommer 30–45 € pro Tag. Der nationale Führerschein genügt.

## CHECKPOINTS 

Derzeit gibt es neun Checkpoints, an denen ein Wechsel von Süd- nach Nordzypern möglich ist. An den Übergängen zeigen EU-Bürger und Schweizer ihren Ausweis bzw. Pass vor. Die Daten werden bei der Einreise und der Ausreise elektronisch erfasst.

Mieter zwischen 21 und 25 Jahren benötigen eine Zusatzversicherung, die ca. 8 €/Tag kostet. Wollen Sie den Wagen für einen Ausflug in den Norden nutzen, brauchen Sie dafür die ausdrückliche Erlaubnis der Mietwagenfirma. Nicht von allen Unternehmen wird eine solche erteilt. Am besten gleich bei der Buchung danach fragen und auch eine Extra-Versicherung für den Norden abschließen, die andernfalls direkt am Checkpoint fällig wird (ca. 20 € für drei Tage, 35 € für einen Monat, 5 € pro zusätzlichem Fahrer). Fahrzeuge, die im Norden gemietet werden, dürfen in der Regel nicht im Süden fahren.

## Mopeds und Motorräder

Zweiräder werden hauptsächlich in den Badeorten verliehen. Voraussetzung ist der nationale Führerschein. Das Mindestalter liegt bei 18 Jahren. Mopeds unter 50 ccm dürfen auch von 17-Jährigen gefahren werden. Es besteht Helmpflicht. Inklusive Vollkaskoversicherung kosten kleine Mopeds ab ca. 12 €/Tag, Motorräder über 100 ccm ab 18 €/Tag.

## Tankstellen

Üblicherweise sind die Tankstellen in den Städten Mo–So 6–19 Uhr geöffnet. An vielen Tankstellen kann man auch während der Schließzeiten mit Bargeld oder per Kreditkarte am Automaten tanken. Die Benzinpreise sind im Norden niedriger als im Süden.

# Sprachführer Griechisch/Türkisch

## Griechisch

Die Umschrift des Griechischen
bereitet einige Schwierigkeiten.
Wichtig ist die richtige Betonung,
nämlich auf der Silbe, die den Akzent
trägt. Vokale werden immer
kurz und offen ausgesprochen!

| | |
|---|---|
| A/α | a |
| B/β | v (w, b) |
| Γ/γ | j vor i und e, sonst g |
| Δ/δ | d, wie englisches th, z. B. in ›the‹ |
| E/ε | e |
| Z/ζ | s wie in ›Rose‹ |
| H/η | i |
| Θ/θ | wie englisches th, z. B. in ›thanks‹ |
| I/ι | i, vor a wie ein j |
| K/κ | k |
| Λ/λ | l |
| M/μ | m |
| N/ν | n |
| Ξ/ξ | x (ks) |
| O/o | o wie in ›oft‹ |
| Π/π | p |
| P/ρ | gerolltes r |
| Σ/σ | ss (s) wie in ›Tasse‹ |
| T/τ | t |
| Y/υ | i, w wie ›Wonne‹, nach a und e wie f |
| Φ/φ | f (ph) |
| X/χ | vor e/i wie ›ich‹, vor a/o/u wie ›ach‹ |
| Ψ/ψ | ps |
| Ω/ω | o wie ›oft‹ |

### Buchstabenkombinationen

| | |
|---|---|
| AI/αι | e/ä |
| ΓΓ/γγ | ng |
| EI/ε | langes i |
| ΜΠ/μπ | b im Anlaut, mb im Wort |
| NT/ντ | d im Anlaut, nd im Wort |
| OI/o | i/oi |
| OY/ου | ou/u |
| TZ/τζ | tz/ds |

## Türkisch

Meist wird auf der ersten Silbe
betont, also **mey**danı statt mey**danı**.
Auch einige Buchstaben sind im
Deutschen unbekannt oder
werden anders gesprochen:

| | |
|---|---|
| c | entspricht dsch<br>cami (Moschee) – dschami |
| ç | entspricht tsch<br>kaç (wie viel) – katsch |
| e | entspricht kurzem, offenen ä<br>evet (ja) – äwät |
| ğ | – als Längung nach a, ı, o, u<br>dağ (Berg) – daa<br>– wie j nach e, i, ö, ü<br>değil (nicht) – dejil |
| h | – wie in Hans zwischen Vokalen<br>postahane (Postbüro) – posta'hane<br>– wie in Macht hinter dunklem Vokal am Ende einer Silbe<br>bahçe (Garten) – bachtsche<br>– wie in ich hinter hellem Vokal am Ende einer Silbe<br>salih (fromm) – salich |
| ı | wie das dumpfe e in gehen<br>halı (Teppich) – challe |
| j | stimmhaft wie in leger<br>plaj (Strand) – plaasch |
| ş | stimmloses scharfes s wie in Wasser<br>su (Wasser) – ßu |
| p | wie in schnell<br>şelale (Wasserfall) – schelale |
| v | – wie in Wut<br>ve (und) – wä<br>– hinter a wie au<br>pilav (Reis) – pilau |
| y | wie in jagen, yol (Weg) – jol |
| z | stimmhaftes s wie in Sonne<br>güzel (schön) – güsel |

| Deutsch | Griechisch | Türkisch |
| --- | --- | --- |

## Begrüßung

| | | |
| --- | --- | --- |
| Guten Tag/Abend/Nacht | kali méra/spéra/níchta | iyi günler/akşamlar/geceler |
| Hallo/Tschüs (Sing./Pl.) | jássu/jássas | merhaba/güle, güle |
| Prost! | Jámmas! | Şerefe! |
| Wie geht es dir?/Ihnen? | Ti kánis/Ti kánete? | Nasılsın/Nasılsınız? |
| Auf Wiedersehen | adío (adíosas) | Allaha ısmarladık/Güle, güle |

## Allgemeines

| | | |
| --- | --- | --- |
| bitte/danke | parakaló/efcharistó | lütfen/teşekkürler |
| ja/nein | nä/óchi | evet/hayır |
| gut/schlecht | kalós/kakós | güzel/kötü |
| groß/klein | megálos/mikrós | büyük/küçük |
| neu/alt | néos/paljós | yeni/eski |
| teuer/günstig | akriwó/ftinó | pahalı/ucuz |
| heiß/kalt | zestós/kríos | sıcak/soğuk |
| macht nichts | den pirási | bir şey değil |
| Entschuldigung | singnómi | pardon |
| in Ordnung, okay | endáxi | tamam |
| Ich habe nicht verstanden | Den katálawa | Anlamıyorum. |
| Wo ist …? | Pú íne …? | … nerede bulunur? |
| Ich suche ein/e … | Thélo na wró ena … | En yakin … nerede? |

## Reisen

| | | |
| --- | --- | --- |
| Bus/Haltestelle | leoforío/stásis | otobüs/durağı |
| Busstation/Flughafen | stási/aerodrómio | otogar (garaj)/ havalimanı |
| Schiff/Hafen | plío/limáni | gemi/liman |
| Fahrkarte | issitírio | bilet |
| Auto/Motorrad | aftokínito/motosiklétta | araba/motosiklet |
| Ist das der Weg nach …? | Íne aftós o drómosja …? | … nerede bulunur? |
| rechts/links/geradeaus | deksjá/aristerá/efthían | sağda/solda/dosdoğru |
| weit/nah | makría/kondá | uzak/yakın |
| Eingang/Ausgang | ísodos/éxodos | giriş/çıkış |
| geöffnet/geschlossen | aniktos/klistos | açık/kapalı |
| Kirche/Museum/Platz | eklesía/musío/platía | kilise/müze/meydan |
| Strand | paralia | plaj (plaasch) |

## Bank, Post, Arzt, Notfall

| | | |
| --- | --- | --- |
| Bank/Bankautomat | trápesa/ATM | banka/bankamatik |
| Postamt/Briefmarken | tachidromío/grammatóssima | postane/pulu |
| Telefon/Auskunft | tiléfono/pliroforíes | telefon/danışma |
| Quittung, Beleg | apódixi | fatura |
| Arzt/Praxis/Zahnarzt | jatrós/jatrío/odontiatros | doktor/diş doktoru |
| Krankenhaus/Apotheke | nossokomío/farmakío | hastane/eczane |

| Hilfe!/Polizei | voíthia/astinomía | imdat/polis |
| Unfall/Panne | atíchima/pánna | kazan/ariza |

## Einkaufen/Essen

| Laden/Kiosk | magasí/períptero | dükkân/mini market |
| Fleisch/Fisch | kréas/psári | et/balık |
| Käse/Eier/Milch | tirí/awgá/gála | peynir/yumurta/süt |
| Brot | psomí | ekmek |
| Obst/Gemüse | frúta/lachaniká | meyve/sebze |
| Gibt es …? | échi …? | … varmı? |
| Was wünschen Sie? | Ti thélete? | Buyurunuz? |
| Bitte, ich möchte … | Parakaló thélo … | … istiyorum |
| Was kostet das? | Pósso káni aftó? | Bu ne kadar? |
| Die Rechnung, bitte! | To logarjasmó parakaló! | Hesap lütfen! |
| Guten Appetit! | kali órexi | Afiyet olsun! |
| Wo ist die Toilette? | Pou íne i toaléta? | Tuvalet nerede? |

## Zeit

| Montag/Dienstag/Mittwoch | deftéra/tríti/tetárti | pazartesi/salı/çarşamba |
| Donnerstag/Freitag | pémpti/paraskewí | perşembe/cuma |
| Samstag/Sonntag | sáwato/kiriakí | cumartesi/pazar |
| Vormittag/Mittag | to proí/mesiméri | öğleden/öğle |
| der Nachmittag | to apójewma | öğleden sonra |
| der Abend/Nacht | to wrádi/i níchta | akşam/gece |
| Stunde/Tag | óra/mera | saat/gün |
| Woche/Monat/Jahr | ewdhomádha/minas/chrónos | hafta/ay/yil |
| gestern/heute/morgen | ekthés/simera/avrio | dün/bugün/yarın |
| Wie spät ist es? | ti óra íne? | Saat kaç? |

### ZAHLEN

| | Griechisch | Türkisch | | Griechisch | Türkisch |
|---|---|---|---|---|---|
| 1 | énna, mía (w.) | bir | 16 | dekkaéxi | on altı |
| 2 | dío | iki | 17 | dekkaeftá | on yedi |
| 3 | trís, tría | üç | 18 | dekkaoktó | on sekiz |
| 4 | tésseris, téssera | dört | 19 | dekkaennéa | on dokuz |
| 5 | pénde | beş | 20 | íkossi | yirmi |
| 6 | éxi | altı | 21 | íkossi énna | yirmi bir |
| 7 | eftá | yedi | 25 | íkossi pénde | yirmi beş |
| 8 | októ | sekiz | 30 | triánda | otuz |
| 9 | ennéa | dokuz | 40 | saránda | kırk |
| 10 | dékka | on | 50 | penninda | elli |
| 11 | éndekka | on bir | 60 | exínda | altmıp |
| 12 | dódekka | on iki | 70 | evdomínda | yetmiş |
| 13 | dekkatría | on üç | 80 | októnda | seksen |
| 14 | dekkatéssera | on dört | 90 | enneninda | doksan |
| 15 | dekkapénde | on beş | 100 | ekkató | yüz |

# Kulinarisches Lexikon

| Deutsch | Griechisch | Türkisch |
| --- | --- | --- |
| **Allgemeines** | | |
| Speisekarte | katálogos | yemek listesi |
| Messer/Gabel/Löffel | machéri/piroúni/koutáli | bicak/çatal/kaşik |
| Glas/Tasse/Teller | potíri/flindzáni/piátto | kadeh/fincan/tabak |
| Salz/Pfeffer | aláti/pipéri | tuz/kara biber |
| **Getränke** | | |
| Wasser/Mineralwasser | neró/sóda | su/madensuyu |
| Saft/Limonade | chimós/lemonáda | özsu/limonata |
| Bier/Wein | bíra (Pl. bíres)/krassí | bira/şarap |
| Kaffee/Tee/Milch | kafés/tsái/gála | kahve/çay/süt |
| **Obst** | | |
| Apfel/Birne/Banane | mílo/achládi/banána | elma/armut/muz |
| Erdbeere/Kirsche | fráules/kerássja | çilek/kiraz |
| Oliven | eljés | zeytin (-ler) |
| Wasser-/Honigmelone | karpoúsi/peppóni | karpuz/kavun |
| Orangen/Pfirsich/Aprikose | portokáli/rodákino/veríkoko | portakal/peftali/kayısı |
| Feige/Weintrauben | síka/staffílja | incir/üzüm |

## Die griechische Speisekarte

| Salate und Pürees | | Fleischgerichte | |
| --- | --- | --- | --- |
| choriátiki saláta | gemischter Salat mit Schafskäse | afilja | Schweinsgulasch |
| | | arnáki, arní | Lammfleisch |
| chórta saláta | Mangoldsalat | biftéki | Frikadelle |
| melindsáno saláta | Auberginenpüree | brizóla | Kotelett (vom Rind oder Schwein) |
| houmous | Püree aus Kichererbsen und Knoblauch | chirinó | Schweinefleisch |
| | | koupépia (dolmádes) | in Ei-Zitronon-Soße servierte, mit Reis und Hackfleisch gefüllte Weinblätter |
| taramá | Fischrogen-Püree | | |
| tachíni | Joghurt-Creme mit Sesam oder Erdnuss | | |
| tomáto saláta | Tomatensalat | gourounópoulo | Spanferkel |
| tónno saláta | Thunfischsalat | gouvarlákja | Art Königsberger Klopse |
| tzazíki/tallatoúri | Joghurt mit Gurken und Knoblauch | hiroméri | Schweinshaxe |

| | |
|---|---|
| jemistés | mit Reis und Hackfleisch gefüllte Tomaten/Paprikas |
| katsíki | Zicklein |
| kefaláki | gegrillter Lammkopf |
| keftédes | Hackfleischbällchen |
| kotópoulo | Hühnchen |
| kounélli | Kaninchen |
| kreatópitta | Blätterteigtasche mit Fleischfüllung |
| láchano dolmádes | Dolmádes mit Kohlblättern |
| makarónja/me kimá | Spaghetti/mit Hackfleischsoße |
| moschári | Rindfleisch |
| moussaká | Auberginenauflauf mit Hackfleisch |
| païdákja | Lammkoteletts |
| papoutsákja | gefüllte Auberginen |
| pastítsjo | Nudelauflauf mit Hackfleisch |
| pastoúrma | scharfe Würstchen |
| ravióles | Ravioli mit Käse/Hackfleischfüllung |
| stifádo | Rindfleisch/Kaninchen mit Zwiebeln in Tomaten-Zimt-Sauce |
| sheftaliá | Bratwurst |
| souvláki | Fleischspieß (vom Rind oder Schwein) |

## Fisch und Meeresfrüchte

| | |
|---|---|
| astakós | Hummer |
| bakaljáros | Dorsch (oder Stockfisch) |
| barboúnja | Rotbarbe |
| garídes | Scampi |
| kalamarákja | Tintenfisch, frittiert oder in der Pfanne gebraten |
| kolljós | Makrele |
| ksifías | Schwertfisch |
| lavráki | Barsch |
| mídja | Muscheln |
| oktapódi | Oktopus (als Salat, gegrillt oder gekocht) |
| péstrofa | Forelle |
| solomós | Lachs |
| soupjés | Sepia, meist im Ganzen oder gefüllt serviert |

## Gemüse

| | |
|---|---|
| angoúri | Gurke |
| bámjes | Okraschoten |
| fassólja | Grüne Bohnen |
| gígantes | Pferdebohnen |
| kolokithákja | Zucchini |
| melindsánes | Auberginen |
| spanáki | Spinat |

## Desserts

| | |
|---|---|
| risógalo | dünner Reispudding |
| yaoúrti | Joghurt |
| … me karídia | … mit Walnüssen |
| … me méli | … mit Honig |

# Die türkische Speisekarte

## Vorspeisen

| | |
|---|---|
| antep ezme | scharfes Püree aus Tomaten, Peperoni, Petersilie |
| arnavut ciğeri | gebratene Leberstücke mit Zwiebeln |
| caçık | Joghurt mit Gurke, Dill und Knoblauch |
| çerkes tavuğu | tscherkessisches Hühnerfleisch in Soße mit Walnüssen |
| çiğ köfte | scharf gewürzte Fleischbällchen aus rohem Hackfleisch und Weizenschrot |
| çoban salatası | gemischter Salat |

| | |
|---|---|
| haydari | Püree aus Spinat, Schafskäse, Joghurt |
| humus | Kichererbsenpüree |
| mantı | türkische Ravioli mit kalter Joghurtsoße |
| mücver | geraspelte Zucchini, in Öl ausgebacken |
| patlıcan salatası | Auberginenpüree |
| patlıcan kızartması | frittierte Auberginenscheiben mit Knoblauchjoghurt |
| piyaz | weißer Bohnensalat mit Essig, Öl und Zwiebeln |
| sigara böreği | Teigröllchen mit Schafskäse |
| su böreği | Pastete mit Hackfleisch/Käse gefüllt |
| tahin | Sesamcreme |
| tarama | Fischrogencreme |
| yaprak dolması | gefüllte Weinblätter |

## Grillgerichte

| | |
|---|---|
| adana kebap | scharfes Hackfleisch am Spieß |
| biftek | Beefsteak |
| bonfile | Filet |
| çöp şiş | kleine Fleischspieße vom Grill |
| döner kebap | Fleisch vom Drehspieß |
| iskender kebap | gegrilltes Fleisch auf Fladenbrot mit Joghurt |
| izgara köfte | gegrillte Fleischbällchen |
| pirzola | Lammkotelett |
| şiş kebap | Fleisch am Spieß |
| tavuk kebabı | Hühnchen vom Grill |

## Schmorgerichte

| | |
|---|---|
| güveç türlü | Fleisch mit Gemüse geschmort |
| kabak dolması | mit Hackfleisch gefüllte Zucchini |
| kuzu tandır | Lammfleisch im Tontopf |

| | |
|---|---|
| saç kavurma | auf dem Blech gegartes Lammfleisch |
| tandır | Fleisch aus dem Tontopf |
| tas kebap | Rindfleisch mit Gemüse, wie Gulasch |

## Fisch

| | |
|---|---|
| ahtapot | Oktopus |
| alabalık | Forelle |
| barbunya | Rotbarbe |
| çupra | Goldbrasse |
| dil balığı | Seezunge |
| istakoz | Hummer |
| karides | Krevetten |
| kılıç balığı | Schwertfisch |
| levrek | Meerbarsch |
| midye | Muscheln |
| mercan | Rotbrasse |
| mürrekkep balığı | Tintenfisch |

## Gemüse und Beilagen

| | |
|---|---|
| bulgur pilavı | Weizengrütze |
| pilav | Reis |
| imam bayıldı | vegetarisch gefüllte Auberginen |
| kabak kızartması | frittierte Zucchinischeiben mit Joghurt |
| zeytinyağlı fasulye | rote Bohnen in Olivenöl |

## Desserts

| | |
|---|---|
| aşure | Trockenobst, Nüsse, Bohnen in Zuckersauce |
| baklava | mit Walnüssen oder Pistazien gefüllter Blätterteig |
| dilber dudağı | Brandteigküchlein, mit Sirup |
| dondurma | Speiseeis |
| hanım göbeği | Brandteigküchlein, mit Sirup getränkt |
| helva | türkischer Honig |

Das

# Magazin



Surreale Anblicke gehören in Zypern dazu, wie die Cafés am Mauerstreifen in der geteilten Stadt Nikosia.

# Wo die Mufflons am Salat knabbern

**Tris Eliés sucht als Öko-Dorf** — und Mehrgenerationen-Projekt eine neue Perspektive. Statt auf Touristenmassen setzen die Bewohner auf Nachhaltigkeit.

Gegensätze ziehen sich an. Davon können die Bewohner des Dörfchens Tris Eliés jede Menge Geschichten erzählen. Hier begegnen sich auf der Hauptstraße alte Mütterchen und Hippies. Wer vor dem Kirchlein des Erzengels Michael steht, hört mitunter nicht nur das Zwitschern der Vögel, das Rauschen des Flusses und das Flüstern der Bäume, sondern auch den Klang einer Djembé-Trommel. Im ehemaligen Minimarkt gibt's Biobrot aus dem Holzofen. Gleich daneben verkauft ein Bauer sein Gemüse noch in Plastiktüten.

Das Geheimnis hinter dieser spannenden Koexistenz ist die Umwidmung von Tris Eliés in ein Öko-Dorf. Während andere Bergdörfer unter Touristenschwärmen ächzen oder an schwindender Bevölkerung und Überalterung leiden, setzt Tris Eliés auf Nachhaltigkeit und junges Blut.

### Gekommen, um zu bleiben

Bürgermeister Christophóros Ioanídes versichert, dass interessierte Neu-Bürger, die sich mit ökologischer Landwirtschaft einbringen wollen, jede denkbare Unterstützung bekommen. Den Acker gibt es kostenlos, ein altes Haus für 100 Euro Miete im Monat. »Hier leben zwanzig Einwohner, mehr als die Hälfte davon Alteingesessene. Aber inzwischen hat sich hier auch eine junge Community angesiedelt, Israelis, Russen, Spanier, Norweger, Deutsche.« Manche von ihnen kamen als Work-and-Travel-Touristen und blieben. Andere suchten ganz gezielt nach einem alternativen Neuanfang in einer Öko-Gemeinde. So auch Andreas Partaourídes, der aus dem Dorf stammt, aber viele Jahre im Ausland lebte. Er ist Experte für Zero-Waste-Management und bringt sich im Öko-Village-Komitee ein. »Ein Photovoltaik-Park muss hier hin, um Energiekosten zu minimieren. Das Wasser vom Fluss wird ja schon genutzt zur Bewässerung der Felder. Aber was noch fehlt, ist ein Kompost-Punkt

**INFOS** I

**Anreise:** nach Tris Eliés (D 7) ab Limassol Bus Nr. 60–64 3 x tgl. (www.en.limassolbuses.com), Umsteigen in Saittas bzw. Trimíklini mit Direktanschluss, Dauer: ca. 1,5 Std.; per Auto B8 Richtung Káto Plátres, dann über Foiní und Ágios Dimítrios, Dauer: ca. 1 Std.
**Adressen:** Künstlerhaus Residency Kammari, www.residency.kammari.org; Ferienhaus To Spitiko tou Archonta, www.spitiko3elies.com, auch Gastro-Holidays mit Kochkursen; Ferienhaus The Love Holiday House, FB @The-Love-Holiday-House; Aktivitäten: FB @EcovillageTrisElies

*Bei den alternativen Veranstaltungen am Wochenende steht in Tris Eliés das halbe Dorf Kopf.*

für das ganze Dorf, natürlicher Dünger für alle. Die Abfallgebühren lassen sich durch Zero-Waste auf Null fahren.« Seine Pläne sind die neue Stufe des Projektes.

## Authentisch in die Zukunft

Am Beginn stand einfach nur das Vorhaben, Tris Eliés vor dem Aussterben zu bewahren. Die Idee, es mit einer Öko-Village-Initiative zu versuchen, kam von Antje Papageorgiou. Die Hamburgerin lebt seit Jahrzehnten in Zypern und ist Tourismusexpertin. »Unter Öko verstehen wir vor allem auch authentisch. Es geht uns nicht darum, irgendein Siegel zu erlangen, das dann die Gurken verteuert, sondern darum, das ursprüngliche Zypern zu erhalten und für die Zukunft fit zu machen.« Während andere Öko-Dörfer weltweit oft aus dem Nichts entstehen, nutzt dieses hier vorhandene Ressourcen. Das macht vieles einfacher, manches aber auch schwieriger. Das Land für die Neusiedler ist zwar ungenutzte Fläche, aber sie gehört noch immer Nachfahren ehemaliger Besitzer, die nicht immer unbedingt verkaufen wollen. Das kostet den Bürgermeister und die Initiative jede Menge Überzeugungsarbeit.

## Im Einklang mit der Natur

Selbst in diesem Schwebezustand zwischen traditionellem Bergdorf und Ökoperspektive verströmt Tris Eliés einen besonderen Charme. Abgesehen von der malerischen Umgebung, gerät man hier unvermittelt in die Aktivitäten eines Yoga-Camps, kann an Workshops zur nachhaltigen Landschaftsplanung teilnehmen oder schaut beim Kirschfest vorbei, das jedes Jahr im Juni stattfindet. »Eigentlich«, sagt der Bürgermeister, »waren wir schon immer ein Öko-Dorf. Früher hat man auf dem Markt Tauschwirtschaft betrieben und noch heute leben wir so eng im Einklang mit der Natur, dass die scheuen Mufflons uns die Salatblätter vom Feld knabbern.« ∎

Ihre Trauben bringen die Weinbauern zu den Weingütern der Umgebung.

**Weinernte im Tróodos ist Handarbeit** — bei den Weinbauern herrscht ab August Hochbetrieb. Da wird die ganze Familie zum Helfen zusammengetrommelt. Die Arbeit am Hang ist schwer, aber Gesänge und Lunch am Feldrand machen die Ernte zu einem Erlebnis.

Der Rücken ist ein einziges anklagendes Fragezeichen! Nur dreißig Minuten sind vergangen, seit die Arbeit im Morgengrauen begonnen hat. Dennoch fühlt sich das Kreuz an, als seien inzwischen Jahre ins Land gegangen. Mühsam richte ich mich für einen Moment auf und dehne mich leise stöhnend. Dabei fällt mein Blick nach links und rechts, wo sich tief gebeugte Rücken eifrig durch die niedrigen Weinbüsche bewegen. Immer bergauf, ohne Anzeichen von Schwäche. Es sind aber keine jungen muskulösen Helfer, die da zügig an mir vorbeiziehen, sondern Frauen und Männer, die teilweise das 70. Lebensjahr schon überschritten haben. Beschämt kommt der nächste Versuch, es ihnen gleichzutun. Diesmal befolge ich den wohlmeinenden Rat der Alten, den ich anfangs noch mit einer großspurigen Geste abgelehnt habe, und gehe in die Knie. In der Hockstellung melden sich jedoch bald die schmerzenden Oberschenkel. Es gibt einfach keine bequeme Haltung, die Erlösung von der Qual verspricht. Und noch drei Stunden bis zur Frühstückspause!

## Bücken in Gluthitze

Die Augustsonne ist schon kurz nach ihrem Auftauchen am Horizont eine unbarmherzige Begleiterin. Zwar verziehen sich mit der beginnenden Hitze die lästigen Mücken, aber dafür klebt die Kleidung an der schweißdurchtränkten Haut wie ein nasser Sack. Gegen Mittag wird die Quecksilbersäule bis auf 40 Grad Celsius geklettert sein. Schatten spenden nur die am Feldrand wachsenden Bäume – und die scheinen endlos weit entfernt. In Zypern ranken sich die Weinreben nicht an Spalieren hoch, sodass man sich unter dem Blattwerk vor der sengenden Sonne verbergen könnte. Hier werden die Rebstöcke traditionell so beschnitten, dass das Laub sich in Hüfthöhe wie ein Schirm über die Trauben wölbt und sie vor zu starker Sonneneinstrahlung schützt. In den vor Jahrzehnten angelegten Weinbergen gibt es keine breiten, übersichtlichen Reihen. Die langen Zweige schlängeln sich wie Fangarme auf der weißen, steinigen Erde entlang, verknoten sich mit denen der Nachbarn und bilden niederträchtige Fußangeln.

## Die Hilfe der Vierbeiner ist am Berg unverzichtbar

Mit Maschinenkraft ist diesen Rebstöcken nicht beizukommen. Weinernte in Zypern bedeutet gediegene Handarbeit. Die meisten Felder sind noch immer in Familienbesitz. Zur Lese kommen die

Kinder und Enkel an den Wochenenden aus der Stadt, um die Großeltern bei der schweren Arbeit zu unterstützen. Vielfach helfen noch andere betagte Dorfbewohner, die sich während der Erntezeit seit jeher gegenseitig unter die Arme greifen. Schwarz gekleidete Großmütterchen und wettergegerbte Bauern klauben mit ihren geschickten Händen die Trauben unter den Blättern hervor und befördern sie in die bereitstehenden Kisten. Die jüngeren Männer übernehmen den Job als Träger. Sie schultern den süßen Ballast und schleppen ihn durch die langen Reihen zum Feldweg, wo sie die Kisten auf der Ladefläche eines Pritschenwagens stapeln. Im Tróodos-Gebirge mit seinen steilen Hängen kann jedoch selbst den kräftigsten Kerlen nicht zugemutet werden, die Berge mit dem Gewicht von 12–18 kg zu erklimmen. Hier kommen die treuen Gefährten zum Einsatz, die schon vor Jahrhunderten den Menschen als Lasttiere dienten: die Esel. Für diese Art des Abtransportes landen die gesammelten Trauben in hohen Weidenkörben, die dann in das Geschirr des Esels eingehängt werden. Links und rechts an seinem Rücken schaukeln je 80 Kilogramm, aber der graue Geselle trottet damit gemächlich und scheinbar mühelos die abschüssigen Pfade hinauf oder hinunter.

## Gemeinsames Singen hilft durchzuhalten

Inzwischen steht die Sonne schon hoch am wolkenlosen Himmel. Der harzige Geruch der Rebstöcke betört die müden Sinne. Die morgendlichen Gespräche sind mittlerweile verstummt unter der Mühsal und der Sonnenglut des fortschreitenden Tages. Nur das stille, emsige Rascheln vom Pflücken und das Sirren der Insekten sind noch zu vernehmen. Hier und da huscht ein aufgeschreckter Gecko zwischen den Büschen hindurch und schlüpft auf den nächsten größeren Stein, um sein unterbrochenes Sonnenbad ungestört fortsetzen zu können. Eine der Frauen summt leise ein kleines Lied vor sich hin. Jemand fällt ein in den Gesang, und ehe man es sich versieht, ist das Schweigen gebrochen. Gelächter fliegt wie ein ausgelassener Schwarm Lerchen über das Feld. Plötzlich geht die Arbeit wieder leichter von der Hand.

## Zur Stärkung Traubenzucker

Die Finger, an denen sich bei uns Pflücker-Neulingen die ersten Blasen zeigen, sind gefärbt vom süßen, klebrigen Saft der roten Trauben. Auch die Lippen haben eine violette Tönung, denn zur Stärkung verschwindet immer mal wieder eine köstliche Beere im Mund. Traubenzucker pur – das gibt Energie! Nebenbei wandern makellose Trauben, die von einem barocken Stillleben stammen könnten, in den Korb für den familiären Gebrauch. Solche vollkommenen Früchte gehören auf den Tisch, sie an die Weinpresse zu vergeuden wäre eine Sünde!

Plötzlich richten sich die Alten auf, als hätten sie ein unhörbares Signal vernommen. Aber kein Kirchengeläut, kein

---

**M**

**MITHELFEN**

Die Weinernte beginnt in Zypern teilweise schon ab Mitte August. Bisher gibt es noch keine offiziellen agrotouristischen Aktivitäten, die auch Mithilfe bei der Weinernte umfassen. Aber fragen Sie einfach in den Dörfern nach, ob Sie bei der Ernte helfen dürfen. Ihr Lohn: ein unvergesslicher Vormittag und leckere Weintrauben, so viel Sie nur tragen können!

*Die steilen Berghänge im Tróodos sind mit Weinfeldern überzogen.*
*Wer hier ernten will, braucht noch die Kraft der Esel.*

Handyklingeln hat die Arbeit beendet, es gab nicht mal einen Blick auf die Uhr. Vielleicht ist es der Sonnenstand oder ein instinktives Zeitgefühl, das sie um Punkt 10 Uhr zum Frühstück ruft. Am Wegesrand im Schatten der Mandelbäume lässt sich die kleine Pflückerkolonne nieder. Kühles Wasser aus den mitgebrachten Thermosbehältern benetzt die trockenen Zungen. Eine Wohltat! Die Bäuerin verteilt selbst gebackenes Brot, Käse, Trauben, Wurst und Schinken. Manche erliegen der Versuchung, sich rückwärts ins weiche Gras fallen zu lassen. Ein entscheidender Fehler, wie sich kurze Zeit darauf herausstellen wird. Es ist nämlich nicht so leicht, die Trägheit gleichzeitig mit der Müdigkeit, dem Völlegefühl und dem jetzt noch deutlicher zu spürenden Schmerz im Rücken abzuschütteln. Doch die aufkeimende Ahnung, die kommenden zwei Stunden nicht überstehen zu können,

verfliegt nach kurzer Zeit. Wieder sind es die Alten, die mit ihren aufmunternden Worten die Kräfte der Helfer zu neuem Leben erwecken.

## Mittags Feierabend – und dann zum Baden ans Meer

Ganz am Schluss, wenn man oben auf dem Gipfel des Weinberges angekommen ist und der Blick über das großartige Panorama der Tróodos-Landschaft fällt, lässt man die Erschöpfung zusammen mit dem leeren Feld hinter sich. Es ist Sonntagmittag, die Arbeit ist für heute getan und ein großer Beutel mit leckeren Trauben im Kofferraum verstaut. Jetzt geht es runter ans Meer, um den Staub von der Haut zu spülen und sich dem befriedigenden Gefühl hinzugeben, soeben mit seinen eigenen Händen vielleicht den Grundstock für einen exzellenten Jahrgangswein gelegt zu haben. ∎

# Die Tränen der Meeresschildkröte

**Wenn im Frühsommer** — die Meeresschildkröten ihre Eier an Zyperns Stränden ablegen, ist das ein besonderes Naturschauspiel. Gemeinsam mit Tierschützern dürfen Touristen auf Nachtpatrouille gehen, um dabei zuzuschauen. Ein Abenteuer, das man nie vergisst!

Sobald es dunkel wird, erwacht die Natur zum Leben. Die lähmende Hitze des zyprischen Sommertages wird abgelöst von einer kühlen Brise, die vom Meer herüberweht. Im Camp des Schildkröten-Schutzprojektes in Alakáti beginnen die Vorbereitungen für die Nachtpatrouille. Die Studenten, die hier den Sommer über freiwillig als Tierschützer arbeiten, rüsten sich mit Messinstrumenten und der üblichen Ausrüstung: feste Schuhe für den Gang über den weichen Strand, eine Jacke gegen die Morgenkühle, Trinkwasser und eine Taschenlampe – nur für den Notfall. Denn selbst der kleinste Lichtkegel könnte die Tiere davon abhalten, im Schutze der Dunkelheit an Land zu kommen.

## In dunkler Nacht belebt sich der Strand

Es ist knapp 22 Uhr, eigentlich noch zu früh für die Schildkrötenweibchen. Aber es gibt doch immer ein paar, die es ganz besonders eilig haben. Andere dagegen kommen spät und lassen sich so viel Zeit, dass sie beim Nisten von der Morgendämmerung überrascht werden. Hinter den Sanddünen geht die Mondsichel auf. Sie wirft ihr fahles Licht über den Strand und die Wellen, sodass die Orientierung ein bisschen einfacher wird. Doch dann schiebt ein leichter Wind wieder Wolken über den Himmel und raubt der Landschaft auch das letzte bisschen Helligkeit. Ein gutes Vorzeichen, denn die Schildkröten bevorzugen dunkle Nächte, um ihre Eier zu legen.

*Ausgebrütet von der Sonne, geschlüpft aus eigener Kraft*

# Sand schaufeln mit den Flossen

Angestrengt schweift der Blick über den Sand, um Bewegungen auszumachen. Alle Müdigkeit ist verflogen, der Geist ist hellwach. Dort! Am Ufersaum, wird plötzlich ein großer Stein lebendig. Ganz gemächlich bewegt sich der dunkle Schatten über den Strand. Hat man einmal den Blick auf das Tier fixiert, kann man ihm mit den Augen folgen, ohne näher kommen zu müssen. Nun stoppt die Schildkröte. Offensichtlich hat sie einen Platz gefunden, der ihr genehm ist. Schwerfällig beginnt sie, mit den Vorderflossen den hellen Sand aufzuwirbeln. Sie schaufelt stetig mit gleichförmigen Bewegungen eine tiefe Mulde, in der ihr ganzer Körper Platz hat.

Ab diesem Moment ist sie von Weitem nicht mehr zu sehen und es wird Zeit, sich ihr vorsichtig zu nähern. Noch immer fliegt der Sand hoch, und an der Wurfrichtung orientieren sich die Studenten, wenn sie sich vorsichtig von hinten an die Schildkröte heranschleichen. Die letzten Meter robben sie über den Sand, bis sie in einem Meter Entfernung von der Grube bäuchlings Position beziehen. Es ist ein überwältigendes Gefühl, dieses große, geheimnisvolle Tier aus nächster Nähe betrachten zu dürfen.

## 200 Eier müssen in der Kammer Platz finden

Nun heißt es warten und sich nicht rühren, bis die Phase des Eierlegens beginnt. Noch sind die Sinne der Schildkröte sensibel auf die Umwelt gerichtet und nehmen wie ein Radar jede noch so kleine unliebsame Störung wahr. Kraftvoll und mit starken Schlägen schaufelt sie das Erdreich zur Seite. Sandfontänen fliegen über die Köpfe der Besucher hinweg. Ruhe bewahren ist jedoch



oberstes Gebot, auch wenn es zwischen den Zähnen knirscht. Unvermittelt hält die Schildkröte inne. Sie liegt ganz still und es hat den Anschein, als würde sie in die Dunkelheit lauschen. Hat sie sich durch einen Laut gestört gefühlt? Haben die aufblitzenden Scheinwerfer eines auf der Straße vorbeikommenden Autos den Nestbau unterbrochen?

Nein, sie hat nur eine Verschnaufpause eingelegt. Ab jetzt bewegen sich die hinteren Paddel wie Schaufeln und graben sich abwechselnd in den nach unten hin immer feuchter werdenden Sand. Sorgsam beginnt sie, eine Kammer für die Eier auszuheben. Sie müht sich, mit den Flossenspitzen so tief wie möglich zu buddeln, stützt sich sogar mit den vorderen Extremitäten ab, um – fast aufrecht stehend – noch ein paar Zentimeter weiter zu gelangen. Bis zu 200 Eier, jedes von ihnen so groß wie ein Tischtennisball, sollen in der Vertiefung Platz finden und sicher vor Nesträubern verborgen werden. Dazu muss das Loch mindestens einen halben Meter tief sein. Die Eier erleiden trotz der Fallhöhe keinen Schaden, weil die elastische Schale den Sturz abfängt.

*Die Baby-Schildkröten begegnen ihren Müttern nie.*

## In ihren Augen schimmern Tränen

Von dem Moment an, in dem sie ihre Eier legt, verfällt die Schildkröte in eine Art Trance (›Legestarre‹). Sie kann diesen körperlichen Vorgang nicht unterbrechen und lässt sich demnach auch von den Studenten nicht mehr stören, die nun in Aktion treten. Die Größe des Panzers wird gemessen und protokolliert. Das Tier wird auf Markierungen hin überprüft und wenn es noch keine hat, bekommt es einen elektronischen Chip, so groß wie ein Reiskorn, in den Nacken implantiert.

Sobald das letzte Ei in die Grube gefallen ist – nach etwa 20 Minuten – regt sich der massige Körper wieder. Die Hinterflossen schieben den Sand zielsicher in die Ei-Kammer und verschließen sie sorgfältig. Dann schippt die Schildkröte mit allen vier Extremitäten die Mulde wieder zu, um alle Spuren zu verwischen, die auf das Gelege hinweisen könnten. Der Nestbau strengt sie so sehr an, dass sie jeweils nach zehn bis zwölf Schlägen eine kurze Unterbrechung braucht, um sich auszuruhen. Aufgrund ihres Lungenbaus und ihrer Atemtechnik kann eine Meeresschildkröte an Land nicht gleichzeitig atmen und ›arbeiten‹. Sie lässt ihren Kopf sinken und schließt erschöpft die Augen. Wenn sie sich wieder aufrichtet und tief Luft holt für die nächsten Bewegungen, sieht es aus, als würde sie weinen. Diese Tränen sind zwar in Wirklichkeit nur Salzwasser, das sie ausscheidet, doch man hat den Eindruck, sie ist traurig darüber, dass sie ihre Nachkommen allein am Strand zurücklassen muss. Es ist ein Abschied für immer, denn nie im Leben wird sie ihre Kinder sehen. Sollte sie später jemals einem von ihnen im Meer begegnen, würde sie es nicht erkennen.

## Alles, was bleibt, ist ein Sandhügel

Ist das Nest schließlich ›unsichtbar‹ gemacht, hat die Schildkrötenmutter ihre Aufgabe erfüllt. Dann zeugt nur noch ein unscheinbarer Hügel am endlosen Sandstrand von der nächtlichen Niederkunft. Entkräftet schleppt sie sich zum Wasser. Sie legt ihren Weg zurück, ohne sich noch einmal umzublicken. Sobald die Wellen sie umspülen, werden ihre Bewegungen müheloser. Behände überlässt sie sich dem nassen Element. Innerhalb weniger Sekunden verschmilzt sie mit dem dunklen Meer und ist kurz darauf den Blicken der Menschen entschwunden. Nach sechs Wochen, wenn die Sonne die Eier ausgebrütet hat, schlüpfen die Kleinen. Sie kämpfen sich mit vereinten Kräften aus dem Sand und streben dem Meer zu. Ab jetzt ist jede der kleinen Schildkröten auf sich gestellt. ∎

# Samstags die Welt ein bisschen besser machen

**»Cans for Kids« verwandelt alte Dosen in medizinische Geräte** — die private Initiative hat den Zyprern das Recycling beigebracht und ihr Umweltbewusstsein geschärft.

Wer hat sich nicht schon mal gewünscht, Stroh zu Gold zu spinnen? Die magische Fähigkeit von Rumpelstilzchen war wohl die erste und einträglichste Recycling-Idee der Menschheit. In Nikosia gibt es eine Initiative, die so ähnlich funktioniert. Bei »Cans for Kids« werden aus alten Getränkedosen medizinische Geräte für kranke Kinder.

### Jede Hand zählt …

Verlässlich an jedem Samstag blinkt bei Facebook die Nachricht auf: »Wer hat Lust auf Bewegung an frischer Luft und eine gute Tat? Kommt vorbei, wir brauchen jede Hand.« Rosie Charalambous wird nicht müde, auf allen Kanälen Leute zu mobilisieren. Die Journalistin ist Gründerin, Gesicht und Sprachrohr der Initiative. Um 10 Uhr schließt sie das kleine eingezäunte Areal auf dem Gelände der städtischen Müllentsorgung auf und empfängt ihre Mitstreiter. Manchmal kommt eine ganze Reisegruppe mit Umweltaktivisten vorbei, manchmal sind es nur drei Helferlein. Während Rosie die schwarzen Gummihandschuhe verteilt, Wasser und Kuchen für die Pause bereitstellt, wirft ihr Mann Michael die Dosenpresse an.

### Recycling für EinsteigerInnen

Ein scheinbar unbezwingbarer Berg Plastiktüten, vollgestopft mit schepperndem Müll, wartet darauf abgebaut zu werden. Die Neulinge bekommen eine kleine Einführung: Herausgeklaubt und in Säcke verfrachtet werden alle Aluminiumdosen. Solche aus Weißblech kommen in andere Behälter. Spray- und Farbdosen sowie Plastikmüll landen auf dem Abfallhaufen. Soweit klingt alles ganz einfach. Doch während der Arbeit beginnt man jene Mitmenschen zu verfluchen, die Flaschen mit Verdünner für recyclebar halten oder die es nicht schaffen, ihren Strohhalm aus der Dose zu nehmen, bevor sie diese wegwerfen. Der Rücken schmerzt schon nach kurzer Zeit, in der man gebückt über den Resten der Konsumgesellschaft steht und versucht, das Wiederverwertbare vom Unbrauchbaren zu trennen.

Regelmäßig sind Rosie und ihr Mann in Schulen zu Gast, um Kinder spielerisch über den Kreislauf der Ver-

**MITMACHEN**

Die Initiative freut sich über jede helfende Hand. Für Gäste der Insel ergibt sich hier die Möglichkeit, Gutes zu tun und zugleich engagierte Einheimische kennenzulernen. Sortiert wird Sa 10–12 Uhr. Infos: www.cansforkids.org; Aktuelles s. FB @ CyprusCansForKids.

packungen zu informieren. Dreißig Jahre Aufklärungsarbeit machen sich bemerkbar. Aus den Kindern werden Eltern, die ihren Nachwuchs zur Mülltrennung anhalten. Inzwischen hat »Cans for Kids« fast 60 Sammelstellen in Zypern verteilt. Den Namen der Initiative kennt fast jeder im südlichen Teil der Insel. »Mit unserem Ansatz erreichen wir auch Leute, die ihren Müll aus ökologischen Gründen vielleicht nicht trennen würden«, sagt Rosie. »Aber Geld für kranke Kinder aufzubringen, das unterstützen sie gern.«

Nach zwei Stunden emsigen Sortierens kann sich das Resultat sehen lassen: Acht Hände haben 18 Säcke reinster Alu-Dosen für die Weiterverarbeitung gerettet. Die gehen in die Presse, um auf der anderen Seite als kompakte Pakete wieder herauszukommen. Zwei volle Säcke ergeben einen 13-kg-Würfel. »Wenn wir drei Tonnen beisammen haben, verkaufen wir das Aluminium an einen Altmetallhändler«, erklärt Rosie. Seit der Gründung des Vereins 1990 konnten auf diese Weise der Kinderstation des Makarios-Krankenhauses in Nikosia medizinische Geräte im Wert von 273 000 Euro gespendet werden.

**Angespornt von Schmerz und Trauer**
Der hohe persönliche Einsatz, mit dem Rosie und ihr Mann Michael über drei Jahrzehnte das Bewusstsein der Zyprer für ihre Umwelt umgekrempelt haben, geht auf einen traurigen Einschnitt in ihrem Leben zurück. Eines ihrer Kinder starb mit zwei Jahren an einem Hirntumor. Die schmerzvolle Erfahrung damals, dass die medizinische Versorgung für junge Patienten in Zypern weit hinter der anderer Länder zurücklag, führte sie zu ihrem Engagement, das inzwischen eine Art Lebensaufgabe geworden ist. ∎

*Jeden Samstag ab Punkt 10 Uhr wird sortiert. Freiwillige Helfer sind immer willkommen.*

# Die ›Super-Zyprer‹

**Deutsche wissen Bescheid** — darüber, wer die Guten und wer die Bösen sind. Sie fechten den Kampf aus, während die Einheimischen beim Empfang anstoßen. Eine Glosse.

Es ist doch immer wieder schön, seinen Urlaub mit einem Dämpfer zu beginnen. Auf die einfache Frage in der Facebook-Zyperngruppe, ob man mit seinem Mietwagen in den türkischen Teil fahren kann, gibt es garantiert eine Flut von Antworten. Allerdings nicht mit wertvollen Tipps, sondern dem Hinweis: »Es gibt keinen TÜRKISCHEN Teil!!!!!!! Das sind die besetzten Gebiete. Niemand sollte da rüberfahren!« Die im Süden Zyperns lebenden Deutschen haben die Insel adoptiert und überwachen streng die korrekten politischen Verhaltensweisen. Da spielt es keine Rolle, dass einheimische Busunternehmen längst Touristen aus dem griechisch-zyprischen Süden zu Tagestouren in den türkisch-zyprischen Norden kutschieren. Und dass hiesige Autovermieter ohne moralischen Zeigefinger die notwendige Zusatzversicherung für den Norden gleich mit anbieten.

Viele deutsche Mitbürger im Süden wissen offenbar besser als die Zyprer selbst, was gut für das Land ist. Da hat man sich die Sichtweise der griechisch-zyprischen Hardliner zu eigen gemacht, die noch nie im Norden der Insel waren, weil sie für den Übertritt ihren Ausweis vorzeigen müssen – »im eigenen Land!«. Diese Empörung guckt dann auch den Deutschen aus den Knopflöchern, wenn sie das Argument vorbringen. Aber man sollte nicht denken, dass die Gegenseite schweigt. Von den im Norden lebenden Deutschen hört man regelmäßig, dass es sich bei der Türkischen Republik Nordzypern doch schließlich um einen echten Staat mit eigenem Rechtssystem und demokratischen Wahlen handelt – die völkerrechtlichen Fakten lassen sie dabei völlig außer Acht. Sie fühlen sich als Deutsche zweiter Klasse, weil zum Beispiel offizielle Veranstaltungen der Botschaft nicht im Norden stattfinden. Gar nicht stattfinden dürfen, weil es sonst zu diplomatischen Verwicklungen kommen könnte. Aber das ist ihnen egal.

Besonders schön wird es, wenn die paar deutschen Expats, die in Zypern leben, bei Events aufeinandertreffen, z. B. beim jährlichen Bierfest im Goethe-Institut. Je nachdem, auf welcher Seite der Greenline sie wohnen, werfen sie sich mit Verve in die Bresche ›ihrer Seite‹. Derweil stehen neben ihnen vielleicht gerade Zyperngriechen und Zyperntürken relaxt mit einem Glas in der Hand beieinander und erzählen sich Witze. Die Deutschen fechten an ihrer Stelle Wortkriege aus, die sie mit eingeimpften Phrasen der jeweiligen Propaganda spicken. ∎

**DEUTSCHE EXPATS**

Schätzungen gehen davon aus, dass es ca. 1000 deutsche Expats im Süden der Insel gibt und etwa 500 im Norden. Als Touristen kommen jährlich um die 180 000 Deutsche in die Republik Zypern. Statistiken aus dem Norden liegen nicht vor.

# Hier geht's um die Wurst

**Leberkäse braten, ein Ei drüber, Mahlzeit!** — so lautet ein Rezept von Metzger Winfried Gutmann, der nicht gern viele Worte macht. Seit 1994 betreibt er die deutsche Metzgerei Bavarian Delicatessen in Limassol.

Jeden Morgen steht der Fleischermeister ab 3 Uhr in seiner Fabrik und produziert Schinken, Leberkäse und Würste. Das Ladengeschäft im Zentrum von Limassol dient auch als Restaurant. Im Gastraum bekommen die Kunden echt bayerische Gerichte serviert, zusammen mit einem zünftigen Bier.

**Herr Gutmann, worin unterscheidet sich der Geschmack von Zyprern und Deutschen?**

Als ich begonnen habe mit dem Geschäft, wollte keiner meine Wurst. Ein halbes Jahr lang habe ich in Supermärkten Verkostungen veranstaltet. Dann kam die Kundschaft langsam auf den Geschmack. Anfangs habe ich alles angeboten bis hin zu Pasteten. Aber dem Zyprer ist das zu bunt, er mag kein Grün und Rot im Essen. Zyprer wollen ihre Fleischwaren immer durchgegart und hart. Scharfes geht dagegen gar nicht. Die Leute hier sind sehr stolz und traditionell. Als mein Schwiegervater Anfang der 1980er-Jahre von Zypern nach Deutschland reiste, nahm er sich noch seine eigenen Lebensmittel mit, Halloumi und Würste waren im Koffer verstaut.

**Ist die nachfolgende Generation da offener?**

Die jüngeren Kunden sind nicht mehr so wählerisch. Trotzdem laufen die Klassiker am besten – Bockwürste, Käsewürste und Geflügelwürste. Davon verkaufe ich bis zu 500 kg pro Woche, an Supermärkte und in meinem Laden.

**Wie kommt man auf die Idee, in Zypern eine deutsche Metzgerei zu eröffnen?**

Ich stamme aus Pfaffenhofen nahe München und bin meiner Frau Niki in ihre Heimat gefolgt. Sie selbst wollte gar nicht weg aus Deutschland, aber ich hatte die Schnauze voll, allein schon vom schlechten Wetter. Ich bin in einem Metzgerhaushalt aufgewachsen und dachte damals, sowas will ich nie wieder machen. Aber dann war genau das hier meine Chance. Mit dem Fleischgeschäft bin ich ein Risiko eingegangen, alles oder nichts. Ich habe viel gearbeitet, aber ein bisschen Glück gehört auch dazu.

**Werden Sie jemals wieder zurück gehen nach Deutschland?**

Wenn du einmal vom Zypern-Virus angesteckt bist, willst du nicht mehr zurück. Arbeiten muss du überall, aber hier ist es viel relaxter. Wenn ich mich zur Ruhe setze, wird meine große Tochter das Geschäft übernehmen. Sie hat Lebensmittelchemie in München studiert und kann Bayerisch. Hier im Laden soll alles so bleiben, wie es ist. ∎

*Bavarian Delicatessen, Ayia Zonis 38, Limassol, Mo, Di, Do 8.30–19, Mi, Fr 8.30–22, Sa 8–14.30 Uhr, FB @Bavarian delicatessenlimassol*

Der Zyprer liebt Fleisch am Spieß, aber zu bayerischen Würsten sagt er nicht Nein.

# Das zählt

**Zahlen sind schnell überlesen** — aber sie können die Augen öffnen. Nehmen Sie sich Zeit für ein paar überraschende Einblicke. Und lesen Sie, was in Zypern zählt.

## 11

Stockwerke hat der Shacolas Tower in Nikosia. Mit einer Höhe von 50 m war er 1959 das erste Hochhaus Zyperns. Noch heute ist er wegen der Aussicht von oben eine beliebte Sehenswürdigkeit.

## 9251

Quadratkilometer Fläche nimmt die Insel ein. Sie ist damit halb so groß wie das Bundesland Sachsen.

## 539

Kilometer führt der Europäische Fernwanderweg E4 über Zypern.

## 1951

Meter ragt der höchste Gipfel der Insel auf, der Olymp. Er gehört zum Tróodos-Gebirge im Südwesten Zyperns.

## 7

Stühle braucht ein Zyprer, um einen Kaffee zu trinken: einen, um darauf zu sitzen, je einen für jeden Arm und jedes Bein, einen als Gepäckablage und einen als Abstellfläche für das Tablett.

## 98

uralte Bäume stehen im Süden der Insel unter Naturschutz. Der älteste von ihnen, die Terebinthe (Terpentin-Pistazie) in Apesiá, ist mehr als 1500 Jahre alt.

## 50.000

Tonnen Schweinefleisch verputzen die griechischen Zyprer pro Jahr, in erster Linie als Soúvla und Souvláki.

## 56

Prozent aller Babys in der Republik Zypern werden per Kaiserschnitt geboren. Das ist die höchste Rate in der gesamten EU.

## 82

Kilometer misst Zyperns längste Autobahn A1, die Nikosia und Limassol verbindet. Die kürzeste (A6, 17 km) führt von Nikosia nach Déneia.

# 60

Zentimeter lang wird das Horn eines Zypern-Mufflons. Es ist das größte Wildtier auf der Insel.

# 1

Tunnel existiert auf der Insel Zypern. Durch ihn führt die Autobahn nach Páfos.

# 750.000

Vögel werden jedes Jahr illegal erlegt. Dabei haben es die Wilderer besonders auf die Mönchsgrasmücke abgesehen. Sie landet illegal als Spezialität *ambelopoúlia* auf dem Teller.

# 30

Jahre beträgt das Durchschnittsalter, in dem sich Zyprer das Jawort geben. Eine von drei Ehen wird dann allerdings wieder geschieden.

# 5500

Jahre ist es her, dass in Zypern der erste Wein hergestellt wurde. Noch immer spielt der Weinbau eine wichtige Rolle.

# 648

Kilometer misst die Küstenlinie der gesamten Insel.

# 140

endemische Pflanzenarten wachsen auf Zypern. Zu den wichtigsten der ausschließlich hier gedeihenden Arten gehören die Zypern-Zeder, die Erlenblättrige Eiche und die Zypern-Tulpe.

# 35

Flüsse schlängeln sich über die Insel (längster ist der Pediaíos/Kanlı Dere). Nicht ein einziger führt ganzjährig Wasser.

# 3425

Wörter gibt es im zyprischen Dialekt, die von Zyperngriechen und Zyperntürken gleichermaßen verstanden werden.

# 84

Prozent der Bewohner Zyperns zwischen 16 und 74 Jahren nutzen das Internet wenigstens einmal pro Woche. Von ihnen kauft ein Viertel online ein, überwiegend Kleidung und Sportprodukte. Häufig werden auch Flugtickets und Mietwagen über das Internet gebucht.

# 19

Mittelmeer-Mönchsrobben leben rund um Zypern. Seit 2011 werden auch wieder Baby-Robben geboren, die ihre ersten Monate in den Sea Caves an den Küsten verbringen. Weltweit gibt es nur noch ca. 600 Exemplare dieser bedrohten Art.

# Wird er Nikosias erster schwuler Bürgermeister?

**Heiraten nur für die Leute** — das kommt für den LGBT-Aktivisten John Zacharias Theophanou nicht infrage. Sein Engagement soll ihn bis ins Rathaus führen. Interview mit einem, der weiß, was er will.

**Kann man in Zypern offen anders sein?**

Es läuft mehr so nach dem Motto »don't ask, don't tell« – also lieber nicht fragen, dann bekommt man auch keine Antworten, die man nicht hören will. Zypern ist ein kleines Land, die Leute sind hier religiöser und ändern sich oder die Bedingungen nur widerstrebend. Viele fühlen sich nicht wohl, wenn jemand anders ist als sie. Meine Mutter wusste auch früh von meinem Coming-out, aber der Deal mit ihr war: Sie wird mich nicht verheiraten und ich bringe keinen Mann mit nach Hause. Der Karneval ist eigentlich die einzige Zeit, wo hier jeder sein kann, was und wie er will.

**Wie funktioniert die friedliche Koexistenz mit der traditionellen Gesellschaft?**

Unser Ziel bei LGBT Cyprus ist es, unsere Normalität herauszustellen. Die Pride-Paraden hier unterscheiden sich von denen in westlichen Ländern, es sind eher Demonstrationen für Menschenrechte. Man sieht weniger Unterwäsche, dafür aber mehr Familien. Als bei einer Parade drei Leute in Stringtangas aufkreuzten, kam das gar nicht gut an. Die Leute denken sowieso, wir haben nur Sex im Kopf. Im Fernsehen gab es 2010 eine Comedyserie, die im alten Zypern spielte, wo ein Schwuler mit rosa Socken dargestellt wurde. Solche Stereotype werden da transportiert. Aufklärung ist wichtig. Hier herrscht doch noch immer die Meinung, Homosexualität lasse sich mit einer Operation beseitigen. Während der ersten Pride Parade gab es eine Anti-Pride-Demo von etwa 80 Leuten – Nonnen, Priester, Rechtsextreme. Mit diesem Auf-

**MEILENSTEINE**

Einer der ersten Schwulen, der sich in Zypern öffentlich zu seiner Sexualität bekannte, war **Alecos Modinos** (geb. 1932). Dafür kam er in den 1970er-/1980er-Jahren in Haft. Seit 1998 ist Homosexualität in Südzypern **kein Straftatbestand** mehr; in Nordzypern wurde der entsprechende Paragraf 2013 aufgehoben. Die Geschichte von **Accept LGBT Cyprus** (www.acceptcy.org) begann 2010. Zur ersten **Pride Parade** 2014 erwartete man 500 Menschen, 5000 kamen. 2015 wurde die **Eingetragene Partnerschaft** in der Republik Zypern zugelassen, über 50 Paare sind durch sie verbunden.

*Die Regenbogenflagge fehlt noch auf dem Dach der Stadtverwaltung, findet John Zacharias Theophanou.*

tritt gab die Kirche ein totales Gegenbild ab von dem, wofür sie eigentlich stehen sollte. Sie transportierten Hass statt Liebe. Auf der anderen Seite bekommen wir Rückendeckung auch von der alten Generation. Da gibt es einen Herrn Andreas, so ein echter zyprischer Macho-Kerl, dessen Sohn schwul ist und deshalb lieber in New York lebt. Der will nicht, dass auch andere Eltern wegen der in Zypern herrschenden Vorurteile ihre Kinder verlieren. Er geht in die Kaffeehäuser, haut mit der Hand auf den Tisch und argumentiert gegen Homophobie. Besser als wir das können, nämlich in der Sprache, die die Leute auch im letzten Dorf verstehen.

**Gibt es auch behördliche Probleme?**

Die gibt es für Trans-Menschen. In Zypern kann man sein Geschlecht ohne Weiteres ändern lassen, aber dann beginnen die Schwierigkeiten erst. Denn eine Änderung von Pass oder Geburtsurkunde ist nicht möglich. Und wenn man dann reisen will oder anderweitig offiziell überprüft wird, gibt es Ärger, weil das Erscheinungsbild und die Dokumente nicht zueinander passen.

In anderen Fragen haben wir die offiziellen Stellen auf unserer Seite. Beim von der EU geförderten Hombat-Projekt sollen Lehrer in Workshops lernen, mit Homophobie-Mobbing in den Schulen umzugehen. Schirmherr ist dabei das Bildungsministerium.

**Fürchten Sie Anfeindungen bei Ihrer angestrebten politischen Karriere?**

Es gibt ja auch in Zypern schon Leute in der Politik und im TV, die schwul sind, sich aber dazu nicht gerade öffentlich bekennen. Wir brauchen Botschafter, die anderen den Weg zu ihrem eigenen Coming-out ebnen. Mein Ziel ist es, erster schwuler Bürgermeister von Nikosia zu werden. Sicher, Politik ist ein schmutziges Geschäft und die Konkurrenz ist gnadenlos. Aber ich habe mich ja schon geoutet. Da gibt es kein Erpressungspotenzial mehr. ∎

# Hoch hinaus in Limassol

Entlang der Uferpromenade von Limassol wachsen die Wolkenkratzer in den Himmel – und mit ihnen die Mieten in der Stadt.

**Der Reichtum in Zyperns größter Hafenstadt verändert ihr Gesicht** — die Skyline an der Küste schießt in die Höhe. Das treibt alteingesessene Bewohner und Aktivisten auf die Palme. Andere sind froh, dass sich Zypern modernisiert.

Nirgends entzündet sich die Debatte über Zyperns Städteplanung in der letzten Zeit so wie in Limassol, wo Wolkenkratzer an der Küstenstraße wie Pilze aus dem Boden schießen. Die gemütliche Altstadt, so die Befürchtung der Gegner, werde im Schatten riesiger Wohntürme verschwinden. Den Blick aufs Meer gebe es dann nur noch für Reiche. Auf der anderen Seite freuen sich viele Einwohner, dass sich die Stadt modernisiert und endlich mit Citys wie Beirut mithalten kann.

Allein im ersten Quartal 2018 erteilte die Regierung Baugenehmigungen für 25 Hochhäuser, für weitere 60, die meisten davon in Limassol, waren Bauanträge in Arbeit. Das derzeit höchste Gebäude von Limassol ist 170 m hoch.

## Pro: Eine neue Silhouette als Wahrzeichen

Die zyprische Architektenkammer begrüßt hohe Gebäude grundsätzlich, weil sie kompakte Städte ermöglichen. Wichtig sei jedoch die Entscheidung für den Standort, um das Verhältnis zwischen Stadt und Meer nicht zu stören. Außerdem, so die Befürworter, ist die neue Silhouette ein Wahrzeichen für die Stadt – und für ganz Zypern. Und nicht zuletzt spülen die Investitionen natürlich reichlich Geld in die Kassen.

## Contra: Luxus für Betuchte

Die meisten der neuen Hochhäuser werden an der Küstenstraße stehen und einen großartigen Meerblick bieten. Doch für die Bewohner in den Häusern dahinter sind die Flaggschiffe in der ersten Reihe ein enormer Eingriff mit sozialen Auswirkungen: Ihre Häuser verlieren an Wert, sie selbst an Lebensqualität. Außerdem sind überwiegend Luxusapartments geplant und diese werden höchstwahrscheinlich von Nichtzyprern und Investoren belegt.

Neben der Frage, ob die Stadt es schafft, die Infrastruktur einschließlich Straßennetz, öffentlichem Nahverkehr und Abwasserentsorgung anzupassen, brennt die Frage nach bezahlbarem Wohnraum auf den Nägeln. Die Mieten in Limassol sind in weniger als zwei Jahren um 25 Prozent gestiegen. Der Innenminister versprach, Limassol beim Bau von 500 Sozialwohnungen zu unterstützen, um das Problem zu entschärfen. Letztendlich wurde daraus ein nationales Förderprogramm, das Mietzuschüsse und Subventionen für den Wohnungsbau umfasst. ∎

**ÜBER 50 METER HOCH**

**In Limassol:** The Oval (75 m), The Icon (125 m), The One (170 m), Aura (197 m, in Planung)
**In Nikosia:** Tower 25 (62 m), The President (75 m), 360 Nikosia (135 m)
**In Lárnaka:** Novel Tower (55 m), Hotel Radisson Blu (59 m)
**In Famagusta:** 1st Skyscraper Famagusta (80 m) – höchstes Gebäude im Norden Zyperns

# Vitaminschub in der Hauptstadt

**Frisch vom Feld**— verkaufen die Bauern mittwochs und samstags in Nikosia ihr Obst und Gemüse. Tapfer hält sich die Tradition trotz der Invasion der Supermärkte. Doch es kommen immer weniger Kunden. Ein aussterbendes Biotop in der nach Moderne dürstenden Gesellschaft.

ΛΛΟΥΡΗ
PRODUCE
OF
CYPRUS
Μέσπιλα
Α. ΚΑΛΛΟΥΡΗ

*Jeder Stand lebt von seinen Originalen: dem Mann, der seine Angebote singend anpreist, der Witwe mit dem lauten Lachen, dem ›Mathematiker‹, der das Gewicht der Ware präzise schätzt.*

*Der ›Grüne Markt‹ auf dem Oxi-Platz in Nikosia ist weder ›vintage‹ noch trendy. Es gibt keine fein gemachten Marktstände, verkauft wird aus Kisten und jeder bedient sich selbst.*

# Hier darf man so lange kosten, bis man sich endgültig entschieden hat.

Traditionell erledigen in Zypern die Männer den Markteinkauf. Früh um fünf Uhr kommen die ersten Kunden. In der Mittagshitze lässt der Andrang nach, dann dürfen auch die Verkäufer und ihre Helfer ein bisschen wegdösen.

# Ja, ich will!

**Auf der Insel der Liebesgöttin** — wird viel geheiratet. Dabei geht es aber sehr unterschiedlich zu. Ein Blick auf zyprische Massenhochzeiten, schnelle Trauungen und die romantische Urlaubshochzeit.

Im Frühling beginnt eine Zeit, vor der man sich in Zypern ein bisschen fürchtet: die Hochzeitssaison. Sobald es warm wird, flattern einem die Einladungen zur Vermählung so zahlreich ins Haus, dass man bis zum Herbst vollauf damit beschäftigt ist, alle verwandten, bekannten und nachbarlichen Brautleute zu beehren. Die Anwesenheit ist aber meist auf den Abend des Hochzeitstages beschränkt, denn die eigentliche Trauung findet im engeren Familienkreis statt.

## Der Bräutigam wird rasiert

Vor der Zeremonie in der Kirche gilt es nach altem Brauch noch einige traditionelle Rituale zu absolvieren. Während die Braut von den Frauen der Familie und den Freundinnen geschmückt wird, muss sich der Bräutigam von seinem Trauzeugen rasieren lassen. Vom Haus der Braut zieht die ganze Gesellschaft im Gefolge des Popen, der das Rauchfässchen schwenkt, zur Kirche.

Zur abendlichen Party anlässlich einer Hochzeit sind tatsächlich bis zu 2000 Gäste eingeladen. In der Festhalle steht das frisch vermählte Paar, umrahmt von den stolzen Eltern und den Trauzeugen, den ganzen Abend wie zu einer Audienz bereit und empfängt die vorbeidefilierenden Gratulanten.

## Geld statt Geschenke

Neben einer Umarmung gibt es mehrere Geldscheine, mit denen man das junge Glück finanziell unterstützen will. Da jede Familie selbst Kinder, Cousins oder andere Verwandte hat, die früher oder später heiraten werden, ist es ratsam, sich bei allen Hochzeiten blicken zu lassen, um potenzielle Gäste und Geldgeber nicht zu verärgern. So eine Hochzeit lohnt sich finanziell tatsächlich – die Einnahmen decken die Ausgaben und reichen darüber hinaus meist noch, um ein Haus anzuzahlen. Der Staat unterstützt diese Form der Anschubfinanzierung: Das Hochzeitsgeld muss zwar angegeben, aber nicht versteuert werden.

Für die Gäste gibt es ein kaltes Buffet, das reichlich, aber einfach gehalten ist. Die meisten bleiben nach der Gratu-

*Einmal Prinzessin sein …*
*Moderne Hochzeitsträume treffen hier auf traditionelle Bräuche.*

lation nicht länger als eine halbe Stunde. Nach Mitternacht, wenn nur noch die engere Familie in dem großen Saal übrig ist, wird's endlich gemütlich. Dann erholen sich alle von den Strapazen des Abends, es gibt die Hochzeitssuppe und nun tanzt auch das Brautpaar.

## Nägel mit Köpfen machen

Sich auf der Insel der Liebesgöttin das Jawort zu geben, soll eine lange, glückliche Ehe garantieren. Dementsprechend haben sich in Zypern viele Reiseveranstalter und ›Wedding Planner‹ auf die Hochzeitsgesellschaften von außerhalb eingestellt. Die Insel zählt zu den besten Hochzeitsreisezielen. Damit befindet sie sich in illustrer Gesellschaft mit Regionen und Orten wie Bali, Toskana, Hawaii und New York. Schon von daheim lässt sich die romantische Traumhochzeit buchen, die keine Wünsche offen lässt.

Geheiratet werden kann am Strand, in mittelalterlichen Kapellen, im Dorfmuseum oder in anderen tollen Locations. Für die anschließenden Flitterwochen muss das Paar dann nicht mehr weit fahren, denn es ist ja schon an dem romantischsten Ort, den es für Liebende gibt: auf der Insel der Aphrodite.

Aber auch schnell entschlossene Paare nutzen die Urlaubsstimmung, um Nägel mit Köpfen zu machen. Für eine Blitzhochzeit kann beim Standesamt eine besondere Ehelizenz beantragt werden, die eine Eheschließung in drei oder vier Tagen ermöglicht. Viele Gemeinden sind bekannt dafür, dass sie Pärchen in aller Schnelle trauen. Vor allem jene im Umkreis des Flughafens Lárnaka. Hier kommen täglich Dutzende Paare vor allem aus Israel an, die sich verheiraten lassen wollen. Denn standesamtliche Trauungen gibt es in Israel nicht, und die einzelnen Glaubensgemeinschaften

*Kaum ein Zyprer heiratet ohne den Segen der orthodoxen Kirche.*

trauen nur Paare gleicher Konfession. Im Rathaus von Aradíppou (Lárnaka) z. B. herrscht immer Andrang. In einem kleinen Bügelzimmer kann die Braut ihr Sommerkleid noch schnell aufhübschen und dann geht es ins Hochzeitszimmer. Der Bürgermeister selbst lässt den Hochzeitsmarsch vom Band laufen und verliest dann einen vorgefertigten Text, der in verschiedenen Sprachen als laminierte Vorlage auf dem Tisch liegt und mitgelesen werden kann. Der obligatorische Satz: »Hiermit erkläre ich euch zu Mann und Frau«, beendet die Zeremonie nach fünf Minuten. Anschließend werden die Dokumente unterzeichnet. Nicht mal Trauzeugen sind nötig und eine große Gästeschar schon gar nicht. Die schnelle Nummer für erklärte Gegner teurer Hochzeitsfeiern.

Ob romantische Traumhochzeit oder ›McWedding‹ – Hauptsache eine glückliche Ehe mit dem Segen der Liebesgöttin!

## Alte Hochzeitsbräuche

Magda Ohnefalsch-Richter, die Ehefrau des Archäologen Max Ohnefalsch-Richter (s. S. 113), beschreibt in »Griechische Sitten und Gebräuche auf Cypern« (1913) einen traditionellen Hochzeitstag:

»Der Hochzeitstag ist stets ein Sonntag. Mit Vorliebe wählen die noch die älteren Sitten beobachtenden Paare dazu die Zeit des Vollmondes, wie bei den Alten …

Nach der Rhäsibereitung [Hochzeitsspeise] wird die Matratze des Hochzeitsbettes von Frauen mit Wolle gestopft, zugenäht und an den vier Ecken mit bunten Bändern und Kreuzen geschmückt. Sie nennen das … »die Stickerei des Bettes«. Währenddessen schleudern die Anwesenden Kupfer- oder Silbermünzen darauf, welche mit eingenäht werden. Nach beendetem Zunähen werfen sie Kinder auf die Matratze, welche Kapriolen machen und Purzelbäume schießen …

Am Hochzeitsmorgen ist man früh auf. Da wird der Bräutigam, mag er nun



einen Bart haben oder nicht, feierlich rasiert und angekleidet. … Inzwischen badet die erste Gevatterin die Braut (das Hochzeitsbad der Alten) und legt ihr dann mit der Mutter die hochzeitlichen Gewänder und den Schmuck an …

Die kirchliche Trauzeremonie ist die nach griechisch-orthodoxem Ritus bekannte. Demnach erhalten Braut wie Bräutigam in der Kirche Hochzeitskränze vom Popen aufgesetzt, der die Ehe schließt. Ein dreimaliges Wechseln derselben findet statt …

Am Hochzeitshause angelangt (es ist stets das Haus des Bräutigams und nicht der Braut), wirft der junge Mann einen Granatapfel fest gegen den Türpfosten, daß er zerspringt und die vielen Kerne entleert: ein Symbol der zu wünschenden Fruchtbarkeit …

Es bestand und besteht auch teilweise noch die nicht geringe Kosten auferlegende Sitte, daß sich alle Dorfbewohner und alle etwa anwesenden Fremden als Hochzeitsgäste betrachten dürfen, daher unaufgefordert am Hochzeitsschmause teilnehmen, wenn auch die besonders Geladenen bevorzugt werden und die besseren Plätze am Tisch erhalten.« ■

# Loukia gab den Frauen ein Gesicht

**Wovon erzählt das Gemälde »Töchter Gottes«** — in der Leventis-Galerie in Nikosia? Vom Aufkommen der modernen Kunst in Zypern, von der Enge der traditionellen Gesellschaft und dem Schicksal der ersten zyprischen Künstlerin.

Ein goldener Rahmen, zwei Frauen, die sanft in den Raum blicken. Aha, möchte man denken und weitergehen. Aber das Bild steht für eine kleine Revolution in der zyprischen Gesellschaft. Auch wenn man es dem Porträt »Töchter Gottes« auf den ersten Blick gar nicht ansieht, dass hier der Kampfgeist einer Künstlerin für die Ewigkeit festgehalten ist. Es hängt in einer Nische der Zypern-Sammlung der Leventis-Galerie – bescheiden, sittsam und rein, wie man zu ihrer Zeit wohl gesagt hätte.

Loukia Nicolaides-Vassiliou war die erste bildende Künstlerin Zyperns.

Im Jahr 1929, als die meisten Frauen auf der Insel noch Analphabeten waren, ging die 20-Jährige allein nach Paris, um an der École des Beaux-Arts Malerei zu studieren. Damals steckte die Kunstwelt Zyperns noch in den Kinderschuhen.

## Es fehlte an Publikum für Kunstausstellungen

Vom 16. bis zum 20. Jh. existierten in Zypern nur Volkskunst und Ikonenmalerei. Erst mit der Herrschaft der Briten, die Zypern seit 1878 als Kolonie verwalteten, wurden weiterführende

**ZYPERNS ERSTE KÜNSTLERIN**

Loukia Nicolaides-Vassiliou lebte von 1909 bis 1994. Nach ihrem Kunststudium in Paris (1929–1933) kehrte sie für vier Jahre nach Zypern zurück. Dort hielt sie es allerdings nicht lange aus. Schon 1937 zog sie für immer nach England. In den 1960er-Jahren gab sie das Malen ganz auf und widmete sich nur noch ihrer Familie und ihrem Garten. Beinahe wäre sie in Vergessenheit geraten. Doch 1992 holte sie Dr. Eleni Nikita, die Kuratorin der Zypern-Kollektion der Leventis-Sammlung, wieder in das Bewusstsein der zyprischen Kunstwelt zurück. Weitere Infos: www.leventisgallery.org.

*Loukia wollte von ihrer Kunst leben. 1934 organisierte sie eine Einzelausstellung, doch sie konnte kein einziges Bild verkaufen (»Töchter Gottes«, zwischen 1933 und 1936, Öl auf Leinwand).*

Schulen eingerichtet, die Kunst als Unterrichtsfach anboten und dafür Lehrer brauchten. Die ersten begabten Zyprer gingen nach Athen, London oder Paris, um dort Kunst zu studieren. Fast alle bildenden Künstler der ersten Generation waren zugleich auch Lehrer. Eine Ausstellung ihrer Werke war in jener Zeit nicht üblich. Der Kunstbetrieb mit Vernissagen und mit Besuchern, die Bilder betrachten und auch kaufen, setzte in Zypern erst in den 1950er-Jahren ein. Bis dahin fehlte es schlicht an Publikum mit Kunstverständnis.

## Von Paris zurück in die Enge des Hauses

Die Pioniere der bildenden Kunst in Zypern sind in der Leventis-Galerie in einem einzigen Saal versammelt. Ihre Mo-tive schöpfte die erste Künstlergeneration aus dem Leben, das sie umgab: Dorfszenen, Natur, später auch der Kampf um die Unabhängigkeit. Auf den Bildern spielen Frauen eine untergeordnete Rolle. Sie stehen im Hintergrund oder sind vage porträtiert. Aber nicht etwa nur, weil sie als unwichtig wahrgenommen wurden, sondern schlicht auch deshalb, weil sich ein Mann – selbst wenn er Maler war – einer Frau nicht so intensiv nähern durfte.

Und dann kam Loukia. Die junge Frau kehrte 1933 aus der Weltstadt Paris zurück in die kleine Welt ihrer Heimatinsel. An der Kunstschule hatte sie Aktporträts gemalt, in Limassol lebte sie wieder die abgeschlossene Existenz der Frauen in der konservativen zyprischen Gesellschaft. Sie wollte Malerin sein, nicht Kunstlehrerin. Aber ihr Dasein spielte sich, wie das der anderen Frauen, im sozialen Radius der weiblichen Tätigkeiten und vorwiegend im häuslichen Bereich ab. Und so begann sie denen ein Gesicht zu geben, die im Verborgenen lebten – den Frauen. Sie malte sie in ihrem Umfeld und machte ihre Gefühlswelt sichtbar.

## Symbolische Nähe der Frauen als ›Schwestern‹

Die »Töchter Gottes« zeigt ihre Freundin Kikitsa und deren Schneiderin: die eine aus gutem Hause mit hellem Teint und elegantem Schmuck, frisiert und ein schalkhaftes Funkeln in den Augen, die andere ein armes Mädchen vom Lande, das in die Häuser der Kundinnen kam, um für einen Tageslohn zu arbeiten. Die äußere Erscheinung der Schneiderin, das Haar, ihr sorgenvoller Blick – all das unterstreicht den Unterschied ihrer Herkunft. Und doch hat Loukia die beiden Frauen nebeneinander porträtiert und dem Bild diesen symbolischen Titel gegeben. Bei allem, was sie trennt, sind sie doch beide ›Töchter Gottes‹. ∎

Mit solchen Überlandbussen transportierten die Fahrgäste ihre
Einkäufe von der Hauptstadt in ihre Heimatorte. Dieser Bus
fuhr um 1955 von Nikosia nach Limassol.

# Reise durch Zeit & Raum

**Als geostrategischer Spielball** — der großen Mächte war die Insel von Beginn an unter dem Joch fremder Herrscher. Erst seit 1960 ist Zypern unabhängig.

**Die Griechen kommen!**
*Ab 9000 v. Chr. – Prähistorische Zeit*
Als die Menschen kommen, stirbt der Zwergelefant aus, auch das Mini-Flusspferd. Die Besiedlung Zyperns seit der Steinzeit geht dafür mit kulturellen Errungenschaften einher. Vor allem in der späten Bronzezeit (ab 1650 v. Chr.) nimmt die Entwicklung Fahrt auf. Die Kupfergewinnung hat zur Folge, dass die Siedlungen an die Küsten verlagert werden (Égkomi und Kítion), um den Handel mit Ägypten, dem Nahen Osten, der Ägäis und dem westlichen Mittelmeerraum zu intensivieren. Ab Ende des 13. Jh. v. Chr. kommen die ersten griechischen Einwanderer auf die Insel.
*Zum Anschauen:*
*Steinzeitsiedlung Choirokoitía, S. 35*

**Trojanische Helden als Stadtgründer**
*Ab 1050 v. Chr. – Archaische Periode*
Schöner kann man sich seine Geschichte nicht schreiben: Die wichtigsten Städte Zyperns wurden angeblich von Helden des Trojanischen Krieges gegründet. Alle bis dahin errichteten Städte der späten Bronzezeit waren Naturgewalten, vermutlich Erdbeben, zum Opfer gefallen. Nun setzt also die letzte Welle der Kolonialisierung durch Bewohner des antiken Griechenlands ein. Die eingewanderten Achäer – ob Helden oder nicht – hellenisieren Zypern: Die griechische Sprache und Kultur setzen sich durch. Durch die Gründung der neuen Stadtkönigreiche zerfällt Zypern in mehrere Machtbereiche. Begehrlichkeiten weckt die Insel aus ökonomischen und strategischen Gründen auch bei den großen Nachbarn. Die Phönizier gründen eine Kolonie in Kítion, später machen die Assyrer die zyprischen Königreiche tributpflichtig (750–480 v. Chr.) und anschließend greift der ägyptische Pharao Amasis nach der Macht auf Zypern.
*Zum Anschauen:*
*Reste des antiken Stadtkönigreichs Solí, S. 192*

**Internationale Berühmtheit**
*Ab 411 v. Chr. –*
*Hellenistische und römische Zeit*
So richtig funkeln kann Zypern unter König Evagoras von Salamis (411–374 v. Chr.), der die Muskeln gegen die mächtigen Perser spielen lässt und die Insel zu einem der wichtigsten politischen und kulturellen Zentren der griechischen Welt macht. Die Herrschaft der makedonisch-griechischen Dynastie der Ptolemäer (ab 294 v. Chr.) bringt zusätzliche Einflüsse aus Alexandria auf die Insel und befördert den Tempelbau für alteingesessene und neue griechische, aber auch ägyptische Gottheiten. Andererseits beu-

ten die Ptolemäer aber auch die natürlichen Ressourcen in großem Umfang aus. Die Zyprer müssen Getreide und Oliven, vor allem aber Kupfer und Holz für den Schiffbau liefern. Auch die Römer, die 58 v. Chr. die Insel übernehmen, nutzen den Kupferbergbau. Der Name der Insel wird weltweit bekannt, denn die Römer nennen Kupfer *aes cyprium*, Erz von der Insel Zypern. Daraus wird später das lateinische Wort für Kupfer, *cuprum*, das u. a. im englischen *copper* nachklingt. Noch während der römischen Herrschaft kommt ab 45 n. Chr. das Christentum nach Zypern, verbreitet durch die Apostel Paulus und Barnabas. Ihnen gelingt es, den römischen Prokonsul Sergius Paulus zum neuen Glauben zu bekehren. So wird Zypern das erste christlich regierte Land der Welt.

*Zum Anschauen:*
*Archäologischer Park Páfos, S. 94*

## Erzbischof mit Kaiserprivilegien

*Ab 395 n. Chr. – Byzantinische Periode*

**E**in Glücksfall für die zyprische Kirche ist die Teilung des römischen Reiches (395). Denn plötzlich gehört die Insel zu Ostrom, das zum Byzantinischen Reich wird und das Christentum zur Staatsreligion erhebt. Während der frühbyzantinischen Epoche vom 4. bis zum 7. Jh. gelingt es der Kirche Zyperns nach langen Kämpfen, ihren autonomen Status zu erhalten (Autokephalie). Der Kaiser in Konstantinopel überträgt dem zyprischen Erzbischof 488 n. Chr. kaiserliche Privilegien: das Tragen des Purpurmantels sowie eines Zepters statt des Hirtenstabs und das Recht, mit roter Tinte zu schreiben. Die Hauptstadt Zyperns wird von Páfos nach Salamis verlegt, wo in unmittelbarer Nähe seit dem 7. Jh. Arsinoe-Ammóchostos (Famagusta) aufgeblüht ist. Nicht weit von Amathoús entfernt, einem seit römischer Zeit bedeutenden Zentrum, entsteht eine neue Stadt: Nemesos, später Lemesós (Limassol) genannt. Im Bereich der sakralen Kunst entstehen Meisterwerke in und an Kirchen. Trotz der Zerstörungen durch arabische Einfälle (7.–10. Jh.) bleiben etliche Mosaiken aus den frühbyzantinischen Gotteshäusern erhalten. Im 11./12. Jh. werden die bekannten Klöster Kýkkos und Machairás erbaut.

*Zum Anschauen:*
*Mosaikfußboden der ehemaligen Basilika*
*Agía Triás, S. 217*

## Die Ritter übernehmen die Insel

*1191 – Frankenherrschaft*

**Z**ypern liegt auf dem Weg der Kreuzritter ins Heilige Land. König Richard Löwenherz erobert die Insel 1191 und verkauft sie weiter: zuerst an den Templerorden, der sie wegen der rebellischen Bewohner aber dankend wieder zurückgibt, dann an den früheren König von Jerusalem, Guy de Lusignan. Der macht Zypern zum wichtigsten Stützpunkt auf den Verkehrsrouten der reichen Handelsstädte jener Zeit wie Venedig und Genua. Die Bedeutung der Insel wächst erneut nach dem Fall der Festung Akkon 1291, denn damit wird sie zur letzten Bastion der Christenheit im Orient. Famagusta gelangt zu erheblichem Wohlstand und Nikosia wird Hauptstadt von Zypern. Zu den baulichen Hinterlassenschaften der Franken gehören u. a. die gotischen Kathedralen in Nikosia und Famagusta sowie die Burgen Hilarion und Buffavento.

*Zum Anschauen:*
*Selimiye-Moschee in Nikosia, vormals*
*Sophienkathedrale, S. 168*

## Shakespeare verewigt Famagusta

*Ab 1489 – Herrschaft der Venezianer*

**K**napp 100 Jahre steht die Insel im Zeichen des Markuslöwen, denn Catarina Cornaro, die letzte Königin Zyperns, händigt ihr Land 1489 der Stadt Venedig aus. Die Venezianer brauchen den Stützpunkt, um die Versorgung ihrer Frachtschiffe im östlichen Mittelmeerraum zu gewähr-

*Catarina Cornaro, von 1474 bis 1489 Königin von Zypern*

leisten. Venezianische Kaufleute holen sich alles von der Insel, was zu ihrer Zeit teuer gehandelt wird: Salz, Zuckerrohr, Baumwolle, Wein, Olivenöl. Lárnaka wird dank des Salzexports zum bedeutendsten Hafen Zyperns. Die drohende Gefahr seitens der Osmanen beschert Nikosia und Famagusta mächtige Stadtbefestigungen. Shakespeare erwählt Famagusta als Setting für sein Drama »Othello« und sichert ihm so einen Platz in der Weltliteratur.

Zum Anschauen:
*Venezianische Brücken im Tróodos, S. 81*

## Muezzin statt Kirchenglocken
*Ab 1571 – Osmanische Herrschaft*

Mit den Osmanen kommen die Moscheen auf die Insel. Prachtbauen müssen nicht extra errichtet werden, vielmehr werden kurzerhand die bestehenden Kathedralen verwendet. Minarett drauf, Bilder raus, Teppich rein, fertig. Die Katholiken werden nicht nur aus den Gotteshäusern, sondern gleich von der ganzen Insel verjagt. Dagegen erhält die orthodoxe Kirche eine privilegierte Stellung. Sie wird politische Vertreterin der griechischen Bevölkerung und ist auch für Fragen der Bildung verantwortlich. Mit dem beginnenden Verfall des Osmanischen Reiches Ende des 18. Jh. setzt der urbane Aufschwung in Zypern ein. Europäische Mächte treiben verstärkt Handel mit der Insel und in der Küstenstadt Lárnaka werden Konsulate eingerichtet. Die Gesellschaft wandelt sich: Neben der rein bäuerlichen Struktur im Inland bilden sich in den Küstenstädten erste Ansätze einer bürgerlichen Schicht heraus.

Zum Anschauen:
*Hadjigeorgákis-Kornesios-Haus in Nikosia, S. 154*

## Very British: ›Teile und Herrsche‹
*Ab 1878 – Britische Herrschaft*

Als die Briten die Insel pachten und schließlich 1925 ganz offiziell zur Kronkolonie machen, ist das Ende des Kolonialzeitalters längst eingeläutet. Auch Zypern strebt nach Unabhängigkeit, aber nicht auf eigene Faust. Statt Republik zu werden, fordern die griechisch-zyprischen Bewohner den Anschluss ans griechische Mutterland (ENOSIS). Großbritannien sperrt sich dagegen und provoziert damit einen mörderischen Widerstand der Untergrundorganisation EOKA (1955–59). Statt auf rebellische griechisch-zyprische Angestellte setzt die britische Administration verstärkt auf türkisch-zyprische Beamte, auch bei Polizeieinsätzen. Damit treibt sie einen noch stärkeren Keil zwischen die beiden Bevölkerungsgruppen. Spuren der britischen Herrschaft sind in Zypern bis heute auf Schritt und Tritt zu erkennen: Kolonialbauten, Linksverkehr, englische Einsprengsel in der Alltagssprache u. v. m.

Zum Anschauen:
*Museum des Nationalen Kampfes in Nikosia, S. 148*

## Unabhängigkeit mit Fußangeln
*Ab 1960*

Endlich ist es geschafft: Die Insel Zypern ist ihr eigener Herr. Am 16. August 1960 wird Zypern offiziell unabhängige Republik. (Der Nationalfeiertag wird seit 1963 am 1. Oktober begangen, weil es im August zu heiß zum Feiern ist.) Staatspräsident wird Erzbischof Makarios III., Vizepräsident Dr. Fazıl Küçük. Beide verfügen über ein Vetorecht und werden jeweils von ihrer Volksgruppe gewählt. Die Verfassung sieht für Zyperngriechen und Zyperntürken ein Verhältnis von 70 % zu 30 % für Parlamentsmandate und Stellen im öffentlichen Dienst vor, obwohl der türkisch-zyprische Bevölkerungsanteil nur bei 18 % liegt. Diese Punkte legen bereits den Grundstein für künftige Zwietracht. Die Verträge zwischen den Interessenmächten Großbritannien, Türkei und Griechenland sehen vor, dass alle drei als Garantiemächte über die Einhaltung der Verfassung des kleinen, neuen Staates wachen und Interventionsrecht haben. Großbritannien behält darüber hinaus zwei souveräne Militärstützpunkte in Dekéleia und Akrotíri mit einer Größe von 254 km$^2$.

*Zum Anschauen:*
*Staatskarossen von Präsident Makarios III. am Erzbischöflichen Palast, S. 148*

## Der Anfang vom Ende
*1963/1964*

Nach drei Jahren bricht die neue Republik schon wieder auseinander. Staatspräsident Makarios III. will die Verfassung ändern, woraufhin die türkisch-zyprischen Abgeordneten aus dem Parlament ausziehen. Die Stimmung zwischen den Bevölkerungsgruppen ist aufgeheizt. Weihnachten 1963 kippt das Mit- und Nebeneinander und schlägt in bürgerkriegsähnliche Auseinandersetzungen um. Seit 1964 bis heute ist die UN-Friedensmission UNFICYP auf der Insel stationiert, um für Ruhe

*Erster Präsident Zyperns und oberster Kirchenherr – Erzbischof Makarios III wird bis heute verehrt.*

und Ordnung zu sorgen. Zwischen den ethnischen Stadtteilen in Nikosia wird eine Trennungslinie gezogen, die Greenline. Die türkisch-zyprische Volksgruppe zieht sich in Enklaven zurück, die von den Zyperngriechen kontrolliert werden.

*Zum Anschauen:*
*Museum der Barbarei, S. 217*

## Letzte geteilte Hauptstadt der Welt
*Ab 1974*

Zehn Jahre später kommt es zur endgültigen Teilung der Insel. Die griechische Militärjunta inszeniert einen Putsch und stürzt Präsident Makarios III. Diesen Verfassungsbruch nimmt die Türkei zum Anlass, von ihrem Interventionsrecht Gebrauch zu machen und in Zypern einzumarschieren. Doch mit der Herstellung der alten Ordnung endet die ›Friedensmission‹ nicht. Die Armee rückt bis zur Mitte des Landes vor. Sie besetzt 37 % der Insel und teilt sie damit faktisch. Bis heute ist türkisches Militär auf der Insel stationiert. Infolge von Flucht und Bevölkerungsaustausch wohnen nun im Norden der Insel Zyperntürken sowie eingewanderte Türken vom Festland (Siedler). Im Süden lebt die griechischsprachige Bevölkerung.

Die Teilung der Insel wird 1983 zementiert durch die einseitige Proklamation der »Türkischen Republik Nordzypern«. Diese wird völkerrechtlich nur von der Türkei anerkannt und von ihr protegiert und finanziell am Leben erhalten. Seit Jahrzehnten laufen Verhandlungen zur Wiedervereinigung – bisher ohne Ergebnis. Die gesamte komplizierte historische und politische Situation im Land wird mit dem Begriff ›Zypernproblem‹ auf einen kurzen Nenner gebracht.

Als sich die Republik Zypern Mitte der 1990er-Jahre um die EU-Mitgliedschaft bewirbt, besteht die Möglichkeit, diese an eine Lösung des ›Zypernproblems‹ zu koppeln, um eine Klärung zu forcieren. Doch der Europäische Rat beschließt 1999 in Helsinki, dass eine politische Lösung nicht Bedingung ist. So holt sich Europa das Zypernproblem an Bord.

*Zum Anschauen:*
*Greenline in Nikosia, S. 149*

## Ein halbes EU-Land
*Seit 2004*

Seit 1. Mai 2004 ist die Republik Zypern Mitglied der Europäischen Union. De jure wird die gesamte Insel in die EU aufgenommen, aber der Arm des EU-Rechts endet dort, wo die Staatsorgane der Republik Zypern (Süden) keinen Einfluss haben: im Norden. Die ›besetzten Gebiete‹, wie dieser Teil des Landes unter Zyperngriechen politisch korrekt heißt, werden erst nach einer Wiedervereinigung offizielles EU-Territorium. Da die Republik Zypern die »Türkische Republik Nordzypern« nicht anerkennt, gelten alle Zyperntürken noch immer als Bürger der Republik Zypern (Süden), sie können EU-Pässe beantragen und damit reisen.

Nachdem das Luftschloss einer »United Cyprus Republic« zerplatzt ist, verspricht die EU, das Wirtschaftsembargo zu lockern, unter dem der illegitime Staat im Norden leidet. 259 Mio. Euro sollen ins Land gepumpt werden, um die Infrastruktur und die Ökonomie anzukurbeln. Ihr neues Mitglied Zypern protestiert gegen die Hilfsmaßnahmen, die eine Anerkennung des selbst ernannten und von der Weltgemeinschaft als illegal eingestuften Staates im Norden bedeuten könnten.

In der Republik Zypern wird der Euro 2008 offizielles Zahlungsmittel.

## Der Staat in der Krise
*2013*

Zypern kann nur mit einem 10-Milliarden-Euro-Kredit von IWF und Euroländern vor der Pleite bewahrt werden. Zwar verlässt die Republik Zypern bereits 2016 den Rettungsschirm wieder, doch Bankenabwicklung, private finanzielle Verluste, öffentliche Sparmaßnahmen und ein überdimensionaler Anteil fauler Kredite prägen Wirtschaft und Gesellschaft des Landes bis heute.

## Provokation oder Aufbruch
*2019*

Im Juni 2019 kündigen Nordzypern und die Türkei an, die Geisterstadt Varósia künftig wieder zu öffnen. In dem seit 1974 unzugänglichen Stadtteil von Famagusta wird eine Bestandsaufnahme aller Immobilien vorgenommen. Die Republik Zypern und vor allem die ehemaligen griechisch-zyprischen Besitzer der inzwischen verfallenen Hotels protestieren gegen die einseitigen Zukunftspläne für dieses Filetstück an der Ostküste der Insel.

*Zum Anschauen:*
*Geisterstadt Varósia, S. 203*

# Verkleiden als Gegenbewegung

**Auf Begegnungen der dritten Art** — sollte man bei der Cyprus Comic Con gefasst sein. Mitten im Gedränge kommen einem grüne Männchen, bewaffnete Krieger oder spärlich bekleidete Game-Prinzessinnen entgegen.

Die Durchschnittsbesucher auf der Suche nach Raritäten vom Comic-Wühltisch oder angemeldet für die Promi-Autogrammstunde betrachten die bunten Kreaturen ein bisschen irritiert. Dabei sind eigentlich sie selbst die Außenseiter, während die Gamer und Popkultur-Junkies den harten Kern der Cyprus Comic Con bilden. Schließlich erweckten sie das Genre zum Leben und sorgen dafür, dass die CCC jedes Jahr wächst.

### Ein Bilderbuch-Start
Zur ersten CCC, die 2014 einen Tag lang im großen Saal der European University in Nikosia stattfand, kamen auf Anhieb 4000 Besucher. Damals gab es nur einen einzigen Comic-Laden auf der ganzen Insel. Bei der Idee, eine Comic-Messe zu organisieren, hatte man eher an eine Art Familientreffen gedacht. Mittlerweile wird die CCC auf dem staatlichen Messegelände in Nikosia an zwei Tagen abgehalten, um 15 000 bis 20 000 Besucher ohne Platzprobleme empfangen zu können. Dieser grandiose Erfolg ist allein den Organisatoren zu verdanken, die das bunte Event noch immer als nichtkommerzielle Truppe auf die Beine stellen. Die ›bürgerliche Presse‹, wie man so schön sagt, hat an dem Erfolg herzlich wenig Anteil, denn Berichterstattung fand anfangs nur spärlich statt. Inzwischen sind auch die Medien und die Tourismusorganisation auf den Zug aufgesprungen und vermarkten die CCC als ganz großes Ding.

### Aus Spiel wird Kunst
Fast noch spannender als die ›Convention‹ an sich ist die Erkenntnis, dass in Zypern mehr Kreativität schlummert, als man gemeinhin zu sehen bekommt. Gefördert und protegiert wird nämlich meist die ›ernste Kunst‹. Griechische Dramen und Folkloretänze gelten den Eventveranstaltern im Allgemeinen als ausreichendes kulturelles Angebot. Es ist wohl einzigartig in der Geschichte des Landes, dass

*Schau mir in die Augen, Kleiner! Die Cosplayer sind die Stars der CCC.*

eine private Nischenveranstaltung einen solchen Durchbruch feiern konnte. Und auch das unterscheidet die Cyprus Comic Con von anderen Events: Normalerweise setzen die Organisatoren auf Grußworte von Honoratioren und die Segnung durch die Kirche, um ihrer Veranstaltung Gewicht zu verleihen und Besucher anzulocken. Doch die CCC pfeift auf solche Rituale – sie hat diese Art von Brauchtum nicht nötig.

Es gibt in Zypern eine lebendige Kreativszene, in der sich Künstler und Fans, Sammler und Cosplayer (Liebhaber der Kostümierung), Gamer und Fantasy-Freaks tummeln. Hier manifestiert sich der verspielte Charakter der Zyprer und verwandelt sich in Kunst. In experimentelle, unangepasste, fragmentarische, unorthodoxe Kunst. Eine kulturelle Strömung, die großartig zu dem Aufbruch aus festgetanzten gesellschaftlichen Formen und Förmchen passt, der sich derzeit beinahe unmerklich vollzieht.

Der Besucheransturm gibt den Veranstaltern Recht. Jedes Jahr kommen mehr internationale Künstler dazu, die sich in der ›Artist Alley‹ mit den hiesigen Comiczeichner/innen austauschen. Die Namen der Stargäste, die zu Fototerminen bereitstehen, werden immer illustrer, die Kostüme der Cosplayer immer aufwendiger. Und draußen, auf dem Gelände vor der Halle, sind Bühnen aufgebaut, vor denen Leute in Kostümen und in Zivil zusammen bis weit nach Mitternacht feiern.

## Hier ist alles noch authentisch

Mögen die Comic Conventions in anderen Ländern seit Jahrzehnten zum kulturellen Bestand gehören – die relativ junge CCC in Zypern hat ihnen trotzdem etwas voraus. Noch hat hier nämlich der Kommerz nicht eingesetzt, noch ist der Veranstaltung das Herzblut anzumerken, mit dem sie monatelang von der kleinen Crew organisiert wird. Die Begeisterung der Macher und der Teilnehmenden überträgt sich aufs Publikum und entfacht eine Stimmung, der man sich nur schwer entziehen kann. ∎

# Viel essen, viel Geselligkeit

Volle Tische sind ein Muss, wenn Zyprer sich zum Essen treffen. Laut geht es dabei zu und am Ende wird darüber gestritten, wer zahlen darf.

**Nirgends lassen sich Mentalität** — Geschichte, Tradition und Politik der Zyprer besser ablesen als bei Tisch. Beschäftigt man sich näher mit den kulinarischen Gewohnheiten und Einstellungen der Menschen, versteht man, welche Bedeutung die einzelnen Speisen und Getränke haben.

Die beste Möglichkeit, die zyprische Küche kennenzulernen, bietet eine Mezé. Auf Tellern und Schüsseln wird eine nicht enden wollende Speisefolge aufgetragen. Angefangen von kleinen Vorspeisen bestehend aus Oliven, gegrilltem Halloumi (dem Nationalkäse Zyperns), diversen Gemüsehäppchen und Dips (Hummus, *tachíni* etc.), gefolgt von Fleisch (Schnecken, Hühnchen, Schwein, Lamm) bis hin zum Nachtisch (frisches Obst, in Zuckersirup eingelegte Früchte). Die vielfältigen Gerichte sind geprägt von den kulinarischen Einflüssen all jener Kulturen, die über die Jahrhunderte mit den jeweiligen Herrschern auf die Insel kamen und ihre Spuren hinterlassen haben – orientalisch, italienisch, türkisch und britisch.

## Local Heroes

Der Stolz auf die eigenen landwirtschaftlichen und kulinarischen Traditionen führt dazu, dass die Zyprer am liebsten Produkte von der Insel kaufen. Auf dem Bauernmarkt (s. auch S. 268) suchen sie gezielt nach Obst und Gemüse aus bestimmten Regionen – Kartoffeln aus den ›Roten Dörfern‹ bei Paralímni, Erdbeeren aus Derýneia, Kirschen aus Pedoulás, Bananen aus Páfos. Zyprer

## HAUSMANNSKOST

**Trachanás:** getrocknete Getreide-Milch-Mischung; in Wasser einweichen, aufkochen, Halloumi reinschneiden, mit Zitrone, Pfeffer und Salz abschmecken. **Kolokási/ Kolokas:** stärkehaltige zyprische Gemüseknolle; mit Fleisch (Schwein oder Geflügel), Stangensellerie, Zwiebeln und passierten Tomaten kochen und mit Zitronensaft verfeinern. **Molehíya:** Eintopf-Gericht aus frischen oder getrockneten Molehíya-Blättern (Jute, ›Ägyptischer Spinat‹) mit Lamm- oder Hühnerfleisch und Knoblauch. **Kléftiko:** Auch als ›Räuberbraten‹ bekannt, weil früher gestohlene Ziegen oder Lämmer in Erdhöhlen zubereitet wurden. Dort schmorte das Fleisch stundenlang. Das Versteck der Räuber blieb unentdeckt, denn es war kein Rauch zu sehen. Heute wird Kléftiko im Lehmofen gebacken.

vertrauen instinktiv den eigenen Leuten mehr als anderen Nationen. Auch das ist das Ergebnis jahrhundertelanger Fremdbestimmung, führt aber zu dem positiven Effekt, dass oft nach dem 0-km-Prinzip, d. h. lokal, eingekauft wird.

## Gegrillt wird immer und überall

In der Altstadt vor dem Laden an der Ecke, zu Weihnachten im Garten oder im Sommer beim Picknick im Gebirge – ein geselliges Barbecue passt immer. Auf den Grill kommen große *(soúvla)* oder kleine *(souvláki)* Fleischspieße. Die drehen sich motorbetrieben über dem Feuer. Am liebsten wird in großer Runde gegessen. Familie, Freunde und Bekannte und sogar Fremde werden mit dazu gebeten. Für diese Gastfreundschaft gibt es im Griechischen ein eigenes Wort: *Kopiaste!* Setz' dich zu uns, iss und trink mit uns!

## Teilung und Kaffee

Die Zubereitung des kleinen Mokkas ist auf beiden Seiten der Insel gleich: Das Kaffeepulver wird in einem Kännchen aufgekocht und mit, ohne oder mit wenig Zucker angerührt. Wichtig ist nur, die Bestellung politisch korrekt aufzugeben. Im Norden ordert man einen ›Turkish Coffee‹, im Süden dagegen heißt das gleiche Getränk ›Cyprus Coffee‹. Sollte man das durcheinanderbringen, reagieren die Zyperngriechen allergisch.

## Sprache und Essen

Auf der Insel wird jeweils Griechisch (Süden) bzw. Türkisch (Norden) gesprochen. Doch es gibt Tausende Wörter beider Volksgruppen, die sich gleichen, vor allem im Bereich Essen: Melone *(karpúzi/karpuz)*, Grillfleisch *(kebab)*, gefüllte Weinblätter *(dolmádes/dolması)* oder die Gelee-Süßigkeit ›Cyprus‹ bzw. ›Turkish‹ Delights *(loukoúmi/lokum)* und natürlich der berühmte Grillkäse *(halloúmi/ hellim)* sind nur einige Beispiele.

## Dem Alten verhaftet

Kulinarische Neuerungen lehnen die Zyprer zwar ab (Was der Bauer nicht kennt …), aber bei ihren traditionellen Speisen sind sie nicht wählerisch. So kommen Schnecken, Schafskopf und eingelegte Kapernzweige samt Stacheln auf den Tisch. Singvögel sind zwar vom heimischen Speisezettel verschwunden, aber es gibt Restaurants, die entgegen aller Verbote noch immer *ambelopoúlia* (s. S. 263) anbieten. Der illegale Vogelfang hat sich zu einem Millionengeschäft entwickelt und wird nicht nur von einheimischen Tierschützern bekämpft. ∎

*Für ein Hochzeitsbuffet werden die Speisen eleganter angerichtet als bei
einer Dorfparty. Aber Traditionelles, wie in Wein eingelegte Loukánika-
Würste von der Fleischerei Kafkalia in Agrós (s. S. 77), ist immer dabei.*

## DAS KLIMA IM BLICK

**A**

Reisen bereichert und verbindet Menschen und Kulturen. Wer reist, erzeugt auch $CO_2$. Der Flugverkehr trägt mit einem Anteil von bis zu 10 % zur globalen Erwärmung bei. Wer das Klima schützen will, sollte sich für eine schonendere Reiseform (z. B. die Bahn) entscheiden – oder die Projekte von atmosfair unterstützen. Atmosfair ist eine gemeinnützige Klimaschutzorganisation. Die Idee: Flugpassagiere spenden einen kilometerabhängigen Beitrag für die von ihnen verursachten Emissionen und finanzieren damit Projekte in Entwicklungsländern, die dort den Ausstoß von Klimagasen verringern helfen. Dazu berechnet man mit dem Emissionsrechner auf www.atmosfair.de, wie viel $CO_2$ der Flug produziert und was es kostet, eine vergleichbare Menge Klimagase einzusparen (z. B. Berlin – London – Berlin 13 €). Atmosfair garantiert die sorgfältige Verwendung Ihres Beitrags.

**Christiane Sternberg** – berichtet als Autorin und Journalistin seit über einem Jahrzehnt aus Zypern. Sie hat die schönen Seiten der Heimat der Aphrodite erkundet und ist den Schattenseiten des politischen Sorgenkindes begegnet. Als am prägendsten für ihr Liebesverhältnis zu Zypern haben sich die überwältigende Gastfreundschaft der Menschen und die noch weitgehend unberührten Landschaften erwiesen. Aber erst aus allen Brüchen und Widersprüchen formt sich ein vollständiges, liebenswertes Bild der Insel, das sie ihren Leserinnen und Lesern vermitteln möchte.




**Umschlagfotos**
Titelbild: Steile Felsküste bei Agía Nápa, Umschlagklappe vorn: Landschaft bei Léfkara im Süden Zyperns

**Kartografie**
DuMont Reisekartografie, Fürstenfeldbruck
© DuMont Reiseverlag, Ostfildern

**Autorin:** Christiane Sternberg **Redaktion/Lektorat:** Erika E. Schmitz **Bildredaktion:** Erika E. Schmitz, Titelbild: Carmen Brunner **Grafisches Konzept und Umschlaggestaltung:** zmyk, Oliver Griep und Jan Spading, Hamburg

**Hinweis:** Autorin und Verlag haben alle Informationen mit größtmöglicher Sorgfalt geprüft. Gleichwohl erfolgen alle Angaben ohne Gewähr. Bitte schreiben Sie uns! Über Ihre Rückmeldung und Ihre Verbesserungsvorschläge freuen wir uns: DuMont Reiseverlag, Postfach 3151, 73751 Ostfildern, info@dumontreise.de, www.dumontreise.de

1. Auflage 2020
© DuMont Reiseverlag, Ostfildern
Alle Rechte vorbehalten
Printed in China

# Offene Fragen*

## Gibt es das Monster von Agía Nápa wirklich?

Was hat der Markuslöwe in Lárnaka zu suchen?
*Seite 20*

Sind alle Zyprer über fünf Ecken miteinander bekannt?

### Ob und wann wird sich Zypern wiedervereinigen?

**Hat schon mal jemand alle Seehöhlen und Meeresgrotten gezählt?**

**Wie schwierig ist es Eremit zu werden?**
*Seite 116*

## Ist Halloumi-Käse nur echt, wenn er quietscht?

## Wer schafft es, alle Gerichte einer Mezé aufzuessen?

**Wo entstieg die Liebesgöttin Aphrodite dem Meer?**
*Seite 105*

**Wann werden die Plastikstühle in den Tavernen abgeschafft?**

**Warum sind die Kaffeehäuser der Männer immer mit Neonröhren beleuchtet?**

**Wo wurde Paulus verprügelt?**
*Seite 97*

## Weshalb weint die Schildkröte?
*Seite 256*

** Fragen über Fragen – aber Ihre ist nicht dabei? Dann schreiben Sie an info@dumontreise.de. Über Anregungen für die nächste Ausgabe freuen wir uns.*